# 联合国人权理事会
# 普遍定期审议机制研究

Universal Periodic Review of
UN Human Rights Council

朱利江 / 著

世界知识出版社

**图书在版编目（CIP）数据**

联合国人权理事会普遍定期审议机制研究/朱利江著．—北京：世界知识出版社，2020.4

ISBN 978-7-5012-6206-9

Ⅰ．①联…  Ⅱ．①朱…  Ⅲ．①联合国—人权—保护—研究  Ⅳ．①D815.7

中国版本图书馆CIP数据核字（2020）第047544号

书　　名　联合国人权理事会普遍定期审议机制研究
Lianheguo Renquan Lishihui Pubian Dingqi Shenyi Jizhi Yanjiu

作　　者　朱利江

责任编辑　王晓娟
责任出版　赵　玥
责任校对　张　琨

出版发行　世界知识出版社
地址邮编　北京市东城区干面胡同51号（100010）
网　　址　www.ishizhi.cn
电　　话　010-65265923（发行）　010-85119023（邮购）
经　　销　新华书店
印　　刷　北京九州迅驰传媒文化有限公司
开本印张　170×240毫米　1/16　27¼印张
字　　数　460千字
版次印次　2020年6月第1版　2020年6月第1次印刷
标准书号　ISBN 978-7-5012-6206-9
定　　价　76.00元

# 序 言

人权的国际保护是第二次世界大战结束以来国际法最突出和重要的发展之一，也是现代国际法的基本特征之一。旨在尊重、保护和促进人权的国际法不仅具备了一套庞大的实体法体系，而且也产生了多种确保这一实体法得到最大程度遵守的程序法体系，尤其是其中的实施机制。2006年3月15日，第60届联合国大会通过第251号决议，决定在联合国大会下设立联合国人权理事会，作为联合国大会的一个附属机构，以取代总部设在日内瓦的人权委员会。[①] 这一决议提升了联合国专门人权机构在联合国体系中的地位，表明联合国加大了对人权的关注，对联合国体系形成了一定的冲击。与旧的联合国人权委员会相比，新的联合国人权理事会的最大机制创新就是对世界各国人权状况的普遍定期审议机制，即“根据客观和可靠的信息，以确保普遍、平等地对待并尊重所有国家的方式，定期普遍审议每个国家履行人权义务和承诺的情况”，[②] 通过联合国会员国之间“互动对话的合作机制”[③] 来提高所有会员国的实地人权状况。尽管联合国人权委员会在20世纪50—80年代之间也存在着一个类似的同侪审议机制，[④] 但是无论从广度、深度和完善层面来看，联合国人权理事会的普遍定期审议机制无疑是国际人权法上的一项全新的实施机制，也是联合国人权理事会最大的机制创新点和亮点，从2005年联合国秘书长科菲·安南提出这一想法开始就受到了国际社会的广泛关注。可以毫不夸张地说，这一机制是

① A/RES/60/251，第1段。

② A/RES/60/251，第5 (e) 段。

③ 同上。

④ 参见第二章“普遍定期审议机制的确立”。

联合国人权委员会20世纪60年代的特别机制设立以来国际人权法上“宪章机制”的最重大发展。由于这一机制是一个普遍的机制，覆盖联合国所有193个会员国，因此广受各国关注。自2006年以来，普遍定期审议从一个想法和理念逐渐发展成了一套相对完善的制度体系，并随着实践不断得到补充和完善，成为了联合国人权理事会的普遍定期审议机制，表明这一机制具有强大的生命力和适应力。它就像一个刚出生的婴儿逐渐成长为一位具有独立意志的青年，成为了人权国际机制大家庭中的正式一员，与其他已有的机制一起，相互补充和促进，共同致力于国际人权事业。而且，从2008年开始，这一机制自创立以来已对联合国所有会员国进行了两轮审议，没有一个国家缺席审议，远远超过其他任何人权国际机制，表明这一机制还具有广泛的世界认同度。

## 一、研究对象、内容和范围

本专著旨在对联合国人权理事会普遍定期审议机制本身进行全面和系统研究。研究的主线是这一机制本身所涉及的重要程序问题。具体说来，本专著对这一机制的以下重要程序问题进行了研究：

（一）联合国人权理事会的建立过程。研究联合国人权理事会的建立过程，不仅是因为普遍定期审议机制是联合国人权理事会的一项重大机制创新，而且也是因为这一机制是新的联合国人权理事会为了医治原来的人权委员会的“病症”所给出的一剂“药方”。因此，研究人权理事会的建立过程，尤其是探究设立的原因，有助于更加深刻理解这一机制的意义与价值，还有助于拓宽对普遍定期审议机制的产生背景的理解，更好地对这一机制进行定位。

（二）普遍定期审议机制的确立过程。这一章的内容包括联合国人权理事会的普遍定期审议机制之前国际法中存在的类似制度、建立这一机制的想法的由来，以及这一机制最终在联大第60/251号决议中得到确立的过程。除了列出人权理事会普遍定期审议机制之前国际法中已经存在的类似制度外，本章将以叙事的方式如实呈现这一机制从思想到实现的整个过程，并对这一机制在人权国际机制中的重要意义发表评论。

（三）普遍定期审议机制的体制建设过程以及发展。联大第60/251号决议只是原则性地表明联合国人权理事会将建立这一机制。既然作为一个机制，想要最终得到运作，必然需要有一套详细的操作程序。这套详细的操作程序的制定过程就是这一机制的体制建设过程或者建章立制的过程。这一章研究了联合国人权理事会如何对这一机制进行体制建设的过程以及嗣后的发展情况。

（四）普遍定期审议机制的依据问题。这一章对这一机制对所有联合国会员国履行“人权义务和承诺”的依据进行了研究。具体说来，这一章对普遍定期审议机制中规定的审议依据的每一项进行了细致研究，包括每一项依据的含义、由来以及实践情况，并发表评论。此外，这一章还对这一机制起草过程中没有被列入审议依据的建议进行研究，探究其没有被最终列入审议依据的原因。

（五）普遍定期审议的原则和目标。这一章对普遍定期审议机制中规定的审议应当遵循的原则和致力于实现的目标进行了一一研究，包括每一项原则和目标的含义、由来以及实践情况，并发表评论，尤其研究了补充性原则，即普遍定期审议机制与其他人权国际机制的关系，以及各个利益攸关方参与原则，包括非政府组织、国家人权机构、区域组织以及各国议会参与这一机制的问题。

（六）普遍定期审议的流程，包括审议的周期、顺序、程序以及模式。这一章对普遍定期审议机制中周期性安排与顺序、审议工作的程序与模式规定的由来、以及实践中的问题进行了研究，同时还研究了参加普遍定期审议机制自愿信托基金的制度及实践。

（七）普遍定期审议结果与后续行动，包括审议结果的形式、内容、结果的接受通过、审议结果的后续行动等。这一章对普遍定期审议机制中的结果与后续行动的由来以及实践中的问题进行了研究，同时还研究了执行普遍定期审议建议财政和技术援助自愿信托基金的制度及实践。本章最后还研究了与普遍定期审议机制不合作的问题。

（八）成就与挑战。这一章除了对前面七章的研究进行总结外，重点关注了普遍定期审议机制在过去两轮审议中所取得的成就、遇到的挑战以及相应的建议等。

可见，本专著的研究内容是以这一机制本身的运作所赖以存在的重要问题为基础和轴线展开的。鉴于这种体例安排和设计，本专著没有对这一机制与各国的关系进行单独的国别研究。各国与这一机制的关系被穿插在了本专著的以上各个章节中，包括中国与这一机制的关系。总之，本专著是对普遍定期审议机制本身进行客观中立的纯技术性的分析和研究，而不是站在某个利益攸关方的立场上进行的有倾向性的研究。任何有特定立场的利益攸关方想要利用这一机制或者改造这一机制，都必须建立在对这一机制本身深入研究的基础之上，这是本专著的价值所在。

本专著的研究重点关注的是普遍定期审议机制的历史与现实，以及理论与实践。当然，为了更好地对这一机制产生的背景有所了解，本专著的研究范围还包括联合国人权委员会的产生与总结，以及人权理事会的产生过程。为了更好地对这一机制与其他人权国际机制进行比较，本专著的研究范围还包括其他人权国际机制，包括特别机制以及条约机制等。需要指出的是，本专著考察的是第一轮和第二轮的普遍定期审议实践（截至2018年3月）。

## 二、研究意义

笔者认为，研究联合国人权理事会普遍定期审议机制至少具有以下意义：

（一）使对普遍定期审议机制的研究全面化和系统化。目前，国内外学术界对这一机制的了解和研究还停留在分散的状态。尽管这一机制的确立已近十年，但是无论是英文还是中文的学术研究中，对这一机制的研究还停留在学术论文或论文集的阶段。这些学术论文有的是对这一机制本身

进行的一般研究，[①] 有的是对这一机制某个方面进行的研究，[②] 还有的则是

① 例如参见：江国青：《普遍定期审议：联合国人权监督机制的新发展》，载《人权》，2008年第4期，第57—60页；Christian Tomuschat, "Universal Periodic Review: A New System of International Law with Specific Ground Rules?", in Ulrich Fastenrath et al. eds., *From Bilateralism to Community Interest: Essays in Honour of Judge Bruno Simma* (Oxford University Press, 2011), pp.609-628; Edward R. McMahon, "International Organizations and Peer Review: Assessing the Universal Periodic Review Mechanism of the United Nations Human Rights Council", 17 *African Yearbook of International Law* (2009), pp.355-377; Rebecca West, "Piercing the Veil of State Sovereignty-the Role of the Universal Periodic Review in the Enforcement of Human Rights", 32 *Irish Law Times* (2014), pp.73-76; Juliana Vengoechea-Barrios, "The Universal Periodic Review: A New Hope for International Human Rights Law or a Reformulation of Errors of the Past?", 12 *International Law: revista colombiana de derecho internacional* (2008), pp.101-116; Alex Conte, "Reflections and Challenges: Entering into the Second Cycle of the Universal Periodic Review Mechanism", 9 *New Zealand Yearbook of International Law* (2011), pp.187-212.

② 关于联合国人权理事会设立普遍定期审议机制的法律依据问题，例如参见：Nadia Bernaz, "Reforming the UN Human Rights Protection Procedures: A Legal Perspective on the Establishment of the Universal Periodic Review Mechanism", in Kevin Boyle ed., *New Institutions for Human Rights Protection* (Oxford University Press, 2009). 关于普遍定期审议机制与条约机构的关系，例如参见：郭曰君：《普遍定期审查机制与缔约国报告制度的动态关联考察》，载《比较法研究》，2012年第6期，第92—101页；Felice D. Gaer, "A Voice Not an Echo: Universal Periodic Review and the UN Treaty Body System", 7 *Human Rights Law Review* (2007), pp.109-139; Michael O'Flaherty and Claire O'Brien, "Reform of UN Human Rights Treaty Monitoring Bodies: A Critique of the Concept Paper on the High Commissioner's Proposal for a Unified Standing Treaty Body: Universal Periodic Review and the UN Treaty Body System", 7 *Human Rights Law Review* (2007), pp.141-172; 关于非政府组织参与普遍定期审议机制，例如参见：张弦：《人权非政府组织与联合国人权理事会：兼论中国人权研究会对普遍定期审议机制的参与》，载《人权》，2013年第6期，第42—43页。关于土著人的权利与普遍定期审议机制的关系，例如参见：Noelle Higgins, "Advancing the Rights of Minorities and Indigenous Peoples: Getting UN Attention Via the Universal Periodic Review", 32 *Netherlands Quarterly of Human Rights* (2014), pp.379-407. 关于发展权与普遍定期审议机制的关系，例如参见：Rohan Kariyawasam, "Reparations: The Universal Periodic Review and the Right to Development", in Nora Wittmann and John Packer eds., *Colonialism, Slavery, Reparations and Trade: Remedying the Past?* (Routledge, 2012), pp.56-74. 关于经济、社会和文化权利与普遍定期审议机制的关系，例如参见：Jessica Duggan-Larkin, "Can an Intergovernmental Mechanism Increase the Protection of Human Rights? The Potential of Universal Periodic Review in Relation to the Realisation of Economic, Social and Cultural Rights", 28 *Netherlands Quarterly of Human Rights* (2010), pp.548-581. 关于普遍定期审议机制与国际人道法的关系，例如：Lijiang Zhu, "International Humanitarian Law in the Universal Periodic Review of the UN Human Rights Council: An Empirical Survey", 5 *Journal of International Humanitarian Legal Studies* (2014), pp.186-212.

对这一机制与特定国家之间的关系进行的研究①，或者是对若干个国家与这一机制的关系进行的归纳或比较。② 显然，学术论文由于受到字数的限制，无法对这一机制的所有方面进行深入研究，缺乏全面性。学术论文

---

① 关于中国与普遍定期审议机制的关系，例如参见：孙萌:《普遍定期审议机制与中国实践：变化及挑战》，载《政法论丛》，2015年第3期，第57—65页；孙萌:《中国与联合国人权保障制度：以普遍定期审议机制为例》，载《外交评论》，2015年第2期，第49—64页；郭曰君:《人权理事会普遍定期审议机制视野下的中国人权外交》，载《金陵法律评论》，2013年春季卷，第159—173页；刑爱芬、李一行:《论人权普遍定期审议机制的补充性及我国的应对》，载《法学杂志》，2015年第8期，第42—49页；Rhona K.M. Smith, "More of the Same or Something Different? Preliminary Observations on the Contribution of Universal Periodic Review with Reference to the Chinese Experience", 10 *Chinese Journal of International Law* (2011), pp.565-586. 关于英国与普遍定期审议机制的关系，例如参见：Leanne Cochrane, "The United Kingdom, the United Nations Human Rights Council and the First Cycle of the Universal Periodic Review", 17 *The International Journal of Human Rights* (2013), pp.152-177. 关于德国与普遍定期审议机制的关系，例如参见：Berenike Schriewer, "Shining a Light on the Human Rights Situation in Germany-the Human Rights Council's Report on Germany in the Second Cycle of the Universal Periodic Review", 56 *German Yearbook of International Law* (2013), pp.513-523. 关于西班牙与普遍定期审议机制的关系，例如参见：Björn Arp, "Lessons Learned from Spain's Practice before the United Nations Human Rights Reporting Mechanisms: Treaty Bodies and Universal Periodic Review", 15 *Spanish Yearbook of International Law* (2009), pp.1-37. 关于埃及与普遍定期审议机制的关系，例如参见：Laura K. Landolt, "Externalizing Human Rights: From Commission to Council, the Universal Periodic Review and Egypt", 14 *Human Rights Review* (2013), pp.107-129. 关于新加坡与普遍定期审议机制的关系，例如参见：Mahdev Mohan, "Singapore and the Universal Periodic Review: An Unprecedented Human Rights Assessment", 3 *Journal of East Asia and International Law* (2010), pp.365-374.

② 关于联合国安理会五个常任理事国与普遍定期审议机制的关系，例如参见：Rhona Smith, "'To see Themselves as Others see Them': The Five Permanent Members of the Security Council and the Human Rights Council's Universal Periodic Review", 35 *Human Rights Quarterly* (2013), pp.1-32. 关于非洲国家与普遍定期审议机制的关系，例如参见：Rhona Smith, "A Review of African States in the First Cycle of the UN Human Rights Councils Universal Periodic Review", 14 *African Human Rights Law Journal* (2014), pp.346-365; Allehone Mulugeta Abebe, "Of Shaming and Bargaining: African States and the Universal Periodic Review of the United Nations Human Rights Council", 9 *Human Rights Law Review* (2009), pp.1-35. 关于太平洋岛国与普遍定期审议机制的关系，例如参见：Rhona K. M. Smith, "The Pacific Island States: Themes Emerging from the United Nations Human Rights Council's Inaugural Universal Periodic Review", 13 *Melbourne Journal of International Law* (2012), pp.569-594. 关于亚太国家与普遍定期审议机制的关系，例如参见：Shigeki Sakamoto, "Challenges to a Human Rights Mechanism in the Asia-Pacific Region: the Experience of the Universal Periodic Review of the UN Human Rights Council", in Hitoshi Nasu and Ben Saul eds., *Human Rights in the Asia-Pacific Region: Towards Institution Building* (Routledge, 2011), pp.49-63.

集由于是由多个学者的论文结集而成，因此缺乏系统性和统领性。[①] 总之，迄今为止，无论是在中文还是英文中，尚未有对这一机制进行系统研究的专著。因此，本专著克服了目前为止对这一机制的支离破碎的、分散的研究，探索归纳、整合和构建了一套对这一机制的全面研究体系，有助于对这一机制的研究实现全面化和系统化。

（二）为相关实务界人士提供参与普遍定期审议机制的参考。正如前述，本专著是对普遍定期审议机制本身进行的客观、中立的纯技术性的分析和研究，而不是站在某个利益攸关方的立场上进行的有倾向性的研究。任何有特定立场的利益攸关方想要利用这一机制或者改造这一机制，都必须建立在对这一机制本身深入研究的基础之上。普遍定期审议机制的原则之一是各方参与原则，包括使受审国充分参与原则（受审国行政机关、立法机关和司法机关）和确保利益攸关方（非政府组织、国家人权机构、区域组织、各国议会、学者等）参与原则。因此，普遍定期审议机制在实践中与国内和国际社会的各个主体息息相关。本专著以中文写作，因此有助于中文世界的国家机关以及各个利益攸关方系统了解这一机制，为他们参与这一机制提供参考。

## 三、研究方法

就研究方法而言，本专著主要采纳了以下四种研究方法：

（一）文献研究法。本专著搜集了到目前为止研究普遍定期审议机制

---

① 其中，最新的一本英文论文集是澳大利亚国立大学法学院希拉里·查尔斯沃斯教授（Hirary Charlesworth）等主编的论文集，里面收录了2012年12月在澳大利亚国立大学法学院举行的学术会议的13篇论文，介绍了印度尼西亚、非洲国家、美国、太平洋岛国、加拿大等国与普遍定期审议机制之间的关系，以及媒体、非政府组织等参与普遍定期审议机制的权利等，参见：Hirary Charlesworth and Emma Larking eds., *Human Rights and the Universal Periodic Review: Rituals and Ritualism* (Cambridge University Press, 2014). 还有一篇文集是由英联邦秘书处编写的，里面介绍了一些英联邦国家与普遍定期审议机制的关系，严格来讲，这一本文集并非学术论文集，更像是一本宣传册。参见：Purna Sen, *Universal Periodic Review of Human Rights: Towards Best Practice* (Commonwealth Secretariat, 2009).

的几乎所有的中英文学术出版文献，并在这些搜集到的学术出版文献的基础上对文献进行了整理、归纳和取舍，在这一基础之上构建了本专著完整的章节结构体系。

（二）实证研究法。本专著不仅对普遍定期审议的理论进行了研究，而且还十分注重审议的实践。本专著考察了过去两轮审议中193个国家的审议实践，阅读的审议文件，尤其是工作组的报告，达到将近400份，并结合一定的标准对这些审议结果报告进行分析。

（三）比较研究法。本专著所采纳的比较研究法集中体现在第一章中对原先的人权委员会与新的人权理事会的比较、以及第四章中对普遍定期审议机制与其他人权机制的比较方面，并制作了相应的图表，直观体现了不同点。

（四）实地调查法。为了亲身感受和调查普遍定期审议的情况，笔者于2011年11月亲自前往联合国日内瓦欧洲总部的万国宫人权理事会会议室，旁听了普遍定期审议工作组对中国的第二轮审议。

## 四、创新和特色

本专著是第一本专门系统研究联合国人权理事会普遍定期审议机制的中文专著，而且，即便在英文世界中，目前也不存在一本专门研究这一机制的学术著作。因此，从这个意义上说，本专著本身就是一个创新点。而且，从内容来看，本专著具有以下特色：

（一）本专著中提出的有些观点和主张已经引起了国外学术界的一些关注。例如，本专著第三章中关于普遍定期审议的依据中，笔者专门对普遍定期审议机制对国际人道法的审议进行了研究，并且提出了自己的观点，认为普遍定期审议机制可以说是世界上第一个对联合国会员国履行国际人道法义务进行审议的机制，尽管不是专门的机制，而且与西方一些学者的观点不同的是，笔者经过研究后发现，普遍定期审议机制实际上在实践中已经广泛审议联合国会员国履行国际人道法的义务，促进了国际人道法的遵守。这一观点发表在了荷兰的《国际人道法研究杂志》上,[①] 受到了一些外国学者的关注。[②]

（二）本专著十分关注普遍定期审议机制的起草过程，对该机制中的每一项规定都进行了细致的研究。虽然普遍定期审议机制并不是一项条约，但是了解它的每一项规定的由来是十分重要的，有助于探究每一项规定的准确含义,[③] 指导这一机制的准确运行和国家实践。

（三）本专著十分注重普遍定期审议的实践，参考了大量丰富和翔实的实践资料。“他山之石可以攻玉”，本专著丰富和翔实的实践资料将为我国各个国家机关以及利益攸关方参与普遍定期审议机制提供大量可供借鉴的资料。

## 五、致　谢

本专著是笔者主持的国家社科基金2011年青年项目“联合国人权理事会普遍定期审议机制研究”（项目编号：11CFX068）的成果，感谢国家社会科学基金的资助。本专著的研究末期还得到2019年笔者主持的中国政法大学第六批青年教师学术创新团队支持计划“国际法话语的形成及中国的方案研究”（项目编号：19CXTD09）的资助，在此也要感谢中国政法大学的大力支持。在本专著的写作过程中，笔者还前往中国国家图书馆、荷兰海牙和平宫图书馆、瑞士日内瓦万国宫图书馆、挪威人权中心图书馆、英国伦敦皇家国际问题研究所（“查塔姆”）图书馆和美国芝加哥肯特法学

---

① Lijiang Zhu, “International Humanitarian Law in the Universal Periodic Review of the UN Human Rights Council: An Empirical Survey”, 5 *Journal of International Humanitarian Legal Studies* (2014), pp.186-212.

② Gentian Zyberi, “Enforcement of International Humanitarian Law”, in Gerd Oberleitner ed., *International Human Rights Institutions, Tribunals, and Courts* (Springer, 2018), pp.377-400.

③ 《维也纳条约法公约》第32条规定了解释条约的补充资料，其中规定，为证实由适用第31条所得之意义起见，或遇依第31条作解释而：（甲）意义仍属不明或难解；或（乙）所获结果显属荒谬或不合理时，为确定其意义起见，得使用解释之补充资料，包括条约之准备工作及缔约之情况在内。

院图书馆查找资料，在此对这些图书馆表示感谢。另外，我指导的中国政法大学国际法学院2012级硕士研究生孟宇飞同学、2015级硕士研究生黄州兰同学协助收集和整理了一些相关资料，对此一并表示谢意。笔者还要感谢世界知识出版社王晓娟编辑，她的细致审校使得本专著得以出版。最后，由于本人能力有限，可能存在错误之处，敬请各位读者指正。

朱利江

2020年5月12日

# 目　录

# 第一章 从人权委员会到人权理事会

## 第一节 联合国人权委员会的建立

### 一、人权进入《联合国宪章》

早在1648年欧洲国家三十年宗教战争结束后签订的《威斯特伐利亚和约》中，就有条款涉及宗教信仰自由问题。[①] 由于该条约被普遍认为是近代国际法产生的标志，因此，可以说，人权的国际保护与近代国际法几乎是同时产生的。18世纪末，拿破仑试图破坏《威斯特伐利亚和约》确立起来的近代国际法，但最终没有成功。此后，反法同盟与法国在1815年签订的《维也纳和约》承诺保障比利时和荷兰联盟公民的宗教自由和公民权利。[②] 1878年,《柏林条约》也承认在欧洲保护某些少数者的权利。[③] 另外，

① 该条约第49条规定:"为了帝国更加安宁……由皇帝、各邦君和帝国各邦之间缔结一项涉及教会土地的争端和宗教信仰自由的协定，该协定已载入与瑞典女王和君主的全权大臣缔结的和平文件和和约之内；现认为采取同瑞典君主以及同所谓'新教徒'达成上述协定的相同方式，由本条约予以确认和批准是适宜的。"参见黄德明:《〈威斯特伐利亚和约〉及其对国际法的影响》，载《法学评论》，1992年第5期，第52页。

② 1815年6月9日《维也纳和约》第73条规定：荷兰国王承认和实施1814年7月21日通过的作为荷兰和比利时联盟基础的《八个条款》，这《八个条款》作为附件规定在本条约中，具有与本条约相同的效力。《八个条款》第2条规定，荷兰基本法的条款不应有任何改变，这些条款确保所有宗教派别具有相同的保护和特权，并保障所有公民，无论属于具有任何宗教信仰，都可以担任公职，享有尊严。第4条规定:"荷兰所有居民具有相同的宪法权利，他们对所有的商业和其他权利具有相同的请求权，不得对任何人对他人的获利施加妨碍或阻碍。"

③ 1878年《柏林条约》(英国、奥匈帝国、法国、德国、意大利、俄国和奥斯曼帝国之间签订的条约)第35条规定:"在塞尔维亚，宗教信仰和信念的不同不应成为针对任何人排除其在任何地方享受公民或政治权利、参加公职、享受荣誉或者从事各种职业和产业的理由。应当确保在塞尔维亚的所有人，包括外国人，具有各种形式的礼拜自由，不得妨碍不同宗教社区构建等级，也不得妨碍他们与精神领袖之间的关系。"

从19世纪初开始，在英国的推动下，国际法中出现了大量旨在废除奴隶贸易的条约。这样的条约贯穿整个19世纪。[①] 19世纪下半叶，出于对战时受伤和生病的士兵的怜悯，欧洲国家之间签订了第一个人道主义方面的国际条约，逐步确立起了一套人道主义方面的国际法，使战争的受难者成为

---

① 19世纪国际法中废除奴隶贸易的条约主要是由英国推动的。早在1810年，英国就和葡萄牙签订了逐步废除奴隶贸易的条约。1814年，英国和丹麦签订了此类条约。1814年5月30日，以英国为首的反法同盟与法国签订的《〈巴黎条约〉补充条款》第1条规定，所有基督教国家毫无保留地同意英国国王的意见，即奴隶贸易与它们所处的启蒙时代的自然正义原则不符，决定与英国国王一起努力，在接下来召开的维也纳大会上，使所有基督教国家废除奴隶贸易，以便使这种贸易得到普遍废除，而且对法国政府而言，在任何情况下，应当在五年内明确停止此类贸易。参见：Additional Articles, A Definitive Treaty of Peace between his Britannic Majesty and his most Christian Majesty Louis XVIII, Done at Paris, the 30th of May 1814。同年12月24日，为了终止英美两国在1812年发生的战争而在比利时根特签订的和平条约即《根特条约》第10条规定，鉴于贩卖奴隶与人道和正义原则不符，而且鉴于英美两国有意继续努力完全废除此类贸易，两国同意尽最大努力完成这一目标。参见：Treaty of Peace and Amity between His Britannic Majesty and the United States of America, signed at Ghent, 1814. 1815年2月8日，以英国为首的反法同盟与法国在维也纳大会上签订的《维也纳大会最后文件》第15份文件即《关于废除奴隶贸易的宣言》宣布，欧洲国家一致同意采取一切手段立即废除奴隶贸易。参见：Declaration of the Powers on the Abolition of the Slave Trade, 8th February 1815。1815年11月20日，以英国为首的反法同盟与法国签订的《〈第二次巴黎条约〉关于奴隶贸易的补充条款》规定，缔约各国承诺共同努力确保1815年2月4日宣言中的原则的实现，完全和明确废除奴隶贸易这一令人可恶的、受到宗教法和自然法强烈谴责的商业活动。参见：Additional Article on the Slave Trade to the Definitive Treaty between Great Britain, Austria, Prussia and Russia, and France, Signed at Paris, the 20th of November, 1815. 1841年12月20日，在英国的倡议下，英国、奥地利、法国、普鲁士和俄国在伦敦签订了《关于取缔非洲奴隶贸易的条约》(Treaty for the Suppression of the African Slave Trade)。该条约要求缔约国的国内法院行使管辖权，而且规定缔约国的军舰有权在北至佛罗里达南至布宜诺斯艾利斯的美洲海岸线以东的大西洋直到印度洋的海面进行巡视。1885年2月16日，《柏林会议关于非洲的总议定书》第9条认为，禁止买卖奴隶是公认的国际法原则，禁止各签字国为奴隶买卖提供任何便利。各签字国有责任采取一切措施消灭这种买卖奴隶的活动并惩办从事这种活动的人。1890年7月2日，俄国、德国、奥地利、比利时、丹麦、西班牙、美国、法国、英国、意大利、荷兰、葡萄牙、奥斯曼、波斯、刚果等近20个国家在布鲁塞尔签订《关于贩卖非洲奴隶问题的总议定书》。该总议定书要求各缔约国在非洲殖民地内建立巡逻队、兵站、哨所，严厉查禁贩卖黑奴出口的行为；其次在海上派军舰盘查可能运载奴隶的船只；最后规定在非洲的桑给巴尔建立一个国际情报署，搜集关于打击奴隶买卖的情报，在比利时外交部内下设一个办事处，负责贩奴情报和资料的交换，以便更好地协调各国打击贩奴行为。参见：Leslie Bethell, *The Abolition of the Brazilian Slave Trade: Britain, Brazil and the Slave Trade Question 1807-1969* (Cambridge University Press, 1970), pp.12-18; Suzanne Meiers, *Britain and the Ending of the Slave Trade* (Longman, London, 1975).

国际法保护的对象。[①] 第一次世界大战之后于1919年6月28日缔结的《凡尔赛和约》不仅对德国和土耳其殖民地人民实行委任统治制度，[②] 而且还建立了国际劳工组织。国际劳工组织是一个由政府代表、雇主代表和工人代表三方组成的国际机构，有权起草保护工人权利的国际公约，例如最低工作年龄和最少工作时间等。[③]《凡尔赛和约》后，欧洲还出现了保护人种、语言、宗教方面的少数者的众多国际文件。这些文件保护少数者的生命和人身自由、宗教信仰的自由、取得国籍的权利、平等权、自由使用语言权

---

① 1864年《战地保护伤者病者的公约》（“《日内瓦公约》”）（二战之前在1906年和1929年得到两次修订）；1868年《关于在战争中放弃使用某些爆炸性弹丸的宣言》（“《圣彼得堡宣言》”）；1899年《海牙第二公约》（《陆战法规和惯例章程》）；1907年《海牙第四公约》（《陆战法规和惯例章程》）；1925年《禁止在战争中使用窒息性、毒性或其他气体和细菌作战方法的议定书》（“《日内瓦议定书》”）；1929年《关于战俘待遇的日内瓦公约》。

② 1919年《凡尔赛和约》第22条（也是《国际联盟盟约》第22条）：“对于那些因最近这次战争已不再处于曾经统治它们的国家的主权之下、并且上面居住着尚未能够根据现代世界的紧张状况自立的人民的殖民地和领土来说，应当适用这样一项原则，即这种人民的福祉和发展是文明的一种神圣信托，而且应当在本盟约中体现对这种信托的履行保证。实现这项原则的最佳方式是，把这种人民交给那些在资源、经验或地理方面能够最佳承担这种责任、而且愿意接受这种信托的先进国家托管，而且应当以国际联盟的名义作为委任统治地由它们行使这种托管权。委任的性质必须依据人民的发展阶段、领土的地理状况、经济情形以及其他类似情形有所区别。以前属于土耳其帝国的某些社会已经达到了其作为独立国家的存在可以临时得到承认的发展阶段，这样的社会由委任统治国来提供管理咨询和协助就行，直到这些社会可以自立。在选择委任统治国时，必须主要考虑这些社会的意愿。其他人民，尤其是中部非洲的人民，尚处在必须由委任统治国来负责这些领土的管理的阶段，委任统治国必须保证这些人民的良心和宗教自由，除非为了维护公共秩序和道德、禁止像奴隶贸易这样的滥权、贩卖武器、酒类、防止建立堡垒或军事和海军基地、以及为非警察和防卫领土的目的而对当地人进行军事训练。委任统治国还应确保他们获得与国际联盟其他成员国之间的贸易和通商的平等机会。还有一些领土，例如西南非洲和某些南太平洋的领土，由于人口稀少、面积很小或与文明中心非常遥远、或者在地理上临近委任统治国、以及其他原因，最好由委任统治国作为其领土的一个完整部分管理，当然必须为土著居民的利益确保上面提到的各种保障。”

③ 《凡尔赛和约》第13部分（第387—427条）。

和获得教育机会的权利等。[①] 所有这些条约被认为是传统国际法中保护人权的先驱和种子。[②] 不过，它们基本上都只针对特定的人群或特定的事项，因此是支离破碎、碎片化和不成体系的。尽管在两次世界大战期间，国际法中已经有许多条约来保护特定的人群或事项，但是在这一时期，"国际法仍然被一般认为处理的是国家之间关系的事项，而不涉及国家与其公民之间的关系"。[③]

德国、日本和意大利法西斯在第二次世界大战中的暴行促使同盟国深刻认识到，侵略与侵犯人权之间存在联系，而且国际联盟在这两个方面都是失败的。美国早在参加第二次世界大战之前就开始策划建立一个全新的、更强大的国际组织。1941年1月6日，在日本对美国珍珠港发动袭击一个月之后，美国总统罗斯福就在致国会的咨文中提出期待一个建立在四项人类基本自由之上的世界（表达意见的自由、礼拜的自由、不虞匮乏的自由和免于恐惧的自由），明确把人权和反法西斯战争联系起来。8月14日，美英两国首脑发表《大西洋宪章》，决定下一步建立一个国际组

---

① 这些国际文件主要有四类：第一类是巴黎和会期间主要协约国和参战国与一些东欧和东南欧国家（1919年6月28日与波兰、1919年9月10日与捷克斯洛伐克、1919年9月10日与塞尔维亚—克罗地亚—斯洛文尼亚王国、1919年12月9日与罗马尼亚、1920年8月10日与希腊）之间签订的条约；第二类是与一些战败的同盟国的和约中插入专门的少数者保护条款（1919年9月10日对奥地利和约（《圣日耳曼条约》）第62—69条、1919年11月27日对保加利亚和约（《纳伊条约》）第49—57条、1920年6月4日对匈牙利和约（《特里阿农条约》）第51—60条、1923年7月27日对土耳其和约（《洛桑条约》）第37—45条）；第三类是在其他条约中专门插入保护少数者的条款（1922年5月15日德国和波兰关于上西里西亚专约第三部分、1924年5月8日关于梅梅尔领土条约第1条、第26条和第27条）；第四类是作为加入国际联盟的前提条件，一些国家向国际联盟行政院所作关于保护少数者的单方面声明（1920年10月2日阿尔巴尼亚的声明、1923年9月17日爱沙尼亚的声明、1921年6月27日芬兰关于阿兰群岛的声明、1922年5月12日立陶宛的声明、1923年7月7日拉脱维亚的声明、1924年保加利亚的声明、1924年希腊的声明）。参见：龚刃韧，《两次世界大战之间的国际法与人权保护问题：以保护少数者为中心》，载《中外法学》，1992年第1期，第55—58页；Helmer Rosting, "Protection of Minorities by the League of Nations", 17 *American Journal of International Law* (1923), pp.641-660.

② Javaid Rehman, *International Human Rights Law*, Second Edition (Pearson Education Limited, 2010), p.28.

③ James F. Green, *The United Nations and Human Rights* (The Brookings Institution, Washington D.C., 1956), p.9.

织，而不虞匮乏的自由和免于恐惧的自由在该文件中得到了重申。《大西洋宪章》还表示尊重所有民族选择他们愿意生活于其下的政府形式的权利。1942年1月1日，26个同盟国发表的《联合国宣言》，表示赞同《大西洋宪章》，同时声明同盟国作战的目的是“为在它们本国以及其他国家保卫生命、自由、独立和宗教自由并维护人权与正义”。这是同盟国第一次在共同的文件中正式提及“人权”一词。随着战争的推进，有更多的国家宣布赞成《联合国宣言》。受到这一局势发展的鼓舞，美国政府开始筹划起草未来国际组织的《宪章》。1943年6月，美国国务院技术咨询委员会起草了一份未来国际组织的《宪章》，但是对于是否应当规定人权以及在何处规定人权莫衷一是，而美国国务院法律小组委员会建议在《宪章》中规定人权的内容，但不规定实施机制。1943年12月，美国国务卿科德尔·赫尔（Cordell Hull）召集高级别政治议程团体，该团体建议在《宪章》中不规定人权的内容，并认为没有必要专门设立人权机构，有关人权的内容可以由未来国际组织的经社理事会负责。在1944年8月21日至10月7日举行的敦巴顿橡树园会议上，中国曾建议在《宪章》中规定不歧视和平等权利的条款，但没有得到美苏英三国首脑的同意。[①] 人权、平等和自决并非是这三大国的首要目的。[②] 实际上，在敦巴顿橡树园会议达成的《宪章》草案中，只有在经济和社会合作这一章中一处提及人权，而且规定的是“促进”一词，并没有规定联合国的任何机构对侵犯人权的行为进行制裁。[③] 在1945年4月25日至6月25日举行的旧金山会议上，包括拉美国家在内的一些国家和许多非政府组织认为，敦巴顿橡树园会议上达成的草案

① Paul Gordon Lauren, “First Principles of Racial Equality: History and the Politics and Diplomacy of Human Rights Provisions in the United Nations Charter”, 5 *Human Rights Quarterly* (1983), p.10. Alison Dundes Renteln, *International Human Rights: Universalism versus Relativism* (Sage Publications, 1990), p.21.

② Louis Henkin, “International Law: Politics, Values and Functions”, 216 (IV) *Res. Des Cours* (1989), p.215.

③ Robertson and Merrills, *Human Rights in the World: An Introduction to the Study of the International Protection of Human Rights* (Manchester University Press, 1996), p.26.

对人权内容的规定不够，纷纷提出建议。法国建议，在履行人权方面的职能时，大会和经社理事会要与安理会合作，还建议专门设立一个处理人权问题的理事会。巴拿马建议，联合国要“捍卫和保护”人权，而不是“促进”人权，还建议在《宪章》中规定一份“国际人权宪章”，但是没有成功。[①] 美国的许多非政府组织要求在经社理事会下专门规定一个人权委员会。[②] 经过谈判，1945年6月25日，《联合国宪章》终于获得通过，并于10月24日正式生效。

《联合国宪章》有七处地方明确提到了“人权”一词，这是以往任何条约所不具有的。[③] 它的通过在国际法的发展史上具有划时代的意义。在人权问题上，《宪章》的通过标志着人权问题全面进入国际法，[④] 拉开了国际社会通过国际法尊重、保护和促进人权的序幕，这是国际法在1945年之后的最大发展之一。今天，人权已得到全世界广泛认同，因为《宪章》是当今世界上最大的国际组织的宪法性文件。[⑤]

---

① John Huston, “Human Rights Enforcement Issues of the United Nations Conference on International Organization”, 53 *Iowa Law Review* (1967), p.276; Philip Alston, *The United Nations and Human Rights: A Critical Appraisal* (Clarendon Press, 1992), p.127; Alfredsson and Eide, “Introduction” in Alfredsson and Eide (eds.), *The Universal Declaration of Human Rights: A Common Standard of Achievement* (Kluwer Law International, 1999), p.xxvii.

② Howard Tolley, *The UN Commission on Human Rights* (Westview Press, Boulder and London, 1987), pp.3-5.

③ 1919年的《国际联盟盟约》没有一个地方提到“人权”。

④ 龚刃韧:《战后人权进入国际法领域的历史起因和过程》，载《北京大学学报》，1992年第3期，第51页。

⑤ 《宪章》现有193个缔约国，另有梵蒂冈和巴勒斯坦两个具有常任观察员地位的非会员国。可以说，全世界几乎所有的国家都是联合国的会员国了。而且，《宪章》第2条第6款规定，“本组织在维持国际和平及安全之必要范围内，应保证非联合国会员国遵行上述原则。”这说明，《宪章》中的重大条款对非会员国也是有拘束力的，参见：Philippe Sands and Pierre Klein, *Bowett's Law of International Institutions* (Sweet & Maxwell, 2001), p.24. 另外，《宪章》第103条规定，“联合国会员国在本宪章下之义务与其依任何其他国际协定所负之义务有冲突时，其在本宪章下之义务应居优先”。一些国际法学者认为，《宪章》不仅仅是国家之间签订的一份条约，而是超越国家的公法（transcendental public law），参见：Nigel D. White, “The Applicability of Economic and Social Rights to the UN Security Council”, in Mashood Baderin and Robert McCorquodale (eds), *Economic, Social and Cultural Rights in Action* (Oxford University Press, 2007), p.94.

## 二、联合国人权委员会的建立

设立人权委员会的建议最初是由美国代表团在旧金山会议（1945年4月25日至6月26日）上提出的。美国代表团建议在经济和社会理事会下面设立一个专门的人权委员会，当时就得到了各国代表团的广泛支持。[①]《联合国宪章》第68条最终规定，“经济及社会理事会应设立经济与社会部门及以提倡人权为目的之各种委员会，并得设立于行使职务所必需之其他委员会。”这一条款被普遍认为是联合国建立人权委员会的法律基础。[②] 而且，在联合国所有辅助机关中，人权委员会是唯一一个在《宪章》中专门提及的委员会，并且是经济及社会理事会必须设立的一个辅助机关，因为第68条用到了“应设立”这个措辞，这在《宪章》中也是绝无仅有的。

1945年8月，联合国筹备委员会由14人组成的执行委员会在伦敦开会，建议经社理事会下面设立六个委员会，人权委员会被列在了六个委员会的第一位。执行委员会还建议，人权委员会应当应联大或经社理事会请求或应安理会或托管理事会的请求作成研究，并提出建议，以便协助审查和消除歧视和其他侵犯人权的情形。关于人权委员会的目的，执行委员会专门指出，其中的一项目的是保护少数者以及防止歧视。1945年12月23日，联合国筹备委员会全体会议批准了执行委员会的上述建议，但并没有解决人权委员会的委员是否应当由政府代表组成还是由专家以个人身份组

---

① 在敦巴顿橡树园会议上，当时的建议是在经济及社会理事会下面设立两个委员会，一个是经济委员会，一个是社会委员会，至于还要不要设立其他的委员会，留待以后再说。但是，当时的建议是，这两个委员会是由以个人身份任职的专家组成的。在旧金山会议上，有很多国家的代表团提出了各种建议，要求在经济及社会理事会下面再设立其他的委员会，包括文化、健康、毒品、移民、交通等。加拿大和新西兰代表团只是建议，经济及社会理事会有权设立其认为必需的委员会，这一建议得到广泛支持。但是，即便如此，美国的建议也得到了广泛支持。Mainnheim Eibe Riedel, “Article 68”, in Bruno Simma, Hermann Mosler, Albrecht Randelzhofer, Christian Tomuschat, Rudiger Wolfrum eds., *The Charter of the United Nations: A Commentary*, Second Edition, Volume II, Oxford University Press, 2002, p.1029.

② John Humphrey, “The Universal Declaration of Human Rights: Its History, Impact and Juridical Character”, in B.G. Ramcharan (ed.), *Human Rights: Thirty Years after the Universal Declaration* (Brill, 1979), p.21.

成这一问题。[①]

联合国筹备委员会以《宪章》第68条的规定为依据，建议在经社理事会下面立即设立一个人权委员会，并要求该委员会起草一份《国际人权宪章》。[②] 经社理事会在1946年2月16日举行的第一届会议上就通过了第5号决议，题为“人权委员会和妇女地位小组委员会”。[③] 该决议的内容分为A和B两块内容：A块内容关于人权委员会，B块内容关于妇女地位小组委员会。在A块内容中，经社理事会念及自己根据《宪章》的规定负有不分种族、性别、语言或宗教促进对所有人人权和基本自由的普遍尊重和遵守的责任，还念及自己负有履行上述责任提供咨询和协助的责任，决定设立一个人权委员会（Commission on Human Rights）。[④] 该委员会的工作应当是向经社理事会就下列事项提供提案、建议和报告：（a）《国际人权宪章》；（b）关于公民自由、妇女地位、信息自由以及类似事项的国际宣言或公约；（c）保护少数者；（d）防止基于种族、性别、语言或宗教的歧视。[⑤] 经经社理事会请求，该委员会应当作成研究和建议，并提供信息和其他服务。[⑥] 它可以向经社理事会就其职权范围的改变提交提案，[⑦] 也可以向经社理事会就其认为应当建立的任何小组委员会提出建议。[⑧] 作为起步阶段，委员会应当由九人组成一个核心小组，这九人是以个人身份任职，任期截至1947年3月31日。当然，他们可以被再次任命。除了行使上述职责外，核心小组还应当就其确定的组成向经社理事会第二届会

① Report of the Preparatory Commission of the United Nations, Chapter III, Section 4, paras. 36-41.

② United Nations, Report of the Preparatory Commission of the United Nations, 1946, London, 28, 36.

③ ECOSOC Res 5 (I), 1946。1946年2月18日，经社理事会又对该决议的内容进行了补充，完成了A块内容第6段和第7段。

④ 同上，第1段。

⑤ 同上，第2段。

⑥ 同上，第3段。

⑦ 同上，第4段。

⑧ 同上，第5段。

议提出建议。[①] 经社理事会在该决议中任命以下人员为核心小组最初的组成人员：来自挪威的保尔·伯格先生（Paal Berg）、来自法国的勒内·卡森教授（Rene Cassin）、来自比利时的费尔南德·德乌斯先生（Fernand Dehousse）、来自秘鲁的托雷先生（Victor Paul Haya de la Torre）、来自印度的尼欧奇先生（K. C. Neogi）、来自美国的罗斯福夫人、以及来自中国的吴经熊博士。另外，苏联和南斯拉夫可以在1946年3月31日之前向联合国秘书长各自推荐一人。[②]

1946年4月29日至5月20日，核心小组中的六名委员[③] 在纽约会面，主要商讨了人权委员会的职权范围、工作计划、组成，以及提交给经社理事会第二届会议的各种其他文件。在这一期间，委员会共举行了18次会议和一次起草会议。美国的罗斯福夫人被选为人权委员会的主席，法国的卡森被选为副主席，印度的尼欧奇被选为报告员。关于人权委员会的职权范围，核心小组六名成员认为（a）项职权，即《国际人权宪章》，可以涵盖（b）、（c）和（d）这三项职权，还认为应当请经社理事会考虑原先草案中被删除的（e）项职权，即"有可能损害国家之间一般福祉或友好关系的属于人权领域的任何事项"，这样人权委员会就有权处理（a）至（d）项以外的事项，例如最终惩罚那些国际犯罪，因为它们是对所有人类实施的犯罪。关于工作计划，核心小组六名委员建议，当务之急最重要的工作是尽快起草《国际人权宪章》，同时还认为应当规定实施机

---

① ECOSOC Res 5 (I), 1946。1946年2月18日，经社理事会又对该决议的内容进行了补充，完成了A块内容第6段。

② 同上，第7段。根据经社理事会的程序，最终被任命的中国人是夏晋麟博士，而不是吴经熊博士。南斯拉夫任命的是杰科·拉德米洛维奇（Jerko Radmilovic）博士。

③ 挪威的伯格先生、比利时的德乌斯先生和秘鲁的托雷先生未能参加这一期间的会议。此外，参加这一期间会议的中国委员是夏晋麟博士，而不是吴经熊博士，南斯拉夫委员是杜桑·比尔基什（Dusan Birkish）先生，而不是拉德米洛维奇博士。苏联委员亚历山大·博里索夫（Alexander Borisov）是5月13日才开始参加这一期间的会议的，之前参加的苏联委员是尼克莱·克留科夫（Nikolai Kriukov）。博里索夫声称，克留科夫只是一个观察员。由于人权委员会和苏联政府之间沟通不畅，克留科夫在5月13日之前一直都参加会议，还参加了投票，直到5月13日博里索夫参加会议。不过，博里索夫对克留科夫赞成的有些决议也表示赞成。

制。[①] 关于组成，核心小组六名委员认为，由于联大和经社理事会都是政府的代表，因此人权委员会的委员应当是独立专家，因此建议，人权委员会的委员应当以非政府代表的身份行事。[②] 英国国际法学家劳特派特说，如果委员都是卓越的独立人士，那么委员会将具有明显的道德权威。[③] 建议的规模是18人，联合国的所有会员国都有权向经社理事会提名人选，最多两人，不仅可以提名具有本国国籍的人，还可以提名具有联合国其他会员国国籍的人，最终人选由经社理事会决定。经社理事会在最终确定委员名单时应考虑公平的地理分配和提名人的个人资质。每名委员任期三年，可以连选连任。[④]

1946年6月21日，经社理事会第2届会议通过第9号决议，[⑤] 大部分接受了核心小组的上述建议。经社理事会决定扩大人权委员会的职权范围，把（e）项职权规定在内，即“有可能损害国家之间一般福祉或友好关系的属于人权领域的任何事项”，特请人权委员会及早提出实行人权及基本自由之有效方法以便协助经社理事会与联合国其他机关共同厘定实行办法。但是，在人权委员会的组成方面，经社理事会并没有接受核心小组的建议，决定人权委员会应由理事会就联合国会员国遴选18国各派代表一人组成，任期三年，可连选连任。

1946年12月10日，联合国经社理事会第三届会议通过决议，决定授权经社理事会各个委员会，于其三分之二以上委员会经经社理事会核定后，即得召集会议；凡于1946年12月10日经社理事会专设会议后至经社

---

① 苏联代表博里索夫说，自己还没有彻底研究会议记录，因此他对于是否要规定一套实施机制没有投票。

② 苏联代表博里索夫对这一点予以反对。他说，人权委员会的委员也应当像经社理事会的成员国一样，由政府代表组成。他认为，人权委员会的委员由政府代表组成可以更适合解决实际问题。

③ Edgar Turlington, “The United Nations Commission on Human Rights”, 39 *American Journal of International Law* (1945), p.758.

④ Report of the Commission on Human Rights to the Second Session of the Economic and Social Council, E/38/Rev.1, 21 May 1946.

⑤ E/56/Rev.1.

理事会下届会议前期间所任命的各委员会委员，经各该任命国政府与秘书长依照经社理事会于1946年6月21日及10月1、2、3日所作之决议进行商议后，得临时供职，以待本理事会下届会中核定之。[①]

1947年1月27日至2月10日，人权委员会举行了第一届会议。会议秘书是加拿大的约翰·汉弗莱先生（John P. Humphrey），选举美国的罗斯福夫人为主席，中国的张彭春先生为副主席，黎巴嫩的查尔斯·马利克（Charles Malik）为报告员。会议还通过了《人权委员会临时程序规则》。[②]这标志着联合国人权委员会的正式成立。它是经社理事会下的九个职司委员会之一。当时的人权委员会会员国名单如下：澳大利亚、比利时、白俄罗斯、智利、中国、埃及、法国、印度、伊朗、黎巴嫩、巴拿马、菲律宾、乌克兰、苏联、英国、美国、乌拉圭、南斯拉夫。

## 第二节　联合国人权委员会对侵犯人权情势的审议

作为国际社会设立的第一个专门保护人权的政治机构，也是联合国系统内唯一一个专门处理人权问题的政治机构，联合国人权委员会自成立之日起就一直致力于国际人权事业。它使人权成为国际社会的一个主要议程，扩大了《宪章》中的人权条款的法律范围和适用。[③]它通过积极制定国际人权标准、澄清有关概念、以及对侵犯人权的情势进行审查等方式保护人权，通过对话、提供技术援助和咨询服务、以及说服国家遵守人权标准的方式促进人权，通过制定新的人权规范、促进公众对与人权有关的事项的讨论提高人权水平。[④]其中，对侵犯人权的情势进行审查是人权委员会一个最具争议的职权，也是日后导致人权委员会被废除的最主要的原

① E/249/Rev.1.

② Provisional Rules of Procedure, E/CN.4/W.7.

③ Thomas Buergenthal, *International Human Rights in a Nutshell*, West Group, 1995, p.82.

④ Theo C. van Boven, "The United Nations and Human Rights: A Critical Appraisal", 8 *Bulletin of Peace Proposals* (1977), pp.198-208.

因。本节将探视人权委员会这一职权的历史与发展。

## 一、不采取行动政策20年（1947—1967年）

### （一）不采取行动政策的确立

联合国的建立，尤其是人权委员会的建立，给世界各地长期以来无数受到压制的人们带来了争取人权和基本自由的期待和希望。他们纷纷通过向联合国秘书长提交来文的方式要求联合国采取行动。联合国秘书长因此开始每年收到大量来自个人、团体和非政府组织的来文。面对这种情形，作为处理人权问题的联合国机构，人权委员会在第一届会议上于1947年2月6日通过了委员会下属的处理来文小组委员会的报告，决定请求联合国秘书长做以下事情：第一，委员会每届会议举行前就收到的有关人权的来文编造一份机密目录；第二，在不披露这些来文的内容或者来文的作者身份的情况下，经请求将该份机密目录提供给人权委员会会员国；第三，经请求，委员会委员可咨询这些来文的由来；第四，无论这些来文向谁寄发，告知来文的作者这些来文将引起人权委员会的注意。但是，人权委员会确认，“人权委员会无权就任何有关人权的指控采取任何行动”。同时，人权委员会还决定，在将来，主席或副主席应当在每届会议举行前与他们共同决定的一两位委员短暂会面，以便接收有关人权的来文，并使委员会注意这些来文。[①] 这就开启了人权委员会在有关人权的来文问题上的不行动的基本政策。这一决定得到了经社理事会的支持。1947年8月5日，经社理事会第5届会议通过了第75号决议，题为《关于人权事项之来文》。在这一决议中，经社理事会核准“人权委员会自认无权对任何关于人权事项之申诉采取行动”之陈述。不过，经社理事会在该决议中请联合国秘书长同时做以下五件事情：第一，编造机密目录，即在人权委员会每届会议开会前将所收到的各项关于人权事项的来文编造机密目录，并附带

---

① E/CN.4/14/REV.2，1947年2月6日。Commission on Human Rights, Report of the First Session, E/259.

简述每一来文内容；第二，提出机密目录，即要求将上述机密目录在人权委员会不公开会议中提出，但不宣布具文人的姓名；第三，通知具文人，即无论来文向谁寄发，联合国秘书长都应该通知所有具文人，告诉其来文业已收悉，将依据联合国所规定的程序予以审议，在遇有必要时，联合国秘书长应声明：人权委员会无权对任何关于人权事项之来文采取行动；第四，通知人权委员会非会员国，即任何关于人权事项的来文，其内容如指明与某一无代表出席委员会之会员国或其管辖下之领土有关时，应将上述来文内容摘要告知该会员国，但不宣布具文人之姓名；第五，设立专设委员会，即该决议建议人权委员会应于每次届会中指派一专设委员会，该专设委员会宜于人权委员会下次届会开会前之最短时间内集议，以便检讨秘书处所拟具的机密目录，并建议来文的原件于委员会委员请求时可送其参阅。[①] 1948年12月10日，第三届联合国大会在题为《国际人权法案》的第217号决议（乙）部分对请愿权决议不采取行动。[②] 因此，人权委员会对于任何有关侵犯人权的来文采取了不行动的基本政策。这一基本政策一直保持到1967年6月6日经社理事会第42届会议通过第1235号决议之前。这就是人权委员会对有关人权的来文不行动的20年。[③] 在这一期间，尽管人权委员会仍然不断收到来自世界各地的侵犯人权的来文，但是都一直奉行这一基本政策，只有在1959年7月30日经社理事会第28届会议通过的第728号决议F部分才对这一基本政策在技术方面作了一些细微调整。[④]

---

① ECOSOC Res 75 (V), 1947 (E/573, 2 September 1947)。值得注意的是，1947年8月5日，经社理事会在同一届会议上通过了关于妇女地位事项的来文第76号决议。在该决议中，经社理事会确认，妇女地位委员会与人权委员会一样，无权对任何关于妇女地位事项的申诉采取行动，参见：ECOSOC Res 76 (V), 1947 (E/573, 2 September 1947)。

② A/RES/217 (III)，1948年12月10日。在该决议（甲）部分，联合国大会通过了《世界人权宣言》。

③ K. Kenny, "Formal and Informal Innovations in the United Nations Protection of Human Rights: The Special Rapporteur on the Former Yugoslavia", 48 *Austrian Journal of Public International Law* (1995), p.23.

④ E/3290，第18页。

**表格1：第728号决议F部分与第75号决议V部分的细微调整对比表格**

| | 第75号决议V部分（1947年） | 第728号决议F部分（1959年） |
|---|---|---|
| 政策 | 人权委员会自认无权对任何关于人权事项之申诉采取行动。 | 人权委员会自认无权对任何关于人权事项之申诉采取行动。 |
| 联合国秘书长的权限披露具文人身份 | 在人权委员会每届会议前，编写收到的处理对人权的普遍尊重和遵守有关的原则的来文的机密目录，并编写每一封这样的来文的主要内容。 | 在人权委员会每届会议前，编写收到的处理对人权的普遍尊重和遵守有关的原则的来文的非机密目录，并编写每一封这样的来文的主要内容，还要向人权委员会委员分发，同时披露具文人的身份，除非具文人在来文中要求保密。 |
| | 在人权委员会每届会议前，编写收到的涉及人权的其他来文的机密目录，并在私人会议上把该机密目录提供给人权委员会委员，但不得披露来文人的身份。 | 在人权委员会每届会议前，编写收到的涉及人权的其他来文的机密目录，并在私人会议上把该机密目录提供给人权委员会的委员，不得披露具文人的身份，但具文人声明业已公布或意欲公布其姓名或不反对公布其姓名者不在此限。 |
| | 使人权委员会的委员能够一经请求就咨询处理对人权的普遍尊重和遵守有关的原则的来文的来源。 | 使人权委员会的委员能够一经请求就咨询处理对人权的普遍尊重和遵守有关的原则的来文的来源。 |
| | 通知涉及人权的所有来文的具文人，其来文一经收讫，并且将会根据联合国规定的程序合理注意考虑。有必要时，秘书长应当表明，人权委员会无权对涉及人权的任何申诉采取任何行动。 | 通知涉及人权的所有来文的具文人，其来文将会根据本决议处理，表明人权委员会无权对涉及人权的任何申诉采取任何行动。 |
| | 当来文明确提到在人权委员会中没有代表的联合国会员国或其管辖下的领土时，将涉及人权的该来文的核心内容提供给该会员国，并不得披露具文人的身份。 | 当来文明确提到会员国或其管辖下的领土时，将涉及人权的该来文的副本提供给该会员国，并不得披露具文人的身份，但具文人声明业已公布或意欲公布其姓名或不反对公布其姓名者不在此限。 |
| | | 提请对来文进行回复的政府注意，它们是否想要让它们的回复的概要或者全文呈递给人权委员会。 |
| | | 对于涉及歧视和少数的来文，给予防止歧视和保护少数小组委员会委员与人权委员会委员相同的权利。 |

### （二）对不采取行动政策的批评

人权委员会在这一时期奉行的不行动政策饱受批评。联合国首任秘书长特里格韦·赖伊（Trygve Lie）在1949年5月2日向人权委员会第五届会议提交的报告中指出，虽然这一政策从技术上说是正确的，但这会使联合国作为一个国际组织在公众心目中留下不好的印象，全世界成千上万通过包括联合国大会在内的联合国各个机构正在宣扬《世界人权宣言》的人会对联合国非常失望，因为他们相信联合国的其中一项宗旨是在促进和鼓励人权和基本自由方面实现合作。[①] 加拿大麦吉尔大学教授、《世界人权宣言》的起草者之一的汉弗莱先生指责人权委员会的这一政策使该机构成了“全世界最精致的废纸篓”。[②] 英国国际法学家劳特派特也严厉批评这一政策，认为人权委员会在极其严重地推卸责任，是人权委员会不履行《宪章》规定的职责的体现。[③]

### （三）不采取行动政策的原因

在这一时期，人权委员会之所以采取不行动的基本政策，其原因是多方面的。

从政治的角度来说，当时的国际政治格局和国际政治力量对比使人权委员会不容易倾向于采取行动。1946年3月5日，英国首相丘吉尔发表铁幕演说，拉开了冷战的序幕。1947年3月12日，美国总统杜鲁门致国会的国情咨文标志着冷战的正式开始。在这种格局下，以美国为首的西方集

---

① Report by the Secretary General on the Present Situation with regard to Communications Concerning Human Rights, Presented to the Fifth Session of the Commission on Human Rights, E/CN.4/165, 2 May 1949, para. 9. 1948年12月10日，第三届联大在通过《世界人权宣言》第217号决议中，还要求联合国各会员国、联合国秘书长、联合国各个专门机构以及非政府组织尽其全力宣传《世界人权宣言》，参见：A/RES/217(III)。

② John Peters Humphrey, “The Right of Petition in the United Nations”, 4 *Human Rights Journal* (1971), p.463.

③ Hersch Lauterpacht, *International Law and Human Rights* (Archon Books, 1968), p.236; H. Lauterpacht, “The International Protection of Human Rights”, 70 *Recueil des Cours* (1947), 5; “Reports on Human Rights, the Charter of the UN and the International Bill of the Rights of Man”, ILA: Report of Forty-Third Conference, Brussels, 1948, pp.80, 96-103, 128-129.

团和以苏联为首的东方集团开始进行全面的外交竞争和对抗。人权委员会对有关人权的来文采取的不采取行动政策就是这种竞争和对抗在人权委员会的集中体现。由于人权委员会的委员是以国家身份任职的外交代表，而非以个人身份任职的人权专家，而且当时的委员基本上不是来自西方集团的国家，就是来自东方集团的国家，[①] 而无论是这些西方集团的国家还是东方集团的国家，在当时都存在着各种各样的人权问题。美国担心其国内种族歧视问题在国际上暴露。英、法、比、葡等殖民地国家担心自己的殖民地状况受到国际社会的关注。苏联及东欧国家认为人权委员会采取行动是对其内政的干涉。只有印度、埃及、菲律宾等国要求人权委员会采取行动。[②] 大多数寄往人权委员会的有关人权的来文又基本上与这两个集团的国家有关，因此人权委员会作出不采取行动的决定也就不难理解了。美国纽约大学法学院的菲利普·奥尔斯顿教授（Philip G. Alston）说，人权委员会的不采取行动政策是冷战的产物，是“当时大国之间协议的产物，这些大国的联合投票权几乎不受到任何挑战”。[③] 加拿大麦吉尔大学法学院的祖伊威克教授（Ton J. M. Zuijdwijk）甚至认为，人权委员会推卸责任的真正原因就是基于政治的考虑。[④]

从任务的角度来说，在这20年时间里，人权委员会的工作重心基本

---

① 1947年1月27日至2月10日举行的人权委员会第一届会议选举产生的18位委员来自的国家名单如下：澳大利亚、比利时、白俄罗斯、智利、中国、埃及、法国、印度、伊朗、黎巴嫩、巴拿马、菲律宾、乌克兰、苏联、英国、美国、乌拉圭、南斯拉夫。在当时这18个国家中，只有一个国家来自非洲（埃及），五个国家来自亚洲（中国、印度、伊朗、黎巴嫩和菲律宾）。而且，这些亚非国家的政府当时基本上都是支持西方国家的。另据统计，从1947年人权委员会第一届会议到1954年第十届会议的八年期间，人权委员会的委员中有34%是西方国家的代表，而且他们得到当时来自亚洲和拉美国家的委员的支持，而亚洲和拉美的委员占到40%的份额，参见：Howard Tolley, *The UN Commission on Human Rights* (Westview Press, Boulder and London, 1987), p.14.

② 范国祥：《联合国人权委员会与国别人权》，载《人权》，2002年第2期，第55页。

③ Philip Alston ed., *The United Nations and Human Rights* (Oxford University Press, 1992), p.142.

④ Ton J. M. Zuijdwijk, *Petitioning the United Nations: A Study in Human Rights* (Gower, Aldershot; St. Martin's Press, New York, 1982), p.14.

上都在制定有关的国际人权标准。在这一期间，人权委员会起草了“国际人权宪章”，包括1948年《世界人权宣言》、1966年《公民权利和政治权利国际公约》和《经济、社会和文化权利国际公约》。它们被誉为人权委员会皇冠上的宝石。人权委员会还起草了1948年的《防止及惩治灭种族罪公约》、[①] 1959年的《儿童权利宣言》、[②] 1965年的《消除一切形式种族歧

① 1946年12月11日，联大首届会议通过第96号决议，声明“灭绝种族系国际法上的一种罪行，为文明世界所不容”，还请求经社理事会进行必要研究，以便起草一份关于灭绝种族罪的公约草案。1947年3月28日，经社理事会第四届会议通过第47号决议，要求联合国秘书长借国际法及刑法专家的协助，从事必要的研究，以便依据大会决议案拟订公约草案，并与大会国际法发展及编纂委员会会商，如可能时并与人权委员会会商，再请各会员国政府就此问题发表意见后，向经社理事会下一届会议提出有关灭绝种族罪的公约草案（E/437，第16页）。1947年8月6日，经社理事会第五届会议通过第77号决议，通过了《防止及惩治灭绝种族罪公约草案》（E/573，第9页）。1947年11月21日，第二届联大通过第180号决议，要求经社理事会继续工作，最终完成公约的通过。1948年3月3日，经社理事会在第六届会议上通过第117号决议，决定设立一个由美国、苏联、黎巴嫩、中国、法国、波兰和委内瑞拉代表组成的特设委员会，起草第二份公约草案，并要求将所拟公约草案连同人权委员会对此问题的建议，一并提交经社理事会下届会议（E/777，第8页）。1948年12月9日，第三届联大第260号决议通过了该公约。参见：William A. Schabas, *Procedural History of Convention on the Prevention and Punishment of the Crime of Genocide*, in Audiovisual Library of the United Nations, http://legal.un.org/avl/ha/cppcg/cppcg.html.

② 1950年，社会委员会第六届通过了《儿童权利宣言草案》，并提交给了经社理事会。1950年7月13日，经社理事会第11届会议通过第309号决议，在该决议C部分请人权委员会参照理事会有关简要记录，于审议《世界人权宣言》时一并审议社会委员会草拟的《儿童权利宣言草案》，并就此项草案的原则和内容，向理事会第13届会议提交意见（E/Res/309 C (XI), E/1849，第16页）。由于人权委员会当时正在起草《公民权利和政治权利国际公约》和《经济、社会和文化权利国际公约》，因此这一宣言草案直到1957年才在人权委员会第十三届会议上首次审议，并把审议的情况转交人权委员会会员国评论。1957年7月24日，经社理事会第24届会议通过第651号决议，在E部分，经社理事会希望各国政府能在1958年12月1日之前提交评论。1959年3月30日至4月8日，人权委员会对草案进行了新的审议。1959年12月10日，第14届联大第1386号决议通过了《儿童权利宣言》（A/RES/1386(XIV)），参见：OHCHR, *Legislative History of the Convention on the Rights of the Child*, Vol.1, 2007, New York, HR/PUB/07/1, p.7.

视国际公约》、[①] 1967年的《领土庇护宣言》。[②] 当然，制定国际人权标准的工作在1967年之后也一直在进行，可以说，直到2006年被废除为止，制定国际人权标准一直都是人权委员会的一项重要工作。[③] 确实，制定国际人权标准是一件极其重要的事情。虽然《联合国宪章》中有七个条款明确提及人权，但何谓“人权”,《宪章》并没有规定具体的内容。在《宪章》

① 1959年末到1960年初，不少国家发生了大量纳粹十字符号以及体现反犹太主义的涂画事件，引发了许多煽动种族、民族、宗教等仇恨的事件。1960年1月，正在召开会议的防止歧视和保护少数小组委员会通过决议，谴责任何此类事件，认为这是违反《联合国宪章》和《世界人权宣言》的行为，并建议采取各种有效措施处理此类行为。这一决议得到了1960年召开的第15届联大的支持。1961年，该小组委员会建议联大通过一份公约，要求禁止此类行为。1963年11月20日，第18届联大通过1906号决议，请经社理事会转请人权委员会“绝对优先拟具消除一切形式种族歧视国际公约草案，送交大会第十九届会议审议”。1964年1月，防止歧视及保护少数小组委员会起草了一份公约，这份草案在1964年2月至3月举行的人权委员会第20届会议上得到通过。1964年7月30日，经社理事会把这份草案提交给了第19届联大。但是，由于联合国会员国在联合国维和部队的经费以及《联合国宪章》第19条的适用范围产生了严重的争端，1964年的第19届联大陷入瘫痪。因此，第19届联大无法讨论该公约草案。直到1965年12月21日，第20届联大才通过了该公约。参见：Egon Schwelb, “The International Convention on the Elimination of All Forms of Racial Discrimination”, 15 *International & Comparative Law Quarterly* (1966), pp.996–1068.

② 人权委员会在1947年举行的第二届会议上首次提出领土庇护这一专题，当时委员会审议了是否在拟议的国际人权宪章或在另一项公约中包括庇护权的问题。庇护权写入了1948年《世界人权宣言》第14条。但在1952年，关于将庇护权写入《公民权利及政治权利公约草案》的提案被人权委员会否定（秘书长关于庇护权的备忘录，E/CN.4/738）。1956 年，人权委员会在第12届会议上决定将庇护权问题列入其第13届会议议程（E/CN.4/731）。在人权委员会第13届会议上，人权委员会通过第十号决议，其中要求秘书长将该宣言草案和委员会的相关记录送交会员国政府和联合国难民事务高级专员。经社理事会在1957年7月24日第651(XXIV)号决议中注意到委员会的决议。人权委员会在1959年第15届会议上参照收到若干会员国的评论意见和提交的材料，订正了关于庇护权的宣言草案，并再次请会员国、联合国难民事务高级专员办事处和具有经济及社会理事会咨商地位的非政府组织提供评论意见（人权委员会第15届会议报告(E/CN.4/789)）。1960年，在第16届会议上，人权委员会通过第3号决议，向经社理事会提交了一项关于庇护权的宣言草案（E/3403）。1960年7月25日，经社理事会在第30届会议上通过第772E号决议，其中，除其他外，决定向大会转递委员会拟定的宣言草案。经过联大七年的讨论，1967年12月14日，第22届联大通过题为《领土庇护宣言》的第2312（XXII）号决议。参见：Guy S. Goodwin-Gill, *Procedural History of the Declaration on Territorial Asylum*, in Audiovisual Library of the United Nations, http://legal.un.org/avl/ha/dta/dta.html.

③ Dinah Shelton, “Standard-setting by the United Nations Commission on Human Rights: An Overview from its Inception in 1947 until the Creation of the Human Rights Council in 2006”, 29 *Human Rights Law Journal* (2008), pp.15-27.

通过之后，包括巴拿马、墨西哥和乌拉圭在内的一些会员国要求对《宪章》中提到的"人权"开列一个清单。如上所述，人权委员会的一个首要的职权范围是制定国际人权宪章。如果连具体的国际人权标准都不存在，人权委员会显然无法对有关人权的来文采取行动。[①] 同时，人权委员会采取不行动政策也是为了防止对人权委员会起草《公民权利和政治国际公约》和《经济、社会和文化权利国际公约》的工作造成干扰。[②]

从法律的角度来说，在这一时期，人权委员会采取的不行动政策还与其对《联合国宪章》第2条第7款规定的不干涉原则的早期理解有关。在早期，联合国许多会员国都对第2条第7款规定的不干涉原则作广义理解，把人权视为会员国国内管辖的事项。《联合国宪章》第2条第7款规定，除了《联合国宪章》第七章所规定的执行办法外，不得认为《联合国宪章》授权联合国干涉在本质上属于任何国家国内管辖的事件，且并不要求会员国将该事件依《联合国宪章》提请解决。根据广义理解，除了一国境内发生的侵犯人权的情势受到《宪章》第七章调整外，其他的人权情势均不受联合国的干涉。1946年，人权委员会的核心小组的报告中曾温和地向联合国建议，"在最终建立执行机构之前，可以承认人权委员会有权协助联合国的适当机关完成《宪章》第13条、第15条和第62条为联大和经社理事会规定的有关促进和遵守人权和基本自由方面的任务，也有权指出那些发生在一国境内的严重、一贯或系统侵犯人权的行为构成对和平的威胁，以此协助安理会完成《宪章》第39条赋予的任务。"[③] 然而，即便是这样的建议，也被当时的经社理事会否定。第2条第7款要求联合国和会员国遵守这一原则。在国际联盟时代，《国际联盟盟约》中也有不干涉原则的规定，但是《国际联盟盟约》中规定的不干涉原则只适用于国际联盟的行政院在

① Howard Tolley, *The UN Commission on Human Rights* (Westview Press, Boulder and London, 1987), p.19.

② Philip Alston ed., *The United Nations and Human Rights* (Oxford University Press, 1992), p.142.

③ *Journal of the Economic and Social Council*, First Year, No. 14 (24 May 1946).

和平处理国际争端的权限方面，[①] 而《联合国宪章》则把不干涉原则提升到了联合国这个国际组织的基本原则的高度，并不仅仅局限于联合国安理会。[②] 在旧金山会议上，美国代表杜勒斯（John Foster Dulles）就指出，规定第2条第7款是为了让尊重国内管辖事项成为联合国的基本原则，而不仅仅是一种技术或形式主义方面的考虑，并让尊重国内管辖事项成为对联合国各个机构的权限的一种制约，如同美国的联邦主义一样。[③] 这就是说，《宪章》第2条第7款要求联合国的各个机构都贯彻不干涉本质上属于任何国家国内管辖的事项，联合国人权委员会当然也将包括在内。[④] 而且，《宪章》的起草者对第2条第7款中的"干涉"一词的理解是非常广泛的，认为"干涉"（intervene）就是干预（"interfere"），把仅仅是辩论和建议这样的行为都认为是一种干涉行为。起草者们注意到，与以前的《国际联盟盟约》相比，《宪章》已经大大扩大了联合国的职权范围，因此不能再让这种职权不受到任何制约，尤其是在经济、社会和文化领域。[⑤]

总之，以上各种因素促成了联合国人权委员会从成立起20年的时间里，对任何会员国国内侵犯人权的事件和情势采取了不采取行动的政策。

---

① 《国际联盟盟约》第15条第8款规定，"如果当事方之一认为、而且行政院的确发现，当事方之间的争端是因依据国际法纯粹属于该当事方的国内管辖事项而引起的，那么行政院就应当如此报告，并且应当对这种争端的解决不作出任何建议。"

② ICJ, *Interpretation of Peace Treaties with Bulgaria, Hungary, and Romania*, Advisory Opinion, ICJ Reports, 1950, p.71. See also Georg Nolte, 'Article 2', in Bruno Simma, Hermann Mosler, Albrecht Randelzhofer, Christian Tomuschat, Rudiger Wolfrum eds., *The Charter of the United Nations: A Commentary*, Second Edition, Volume II (Oxford University Press, 2002), p.152.

③ UNCIO IV, 507-513.

④ Jeroen Gutter, *Thematic Procedures of the United Nations Commission on Human Rights and International Law: In Search of a Sense of Community* (Intersentia, Antwerp, 2006), p.13.

⑤ Hans Kelsen, *The Law of the United Nations* (Stevens, London, 1951), p.772; Leland M. Goodrich and E. Hambro, *Charter of the United Nations: Commentary and Documents* (Columbia University Press, New York, 1949), pp.320-321.

## 二、采取行动时期（1967—2006年）

### （一）采取行动政策的确立及其原因

#### 1. 确立

为了加快非殖民化进程，1960年12月24日，第15届联合国大会通过了题为《关于准许殖民地国家及民族独立的宣言》的第1514号决议，宣布有必要迅速并无条件地终止各种形式的殖民主义；所有民族均有自决权，且凭此权利自由决定其政治地位，自由从事其经济、社会及文化发展；在托管领土及非自治领土或其他尚未达成独立的领土内立即采取步骤，不分种族、信仰或肤色，按照此等领土各民族自由表达之意志，将一切权力无条件无保留移交彼等，使能享受完全之独立及自由。[①] 为了监督这一《宣言》的实施，1961年11月27日，第16届联合国大会通过了题为《准许殖民地国家及民族独立宣言的实施情形》的第1654号决议。在该决议中，联合国大会决定设立一个特设委员会，委员17人，由大会主席由本届会提名，并请该特设委员会审查该宣言之适用情形，就实施宣言之进展及程度提出意见及建议，并向大会第17届会举报，还指令该特设委员会在为妥善履行其职责所将采取之程序及方式范围内，采用一切可能使用之办法执行其任务。[②] 这一委员会就是联合国非殖民化特设委员会（又称“24人委员会”）。[③] “24人委员会”从一成立开始就积极履行联大第1654号决议赋予的职责。它设立了两个小组委员会，一个负责殖民地，另一个负责受理

① A/RES/1514(XV)，1960年12月24日，第2段和第5段。

② A/RES/1654(XVI)，1961年11月27日，第3—5段。虽然联合国的一个主要机关“托管理事会”负责非自治领土的自决问题，但是当时置于托管制度之下的托管领土数量非常有限，而且托管理事会会员国一般都是那些非自治领土的管理当局，因此联合国会员国中许多新独立的亚非国家对这一状况非常不满，认为当时的机制不足以快速推进非殖民化进程，无法实现《宣言》的目标。在它们的强烈推动下，第16届联大第1654号决议决定设立一个特设委员会。

③ 1962年12月17日，第17届联合国大会通过了第1810号决议，决定扩大该特设委员会的规模，增添新委员七人，由大会主席指派。参见：A/RES/1810(XVII)，1962年12月17日，第7段。因此，该委员会的委员数量增加到24人。该委员会的委员数量后来又不断发生变化，从23人到25人不等，但是“24人委员会”这一名称一直维持不变。

来自非自治领土上的居民寄来的申诉。“24人委员会”积极利用这些申诉，把这些申诉作为殖民地当局侵犯非自治领土上的居民的人权的罪证，呼吁联合国对殖民地当局进行经济制裁。与此同时，随着殖民地纷纷独立，“24人委员会”对联合国政策的影响开始从动员殖民地走向独立向关注非自治领土上的居民的人权保护转变。1965年6月18日，“24人委员会”向人权委员会提出建议，希望人权委员会“考虑关于葡萄牙管理下的领土、南非和南罗得西亚（现在的‘津巴布韦’）侵犯人权的个人申诉”。[①] 根据这一请求，经社理事会在1966年3月4日第40届会议上通过了第1102号决议，邀请人权委员会于其第22届会议上“将侵害人权及基本自由问题，包括种族歧视与分离政策及所有国家内，尤其是殖民地及其他附属国家与领土内之种族隔离政策，视为急要事项，加以审议。”[②] 经社理事会的这一决议具有两个重要含义：第一，这一决议扩大了人权委员会的职权，使其可以审查全世界任何地方发生的侵犯人权的问题；[③] 第二，这一决议还为人权委员会日后建议各种监督机制，特别是特别程序，提供了可能。[④] 人权委员会第22届会议于1966年3月25日通过“决议案（二）”，谴责侵害人权及基本自由情事，不论其在何处发生，支持“24人委员会”于1965年6月18日向人权委员会提出的建议，还建议经社理事会，为了彻底处理在所有国家发生的侵犯人权和基本自由问题，人权委员会有必要全面考虑其可以全面知悉侵犯人权情形的各种手段，以便建议各种措施，停止这种侵犯。[⑤]

1966年8月5日，经社理事会第41届会议在其通过的题为《侵害人权及基本自由问题，包括所有国家内尤其殖民地及其他附属国家与领土内种

---

① Resolution GAOR, XX, Annexes, Agenda item 23, A/6000/Rev.1, chapter II, para. 463.

② ECOSOC Res 1102 (XL), 4 March 1966, (in E/4176, p.6).

③ Ton J. M. Zuijdwijk, *Petitioning the United Nations: A Study in Human Rights* (Gower, Aldershot; St. Martin's Press, New York, 1982), p.16.

④ Ingrid Nifosi, *The UN Special Procedures in the Field of Human Rights* (Intersentia, Antwerpen, 2005), p.11.

⑤ E/4184，第51—53页。

族歧视与分离及种族隔离之政策（项目二十一）》的第1164号决议中，表示备悉人权委员会第22届会议提出的“决议案（二）”，谴责侵害人权及基本自由情事，不论其在何处发生，对于殖民地及其他附属国家与领土境内侵害人权情事，尤与人权委员会同深震愤，欢迎人权委员会决定在其第23届会议审议委员会工作与职权问题及其对所有国家内侵害人权情事之任务，包括对《准许殖民地国家及民族独立宣言》实施情形特设委员会提供适当协助在内，赞同人权委员会的意见，即该委员会必须充分考虑可以更加详细获悉侵害人权情事之方法，以便就制止此种侵害情事之措施，拟具建议。该决议同时还附有一份建议联大通过的决议草案。[①] 这一草案被第21届联大全面接受。1966年10月26日，第21届联合国大会通过了题为《侵害人权及基本自由问题，包括所有国家内、尤其殖民地及其他附属国家与领土内种族歧视与分离及种族隔离之政策》的第2144号决议。在该决议中，联合国大会请经社理事会及人权委员会紧急考虑各种方法，增进联合国制止无论在何处发生之侵害人权情势之能力。[②] 这表明，联合国大会已经允许，甚至要求经社理事会及人权委员会考虑包括放弃不采取行动政策在内的各种方法，来增进联合国制止无论在何处发生之侵害人权情势之能力。

有了联合国大会和经社理事会的许可，1967年3月2日，人权委员会第23届会议通过第2号决议，对南非警察对那些因反对种族隔离法律而被羁押的人员施行的酷刑和虐待深表震惊，对南非公然违反《联合国宪章》中有关人权的条款以及违反国际法采取的行动深表愤怒，决定保护南非的人权和基本自由，并要求南非立即停止侵犯人权和基本自由的行为，决定依据经社理事会1946年6月21日通过的第9号决议设立一个特设专家工作组，调查在南非发生的对囚犯以及被警察羁押的其他人员的酷刑和虐待指控，接收来文、聆讯证人、以及采取任何适当的程序，建议在具体的案件

---

① E/4264，第25—26页。

② A/RES/2144 (XXI)，1966年10月26日，第12段。

中采取的行动，并尽早向人权委员会报告。[①] 这被认为是人权委员会设立的第一个国别问题特别程序。[②]

1967年3月16日，人权委员会第23届会议通过题为《研究和调查揭露一贯侵犯人权模式的情势》的第8号决议。该决议首先回顾《联合国宪章》第55条和第56条规定的人权条款，还牢记经社理事会1966年8月5日通过的第1164号决议以及联大1966年10月26日通过的第2144号决议，决定逐年审议题为"侵害人权及基本自由问题，包括所有国家内，尤其殖民地及其他附属国家及领土内种族歧视与分离及种族隔离之政策"的项目，但不妨碍业已存在之机关之职权或保障人权与基本自由之国际盟约及公约所载实施办法范围内可能设立之机关之职权；请求防止歧视和保护少数小组委员会为协助人权委员会审查这一问题，准备一份从各种渠道得知的侵犯人权和基本自由的情报的报告；请求联合国秘书长对小组委员会完成这一任务提供协助和设备；请求经社理事会授权人权委员会及其小组委员会审查有关严重侵犯人权和基本自由的情报，例如联合国秘书长依据经社理事会第728号决议F部分编写的来文中体现出来的各种形式的种族隔离制度；还请求允许在适当的案件中在对有关情报进行仔细审查后对揭露一贯侵犯人权的情势进行彻底研究和调查，并向经社理事会提出含有建议的报告；邀请小组委员会提醒人权委员会注意侵害人权及基本自由问题，包括所有国家内，尤其殖民地及其他附属国家与领土内种族歧视与分离及种族隔离之政策。[③] 人权委员会的这一决议被认为是人权委员会首次尝试废除其自1947年以来实行了20年的不采取行动基本政策，不仅为人权委

---

① E/4322，第76页。

② 严格说来，这一特设专家工作组并不是人权委员会的一个特别程序，因为人权委员会并不是依据经社理事会第1235号决议设立的（它要早于1235号决议），但是这一特设专家工作组通常都被认为是人权委员会设立的第一个国别问题特别程序，因为自从1967年6月6日经社理事会通过1235号决议后，南非的人权情势一直都是被纳入第1235号决议得到审查的。参见：Philip Alston ed., *The United Nations and Human Rights* (Oxford University Press, 1992), p.126; Ton J. M. Zuijdwijk, *Petitioning the United Nations: A Study in Human Rights* (Gower, Aldershot; St. Martin's Press, New York, 1982), p.4.

③ E/4322，第131页。

员会设立特别程序开辟了道路，而且也为人权委员会此后每年对发生在世界各地侵犯人权的行为举行公开辩论以及通过谴责有关国家的决议奠定了基础。[①]

1967年6月6日，经社理事会第42届会议通过题为《侵害人权及基本自由问题，包括所有国家内，尤其殖民地及其他附属国家与领土内种族歧视与分离及种族隔离之政策》的第1235号决议。在该决议中，经社理事会"欢迎人权委员会决定逐年审议题为'侵害人权及基本自由问题，包括所有国家内，尤其殖民地及其他附属国家及领土内种族歧视与分离及种族隔离之政策'的项目，但不妨碍业已存在之机关之职权或保障人权与基本自由之国际盟约及公约所载实施办法范围内可能设立之机关之职权；并赞同向防止歧视及保护少数小组委员会及秘书长请求协助；"同时，"授权人权委员会及防止歧视及保护少数小组委员会，依人权委员会第23届会议第8号决议第一段规定，审查有关严重侵害人权与基本自由情事的情报，秘书长依1959年7月30日经济及社会理事会第28届会议第728号决议F部分的要求编制来文一览表内所载南非共和国及联合国直接负责而现为南非共和国非法占领之西南非领土所实行的种族隔离政策以及主要在南罗德西亚施行的种族歧视政策，即其例证"，还"决定人权委员会在适当情形下并于审慎考虑所接获情报后依上文第一段规定对继续不断侵害人权情事，例如南非共和国及在联合国直接负责而现为南非共和国非法占领之西南非领土所实行的种族隔离政策，及主要在南罗德西亚施行的种族歧视政策，彻底研究，并拟具建议，向理事会具报"。[②] 这就是著名的"1235号决议"。这一决议明确授权人权委员会及其小组委员会对"所有国家内"有关严重侵害人权与基本自由情事进行审查。

经社理事会第1235号决议对于联合国的人权审议事业来说具有十分

---

① Ton J. M. Zuijdwijk, *Petitioning the United Nations: A Study in Human Rights* (Gower, Aldershot; St. Martin's Press, New York, 1982), p.18; Ingrid Nifosi, *The UN Special Procedures in the Field of Human Rights* (Intersentia, Antwerpen, 2005), p.12.

② ECOSOC Res 1235 (XLII), 1967.

重要的意义。它表明，经社理事会正式废除了其自1947年第75号决议V部分以来实行了20年的不采取行动政策，扩大了人权委员会的职权，正式确立起了对严重侵犯人权和基本自由的情势采取行动的基本政策，是人权委员会从不采取行动向采取行动的转折点，它也表明，联合国对会员国国内严重侵犯人权和基本自由的情势将予以过问。经社理事会第1235号决议还是联合国人权委员会中此后设立的各种监督机制的法律依据，尤其是特别程序，包括国别问题特别报告员和专题报告员等。①

2．原因

在这一时期，人权委员会之所以开始抛弃不行动的基本政策，转而采取行动的基本政策，其原因也是多方面的。

从政治的角度来说，当时的国际政治格局和国际政治力量在联合国内的对比开始出现了转变。在东西方两大阵营之外，亚非拉殖民地人民经过艰苦斗争，纷纷实现了独立，并形成了第三世界国家阵营。它们在成为联合国会员国后，②使联合国内的政治力量格局由原来的东西方两大阵营变成了三大阵营，而且在当时的主要人权议题上，第三世界阵营得到了社会主义国家阵营的支持。③这种力量的改变不仅在联合国大会中得以体现，而且在人权委员会委员的构成中也随即得到了直接体现，第三世界国家在人权委员会中的代表开始占据多数。1962年，经社理事会通过决议，决定

① Ingrid Nifosi, *The UN Special Procedures in the Field of Human Rights* (Intersentia, Antwerpen, 2005), p.13. Ton J. M. Zuijdwijk, *Petitioning the United Nations: A Study in Human Rights* (Gower, Aldershot; St. Martin's Press, New York, 1982), p.20.

② 1960年，联合国一下子增加了17个会员国，除塞浦路斯之外，其他全是非洲国家（喀麦隆、中非共和国、乍得、刚果（布拉柴维尔）、刚果（利奥波德维尔）、达荷美、加蓬、象牙海岸（科特迪瓦）、马达加斯加共和国（马达加斯加）、马里、尼日尔、尼日利亚、塞内加尔、索马里、多哥、上沃尔特）。1961年，毛里塔尼亚、蒙古国、塞拉利昂和坦噶尼喀加入联合国。1962年，阿尔及利亚、布隆迪、牙买加、卢旺达、特立尼达和多巴哥、乌干达加入联合国。1963年，肯尼亚、科威特、桑给巴尔加入联合国。1964年，马拉维、马耳他、赞比亚加入联合国。1965年，冈比亚、马尔代夫、新加坡加入联合国。1966年，巴巴多斯、博茨瓦纳、圭亚那、莱索托加入联合国。

③ Philip Alston ed., *The United Nations and Human Rights* (Oxford University Press, 1992), p.126.

把人权委员会的委员从原来的18位扩大到21位，这是人权委员会自成立以来首次扩大规模。1967年，经社理事会再次通过决议，决定把人权委员会委员的规模从21位扩大到32位。这是人权委员会第二次扩大委员规模。这32位委员的分配如下：非洲8位；亚洲6位；东欧4位；拉美6位；西欧等8位。在这32位委员中，亚非拉加起来就有20位，占据了多数。① 这被许多学者视为西方国家开始在人权委员会失去权力以及新独立的亚非国家在人权委员会兴起的重大转折。②

从时代的主旋律来说，非殖民化和反种族歧视、种族分离和种族隔离是当时联合国内讨论的主要人权议题。可以说，在国际政治格局和政治力量发生明显有利于第三世界国家转变的情况下，第三世界国家当时在人权领域的主要诉求显然将极大地左右人权委员会的态度。在当时，第三世界国家在人权领域的主要诉求就是非殖民化和反种族歧视、种族分离和种族隔离。从引起人权委员会决定采取行动的一连串事件来看，1960年12月24日第15届联合国大会通过的《关于准许殖民地国家及民族独立的宣言》的决议就是一个起始，而联合国大会通过该决议正是为了加快非殖民化的进程。人权委员会开始奉行行动政策就是非殖民化运动在联合国人权领域带来的直接后果。反种族歧视、种族分离和种族隔离是在非殖民化的进程中衍生出来的人权问题。即使是在1967年6月6日经社理事会通过第1235号决议之后的十年之内，人权委员会设立的国别机制都与殖民地情势和种族歧视有关。防止歧视和保护少数小组委员会曾经向人权委员会建议依据第1235号程序对希腊和海地的人权情势设立国别机制，但是均没有得到

① 1967年人权委员会第23届会议上委员来自的国家分布如下：非洲8位（贝宁、埃及、摩洛哥、尼日利亚、塞内加尔、索马里（代表缺席该届会议）、坦桑尼亚、扎伊尔）；亚洲6位（印度、伊朗、伊拉克、以色列、巴基斯坦、菲律宾）；东欧4位 [波兰、乌克兰（乌克兰代表是会议主席）、苏联、南斯拉夫]；拉美6位（阿根廷、智利、哥斯达黎加、危地马拉、牙买加、秘鲁）；西欧等8位（奥地利、法国、希腊、意大利、新西兰、土耳其、英国、美国）。

② K. E. Kenny, "Formal and Informal Innovations in the United Nations Protection of Human Rights: The Special Rapporteur on the Former Yugoslavia", 48 *Austrian Journal of Public International Law* (1995), p.22.

人权委员会的同意。可见，第三世界国家从事的非殖民化和反种族歧视、种族分离以及种族隔离斗争是人权委员会转向行动政策的直接原因。

从任务的角度来说，人权委员会在这一时期逐渐完成了一些重要的国际人权标准的制定工作，这为人权委员会随即对侵犯人权的情势展开行动提供了具体的法律审查标准。在这一期间，人权委员会完成了“国际人权宪章”的起草工作，包括1948年《世界人权宣言》、1966年《公民权利和政治权利国际公约》和《经济、社会和文化权利国际公约》，还起草了其他核心人权公约，包括1948年的《防止及惩治灭种族罪公约》，1965年的《消除一切形式种族歧视国际公约》等。这些均为人权委员会审查侵犯人权的情势提供了一定的国际法参考标准。

从法律的角度来说，联合国的嗣后实践对《联合国宪章》第2条第7款规定的不干涉原则出现了狭义理解的趋势，不再把联合国审查会员国的人权问题视为是联合国对会员国国内管辖事项的干涉，尤其是那些不断、严重侵犯人权的情势。

首先，会员国内存在的不断、严重侵犯人权的情势不再被视为是在本质上属于会员国国内管辖的事项。《宪章》第1条规定，联合国的宗旨之一是，“促成国际合作，以解决国际间属于经济、社会、文化及人类福利性质之国际问题，且不分种族、性别、语言或宗教，增进并激励对于全体人类之人权及基本自由之尊重。”第55条第3款规定，“为造成国际间以尊重人民平等权利及自决原则为根据之和平友好关系所必要之安定及福利条件起见，联合国应促进：……（寅）全体人类之人权及基本自由之普遍尊重与遵守，不分种族、性别、语言或宗教。”第56条规定，“各会员国担允采取共同及个别行动与本组织合作，以达成第55条所载之宗旨。”第55条只规定会员国有“促进”人权的义务，并没有规定“保护”人权的义务。有人认为这是起草者故意的，因为采用“保护”这个词就可能被解释为人权不是会员国应当努力实现的目标，而是一个实实在在的义务，而这是当时许多会员国所担忧的。[①] 而且，第55条第3款强调的是在促进人权及基本自由方面的普遍尊重与遵守，即不得歧视。即便承认第55条第3款应当与第56条结合起来解读，[②] 也无法从中得出结论，认为会员国不断、严重侵犯人权的情势不属于本质上属于会员国国内管辖的事项，至少从第55条第3款和第56条的措辞中是无法直接得出这个结论的。这是联合国刚刚成立时的一般理解。[③] 然而，联合国的嗣后实践逐渐改变了这种理解，认为虽然第55条第3款的含义比较模糊，但是这绝不意味着人权和基本自由是《宪章》第2条第7款意义上的本质上属于会员国国内管辖的事项，与联合国无关。至少，那些不断、严重侵犯人权的情势不再本质上属于会员国国内管辖的事项，联合国的这种嗣后实践肇端于对南非种族隔离制度的审查。联大从20世纪50年代通过的多个决议中明确指出，种族隔离制度和实践是违反《宪章》的，尤其是第55条第3款和第56条。[④] 联合国对南非种族隔离制度和实践的谴责和审查开创了联合国的一个先例，从此以后，任何不断、严重侵犯人权的情势联合国都有可能作出反应。[⑤] 因此，基于联合国的这些嗣后实践，联合国会员国对于第55条第3款和第56条的理解发生了转变，逐渐认为，那些不断、严重侵犯人权的情势是对第55条第3款和第56条的违反。[⑥] 也就是说，会员国有义务避免从事不断、严重

---

① H. Lauterpacht, "The International Protection of Human Rights", 70 *Recueil des Cours* (1947), 5, p.14.

② John P. Humphrey, "The UN Charter and the Universal Declaration of Human Rights", in Evan Luard (ed.), *The International Protection of Human Rights* (Thames & Hudson, 1967), p.42; Frank E. Schwelb, "The International Court of Justice and the Human Rights Clauses of the Charter", 66 *American Journal of International Law* (1972), p.337.

③ Ingrid Nifosi, *The UN Special Procedures in the Field of Human Rights* (Intersentia, Antwerpen, 2005), p.31.

④ GA Resolution 1248 (XIII), 30 October 1958; GA Resolution 2671 (XXV), 8 December 1978; GA Resolution 616 A (VII), 5 December 1952; GA Resolution 917 A (X), 6 December 1955.

⑤ Howard Tolley, *The UN Commission on Human Rights* (Westview Press, Boulder and London, 1987), pp.115-117.

⑥ Buergenthal T., *La Protection International de Droits de l'Homme*, 1993, pp.52-53, 转引自 Ingrid Nifosi, *The UN Special Procedures in the Field of Human Rights* (Intersentia, Antwerpen, 2005), p.33.

侵犯人权的行为，否则将遭致联合国的行动。这等于说，不断、严重侵犯人权的情势就不再是《宪章》第2条第7款所指的本质上属于会员国国内管辖的事项了。[①]

其次，对会员国境内发生的不断、严重侵犯人权的情势进行彻底研究和调查、提出建议、向经社理事会等联合国其他机构具报、在联合国的会议上进行公开辩论、通过谴责的决议、以及任命特别报告员等措施不再被视为是《宪章》第2条第7款意义上所指的联合国的一种干涉行为。[②] 英国国际法学家劳特派特早在20世纪50年代就指出，联合国对会员国人权问题仅仅进行讨论并不构成《宪章》第2条第7款所指的“干涉”行为，是不违反该条款的规定的。[③]

实际上，在这一时期，虽然人权委员会对于有关人权的来文没有采取任何行动，但是联合国的其他机构对有些严重的侵犯人权的情势还是作出了一定的反应，包括联合国大会、安理会和经社理事会。例如，由于苏联法律禁止外国人中的苏联籍配偶离开苏联，联合国妇女地位委员会、经社理事会和联大在1948年和1949年多次审议这个议题。1949年4月25日，联大第三届会议通过题为《苏联违反基本人权、传统外交惯例及宪章上其他原则事》的第285号决议，声明：“凡阻止或强使他国国民的妇女随夫离去本国或赴国外从夫的举措，均与《宪章》不合，……并建议苏联政府撤

---

① 1993年联合国第二次世界人权大会通过的《维也纳宣言和行动纲领》指出：“促进和保护所有的人权是国际社会合法的关注。” A/CONF.157/23，第四段。

② Ton J. M. Zuijdwijk, *Petitioning the United Nations: A Study in Human Rights* (Gower, Aldershot; St. Martin's Press, New York, 1982), pp.103-105; Howard Tolley, *The UN Commission on Human Rights* (Westview Press, Boulder and London, 1987), pp.115-117; Thomas Buergenthal, “The Normative and Institutional Evolution of International Human Rights”, 19 *Human Rights Quarterly* (1997), pp.709-712; Philip Alston and Bruno Simma, “The Source of Human Rights Law, Custom, Jus Cogens and General Principles”, 12 *Australian Yearbook of International Law* (1988-1989), p.98.

③ H. Lauterpacht, *International Law and Human Rights* (Stevens and Sons. Ltd., London, 1950), pp.168-173.

销其所采取的此种性质的措施”。[①] 1949年7月20日，经社理事会第四届会议通过第238号决议，要求联合国秘书长任命一个由不超过五位专家组成的小型特设委员会审议奴隶制问题，调查奴隶制及其与其相类似的一切制度习惯，确定目前此种制度的性质及范围，以及建议着手解决这个问题的方法等。[②] 1960年4月1日，安理会就南非局势通过第374号决议，认为“南非境内的局势已经引起国际摩擦，如其继续延续，可能危及国际和平与安全”，“请南非政府采取旨在以平等为原则而促成种族间和谐关系为目的之措施以便保证目前情势不再延续或再度发生，并放弃其现行之种族隔离与种族歧视政策”。[③] 1961年11月27日，第16届联合国大会通过的题为《准许殖民地国家及民族独立宣言的实施情形》的第1654号决议中，联合国大会指令“24人委员会”在为妥善履行其职责所将采取之程序及方式范围内，采用一切可能使用之办法执行其任务。[④] 1963年10月11日，应南越政府的邀请，第18届联大主席决定设立一个由阿富汗、巴西、锡兰（现在的“斯里兰卡”）、哥斯达黎加、达荷美（现在的“贝宁”）、摩洛哥和尼泊尔代表组成的调查团前往南越调查该政府与佛教界的关系情况。[⑤] 这些实践都是在有关机构经过对《宪章》第2条第7款的激烈辩论之后通过的，可见，实际上，从联合国一成立开始，并非所有的联合国会员国都认为

---

① A/RES/285(III). 有关联合国妇女地位委员会、经社理事会以及联大对这一议题进行审议的详细介绍，参见：James Frederick Green, *The United Nations and Human Rights* (The Brookings Institution, 1956), pp.799-802.

② Economic and Social Council, Resolution 238(IX), 20 July 1949, in E/1553，第12页。详细情况可参见：Jean Allain, *The Slave Conventions: The Travaux Préparatoires of the 1926 League of Nations Convention and the 1956 United Nations Convention*, Vol.1 (Martinus Nijhoff Publishers, 2008).

③ S/RES/134，“南非联邦局势问题”。

④ A/RES/1654(XVI)，1961年11月27日，第3-5段。虽然联合国的一个主要机关“托管理事会”负责非自治领土的自决问题，但是当时置于托管制度之下的托管领土数量非常有限，而且托管理事会的会员国一般都是那些非自治领土的管理当局，因此联合国会员国中许多新独立的亚非国家对这一状况非常不满，认为当时的机制不足以快速推进非殖民化进程，无法实现《宣言》的目标。在它们的强烈推动下，第16届联大第1654号决议决定设立一个特设委员会。

⑤ A/5630.

《宪章》第2条第7款就可以阻止联合国审查人权的法律障碍，会员国对第2条第7款的理解上一直存在着斗争。随着联合国会员国的构成发生转变，对第2条第7款的狭义理解逐渐占据上风。

再次，人权委员会之所以开始抛弃不行动的基本政策，转而采取行动，还与其自身重新反省其职权有关。其实，1946年6月21日经社理事会第2届会议通过的第9号决议（规定了人权委员会的职权范围）第（e）项中本来就规定，“有可能损害国家之间一般福祉或友好关系的属于人权领域的任何事项”也是人权委员会的职权之一。[①] 换句话说，人权委员会当初采取不行动的政策实际上并没有法律依据，当初采取的不行动政策实际上是对人权委员会职权的一种“自我否定”，[②] 因此，实际上，人权委员会是有权处理人权领域的任何事项的，即便是那些有可能损害国家之间一般福祉或友好关系的人权事项。因此，1235号程序实际上是与人权委员会的职权相符的。[③]

最后，人权委员会之所以开始抛弃不行动政策还与美国等西方国家的人权政策有关。在这一时期，美国的国内人权政策发生了重大改变。20世纪50年代时，美国保守势力反对对国内人权状况采取任何形式的国际干预，拒绝参加《公民权利和政治权利国际公约》的谈判。到60年代中期之后，美国政府承诺在国内实施公民权利，任命黑人大使出任驻联合国经社理事会代表，推荐黑人学者出任人权委员会下属的防止歧视和保护少数小组委员会委员。[④]

### （二）采取行动政策的发展

自从1967年确立采取行动政策以来，人权委员会逐步发展对世界各

---

① E/56/Rev.1.

② K. E. Kenny, “Formal and Informal Innovations in the United Nations Protection of Human Rights: The Special Rapporteur on the Former Yugoslavia”, 48 *Austrian Journal of Public International Law* (1995), p.24.

③ Ingrid Nifosi, *The UN Special Procedures in the Field of Human Rights* (Intersentia, Antwerpen, 2005), p.27.

④ 范国祥:《联合国人权委员会与国别人权》，载《人权》，2002年第2期，第55页。

国侵犯人权情势的审查，在这一问题上变得越来越活跃和积极，主要体现在以下几个方面：

1．审查的程序越来越多样

为了允许人权委员会审查南非、罗得西亚（现在的“津巴布韦”）、西南非洲（现在的“纳米比亚”）和葡属非洲殖民地的情势，1970年5月27日，经社理事会第48届会议通过了第1503号决议，题为《有关侵害人权及基本自由问题通讯文件之处理程序》，决定授权防止歧视及保护少数小组委员会于适当注意地域分配条件下自其委员中指派一个不超过五人的工作小组，每年在小组委员会届会行将开始之前举行非公开会议一次，会期不超过十日，以审议秘书长依理事会第28届会议于1959年7月30日通过的第728号决议F部分所收到的所有通讯，包括各国政府的有关答复在内，俾将其中似乎揭露一套公然一贯侵害——且经常靠证明确系如此侵害——人权及基本自由行为而与小组委员会权限有关之若干通讯，可能时连同各国政府的答复，一并提请小组委员会注意。[①] 依据第1503号决议建立的程序又被称为“1503程序”。与1235程序不同，1503程序是一个秘密的程序。这就使人权委员会在审查各国发生的公然一贯侵害人权及基本自由行为方面拥有了两套程序，一套是公开的程序（“1235程序”），一套是秘密的程序（“1503程序”）。而且，这两套程序可以共存，彼此互不影响。

而且，在1979年之前，如果某个情势正在得到“1503程序”审查，是不能再依据“1235程序”进行审查的。1977年，人权委员会的委员之间曾就某个正在依据“1503程序”审议的情势能否依据“1235程序”进行审议有过争执，[②] 人权委员会最终在1978年第34届会议上作出决定，拒绝再依据“1235程序”进行审查。[③] 这等于说，一旦某个国家的情势已经依

① E/4832, pp.8-9. Nigel Rodley, “United Nations Non-Treaty Procedures for Dealing with Human Rights Violations”, in Hurst Hannum (ed.), *Guide to International Human Rights Practice* (University of Pennsylvania Press, Philadelphia, 1992), p.64.

② 在人权委员会第33届会议上，针对乌干达情势，人权委员会中的英国和加拿大代表与古巴代表之间发生了激烈争论。参见：E/5927, para. 75-76.

③ Commission on Human Rights Report on the Thirty-Fourth Session, E/1978/34, para. 208.

据“1503程序”进行审查，该国就具有了在人权委员会被公开审查的绝对豁免权。[①] 但是，在1979年人权委员会第35届会议上，担任人权委员会主席的加拿大代表博尔纳（Beaulne）宣布，在公开辩论阶段，人权委员会的委员不能提及正在依据“1503程序”对某个国家作出的任何决定，不能提及与这些国家人权情势有关的任何秘密材料。[②] 这就是说，只要在公开辩论阶段不提及“1503程序”中的决定和材料，人权委员会就可以在公开辩论阶段如同在秘密辩论中讨论的那样对同一个国家的同一个情势进行讨论。[③] 因此，原先置于“1503程序”的情势可能被置于“1235程序”。赤道几内亚的情势就是首个从“1503程序”转为“1235程序”的例子。1975年，人权委员会决定依据“1503程序”对赤道几内亚的情势进行审查，但是由于赤道几内亚政府拒绝与联合国秘书长直接联系，1979年3月8日，人权委员会决定依据“1235程序”对赤道几内亚情势进行审查。[④] 1979年3月13日，人权委员会还决定任命一个赤道几内亚问题的特别报告员。[⑤] 此后，像玻利维亚、萨尔瓦多、危地马拉、阿富汗、海地、伊拉克、扎伊尔（现在的“刚果民主共和国”）等国的情势在人权委员会都是首先依据“1503程序”进行审查，随后依据“1235程序”得到审查，人权委员会对有些还任命了特别报告员。可见，在有些情况下，依据“1503程序”通过的决定可能成为启动“1235程序”的一个依据。而且，如果某个国家的情势正在依据“1503程序”审查但是该国拒绝与人权委员会合作，人权委员会有可能把该国的情势从“1503程序”中除掉并纳入“1235程序”，这是

---

① Ton J. M. Zuijdwijk, *Petitioning the United Nations: A Study in Human Rights* (Gower, Aldershot; St. Martin's Press, New York, 1982), p.54.

② E/1979/36, para. 218.

③ Ton J. M. Zuijdwijk, *Petitioning the United Nations: A Study in Human Rights* (Gower, Aldershot; St. Martin's Press, New York, 1982), p.54.

④ Marc Bossuyt, "The Development of Special Procedure of the United Nations Commission on Human Rights", 6 *Human Rights Law Journal* (1985), pp.192-193. 1979年3月10日，经社理事会决定把有关材料公开。ECOSOC decision 1979/35. Randal F., "The United Nations Commission on Human Rights: The Equatorial Guinea case", 3 *Human Rights Quarterly* (1981), pp.34-47.

⑤ CHR Resolution 15 (XXXV), 13 March 1979.

对该国的一种“惩罚”。[①]

2．审查的领域越来越广泛

（1）对殖民主义和种族主义以外侵犯人权的情势进行审查

尽管人权委员会采取了行动的政策，但是1967—1975年，它审查的对象基本上都是殖民地发生的人权以及种族歧视问题，包括南非的人权问题以及1967年“六日战争”后被以色列占领的阿拉伯国家领土上的人权问题。这两个情势涉及的是殖民主义和种族主义对人权的侵犯。把审查的对象是否应扩大到这两个议题以外的事项一直是人权委员会内一个争议的对象，当时占多数的意见是不愿意扩大。例如，人权委员会并不同意防止歧视和保护少数小组委员会建议的对当时发生在希腊和海地的严重侵犯人权的情势进行审查。但是，从1975年开始，人权委员会开始审查与殖民地和种族歧视无关的人权情势。对智利的审查就是一个开端。1975年，人权委员会第31届会议通过第8号决议，决定设立一个工作组，调查在智利发生的1973年军事政变以来侵犯人权的情势。[②]这是人权委员会自“1235号决议”以来第一次对一个与殖民地与种族歧视无关的国家的人权情势进行调查。[③]

（2）对武装冲突期间侵犯人权的情势进行审查

人权委员会不仅审查平时发生的侵犯人权情势，还开始审查武装冲突时期发生的侵犯人权的情势。1969年3月4日，人权委员会第25届会议通过第6号决议，决定授权阿拉伯领土工作组调查以色列在“六日战争”后

---

① 典型的例子是赤道几内亚的情势和阿尔巴尼亚的情势。关于前者，参见：Randal Fegley, “The United Nations Commission on Human Rights: The Equatorial Guinea case”, 3 *Human Rights Quarterly* (1981), pp.34-47. 关于后者，参见：David Weissbrodt, “Country Related and Thematic Developments at the 1988 Session of the United Nations Commission on Human Rights”, 10 *Human Rights Quarterly* (1988), pp.549-550.

② Commission Resolution 8, 58 UN ESCOR, Supp. (No. 4) 66, UN Doc. E/5635, E/CN.4/1179 (1975).

③ Philip Alston ed., *The United Nations and Human Rights* (Oxford University Press, 1992), p.158; Ton J. M. Zuijdwijk, *Petitioning the United Nations: A Study in Human Rights* (Gower, Aldershot; St. Martin’s Press, New York, 1982), p.304.

在被占阿拉伯国家领土上违反《日内瓦第四公约》的情形。[①] 从此，人权委员会不仅开始审查侵犯人权的情形，还审查违反国际人道法的情形。

（3）对侵犯经济、社会和文化权利的情势进行审查

1993年《维也纳宣言》强调所有人权的相互依赖性，此前一直因为冷战期间东西方两大阵营对人权的不同理解而被忽视的经济、社会和文化权利在人权委员会开始得到重视。从1998年开始，人权委员会多次通过决议，任命经济、社会和文化权利领域的特别报告员。1998年，第25号决议任命贫困问题专家，[②] 第33号决议任命教育权问题特别报告员，[③] 第72号决议任命发展问题专家。[④] 2000年，第82号决议任命结构调整政策专家。[⑤] 1995年，第81号决议任命有毒废物问题特别报告员。[⑥] 2000年，第10号决议任命食物权问题特别报告员，[⑦] 第9号决议任命充足住房问题特别报告员，[⑧] 2002年，第31号决议任命健康权问题特别报告员。[⑨]

**3．审查的手段越来越丰富**

（1）国别机制和专题机制的设立

人权委员会依据第1235号决议采取的行动早期基本上都是针对国别人权情势的，例如前面提到的1967年3月16日的南非问题特设专家工作组，1975年的智利问题工作组。而且，这些国别机制基本上都是针对单独一个国家的。但是，从20世纪90年代开始，针对前南斯拉夫的情势，人权委员会授权前南斯拉夫问题特别报告员对多个国家的情势进行审查，包括斯洛文尼亚、克罗地亚、波黑、塞尔维亚和黑山。[⑩]

---

① CHR Resolution 6 (XXV), 4 March 1969, E/4621, p.183.

② E/CN.4/RES/1998/25.

③ E/CN.4/RES/1998/33.

④ E/CN.4/RES/1998/72.

⑤ E/CN.4/RES/1998/82.

⑥ E/CN.4/RES/1995/81.

⑦ E/CN.4/RES/2000/10.

⑧ E/CN.4/RES/2000/9.

⑨ E/CN.4/RES/2002/31.

⑩ CHR Resolution S-1/1.

而且，从20世纪80年代开始，除了国别机制以外，人权委员会开始引入专题机制。1980年，针对在阿根廷境内发生的强迫失踪的现象，人权委员会通过决议，任命了强迫失踪问题工作组。[①] 这是人权委员会任命的第一个专题机制。1981年，委员会又任命了法外杀害和任意处决问题特别报告员。[②] 1985年，又任命了酷刑问题特别报告员。[③] 此后，人权委员会又任命了许多具有人权专题性质的特别报告员，并形成了一套专题程序。

在国别机制之外引入专题机制是有原因的。由于根据“1235号决议”人权委员会只有对那些存在不断严重侵害人权与基本自由情事的国家任命特别报告员，而且，由于这是一个公开的程序，因此各国都强烈反对自己受到此种审查，因为被任命特别报告员就意味着该国存在不断严重侵害人权与基本自由的情事，这是任何国家的政府都会否定的，即使真的存在这样的情事。这使得“1235号程序”成为一项越来越具有政治性的机制。为了避免受到政治压力，人权委员会建立了专题问题的报告员，其可以对某个特定专题出具报告。然而，引入专题机制同样引发了争论。这是因为，“1235号决议”中明确提到人权委员会对“所有国家”的人权情势进行审查，其中并未提到可以进行专题审查，因此一些人对专题机制的法律基础提出了疑问。

（2）审查的形态多样化

从名称上看，无论是国别机制还是专题机制，其名称呈现多样化。除了工作组之外，人权委员会还在一些决议中任命独立专家[④]、特别报告员、特别代表[⑤] 等。其中，特别报告员是用的最多的一种形式，而且在后期已

---

① E/CN.4/RES/1980/20/(XXXVI).

② E/RES/1982/35.

③ A/HRC/RES/1985/33.

④ 例如，Expert on Bolivia, CHR Resolution 32 (XXXVIII), 11 March 1981.

⑤ 例如，Special Representative for the Federal Republic of Yugoslavia, and Bosnia and Herzegovina, 2001.

经常态化。[①] 而且，人权委员会还多次在一些决议中用特别报告员取代工作组等。[②]

从职权来看，也呈现多样性。例如，要求前南斯拉夫问题特别报告员每隔两个月或三个月向人权委员会提交报告（而此前的特别报告员向人权委员会提交的都是年报），这些报告必须同时向联合国安理会提交（而此前没有这样要求过），要求前南斯拉夫问题特别报告员与其他特别报告员合作（包括强迫失踪问题工作组、酷刑问题特别报告员、法外杀害与任意处决问题特别报告员、以及国内流离失所者问题秘书长代表），在前南斯拉夫解体后成立的“国家部署人权现场行动署”（human rights field operation），用来协助特别报告员收集在这些国家发生的大规模侵犯人权的情报。[①] 1990年5月25日，经社理事会通过第48号决议，规定只要人权委员会委员过半数同意，当需要以最快速的方式处理紧急和严重的人权情势时，人权委员会可以在定期会议期间举行特别会议。人权委员会在1992年8月13日至14日、11月30日至12月1日举行第一、二届特别会议，处理前南斯拉夫领土上发生的侵犯人权的情势，在1994年5月24日至25日举行的第三届特别会议上，处理卢旺达发生的侵犯人权情势，在1999年9月23日至27日举行的第四届特别会议上，处理东帝汶发生的侵犯人权情势，在2000年10月17日至19日举行的第五届会议上，处理以色列侵犯巴勒斯坦人民权利的情势。

特别程序还发展出了多种手段进行审查，尤其是现场探视（*in situ* visits）和紧急来文程序（Urgent Message Procedure，UMP）。这两种审查

---

① 例如，人权委员会第35届会议第15号决议还任命了赤道几内亚特别报告员。1981年3月11日，第38届会议第32号决议任命了萨尔瓦多特别报告员和玻利维亚专家组。1984年和1985年，分别任命阿富汗和伊朗特别报告员。1991年任命伊拉克、科威特、古巴特别报告员。目前，光是人权理事会的41个专题机制中，就有26个专题机制用的是“特别报告员”的称谓，http://spinternet.ohchr.org/_Layouts/SpecialProceduresInternet/ViewAllCountryMandates.aspx?Type=TM.

② 例如，人权委员会第35届会议通过第11号决议，决定用智利人权问题特别报告员取代工作组。

① CHR Resolution S-1/1; Resolution S-2/1.

手段最初是由人权委员会设立的关于强迫失踪问题的工作组中创立起来的，[①] 随后在实践中被其他特别程序采纳，即使有些机制中对专家的授权并未明确包括这两种手段。[②] 如果特别程序的专家与有关国家的代表在日内瓦举行会议时要求去该国进行现场探视，在得到这些国家的允许后，专家们就可以到有关国家进行现场探视。专家们往往会会见有关的政府官员、被害人及其家属、当地的非政府组织代表，并探视有关的拘留场所、难民营等，以此获得一手情报。专家们在一手情报的基础上撰写附加报告（addendum reports），并向有关国家提出建议。有时，在对有关国家进行首次探视后专家们还可能甚至要求在一段合理的期限后进行跟踪探视（follow-up visits），以便确认有关国家的政府是否在执行附加报告中提出的建议。现场探视这种手段有助于提高政府与被害人的家属以及法定代表人和当地非政府组织之间的对话，得到经社理事会的肯定。[③] 与现场探视相比，紧急来文程序更具有创新性和革命性。当有充分可靠的来文证明某个专家负责的某项权利已受到侵犯，而且这种持续的侵犯已经对该人的生命或健康造成严重威胁时，专家们可以对紧急来文采取立即行动。专家们通常会向有关国家的外交部长发出紧急呼吁的传真，敦促该国政府立即采取适当措施确保有关个人的生命和（或）健康不遭到侵犯。专家们发出的紧急呼吁仅仅具有人道和预防的性质，并非对有关国家的指控。紧急来文程序被认为是人权委员会在具体案件中保护人权，尤其是生命权、免受酷刑权和免遭失踪权方面最具体的一项手段。[④] 有学者甚至把紧急来文程序看作是现有的所有国际组织中具有的最接近人身保护令（Habeas Corpus）

① 强迫失踪问题工作组，Resolution 20 (XXVI).

② 例如，法外处决、即决处决和任意处决问题特别报告员、酷刑问题特别报告员、任意羁押问题特别报告员、刚果（前扎伊尔）问题特别报告员、前南斯拉夫问题特别报告员均在实践中采纳这两种手段。人权委员会设立的关于移民的特别报告员就有权进行现场探视，CHR Resolution 1999/44；贩卖人口问题特别报告员有权受理紧急来文，CHR Resolution 2004/110。

③ E/CN.4/1996/36, para. 23.

④ Reed Brody and David Weissbrodt, "Major Developments at the 1988 Session of the United Nations Commission on Human Rights", 11 *Human Rights Quarterly* (1986), p.586.

的一项措施了。[①]

## 第三节　人权委员会的废除与人权理事会的建立

### 一、人权委员会的信誉危机

随着人权委员会职权范围的不断扩大，可以说所有的人权和与人权有关的事项均受到委员会的关注，它已经成为联合国系统内人权保护的“神经中枢”，是联合国各个人权机构的“协调中心”，也是联合国系统内审查侵犯人权情形的“主要论坛”。[②]联合国逐渐成为审查在世界任何国家发生的侵犯人权情势的唯一论坛，至少在理论上是这样的。[③]

然而，就像一个气球被越吹越大一样，它受到的外面空气的压力也越来越大。实际上，可以说，从人权委员会产生时起，对人权委员会各个方面的争论就从来没有停止过。尤其是，“1235号程序”和“1503号程序”的引入，更是给人权委员会带来了各方面的指责。无论是西方国家还是发展中国家，都指责人权委员会是一个存在着双重标准和选择性审查的机构。人权委员会逐渐成为一个两边都不讨好的机构。

首先，对于西方国家来说，随着人权委员会规模的不断扩大以及西方国家集团在委员会的代表数量的相对下降，人权委员会开始遭到西方国家的强烈指责。早在20世纪70年代，美国代表就对人权委员会发难，认为在人权委员会存在着一个“多数人的阴谋”，是想要削弱西方民主国家、

① Nigel Rodley, “United Nations Action Procedures against ‘Disappearance’, Summary or Arbitrary Executions and Torture”, 8 *Human Rights Quarterly* (1986), p.700.

② Thomas Buergenthal, *International Human Rights in a Nutshell* (West Group, 1995), p.81.

③ Nigel Rodley, “United Nations Non-Treaty Procedures for Dealing with Human Rights Violations”, in Hurst Hannum (ed.), *Guide to International Human Rights Practice* (University of Pennsylvania Press, Philadelphia, 1992), p.84.

加强集权主义国家的思想和形式。[①] 还有一些西方国家认为，这种审查程序已经高度政治化，被各种政治目的利用，存在着双重标准和选择性审查，[②] 而且效率低下。[③] 也有不少学者认为，人权委员会已经变得与人权无关，而且没有效率；[④] 纯粹的政治利益和考虑优于对人权的真正担忧。[⑤] 那些被人权委员会审查的国家都被认为是“相对来说在全球地缘政治中不太重要的国家”，因此允许“国际社会采取更加强烈和直接的方法”。[⑥] 不过，随着时间的推移，西方国家认为，那些侵犯人权的国家开始熟练地采用一些巧妙的方法来规避人权委员会的审查，例如他们宁愿通过其他议程受到谴责，而不愿置于“议程九”（“1235号决议”）之下，可以动用政治力量确保有关决议在语气上谴责的程度轻缓一些，或者要求进行投票，而不是协商一致的方式，或者甚至可以通过滥用“不采取行动”的动议来阻止对他们人权情况的讨论。西方有一些人认为，人权委员会总是通过决议谴责以色列的行为，[⑦] 但是对发生在其他国家的侵犯人权的情况视而不见，人权委员会已经沦为反西方的政治机构。例如，加拿大政治评论家马克·斯

---

① Address by Mr. Garment, US Representative to the UN Commission on Human Rights, at a meeting of the American Jewish Congress, Washington DC, 1 April 1976, Press Release USUN-39 (76). 转引自 Theo C. van Boven, “The United Nations and Human Rights: A Critical Appraisal”, 8 *Bulletin of Peace Proposals* (1977),p. 207.

② Marianne Lilliebjerg, “The Universal Periodic Review of the UN Human Rights Council—An NGO Perspective on Opportunities and Shortcomings”, 26 *Netherlands Quarterly of Human Rights* (2008), p.311.

③ Statements of the representatives of Belgium, Denmark, France, Federal Republic of Germany, Italy and United Kingdom in the Social Committee of the Economic and Social Council, E/AC.7/SR.777-779. Van Dongen, System Overload of the UN special procedures, 14 HRLJ 130, 1993.

④ David P. Forsythe, “The United Nations and Human Rights, 1945-1985”, 100 *Political Science Quarterly* (1985), pp.249-269.

⑤ Theo C. van Boven, ‘The United Nations and Human Rights: A Critical Appraisal’, 8 *Bulletin of Peace Proposals* (1977), p.202.

⑥ Patrick Jame Flood, *The Effectiveness of UN Human Rights Institutions* (Praeger, Westport, 1998), p.101.

⑦ 根据加拿大国际人权法律师安娜·巴耶夫斯基（Anne Bayefsky）女士的统计，人权委员会通过的谴责特定国家的决议中，有30%的决议指向以色列，参见：Anne Bayefsky, “The UN and the Jews”, 117 *Commentary Magazine* (2004), p.42.

特恩（Mark Steyn）甚至用尖酸刻薄的语气指出，人权委员会已经沦落为一个受到非洲暴徒操控的、欧洲懦夫们的清谈机构。[①]

与此同时，一些发展中国家也猛烈抨击联合国人权委员会。发展中国家注意到，自冷战结束以来，人权委员会通过的100多项国别决议几乎全部针对发展中国家，没有一个西欧北美国家受到审议。人权委员会因此成为针对发展中国家的“公审大会”，一些发达国家将自己打扮成“人权法官”，将发展中国家视为被告，颐指气使，发号施令，而这正是人权委员会难以摆脱信誉危机、恢复生机与活力的根源所在。[②] 例如，古巴代表在2006年3月15日第60届联大通过设立人权理事会的第251号决议（决议草案A/60/L.48）的解释性发言中，指责人权委员会名誉的下降“是美国和欧盟对其工作实行政治操纵、虚伪做法和双重标准的结果”。[③] 苏丹代表在发言中指出，“人权委员会被用来推行某种政治议程并被用来处理一些与促进人权不相干的问题，致使委员会的工作侵犯国家主权，激化不同文明之间的冲突，以及处理具体个案，从而导致我们都非常熟悉的选择性做法。这些违法行为如果是大国列强所为，则受到无视。大国列强的行为似乎是不受法律约束的，并且不对国际社会负任何责任。另一方面，在影响到发展中国家时，委员会的决议和判断就立即拟定和执行。”[④]

进入21世纪后，对人权委员会的争论不仅没有因为冷战的结束而有所缓和，反而变得愈加激烈。这是因为，2001年，美国落选人权委员会委员，苏丹则被选上了人权委员会委员。这是自1946年人权委员会成立以来，美国第一次没有被选为人权委员会的委员，极大地刺激了美国等西方国家以及一些西方的非政府组织。例如，一些西方的非政府组织甚至

---

① Goldberg M., “The Matthew Yglesias Interview”, UN Dispatch 2008, http://www.undispatch.com/archives/2008/05/the_matthew_ygl.php

② 沙祖康：《在第59届联合国人权会国别议题下的发言》，载于《人权》，2003年第3期，第10—11页；江国青、熊志强：《联合国人权理事会法律制度探析》，载《外交评论》，2006年8月，第23页。

③ A/60/PV.72，第2页。

④ A/60/PV.72，第15页。

说，人权委员会是“一个包括杀人犯和强奸犯的陪审团，或一支主要由杀人或强奸嫌犯组成的警察力量，他们决心阻挠对他们实施的犯罪的调查”。[①]2003年，美国重新被选上人权委员会委员，利比亚则被选为人权委员会主席。美国代表珍妮·柯克帕特里克（Jeane Kirkpatrick）再次对人权委员会发难，指责一些严重侵犯人权的国家被选为了人权委员会委员。[②]2004年，苏丹再次被选为人权委员会委员。这成为了这一批评和指责的集中爆发点，也成为了压倒人权委员会的最后一根稻草。一些非政府组织把人权委员会一些委员的人权记录看成是该机构的最大败笔。有些人甚至把这比作是“让狐狸来看守鸡窝”的场景。[③] 此外，人权领域的许多机构，包括人权高专自己对人权委员会也提出批评，认为该机构不是为了捍卫人权，而是给那些为了逃避批评的国家提供了帮助。[④]

当然，也有人以平常的心态看待各方对人权委员会的批评。例如，比利时安特卫普大学的马尔克·博苏伊特（Marc Bossuyt）教授就指出，这种批评“是建立在一个（广泛的）误解的基础之上的：作为联合国的主要人权机构，它并不是一个由不偏不倚的法官组成的法庭，也不是一个由人权专家组成的学术机构，更不是一个由人权活动分子组成的俱乐部。它是

---

① Roth K., “Despots Pretending to Spot and Shame Despots”, *International Herald Tribune*, 17 April 2001.

② Jeane Kirkpatrick, “UN Human Rights Panel Needs Some Entry Standards”, *International Herald Tribune*, 14 May 2003.

③ Nazila Ghanea, “From UN Commission on Human Rights to UN Human Rights Council: One Step Forwards or Two Steps Sideways?” 55 *International and Comparative Law Quarterly* (2006), p.699. See also Philip Alston, “Reconceiving the UN Human Rights Regime: Challenges Confronting the New UN Human Rights Council”, 7 *Melbourne Journal of International Law* (2006), pp.191-92.

④ 时任联合国人权高专路易斯·阿博尔女士（Louis Arbour）在2005年4月22日说：“一个国家的情形被列入议程九（Item 9‘在世界任何地方侵犯人权和基本自由的问题’）、议程十九（Item 19‘人权领域的咨询服务与技术合作’）、还是议程三（Item 3‘会议工作的组织’），被看成是政治上的胜利或失败，这样的一套制度是根本错误的。只有四个国家需要对世界各地侵犯人权和基本自由的问题作出回答，这样的一套制度是根本错误的（截至2005年，只有四个国家被通过了议程九（Item 9）的决议）。我想说的是，把这些决议看作是政治方面的胜利或失败，是对这个委员会的抹黑。我在这么说时，当然知道一个事实，即这个机构是一个政府间的机构，这是一个事实。”

一个由各国代表组成的政治机构，这本身就是世界政治力量的体现”。[①] 美国学者伯根索尔为人权委员会辩护时说，人权委员会的“这些手段使全世界关注那些可能被遗忘或不注意的正在侵犯人权的角落。特别报告员制度来自1503程序和1235程序，而且是这些制度的逻辑结果。……不承认人权委员会在扩大联合国的人权议程方面、在开拓采用国际手段处理侵犯人权方面扮演的重要角色，是错误的。”[②] 荷兰阿姆斯特丹大学国际法教授博文（Theo C. van Boven）认为，联合国的机构，由于是政府代表组成的，因此总是政治机构，对于它们来说，政治因素总是占据优先地位的。[③] 联合国前任人权高专德梅洛先生曾经形象地比喻一些国家在人权委员会互相指责对方搞双重标准、选择性审议和政治化操作就像是“水里的鱼相互指责对方身体是湿的”一样。[④]

然而，随着时间的推移，越来越多的国家指责人权委员会逐渐失去了它的正直性，并迷失了方向，认为它更多的决议都是关于委员的决议，关注的是那些为人不齿的目标，而不是保护、促进和提高人权。人权委员会遇到了自1946年建立以来最严重的信誉危机，为了重新实现它的基本目标，必须到了对它进行改革的时候了。

## 二、人权委员会的废除和人权理事会的建立过程

其实，联合国人权委员会从成立开始就一直都在进行改革。不过，在2006年之前，基本上都是点滴进行的改良工作，而不是革命性的工作。例如，人权委员会的会员规模在不断扩大。从1946年的18个，到1962年的21个，到1967年的32个，到1980年的43个，再到1992年的53个。增加

---

① Marc Bossuyt, “The New Human Rights Council: A First Appraisal”, 24 *Netherlands Quarterly of Human Rights* (2006), p.554.

② 同上，p.82.

③ Theo C. van Boven, “The United Nations and Human Rights: A Critical Appraisal”, 8 *Bulletin of Peace Proposals* (1977), p.203.

④ Statement of the High Commissioner for Human Rights, Sergio Vieira De Mello, to the closing meeting of the 59th Session of the Commission on Human Rights, 25 April 2003.

会员是为了确保人权委员会具有更公正的地理平衡。[①] 委员会的会议期间也从每年四周扩大到每年六周，而且，把与联合国行动的协调也规定为委员会的职权之一。关于程序的改革，其中一个例子是不断修改人权委员会议程的数目和主题。关于更为实质的修改，早在1987年，美国辛辛那提大学教授霍华德·托利（Howard Tolley）就指出，人权委员会在机制发展方面"基本上没有成果"，因为"在不同的国家集团之间，对于手段和目的都存在不可调和的分歧"。[②]

冷战的结束、卢旺达种族灭绝、恐怖主义的国际泛滥以及各国针对恐怖主义采取的限制人权的措施，使得许多人认为，建立一个强大、普遍而有效的人权机构比以往任何时候都有需要。[③]

对人权委员会提出的第一份具有革命性的建议是联合国秘书长安南的报告。2003年8月28日，安南向第58届联大提交的关于联合国工作的报告中指出："人权委员会并非没有问题。公众对那些被控公然侵犯人权的政府也能成为委员会的委员感到不安。对委员会内讨论气氛以及委员会没有处理某些严重侵犯人权的情事表示关切。这些都是重要的问题，我希望人权委员会主席团能在委员会下届会议之前予以严肃处理。"[④]

2003年9月23日，安南秘书长在联大第58届会议一般性辩论开幕式上的讲话中，特别提到了联合国必须面对所有威胁和挑战，并进行根本改革。在这次讲话中，他提出打算成立一个由著名人士组成的高级别小组，并赋予这个小组以下四项任务：第一，审查和平与安全目前面临的挑战；第二，考虑集体行动在应付上述挑战方面可以作出的贡献；第三，审查联合国各主要机构的运作情况以及这些机构之间的关系；第四，就采取何种方式通过改革联合国机构和程序加强联合国提出建议。安南还指出，小组

① Philip Alston ed., *The United Nations and Human Rights* (Oxford University Press, 1992), p.194.

② Howard Tolley, *The UN Commission on Human Rights* (Westview, 1987), p.154.

③ Abraham M., *Building the New Human Rights Council: Outcome and Analysis of the Institution-building Year, Dialogue on Globalization* (Friedrich Ebert Stiftung: Geneva), 2007.

④ 秘书长关于联合国工作的报告，A/58/1，第176段。

的重点将主要放在对和平与安全的威胁上。但是，小组还将需要审查其他全球挑战，只要这些挑战可能影响到或者与上述威胁有关。他将请小组在大会下一届会议开始之前向其报告，以便其在下届会议上向会员国提出建议。①

在这一讲话之后，安南秘书长在2003年11月4日致联大第58届会议主席、圣卢西亚外长朱利安·亨特（Julian R. Hunte）的信中，宣布成立一个高级别名人小组，“研究世界在和平与安全广泛领域面临的主要威胁和挑战，包括与和平与安全有关的经济和社会问题，并就集体反应提出建议。”② 他任命泰国前总理阿南·班雅拉春为小组主席，同时还任命了其他15名成员。③ 他们是世界各地具有广泛经验和专门知识的名人。这个名人小组在成立后得到了包括中国在内的27个国家和11个基金会的资助，在世界各地召开了六次小组会议和40次区域磋商和专题研讨会。

2004年12月1日，名人小组正式向秘书长提交了长达95页的报告，标题是:《我们共同的责任：一个更安全的世界》。该报告以新的视角对集体安全提出了诠释，述及了全世界在国际和平与安全方面所感到的所有重大威胁，并提出了101项有关联合国各方面改革的具体建议。在检查了目前各种对付危机的办法在体制方面的弱点后，该报告提出了最迫切需要弥补的弱点，其中就包括联合国人权委员会的改革。在该报告第十八部分，

① 秘书长在联大第58届会议上的讲话，http://www.un.org/chinese/ga/58/documents/58sg_speech.htm.

② http://www.un.org/secureworld/panelmembers.html.

③ 其他15名成员名单如下：法国参议院议员和前司法部长罗贝尔·巴丹泰，巴西前外交部长若昂·巴埃纳·苏亚雷斯，挪威前首相和世界卫生组织前总干事格罗·哈莱姆·布伦特兰，加纳国家发展规划委员会副主席和国际劳工组织前副总干事玛丽·奇内里–赫斯，国际危机组织主席和澳大利亚前外交部长加雷思·埃文斯，英国常驻联合国前任代表和驻塞浦路斯前任特使戴维·汉内，美洲开发银行行长和乌拉圭前任外交部长恩里克·伊格莱西亚斯，阿拉伯国家联盟秘书长埃及人阿姆鲁·穆萨，前印度陆军中将和联保部队指挥官萨蒂什·南比亚尔，联合国难民事务前任高级专员日本人绪方贞子，俄罗斯前总理叶夫根尼·普里马科夫，中国前副总理和外交部长钱其琛，坦桑尼亚前任外交部长和非洲统一组织前任秘书长萨利姆·艾哈迈德·萨利姆，联合国秘书长亚洲艾滋病毒和艾滋病问题特使，联合国人口基金前任执行主任巴基斯坦人纳菲丝·萨迪克，以及美国前空军中将和国家安全顾问布伦特·斯考克罗夫特。

它指出，“近年来，委员会的信誉降低，专业精神减退，因此削弱了它履行这些职责的能力。尚未明确承诺增进和保护人权的国家是不可能制订加强人权的标准的。我们感到关注的是，近年来各国谋求成为委员会的成员，不是为了增进人权，而是为了使本国免受批评，或是为了批评别国。如果人们认为委员会在处理人权问题时持有双重标准，那么它就无法享有信誉。”[①] 该报告因此认为，需要改革这一机构，让人权体制发挥效力，确保委员会更好地履行其任务和职能。该报告同时还明确指出，“从许多方面来看，与人权委员会有关的最棘手、最敏感问题是成员问题。近年来，推选哪些国家为委员会成员已成为国际上激烈争辩的焦点，对人权没有积极的影响，却对委员会工作产生了不利的影响。”[②] 该报告在列出了一系列改革人权委员会的建议之后，最后指出，“从长远来看，会员国应考虑把委员会提升为‘人权理事会’，这就是说，它不再是经济及社会理事会的附属机构，而是与理事会和安全理事会同等并列的一个《宪章》机构，以此体现在《宪章》序言中，人权问题与安全和经济问题一样，同样得到了重视。”[③] 这是第一次出现要用一个人权理事会取代人权委员会的改革呼声。而且，使用“理事会”这个称谓是故意的，是为了想要让这个全新的人权机构取得和安全理事会以及经社理事会相同的机构形象。[④]

2004年12月13日，在联合国大会第59届会议上，安南秘书长说，“我们应当对联合国在发展国际人权规范和标准方面取得成绩感到自豪。但是，如果我们不能恢复我们的人权机制的信誉和效率，把重心重新回到对个人权利的保护方面，那么我们就无法取得进步。”[⑤]

---

① 威胁、挑战和改革问题高级别小组的报告，A/59/565，第283段。

② 同上，第285段。

③ 同上，第291段。

④ Edward R. McMahon, “International Organizations and Peer Review: Assessing the Universal Periodic Review Mechanism of the United Nations Human Rights Council”, 18 *African Yearbook of International Law* (2012), p.360.

⑤ UN 59th Session of the Commission on Human Rights, UN Secretary General, A/59/565, 2004, 第15段。

2005年3月20日，在听取了名人小组的报告的基础上，秘书长公布了题为《大自由：实现人人共享的发展、安全和人权》的报告。该报告包括六个部分，共220多页，分别提到了免于匮乏的自由、免于恐惧的自由，以及尊严生活的自由，还要求加强联合国。在该报告第五部分关于加强联合国的内容中，秘书长指出：

我们需要恢复平衡，三个理事会分别负责：(a)国际和平与安全；(b)经济和社会问题；(c)人权，提倡人权历来是联合国的宗旨之一，但是现在显然需要更有实效的运作机构。这三个理事会的任务应当是推动审议会员国首脑会议和其他会议提出的议程，并且应当成为可以适当讨论安全、发展、公正问题的全球论坛。前两个理事会已经存在，但是需要加强。第三个论坛需要彻底革新，目前的人权机制需升格。①

秘书长在提到经社理事会的改革时特别提到了拟议中的人权理事会的问题。他特别指出，人权委员会执行任务的能力，因信誉和专业精神低落而日益受到影响。特别是，各国竞相成为成员国，目的不是加强人权，而是保护本国免遭批评，或者批评他国。结果，委员会"信誉赤字"扩大，给整个联合国系统的名誉蒙上阴影。② 为此，他建议，"如果联合国想满足全球各地人们的期望，甚至说联合国要像对待安全和发展问题那样认真对待人权问题，那么会员国就应当同意将人权委员会改成一个规模较小的常设人权理事会。"他还进一步就拟议的人权理事会的地位、成员的产生、组成和任期等进行了分析。他说："会员国必须决定，是让人权委员会成为联合国的一个主要机构，还是成为大会的一个附属机构。不论成为哪一种机构，其成员由大会出席并参加表决的会员三分之二多数直接选举产生。创建这个理事会将赋予人权问题更崇高的地位，符合人权在《宪章》

---

① 秘书长的报告：《大自由：实现人人共享的发展、安全和人权》，A/59/2005，第166段。

② 同上，第182段。

内所占的首要位置。会员国应当就该理事会成员的组成和任期作出决定。当选的理事会成员应承诺遵守最高的人权标准。”① 该报告还有一份供各国国家元首和政府首脑决定的附件。在该附件中，秘书长建议，“用规模较小的常设人权理事会取代人权委员会，作为大会的一个主要机构，或作为大会的附属机构，其成员由大会出席并参加表决的会员三分之二多数选举产生”。② 显然，如果把拟议中的人权理事会设立为一个像联大、安理会一样的联合国主要机构，需要修正《联合国宪章》，而修正《联合国宪章》难度是非常大的。③

2005年4月12日，各国代表在人权委员会关于秘书长改革的建议的人权部分的非正式会议中也讨论了这个问题。④ 在这次会议上，非政府组织组成了一个联盟，欢迎对“对人权体系的迫切改革的需要”，呼吁抓住这次机会修正人权委员会的弊端。⑤ 人权高专也确认，“我们可以说处在我们这个组织[联合国]遇到的最大改革倡议中”，⑥ 并希望与委员会相比，新的理事会更完善、加强和提高。⑦

2005年4月14日，秘书长在致联大第60届会议主席的信中进一步细化了他建立人权理事会的设想。秘书长提议，“人权理事会将是常设机构，可以定期开会，也可以随时开会，以处理迫在眉睫的危机，并得以及时、

① 秘书长的报告:《大自由：实现人人共享的发展、安全和人权》，A/59/2005，第183段。

② 同上，附件，四（e）。

③ 《联合国宪章》第108条规定，本宪章之修正案经大会会员国三分之二表决并由联合国会员国三分之二、包括安全理事会全体常任理事国，各依其宪法程序批准后，对于联合国所有会员国发生效力。

④ 2005年4月12日早上的这次会议是一次非正式的会议，因此并没有会议记录。但是，对此次会议发布了新闻报告，参见：UN Press Release, Commission Holds Informal Session to Discuss Human Rights Sections of Report of Secretary-General on Reform, 12 April 2005.

⑤ Joint statement on UN Reform, Amnesty International, Public Statement, AI Index: IOR 41/034/2005 (Public), News Service No 089, 12 Apr 2005.

⑥ Statement by Ms Louise Arbour, United Nations High Commissioner for Human Rights, 14 Mar 2005.

⑦ Speech by Ms Louise Arbour, United Nations High Commissioner for Human Rights, 22 Apr 2005.

深入地审议人权问题。使人权问题讨论摆脱充满政治争斗的六周会议的安排，还可以有时间采取实质性后续行动，监测各项决定和决议的执行情况。成员由大会全体成员选举产生，会使这个成员更加负责，并使这个机构更具有代表性。此外，理事会经联合国主要立法机构大会直接选举，其权威也会比人权委员会大，因为委员会只是经济及社会理事会的附属机构。实际上，根据《宪章》，在经济及社会理事会下履行各种职能，包括履行促进人权的职能，最终责任在于大会。减少成员数目，将使人权理事会得以进行重点更加突出的辩论和讨论。”① 关于人权理事会的地点，秘书长认为，人权理事会“应设在日内瓦，使它能继续与联合国人权事务高级专员办事处密切合作。大会常设理事会设在纽约以外地点，世界粮食理事会（1974—1995）是一个先例。同样，海牙的国际法院，是设在纽约以外地点的一个主要《宪章》机构。人权理事会这个常设机构，虽然设在日内瓦，但具有在纽约‘扩大’影响的灵活性。可选办法包括在纽约举行特别会议，或将特定的分支机构设在纽约，以便更好地与大会、安全理事会和经济及社会理事会沟通。”② 此外，秘书长在这封信中还列出了2005年9月首脑会议前有待讨论的问题，包括任务和职能、组成、成员数目、主要机构抑或附属机构、以及2005年9月首脑会议后有待讨论的问题，包括今后关于人权理事会如何履行上述职能的工作，以及有关成员数目、组成和成立的细节，还有相对于联合国人权系统其他组成部分，尤其是高级专员办事处、联合国处理人权的其他机构和方案、条约机构、大会、安全理事会、经济及社会理事会及新提议的建设和平委员会而言人权理事会的作用和任务。③

2005年6月3日，联大主席提出了2005年9月联大高级别全体会议成果文件草稿。该草稿写道，“认识到在联合国工作中，必须进一步重视人

---

① 秘书长的报告:《大自由：实现人人共享的发展、安全和人权》，A/59/2005，增编一：人权理事会，第4段。

② 同上，第5段。

③ 同上，第9—17段。

权，我们决定把人权委员会升格为常设的人权理事会，作为大会设在日内瓦的附属机构，但首先要由大会作出决定，设立一宪章规定的主要机构，表明人权在联合国系统的中心地位。”[①]

2005年6月20日，人权委员会对联合国秘书长在《大自由》中提出的改革建议举行了一天的非正式会议。50多个国家的代表和10多个非政府组织的代表参加了这次非正式会议并发言。会议着重讨论了把人权委员会改成一个常设的人权理事会的可能性，还讨论了人权高专办起草的行动计划，其中，新的人权机构在联合国体系中的地位、成员构成以及任职标准等问题尤其受到与会代表的关注。绝大多数的代表认为有必要改革人权委员会，因为它已经被政治化了，而且充满着选择性。绝大多数的代表还认为，有必要用一个常设的人权理事会取代人权委员会。也有一些国家对是否有必要设立人权理事会表示质疑。与会代表对于是否应当把人权理事会设为联合国的主要机关存在重大分歧。包括非洲集团和亚洲集团，甚至美国和欧盟在内的一派建议把人权理事会设为联大的附属机构，但是有不少国家坚持认为，人权理事会应成为联合国的主要机关。[②]

2005年7月22日，联大主席提交了订正草稿，建议“设立常设人权理事会，作为大会设在日内瓦的附属机构，代替人权委员会。大会将在五年内审查人权理事会是否应转为常设机构问题。”[③] 2005年8月5日联大主席的第二份订正草稿也是这样叙述的。[④]

2005年9月14—16日，联大第60届会议高级别全体会议暨2005年世界首脑峰会在纽约联合国总部召开。这是联合国成立以来规模最大的首脑峰会，包括中国国家主席胡锦涛在内的160个国家的国家元首或政府首脑参加了这次峰会。9月16日，峰会通过了《成果文件》。在该《成果

---

① A/59/HLPM/CRP.1，para. 87.

② UN Press Release, ‘Commission on Human Rights Holds Informal Meeting on Secretary-General’s Reform Proposals’, 20 June 2005, HR/CN/1110.

③ A/59/HLPM/CRP.1/Rev.1, para. 130.

④ A/59/HLPM/CRP.1/Rev.1, para. 139.

文件》中，与会首脑“决心进一步加强联合国人权机制，决意创建人权理事会”，它“将负责促进普遍尊重对所有人的所有人权和基本自由的保护，不作任何区别，一律公正平等”，“应处理各种侵犯人权的情况，包括粗暴、蓄意侵犯人权的事件，并提出有关建议。人权理事会还应促进联合国系统内部的有效协调，推动将人权纳入主流”，并“请大会主席举行公开、透明和包容各方的谈判，并在第六十届会议期间尽快完成谈判，以确定人权理事会的任务授权、模式、职能、规模、组成、成员、工作方法和程序”。[①] 2005年10月24日，联大第60届会议正式通过了《2005年世界首脑峰会成果文件》。在该决议中，联大“决心进一步加强联合国人权机制，决意创建人权理事会”，并指出，人权理事会将负责促进普遍尊重对所有人的所有人权和基本自由的保护，不作任何区别，一律公正平等。人权理事会应处理各种侵犯人权的情况，包括粗暴、蓄意侵犯人权的事件，并提出有关建议。人权理事会还应促进联合国系统内部的有效协调，推动将人权纳入主流。联大“请大会主席举行公开、透明和包容各方的谈判，并在第六十届会议期间尽快完成谈判，以确定人权理事会的任务授权、模式、职能、规模、组成、成员、工作方法和程序”。[②]

2006年2月23日，联大第60届会议主席、瑞典外交部长埃利亚松（Eliason）在大会全体会议非正式磋商中将关于建立人权理事会题为第A/60/L.48号决议草案的案文送交联合国各个会员国。2006年3月15日上午，埃利亚松向联合国大会提交了关于建立人权理事会的决议草案（A/60/L.48），并要求对此采取行动。在介绍该决议草案时，埃利亚松说：

我们现在已进入一个决定性时刻，对于促进和保护人权以及有效多边主义和整个联合国的地位来说，都是如此。正如我们各国领导人在2005年9月所确认的那样，联合国的三个支柱——发展、和平与安全以及人

① 2005年世界首脑会议成果，第157—160段。http://daccess-dds-ny.un.org/doc/UNDOC/GEN/N05/487/59/PDF/N0548759.pdf?OpenElement.

② A/RES/60/1，第157—160段。

权——是相互联系和相互补充的。除非三者都强劲有力，否则其中任何一个都是软弱无力的。世界从未像今天这样需要一个强有力的联合国。因此，我们需要一个强有力的人权理事会，一如我们需要在我们各国领导人交给我们的首脑会议后续行动和改革任务的其他领域取得强有力的结果。[①]

最终，第60届联合国大会以170票支持、4票反对和3票弃权的压倒性多数通过了大会主席提交的决议草案，即第A/60/251号决议。4票反对票来自以色列、马绍尔群岛、帕劳和美国这四个国家。白俄罗斯、伊朗和委内瑞拉弃权。[②] 联大这一决议“决定在日内瓦设立一个人权理事会，取代人权委员会”。[③] 这标志着联合国人权委员会的废除和人权理事会的正式建立。3月22日，经社理事会解散了人权委员会。[④]3月27日，人权委员会在日内瓦举行了其最后一届会议。[⑤]5月9日，第60届联合国大会选举产生了人权理事会47个会员国。[⑥] 6月9日至30日，人权理事会第一届会议在日内瓦举行。[⑦]

---

① A/60/PV.72.

② A/60/PV.72.

③ A/60/251，第1段。

④ ECOSOC Res 2006/2, 22 March 2006.

⑤ Commission on Human Rights Report on the Sixty-Second Session, E/CN.4/2006/122, 13-27 March 2006.

⑥ 选举结果如下：非洲地区组13席：阿尔及利亚、摩洛哥、南非和突尼斯（任期均为1年）；加纳、加蓬、马里和赞比亚（任期均为2年）；塞内加尔、毛里求斯、吉布提、喀麦隆、尼日利亚（任期均为3年）。亚洲地区组13席：印度、印度尼西亚、菲律宾和巴林（任期均为1年）；巴基斯坦、日本、斯里兰卡和韩国（任期均为2年）；孟加拉国、马来西亚、中国、约旦、沙特（任期均为3年）。东欧地区组6席：波兰、捷克（任期均为1年）；罗马尼亚、乌克兰（任期均为2年）；阿塞拜疆、俄罗斯（任期均为3年）。拉美及加勒比地区组8席：阿根廷、厄瓜多尔（任期均为1年）；巴西、秘鲁、危地马拉（任期均为2年）；墨西哥、乌拉圭、古巴（任期均为3年）。西欧及其他发达国家地区组7席：芬兰、荷兰（任期均为1年）；英国、法国（任期均为2年）；瑞士、德国、加拿大（任期均为3年）。

⑦ First Report of the Human Rights Council, A/61/53 (2006).

## 三、废除人权委员会和建立人权理事会的法律依据

联大设立人权理事会具有充足的法律依据。虽然《联合国宪章》第68条明确要求经社理事会设立人权委员会，[①] 但是对《宪章》第68条的理解还需要结合《宪章》第7条第2款进行解读。[②] 第7条共有两个条款，第1款规定了联合国的主要机关：大会、安全理事会、经济及社会理事会、托管理事会、国际法院、秘书处；第2款规定，联合国还可以依照《宪章》设立认为必需的辅助机关。也就是说，联合国的六个主要机关都有权依照《宪章》设立其认为必需的辅助机关。人权委员会就是经济及社会理事会设立的一个辅助机关，而且不是一个处理某个专门问题的专设（*ad hoc*）辅助机关，而是一个处理更加全面和持久问题的"常设的"（permanent）辅助机关。[③] 但是，联合国的主要机关既然有权设立其必需的辅助机关，那么也就意味着其有权决定和改变辅助机关的结构、构成、职权的性质和范围、自治的程度，甚至当认为辅助机关的任务已经完成时，还有权进行解散。即便辅助机关是作为"常设的"辅助机关设立的，并且有完全的权力来履行职权，它的存在与否仍然取决于当初设立它的主要机关。因此，每一个辅助机关实际上都从属于当初设立它的主要机关。[④] 由此可见，纵然有《宪章》第68条的规定，既然人权委员会是经济及社会理事会设立的，那么经济及社会理事会也有权解散人权委员会。

---

① 参见本章前面第一节"设立人权委员会的法律基础"。

② Jeroen Gutter, *Thematic Procedures of the United Nations Commission on Human Rights and International Law: In Search of a Sense of Community* (Intersentia, Anterwep, 2006), p.17, footnote 8; Mainnheim Eibe Riedel 'Article 68', in Bruno Simma, Hermann Mosler, Albrecht Randelzhofer, Christian Tomuschat, Rudiger Wolfrum eds., *The Charter of the United Nations: A Commentary*, Second Edition, Volume II (Oxford University Press, 2002), p.1029.

③ Leimen Günther Jaenicke, 'Article 7', in Bruno Simma, Hermann Mosler, Albrecht Randelzhofer, Christian Tomuschat, Rudiger Wolfrum eds., *The Charter of the United Nations: A Commentary*, Second Edition, Volume I (Oxford University Press, 2002), p.220.

④ Leimen Günther Jaenicke, 'Article 7', Bruno Simma, Hermann Mosler, Albrecht Randelzhofer, Christian Tomuschat, Rudiger Wolfrum eds., *The Charter of the United Nations: A Commentary*, Second Edition, Volume I (Oxford University Press, 2002), pp.219, 223.

第7条第2款只是规定“依据《宪章》”设立认为必需的辅助机关，但是它并没有详细规定依据《宪章》中的哪些条款设立认为必需的辅助机关，也没有详细规定设立的程序。因此，就会产生一个问题，即联合国的主要机关是否可以依据第7条第2款直接设立认为必要的辅助机关，还是说联合国的主要机关只能依据《宪章》中明确规定的条款（第22条、第29条和第68条）才可以设立认为必要的辅助机关？[①] 联合国主要机关的实践表明，联合国的主要机关除了依据《宪章》第22条、第29条和第68条外，它们还直接依据第7条第2款来设立它们认为必需的辅助机关。例如,《经济及社会理事会议事规则》第24条第1款规定，它不仅有权设立第68条规定的职司和区域委员会（commissions），而且还有权设立“常设委员会和专设委员会”（standing and *ad hoc* committees）。[②] 因此，对第7条第2款的正确理解应当是，联合国主要机关设立各种辅助机关的权力既直接来自《宪章》中明确规定的条款（第22条、第29条和第68条），也来自第7条第2款和其他条款的结合。这种解释得到了国际法院的支持。在1954年7月13日的“联合国行政法庭赔偿裁决的效力”案咨询意见中，国际法院认为，联合国大会有权设立联合国行政法庭来处理联合国和其雇员之间的法律纠纷，这是一种为了有效实现联合国目的和宗旨的暗含的权力。这种权力来自第7条第2款、第22条和第101条。[③] 在1973年7月12日的“申请复

---

① 《宪章》第22条规定，大会得设立其认为于行使职务所必需之辅助大会。第29条规定，安全理事会得设立其认为于行使职务所必需之辅助机关。第68条规定，经济及社会理事会应设立经济与社会部门及以提倡人权为目的之各种委员会，并得设立于行使职务所必需之其他委员会。

② The Rules of Procedure of ECOSOC, E/5715/Rev.2, 1992, New York. 例如，经济及社会理事会在1985年5月28日设立了经济、社会和文化权利委员会，让其承担《经济、社会和文化权利国际公约》第四部分所规定的监督职责。ECOSOC Resolution 1985/17, 28 May 1985.

③ ICJ, *Effect of Awards of Compensation Made by the United Nations Administrative Tribunal*, Advisory Opinion, ICJ Reports (1954), pp.58-61.《宪章》第101条规定：“一、办事人员由秘书长依大会所定章程委派之。二、适当之办事人员应长期分配于经济及社会理事会、托管理事会，并于必要时，分配于联合国其他之机关。此项办事人员构成秘书处之一部。三、办事人员之雇用及其服务条件之决定，应以求达效率、才干及忠诚之最高标准为首要考虑。征聘办事人员时，于可能范围内，应充分注意地域上之普及。”

核联合国行政法庭第158号判决”案咨询意见中，国际法院再次确认其在1954年咨询意见中对第7条第2款和第22条的理解，指出："这两个条款可以使联合国实现其目的，并有效地履行其职责。因此，对联合国大会设立辅助机关的权力作狭义理解将违反《宪章》的这一明确的意图。"①由此可见，虽然《宪章》没有条款明确规定联合国大会可以设立人权理事会，但依据《宪章》第7条第2款以及第22条，联合国大会完全有权设立人权理事会。

## 四、人权理事会与人权委员会的比较

联合国大会第60届会议第251号决议设立的人权理事会与原先的人权委员会相比，除了地点没有发生改变外（都在瑞士日内瓦），在许多方面都有重要发展。②而且，这些发展都是当时各方利益谈判“妥协的产物”。③

第一，关于人权理事会的地位，在谈判的过程中存在着争论。一些国家希望把人权理事会定为联合国的主要机关之一，提高到与经社理事会与安全理事会相同的地位，一起向大会负责。它们认为，既然和平、人权与发展已经成为联合国的三大支柱，那么就需要有三个具有相同地位的理事会，由安全理事会负责和平、人权理事会负责人权、经社理事会负责发展是十分自然的事情。④但是，还有一些国家则认为，如此则需要修改《联

---

① ICJ, *Application for Review of Judgment No. 158 of the United Nations Administrative Tribunal*, Advisory Opinion, ICJ Reports (1973), p.172.

② 马桂瑛:《联合国人权机构改革之浅见——对人权理事会和人权委员会的比较分析》，载于《西华师范大学学报（哲学社会科学版）》，2006年第6期，第93页。

③ 罗艳华:《联合国人权理事会的设立及其背后的斗争》，载《人权》，2006年第3期，第54页。

④ 参见阿根廷代表在第60届联大表决通过第251号决议草案（A/60/L.48）时的解释性发言，A/60/PV.72 ，第15页；日本代表在第60届联大表决通过第251号决议草案（A/60/L.48）时的解释性发言，A/60/PV.72，第18页；冰岛代表在第60届联大表决通过第251号决议草案（A/60/L.48）时的解释性发言，A/60/PV.72，第22页。Carlos Villan Duran, “Lights and Shadows of the New United Nations Human Rights Council”, 5 *SUR-International Journal on Human Rights* (2006), p.14.

合国宪章》，这是非常艰难的事情。2004年的《威胁、挑战和改革问题高级别小组的报告》认为，“从长远来看，会员国应考虑把人权委员会提升为‘人权理事会’，这就是说，它不再是经济及社会理事会的附属机构，而是与理事会和安全理事会同等并列的一个宪章机构，以此体现在《宪章》序言中，人权问题与安全和经济问题一样，同样得到了重视。”① 安南在2005年4月14日向大会提交的《关于人权理事会的说明》中也建议，“人权委员会升格为一个全面的理事会，将把人权提升到《联合国宪章》原本赋予的优先地位。此种结构将使架构和构想清晰明了，因为联合国已经设有处理其他两大宗旨的理事会。”② 他还指出，“设立人权理事会有两种选择，或作为大会的主要机构，或作为大会的附属机构。作为大会的一个主要机构设立人权理事会，可使之具有与安全理事会和经济及社会理事会同等的地位，但需要修改《宪章》。在这两种情况下，宪章机构的高标准和‘重要事项’由三分之二多数表决都应保留。”③ 2005年6月3日，第59届联大主席提出了2005年9月联大高级别全体会议成果文件草稿中建议，人权理事会应作为大会设在日内瓦的附属机构。④ 2005年7月22日，联大主席提交了订正草稿，建议“设立常设人权理事会，作为大会设在日内瓦的附属机构，代替人权委员会。大会将在五年内审查人权理事会是否应转为常设机构问题。”⑤ 最终，第251号决议把人权理事会定位大会的一个附属机关，同时规定，大会应在五年内审查理事会的状况。⑥ 因此，人权理事会的权威性、代表性和执行能力都将较原来的人权委员会强。⑦ 2011年，联合国

---

① 《威胁、挑战和改革问题高级别小组的报告》，A/59/565，第291段。

② 秘书长的报告：《大自由：实现人人共享的发展、安全和人权》，A/59/2005，增编一：人权理事会，第1段。

③ 同上，第14段。

④ A/59/HLPM/CRP.1, para. 87.

⑤ A/59/HLPM/CRP.1/Rev.1, para. 131. 2005年8月5日的第二份订正草稿也是这样叙述的，参见：A/59/HLPM/CRP.1/Rev.2, para. 139.

⑥ A/60/251，第1段。

⑦ 江国青、熊志强：《联合国人权理事会法律制度探析》，载《外交评论》，2006年8月，第22页。

大会通过对人权理事会的第一次审查决议，决定继续保持该理事会的现时地位，“并在适当时候而且在最早10年最晚15年的时间内再次审议是否保持这一地位的问题”。[①]

第二，关于人权理事会的规模，2004年的《威胁、挑战和改革问题高级别小组的报告》曾建议扩大人权委员会，让所有国家参加，[②] 但是安南在2005年5月26日的《大自由》中建议，应把人权委员会改成一个规模较小的常设人权理事会。[③] 在其《关于人权理事会的说明》中更是指出，“减少成员数目，将使人权理事会得以进行重点更加突出的辩论和讨论。”[④] 他还说，“人权委员会目前有53个成员，只比选举委员会成员的经济及社会理事会成员少一个。委员会最初有18个成员，后来成员数目剧增。人权理事会成员数目较少，将有助于进行更有重点的讨论和辩论。委员会升格为理事会，将增加会员国在联合国三个理事会之一任职的可能性。”[⑤] 这和美国及其一些盟国的看法相同。[⑥] 2005年6月3日，联大主席提出的2005年9月联大高级别全体会议成果文件草稿中建议，人权理事会的规模“应与人权委员会相当”。[⑦] 2005年7月22日，联大主席提交了订正草稿，建议“人权理事会由30至50名成员组成”。[⑧] 但是，许多第三世界国家不希望看到人权理事会的规模被缩小，希望看到人权理事会能公正地体现国际社会

---

① A/RES/65/281(2011), 第3段。

② 参见《威胁、挑战和改革问题高级别小组的报告》，A/59/565，第285段。

③ 参见《大自由：实现人人共享的安全、发展和人权》，A/59/2005，2005年3月21日，第183段。

④ 秘书长的报告:《大自由：实现人人共享的发展、安全和人权》，A/59/2005，增编一：人权理事会，第4段。

⑤ 同上，第13段。

⑥ Carlos Villan Duran, “Lights and Shadows of the New United Nations Human Rights Council”, 5 *SUR-International Journal on Human Rights* (2006), p.8.

⑦ A/59/HLPM/CRP.1，para. 88.

⑧ A/59/HLPM/CRP.1/Rev.1, para. 131.

的民主性和代表性。[①] 最终，第251号决议决定，“理事会由47个会员国组成。”[②] 显然，人权理事会的规模比人权委员会要缩小了，从53个缩小到47个。

第三，关于理事会成员的地域分配问题，该决议规定，“成员构成应以公平地域分配为基础，席位在各个区域集团之间分配如下：非洲国家集团，13个；亚洲国家集团，13个；东欧国家集团，6个；拉丁美洲和加勒比国家集团，8个；西欧和其他国家集团，7个。”这样一来，与原先的人权委员会的地域组成相比，非洲国家集团减少了2个，亚洲国家集团增加了1个，东欧国家集团增加了1个，拉丁美洲和加勒比国家集团减少了3个，西欧和其他国家集团减少了3个。从这个意义上说，亚洲国家集团和东欧国家集团是最有利的，而拉丁美洲和加勒比国家集团和西欧和其他国家集团是最不利的。[③] 而且，非洲和亚洲国家的会员国加起来占到人权理事会会员国国总数的55%，如果再加上拉美加勒比地区的成员国数量，总数将占到72%，这意味着，从理论上说，如果非洲、亚洲和拉美国家在人权理事会的成员国联合起来，就可以影响人权理事会的决策。

第四，关于理事会的成员的任职资格，一些西方国家希望对理事会的成员的任职资格施加严格限制，而不能像人权委员会一样对委员的任职没有任何资格方面的限制。美国建议“把公然侵犯人权者排斥在人权理事会之外”，“把那些根据《联合国宪章》第七章有关虐待或恐怖行为的规定而对其采取措施的国家排除在外”，总之，应“把人权恶棍排除在外”，“不

① 参见古巴在第60届联大投票表决A/60/L.48号决议时的发言，A/60/PV.72，第3页；越南代表在第60届联大投票表决A/60/L.48号决议时的发言，A/60/PV.72，第13页；南非代表（代表非洲集团国家）在第60届联大投票表决A/60/L.48号决议时的发言，A/60/PV.72，第14页。

② 同上，第7段。

③ 巴西代表（还代表乌拉圭、巴拉圭、哥伦比亚、危地马拉和巴拿马）在第60届联大表决通过第251号决议草案（A/60/L.48）时的解释性发言，A/60/PV.72，第25页：“我们深感遗憾的是，与人权委员会相比，拉丁美洲和加勒比国家集团在理事会的代表性降低了27%。我们的理解是，会员国数目有所增加的区域应扩大其代表性，但本区域国家数目并没有减少。因此，我们不明白本区域的代表性为何如此大幅下降。”还可以参见秘鲁代表在第60届联大表决通过第251号决议草案（A/60/L.48）时的解释性发言，A/60/PV.72，第30页。

应让那些有真实证据表明其有计划地和公然地侵犯人权的国家，或那些因侵犯人权而受到联合国制裁的国家进入新理事会”。① 欧盟建议，“不把票投给一个由于与人权有关的原因而受到安全理事会制裁的候选国”，“任何公然和有计划地侵犯人权的国家都不应担任理事会成员”。② 而一些发展中国家认为，理事会应无条件和不设标准地对所有成员开放。③ 新西兰代表（同时代表澳大利亚和加拿大）指出，支持“提高成员资格门槛，尤其是通过大会绝大多数会员国以无记名投票方式而非无异议集体提名名单进行直接的单个选举”。④ 在2005年4月14日向大会提交的《关于人权理事会的说明》中，安南秘书长建议，人权理事会的“成员由大会全体成员选举产生，会使这个成员更加负责，并使这个机构更具有代表性。此外，理事会经联合国主要立法机构大会直接选举，其权威也会比人权委员会大，因为委员会只是经济及社会理事会的附属机构。”⑤ 他还说，“人权理事会成员不是由经济及社会理事会选举产生，而由大会三分之二的选票选出——这与《宪章》机构选举过程相似。这将体现对该机构的重视。普遍投票将使该机构对本组织全体会员国负责。会员国有必要将就任期长短、人权理事会成员的选举和轮任方式作出决定。如果会员国选择以区域为基础选举人权理事会成员，那么所有区域集团都应具有与其在联合国的代表权相符的代表权。”⑥ 2005年6月3日，第59届联大主席提出了2005年9月联大高级别全体会议成果文件草稿中建议，“人权理事会成员应由大会按照公平地域分配原则以三分之二多数直接选举产生”。⑦ 2005年7月22日，联大主席的订正草稿，建议“由大会直接以三分之二多数选举产生，每一成员任期三

---

① A/60/PV.72，第6页。

② A/60/PV.72，第8页。

③ 参见苏丹代表在第60届联大表决通过第251号决议草案（A/60/L.48）时的解释性发言，A/60/PV.72，第15页。

④ A/60/PV.72，第26页。

⑤ 秘书长的报告:《大自由：实现人人共享的发展、安全和人权》，A/59/2005，增编一：人权理事会，第4段。

⑥ 同上，第12段。

⑦ A/59/HLPM/CRP.1，para. 88.

年。在确定人权理事会成员时，应适当顾及公平地域分配原则以及会员国对促进和保护人权的贡献”。而且，“当选进入人权理事会者应当承诺在尊重、保护和促进人权时恪守人权标准，并按照审查机制在任期内对他们作出评价，除非在他们到理事会任职之前不久刚作过评价。”[①] 第251号决议最终规定，“理事会成员资格应向联合国所有会员国开放；会员国在选举理事会成员时，应考虑候选国对促进和保护人权的贡献以及就此作出的自愿许诺和承诺；对于理事会中严重并系统侵犯人权的成员，大会以出席并投票成员的三分之二多数，可暂时取消其在理事会的成员资格”。[②] 决议还规定，“当选为理事会成员者在促进和保护人权方面应坚持最高标准，与理事会充分合作，并在任期内接受定期普遍审查机制的审查”。[③] 引入这些任职资格方面的要求是为了尽可能减少新的理事会被政治化的可能性，避免出现像人权委员会那样的局面。但是，仍然有一些人认为，有些要求过于笼统，没有量化，操作性较低。例如，如何评判某个候选国对促进和保护人权作出的贡献就不是一个客观和具体的标准。在谈判的过程中，有些国家建议要求候选国必须批准了七个基本的国际人权公约，但是最终没有规定在该决议中。[④] 古巴对该决议规定的暂时取消人权理事会成员国资格的规定深感不安。古巴代表在2006年3月15日第60届联大通过设立人权理事会的第251号决议（决议草案A/60/L.48）的解释性发言中，指出，“决议草案认可有关暂时停止理事会成员资格的条款，该条款可在出席并投票的成员的三分之二多数支持下启动，但并没有规定最低法定票数。在超过96个国家的支持下选出的国家的权利可能会由于低于此数目的国家的意志而被中止。”[⑤]

---

① A/59/HLPM/CRP.1/Rev.1, para. 131. 2005年8月5日的第二份订正草稿也是这样叙述的，参见：A/59/HLPM/CRP.1/Rev.2, para. 139.

② 同上，第8段。

③ 同上，第9段。

④ Carlos Villan Duran, “Lights and Shadows of the New United Nations Human Rights Council”, 5 *SUR-International Journal on Human Rights* (2006), p.8.

⑤ A/60/PV.72，第2页。

第五，关于联合国大会选举理事会成员的选举，安南建议，其成员应由大会出席并参加表决的会员三分之二多数直接选举产生。[①]2005年6月3日，第59届联大主席提出了2005年9月联大高级别全体会议成果文件草稿中建议，“人权理事会成员应由大会按照公平地域分配原则以三分之二多数直接选举产生”。[②]2005年7月22日，联大主席的订正草稿，建议“由大会直接以三分之二多数选举产生。”[③]一些国家也要求达到三分之二多数。[④]但是，第251号决议决定，“每个成员由大会通过无记名投票，以会员国过半数直接选举产生。”这显然是降低了选举成员对票数的要求，从安南建议的三分之二多数降为过半数即可。

第六，关于理事会成员的任期，以美国为首的一些国家希望对成员的任期施加限制，不能连选连任，但一些国家不希望看到这种限制。[⑤]2005年7月22日，联大主席的订正草稿，建议“由大会直接以三分之二多数选举产生，每一成员任期三年。”[⑥]最终，该决议规定，“理事会成员任期为三年，在连续两任后没有资格立即再次当选”，[⑦]“成员的任期应间隔错开，

① 参见《大自由：实现人人共享的安全、发展和人权》，A/59/2005，2005年3月21日，第183段。

② A/59/HLPM/CRP.1，para. 88.

③ A/59/HLPM/CRP.1/Rev.1, para. 131. 2005年8月5日的第二份订正草稿也是这样叙述的，参见：A/59/HLPM/CRP.1/Rev.2, para. 139.

④ 参见阿根廷代表在第60届联大表决通过第251号决议草案（A/60/L.48）时的解释性发言，A/60/PV.72，第15页。日本代表在第60届联大表决通过第251号决议草案（A/60/L.48）时的解释性发言，A/60/PV.72，第18页。美国代表在2006年3月15日第60届联大通过设立人权理事会的第251号决议（决议草案A/60/L.48）的解释性发言中，指出，“秘书长还推出了一个解决该问题的有力手法。他提议人权理事会经2/3多数而选举其成员。该建议并未写入决议中，但却应当写入。对加入该理事会设置更高的障碍，会使那些没有对人权作出明确承诺的国家更难赢得理事会中的席位。这本可以帮助阻止选举那些只想从内部损害这一新的机构的国家。”A/60/PV.72，第6页。

⑤ 俄罗斯代表在第60届联大表决通过第251号决议草案（A/60/L.48）时的解释性发言，A/60/PV.72，第18页。

⑥ A/59/HLPM/CRP.1/Rev.1, para. 131. 2005年8月5日的第二份订正草稿也是这样叙述的，参见：A/59/HLPM/CRP.1/Rev.2, para. 139.

⑦ 同上，第7段。

首次选举应以抽签方式作出这种决定，同时考虑到公平地域分配”。[1] 这实际上取消了以往的人权委员会中一些国家几乎长期占据成员资格的可能性，尤其是安理会五个常任理事国长期占据人权委员会席位的惯例。[2]

第七，关于理事会的会期，以美国为首的一些西方国家希望理事会能够有较长的会议，以便可以加强对人权的审查。但是，一些国家不愿意看到这种较长的会期。安南在2005年向大会提交的《关于人权理事会的说明》中建议把人权理事会改革成一个常设机构，“可以定期开会，也可以随时开会，以处理迫在眉睫的危机，并得以及时、深入地审议人权问题。使人权问题讨论摆脱充满政治争斗的六周会议的安排，还可以有时间采取实质性后续行动，监测各项决定和决议的执行情况。”[3] 最终，该决定规定，“理事会应全年定期开会，每年排定不少于三届会议，包括一届主要会议，总会期不少于10周，并可在需要时经理事会成员要求及理事会三分之一成员支持下举行特别会议”。[4] 这比原先人权委员会的每年6周的总会期有所增加。

最后，人权理事会的目标、指导原则、具体职责、工作方式方面与人权委员会也存在差别。关于理事会的目标，该决议规定，“应负责促进普遍尊重对人人没有任何形式的区分，公正、平等地享有所有人权和基本自由的保护。”[5] 关于理事会工作的指导原则，该决议规定，“理事会的工作应以普遍性、公正性、客观性和非选择性以及建设性国际对话及合作等原则为指导，以期加强促进和保护公民、政治、经济、社会和文化权利等所有人权，包括发展权。”[6] 这是为了避免再次出现人权委员会时期被广泛批评

---

① 同上，第14段。

② 美国还一度支持让安理会五个常任理事国获得人权理事会席位的建议，不过，这一建议没有成功，参见：Gian Luca Burci, “The United Nations Human Rights Council”, 15 *Italian Yearbook of International Law* (2005), p.32.

③ 秘书长的报告:《大自由：实现人人共享的发展、安全和人权》，A/59/2005，增编一：人权理事会，第4段。

④ 同上，第10段。

⑤ 同上，第2段。

⑥ 同上，第4段。

的选择性和双重标准，因此该决议特别强调普遍性、公正性、客观性和非选择性、建设性、对话与合作等原则。

关于理事会的具体职权，该决议规定，“理事会除其他外，应：

（1）促进人权教育和学习以及咨询服务、技术援助和能力建设；这些工作应与有关会员国协商并在后者同意下开展；

（2）充当关于所有人权问题的专题对话的论坛；

（3）向大会提出关于进一步发展人权领域国际法的建议；

（4）促进全面落实各国承担的人权义务以及联合国各次主要会议和首脑会议有关促进和保护人权的目标和承诺的后续行动；

（5）根据客观和可靠的信息，以确保普遍、平等地对待并尊重所有国家的方式，定期普遍审查每个国家履行人权义务和承诺的情况；审查应是一个基于互动对话的合作机制，由相关国家充分参与，并考虑到其能力建设需要；这个机制应补充、而不是重复条约机构的工作；理事会应在举行首届会议后一年内，拟定普遍定期审查的方法并作出必要的时间分配；

（6）通过对话及合作，协助预防侵犯人权行为，并及时应对人权紧急状况；

（7）承担大会1993年12月20日第48/141号决议决定授予人权委员会的与联合国人权事务高级专员办事处工作相关的作用和责任；

（8）在人权领域与各国政府、区域组织、国家人权机构和民间社会密切协作；

（9）提出有关促进和保护人权的建议；

（10）向大会提交年度报告。”①

该决议还特别强调，“理事会应处理侵犯人权的情况，包括严重和系统的侵犯行为，并就此提出建议。理事会还应在联合国系统内促进有效协调，将人权问题主流化。”②

---

① 秘书长的报告：《大自由：实现人人共享的发展、安全和人权》，A/59/2005，增编一：人权理事会，第5段。

② 同上，第3段。

**表格2：人权理事会与人权委员会的比较**

| | | 人权理事会 | 人权委员会 |
|---|---|---|---|
| 地位 | | 大会的下属机构，直接对大会负责。 | 经社理事会的下属机构，经社理事会向大会负责。 |
| 会员规模 | | 47 | 53 |
| 地域分配 | 非洲国家集团 | 13 | 15 |
| | 亚洲国家集团 | 13 | 12 |
| | 东欧国家集团 | 6 | 5 |
| | 拉丁美洲和加勒比国家集团 | 8 | 11 |
| | 西欧和其他国家集团 | 7 | 10 |
| 会员资格 | 会员资格的取得 | 应考虑候选国对促进和保护人权的贡献以及就此作出的自愿许诺和承诺。当选为理事会成员者在促进和保护人权方面应坚持最高标准，与理事会充分合作，并在任期内接受定期普遍审查机制的审查。 | 无。 |
| | 会员资格的暂时取消 | 严重并系统侵犯人权的成员，大会以出席并投票成员的三分之二多数，可暂时取消其在理事会的成员资格。 | 无。 |
| 会员选举 | | 由大会选举产生。 | 由经社理事会选举产生。 |
| 会员任期 | | 任期三年，在连续两任后没有资格立即再次当选。 | 任期三年，可连选连任。 |
| 会议 | 定期会议 | 理事会应全年定期开会，每年排定不少于三届会议，包括一届主要会议，总会期不少于10周。 | 每年一届会议，每届会议六周时间。 |
| | 特别会议 | 可在需要时经理事会成员要求及理事会三分之一成员支持下举行特别会议。 | 举行特别会议的难度要大很多。 |
| 目标、指导原则、具体职责，以及工作方式 | | ·普遍定期审议<br>·特别程序<br>·咨询委员会<br>·申诉程序 | ·特别程序<br>·促进和保护人权小组委员会<br>·1503程序 |

与原先的人权委员会相比，除了第5项规定的普遍定期审议和第10项向大会提交年度报告外，其他的职权原先的人权委员会实际上都是具有的。因此有人认为，就具体的职权而言，第251号决议规定的内容变化不是很大。关于理事会的工作方式，该决议规定，“理事会的工作方式应透明、公平、公正，并应有利于真正的对话，注重成果，能够随后就各种建议及其实施进行后续讨论，并还能与特殊程序和机制进行实质互动。”[①]

联合国大会第60届会议第251号决议决定于2006年5月9日选举理事会首批会员，并于2006年6月19日举行理事会首次会议，[②] 并建议经社理事会要求人权委员会在其第62届会议上结束工作，还建议经济及社会理事会于2006年6月16日解散该委员会。[③] 该决议还要求人权理事会应承担、审查并在必要时改进及合理调整人权委员会的所有任务、机制、职能和职责，以便保持一个包含特殊程序、专家咨询和申诉程序的制度；理事会应在举行首届会议后一年内完成此项审查。[④] 最终，有153个国家的代表（包括47个会员国的代表）、154个非政府组织的代表、以及25个国际组织的代表（包括联合国）出席了人权理事会第一届会议。

## 五、建立人权理事会的重大意义

联合国第60届大会第251号决议决定建立人权理事会，这在人权国际机制的发展进程中具有十分重大的意义，它标志着联合国人权委员会的取消和人权理事会的建立。人权理事会的建立获得了各方的一致好评。它标志着“联合国的人权事业进入了一个新的时代”，[⑤] “提升了人权在联合国体系和国际政治中的地位和影响，同时也为实现联合国由和平与发展两个

① 秘书长的报告:《大自由：实现人人共享的发展、安全和人权》，A/59/2005，增编一：人权理事会，第12段。

② 同上，第15段。

③ 同上，第13段。

④ 同上，第6段。

⑤ 江国青、熊志强:《联合国人权理事会法律制度探析》，载《外交评论》，2006年8月，第21页。

轮子时代进入发展、安全与和平、人权三极鼎立时期的历史性转变，创造了重要的前提条件”，“是联合国成立以来人权领域最重要的一次机制”，[①] 是“强化联合国人权监督机制的重大举措”。[②] 它的建立，也标志着以《宪章》为基础的国际人权机制在六十年时间里发生了重大的改革，提升了人权在联合国机制体系中的话语权，也是联合国改革进程中取得的丰硕成果。它的建立，还体现了国际社会对人权事务关注程度的增加，人权事务在国际事务中的地位进一步提升。[③] 从人权国际机制的角度来说，为了实现更大的效率，联合国的一个机构被取消和取代，这在联合国的历史上还是第一次。[④] 由于人权是一个极其广泛的涉及人的权利和福祉的概念，它正在悄无声息地影响着人类生活的方方面面，因此联合国人权理事会的建立，必将对全球治理以及国内治理产生深远影响。尽管不少人对人权理事会是否会重蹈人权委员会的覆辙仍然十分担心，[⑤] 但是，联合国人权机制的这一重大发生也有可能是联合国人权机制一次凤凰涅槃般的升华，对于全人类的权利和福祉来说可能是一个福音。假以时日，人权理事会极有可能成为与安全理事会、经社理事会并列的分别负责人权、安全与发展问题的联合国“三驾马车”，[⑥] 带领着全人类奔向更好美好的明天。

---

① 邱桂荣:《联合国人权领域改革及其影响》，载《现代国际关系》，2007年第7期，第31页。

② 张爱宁:《国际人权保护实施监督机制的新动向》，载《法学》，2010年第1期，第105页。

③ 罗艳华:《从联合国人权委员会到人权理事会》，载《人权研究》，2006年第3期，第29页。

④ Nico Schrijver, “The UN Human Rights Council: A New ‘society of the Committed’ or Just Old Wine in New Bottles?”, 20 *Leiden Journal of International Law* (2007), p.822.

⑤ Lucia Nader, “The Role of NGOs in the Human Rights Council”, 7 *SUR-International Journal on Human Rights* (2007), p.9.

⑥ 复旦大学教授张乃根称之为联合国的“三重”理事会，参见：张乃根:《论联合国“三重”理事会》，载《国际法研究》，2014年第3期，第16页。

# 第二章
# 普遍定期审议机制的确立

由同侪进行定期审议这种做法在国际层面并不鲜见，实际上，在上个世纪就已经出现了。本章主要研究联合国人权理事会设立普遍定期审议机制的过程及其在人权国际保护方面的重要意义。为此目的，本章首先将研究人权理事会普遍定期审议机制之前国际上的一些同侪定期审议制度，追溯其历史的起源；接着切入正题，研究人权理事会中普遍定期审议机制的确立过程；最后研究这一机制的确立对于国际人权机制的重要意义。

## 第一节　人权理事会普遍定期审议机制之前的同侪定期审议机制

同侪定期审议机制是指国家定期向一个由同侪组成的国际机构提交报告、接受国际机构审议的机制。由于这样的国际机构是由同侪组成的，因此它们是由政府代表组成的，而不是由独立的专家以个人身份任职的。这样的制度通常由三个阶段组成：报告的准备和提交阶段；报告的审议阶段；以及审议结果的落实阶段。[①] 这样的机制在历史上曾经出现过，而且在今天的不少国际公约中也同样存在。[②] 本节将选择其中若干历史上曾经出现过以及在联合国人权理事会普遍定期审议机制确立之前在其他一些国际公

---

① Ravi Kanbur, “The African Peer Review Mechanism (APRM): An Assessment of Concept and Design”, 31 *South African Journal of Political Studies* (2004), p.157.

② Felice D. Gaer, “Scrutinizing Countries: The Challenge of Universal Review”, 13 *Human Rights Brief* (2006), p.9.

约中存在的类似的同侪定期审议机制。[①]

## 一、国际联盟的同侪定期审议机制

在国际法中，这种定期同侪审议制度最早出现在1919年的《凡尔赛和约》。《凡尔赛和约》第22条创立了由第一次世界大战的战胜国对战败国的殖民地进行委任统治的制度，要求接受委任统治的国家每年就其负责委任统治的殖民地领土向国际联盟行政院设立的常设委员会提交报告，并接受常设委员会的审议，常设委员会还有权就委任统治国是否遵守了委任制度向行政院提交咨询意见。[②] 这个常设委员会在1920年12月1日成立，最初由英国、法国、意大利、葡萄牙、西班牙、比利时、荷兰、日本、瑞士和挪威10个国家的代表组成，1926年德国成为委员会委员国之一。这些国家绝大部分都是当时的殖民地国家。1946年，这一委员会被联合国托管理事会取代。

## 二、联合国教科文组织的同侪定期审议机制

《取缔教育歧视公约》于1960年12月14日由联合国教科文组织通过，

---

① 在联合国人权理事会普遍定期审议机制之后，也有不少国际公约设立有定期的同侪审议制度，作为实施这些公约的机制之一。例如，于2003年10月31日联大决议通过的《联合国反腐败公约》（2005年12月14日生效）第63条第4款第五项只是规定，缔约国大会应“定期审议缔约国对本公约的实施情况”，并无详细规定如何定期审议。2009年11月9日至13日，《联合国反腐败公约》第三届缔约国大会在多哈通过了第一项决议，题为《审议机制》。在该项决议中，缔约国大会建立了该公约下的审议机制，该机制也是一个同侪审议的机制，是一个政府间的进程。由于该机制创设在联合国人权理事会普遍定期审议机制之后，因此本专著不作详细介绍，详细可见：Mechanism for the Review of Implementation of the United Nations Convention against Corruption，http://www.unodc.org/documents/treaties/UNCAC/Publications/ReviewMechanism-BasicDocuments/Mechanism_for_the_Review_of_Implementation_-_Basic_Documents_-_C.pdf.

② 参见《凡尔赛和约》第22条：“在委任统治的任何情况下，委任统治国应当就其负责的领土每年向国际联盟行政院提交报告。如果国际联盟的成员国此前就每一块委任统治领土上委任统治国的权力、控制或管理的程度尚未达成一致意见，行政院应当就此作出明确界定。应当建立一个常设委员会，负责接收和审查委任统治国提交的年度报告，并就有关遵守委任制度的各个方面向行政院提供咨询意见。”

1962年5月22日生效。[①] 目前，该公约有98个缔约国。[②] 该公约旨在消除教育领域的歧视。该公约第七条要求缔约国按照联合国教科文大会规定的日期和方式向该大会提交定期报告，阐述其为实施该公约而通过的法律规定和行政规定以及所采取的其他行动，以及在实施该政策方面所取得的进展和所遇到的障碍。1968年，第15届联合国教科文组织大会决定，从第16届大会开始，由法律委员会负责审议联合国教科文组织会员国就联合国教科文组织通过的国际文件（公约和建议）提交的报告。[③] 法律委员会是一个由从联合国教科文组织大会选举产生的国家代表组成的机构。在2013年11月5日至20日举行的第37届大会上，阿富汗、阿尔及利亚、巴林、哥斯达黎加、法国、危地马拉、以色列、意大利、哈萨克斯坦、肯尼亚、马达加斯加、尼加拉瓜、韩国、苏丹、泰国、美国和也门被选为法律委员会委员。[④] 因此，可以说，联合国教科文组织也建立有同侪定期审议的制度。

## 三、世界贸易组织的同侪定期审议机制

《建立世界贸易组织的协定》于1994年4月15日在马拉喀什签订。[⑤] 该《协定》附件三创设了世界贸易组织的贸易政策审议机制。[⑥] 它设立了贸易政策审议机构，负责实施贸易政策的审议。这一机构是世界贸易组织总理事会行使贸易政策审议职能时的称呼，由全体成员方的代表组成。世界贸

---

① The UNESCO Convention Against Discrimination in Education, 429 UNTS, p.93. 中国并不是该公约的缔约国，但是，1999年10月17日，中国通知联合国教科文组织总干事：中国政府将从1999年12月20日起继续对澳门特别行政区适用该公约。

② http://www.unesco.org/eri/la/convention.asp?KO=12949&language=E&order=alpha.

③ 15 C/Resolution 12.2.

④ http://www.unesco.org/new/en/general-conference-37th/legal-committee/.

⑤ 《建立世界贸易组织的协定》于1994年4月15日在摩洛哥的马拉喀什通过，该协定于1995年1月1日生效。2001年11月10日，世界贸易组织第四届部长级会议在卡塔尔首都多哈以全体协商一致的方式，审议并通过了中国加入世贸组织的决定。2001年12月11日，中国正式成为世界贸易组织成员。在2006年、2008年、2010年、2012年和2014年分别接受了贸易政策评审机制的审议。

⑥ https://www.wto.org/english/docs_e/legal_e/29-tprm.pdf.

易组织的每一成员方都应定期向贸易政策审议机构提交报告，定期接受审议。各成员对多边贸易体制运行的影响是确定审议频率的决定因素，此种影响按其在一最近代表期的世界贸易中所占份额确定。按此确认的前四个贸易实体（欧洲共同体计为一实体）每两年审议一次。其后的16个实体每四年审议一次。其他成员每六年审议一次，但可对最不发达国家成员确定更长的期限。

## 四、国际原子能机构的同侪定期审议机制

《乏燃料管理安全和放射性废物管理安全联合公约》由国际原子能机构于1997年9月5日通过，1997年9月29日开放供各国签署，2001年6月18日生效。截至2015年12月21日，已经有70个缔约国。[①] 根据该公约的规定，每一缔约方应向每次缔约方审议会议提交一份国家报告。该报告应叙述履行该公约的每项义务所采取的措施（第32条）。缔约国的国家报告应当在每次举行的缔约方审议会议上进行审议。在审议会议上，每一个缔约方应确定下次审议会议的日期，两次审议会议的间隔不得超过三年。而且，在审议会议上，每一缔约方应有适当的机会讨论其他缔约方提交的报告和要求解释这些报告（第30条）。缔约方应经协商一致通过并向公众提供一个文件，介绍缔约方会议期间所讨论的问题和得出的结论（第34条）。因此，这一公约建立起了由缔约国审议会议每隔三年进行同侪审议的公约监督制度。

---

① Joint Convention on the Safety of Spent Fuel Management and on the Safety of Radioactive Waste Management, INFCIRC/546, http://www.iaea.org/Publications/Documents/Conventions/jointconv_status.pdf，这是世界上第一份专门处理乏燃料管理安全和放射性废物管理安全的国际公约。全国人大常委会在2006年4月29日批准加入该公约，全国人大常委会同时声明：（一）中华人民共和国政府对第2条（u）项以及第27条提及的“超越国界运输”的理解是：作为抵达国的《乏燃料管理安全和放射性废物管理安全联合公约》任何缔约方在同意来自另一缔约方的国内实体的超越国界运输前，应当向该超越国界运输的启运国确认该超越国界运输已得到该启运国的批准。（二）在中华人民共和国政府另行通知前，《乏燃料管理安全和放射性废物管理安全联合公约》暂不适用于中华人民共和国澳门特别行政区。我国于2006年9月13日向国际原子能机构提交了加入书，该公约于2006年12月12日对我国生效。

## 第二节　人权理事会普遍定期审议机制的确立

### 一、联合国人权委员会的定期审议机制

联合国成立后，曾经也要求会员国定期提交人权报告。1956年8月1日，经社理事会第22届会议通过第624号决议。该决议B部分题为“人权问题定期报告书及特种权利或某组权利研究”。该决议“请联合国会员国及各专门机关会员国每三年向秘书长提送报告书一次，其中载述过去三年内在人权方面之发展与进步，以及各本国所采取旨在保障母国境内及非自治与托管领土内人类自由之各项措施；该报告书复论及《世界人权宣言》中所列举之各种权利及民族自决权，补充提供人权年鉴发表之资料，并提及业已提交联合国另一机关或某一专门机关之报告书中之有关部分。”联合国秘书长随后“准备一份收到的报告的简要概况，并提交给人权委员会”。这些报告随后将在人权委员会会议上进行讨论。① 1965年7月28日，经社理事会第39届会议通过第1074号决议对这一定期报告机制进行了改革。该决议C部分题为“人权定期报告书和新闻自由报告书”，“请联合国各会员国或专门机关会员国在下列连续三年周期内，于不妨碍人权盟约包括该盟约规定之实施办法在内之通过与批准之情形下，经常供给关于治下领土人权及基本自由之情报：（a）第一年，关于公民及政治权利，第一次报告书叙述截至1965年6月30日为止之情形；（b）第二年，关于经济、社会及文化权利，第一次报告书叙述截至1966年6月30日为止之情形；（c）第三年，关于新闻自由，第一次报告书叙述截至1967年6月30日为止之情形；每年各政府得提出其报告书附件，载述与当年报告事项无关之特别重要之情报；按凡属各专门机关职权范围内之权利，各政府得随意只以提其送交有关专门机关之报告书，此等机关自会不断向联合国提出关

① ECOSOC Resolution 624 B (XXII), 1 August 1956, E/2929，第9页。另见：McDougal Ampers Bebr, ‘Human Rights in the United Nations’, 58 *American Journal of International Law* (1964), p.634.

于此等权利之定期报告书。”[①] 然而，20世纪70年代中期，联大要求切实改善联合国方案预算的编列，把资金用在最适当的地方，要求秘书长就联合国内已经完成的、或将近完成的、或经适当的政府间机构、特别是在它们审查中期计划时认为已过时的、可有可无的、或无效的方案、项目或工作（包括其有关授权和预算经费）通过行政和预算问题咨询委员会向大会提出资料。[②] 1980年，秘书长在向联大提交的报告中，认为人权委员会中的上述定期报告制度就是“已过时的、可有可无的、或无效的”，建议予以结束。[③] 1980年12月17日，第35届联大通过题为《已完成的、过时的、功用不大的或没有时效的活动的确定》的第209号决议，正式决定结束秘书长报告中所确定的过时的、没有实效的或功用不大的活动。1981年3月13日，人权委员会第37届会议第10号决定确认了第35届联大第209号决议。5月18日，经社理事会第18次全体会议决定终止经社理事会1965年7月28日第1074号决议（XXXIX）C部分所设立的定期报告机制。[④] 这样，人权委员会的定期报告机制就在联合国中消失了。就这一报告制度取得的成就而言，澳大利亚国际人权法专家菲利普·奥尔斯顿教授（Philip Alston）提出了严厉的批评，他说：“虽然从浪费的纸张而言，很容易测出这一制度取得的成就，但是它到底对人权的保护和促进起到了多大的作用，实在令人怀疑。”[⑤] 美国丹佛大学教授唐法荣（Tom J. Farer）对这一报告制度的被废除表示理解，他说：“由于报告的撰写实际上都掌握在国家手里，更不用说里面的内容了，这一报告制度根本不可能给世界各国的权贵带来麻烦。”[⑥]

---

① ECOSOC Resolution 1074 C (XXXIX), 28 July 1965, E/4117，第23页。

② A/RES/3534(XXX).

③ A/C.5/35/40。

④ ECOSOC Decision 1981/151，E/1981/81，第60页。

⑤ Philip Alston, “Reconceiving the UN Human Rights Regime: Challenges Confronting the New UN Human Rights Council”, 7 *Melbourne Journal of International Law* (2006), p.213.

⑥ Tom J. Farer, “The United Nations and Human Rights: More Than a Whimper Less Than a Roar”, 9 *Human Rights Quarterly* (1987), p.573.

## 二、人权理事会普遍定期审议机制的确立

联合国人权委员会的信誉危机最终导致联合国在2006年3月15日第60届大会通过第251号决议。依据该决议，联合国大会“决定在日内瓦设立一个人权理事会，取代人权委员会”。[①] 关于人权理事会的具体职权，该决议规定，人权理事会除其他外，应“根据客观和可靠的信息，以确保普遍、平等地对待并尊重所有国家的方式，定期普遍审查每个国家履行人权义务和承诺的情况；审查应是一个基于互动对话的合作机制，由相关国家充分参与，并考虑到其能力建设需要；这个机制应补充、而不是重复条约机构的工作；理事会应在举行首届会议后一年内，拟定普遍定期审查的方法并作出必要的时间分配。”[②] 这就标志着联合国人权理事会普遍定期审议机制的确立。

在新的人权理事会中建立普遍定期审议机制这个想法最初是由联合国秘书长安南提出来的。2005年4月7日，安南在向联合国人权委员会发表讲话时，首次提出了由新的人权理事会行使同侪审议（peer review）职能的新提议。不仅如此，他在讲话中，还设想了未来的同侪审议机制的一些具体制度。他说：

人权理事会应起一个同侪审查会的作用，其职能应明确界定。主要任务是评价各国履行各项人权义务的情况。这将具体体现人权的普遍性和不可分割原则。公民、政治、经济、社会和文化权利以及发展权必须受到同等重视。理事会应有能力向各国提供技术援助，并向各国和联合国机构提供政策咨询。在这种体制下，每个会员国将定期受到审议。但此种轮流审议的做法，不应妨碍理事会处理可能发生的一切大规模严重侵犯人权的情

① A/60/251，第1段。

② A/60/251，有效案文，第5段第5项。

况。实际上，人权理事会必须可以提请国际社会注意紧急危机。[①]

同侪审查机制对人权条约规定的报告程序起补充作用，而不是取而代之。报告程序源于法律承诺，由独立专家组对照这些条约的具体规定对法律、规章和做法进行严格监督。此种程序产生明确的、有权威的行动建议。而依照同侪审查的程序，各国自愿就各自国内的人权问题进行讨论。此种讨论的依据是促进和保护《宪章》规定的、《世界人权宣言》表述的各项权利的义务和责任。审查结论的落实，应作为一种合作行动，并应协助各国发展这方面的能力。[②]

同侪审查至关重要的一点是普遍监督，即所有会员国对于各项人权承诺的履行情况应当受到其他国家的评估。同侪审查有助于尽可能避免政治化和选择性，而政治化和选择性是人权委员会的特征。同侪审查应当触及人权的各方面，即公民、政治、经济、社会和文化权利。人权理事会必须确保建立公正、透明和可行的同侪审查制度，以同一标准对各国进行审查。要建立一个公平的制度，必须就所需资料的质量和数量达成协议，作为审查的基准点。在这方面，高级专员办事处可起核心作用，汇编此种资料，并确保以全面、均衡的方式对待各项人权。人权理事会同侪审查的结果，有助于国际社会更好地提供技术援助和政策咨询。此外，此种结果还有助于促使当选的成员对其人权承诺负起责任。[③]

作为对安南秘书长的提议的响应，一些国家向联合国提出了拟议中的同侪审议的非正式文件，对其运作方式提出了具体的建议。例如，2005年4月29日，加拿大提交的第一份非正式文件（题为《人权的同侪审议：概念和选项文件草案》）指出，虽然已经存在各种条约机构和特别机制的审议，但是“现在尚未存在一个可以系统用来、而且以类似的方式适用于所

① 秘书长的报告:《大自由：实现人人共享的发展、安全和人权》，A/59/2005，增编一：人权理事会，第6段。

② 同上，第7段。

③ 同上，第8段。

有国家的共同机制”。[①] 它还建议，任何此种新的同侪审议机制不应当是一种实施机制，而是对现有机制进行补充，以便提高国家在国内实施人权的透明度和责任。它还提供了两种同侪审议的模式：综合模式和互动对话模式。综合模式的基础是世界贸易组织等现有的同侪审议机制，需要编纂一份有关国家人权情势和建议的综合报告、举行一次讨论和评论该报告的正式的公开听证会，以及最后出版一份听证会的结论和建议的文件。但是，加拿大的非正式文件认为，这种模式将与“条约机构的工作以及其他机制发生重大重叠的可能”，而且这种程序“负担太重，很难启动”。[②] 互动对话模式是举行一场大约三个小时的对话会。在举行对话会之前，有关国家可以提交一份有关国内人权情势的报告，联合国人权高专办可以制作一份所有有关的条约机构的文件和从其他程序中获得的信息，其他感兴趣的各方可以发表自己的声明。在互动对话会期间，有关国家可以陈述，其他国家可以对该陈述做评论并且提出问题。会后，报告员可以发表一份关于对话会的简要报告，有关国家可以有机会在对话会结束六个月内作出回应。与综合审议模式相比，互动对话模式程序相对简单，可以在三年内使每一个国家都可以得到审议，而且“可以通过同侪的建议和公众舆论激励各国提升人权水平”。加拿大的这份非正式文件指出，唯一的缺点是，与综合模式相比，同侪审议模式的效力不够强大。[③]

2005年6月3日，第59届联大主席提出了2005年9月联大高级别全体会议《成果文件草案》。在该草案中，联大主席写道：人权理事会应有能力“定期审议”所有会员国履行一切人权义务的情况。[④] 2005年6月20日，联合国人权高专宣布，她的办公室已经起草了行动计划，其中第二项建议

---

① Human Rights Peer Review, Draft Concept and Options Paper, Prepared by Canada, 29 April 2005, at 1, available at: www.eyeontheun.org.

② Human Rights Peer Review, Draft Concept and Options Paper, Prepared by Canada, 29 April 2005, at 3, available at: www.eyeontheun.org.

③ Human Rights Peer Review, Draft Concept and Options Paper, Prepared by Canada, 29 April 2005, at 4, available at: www.eyeontheun.org.

④ A/59/HLPM/CRP.1，para. 88.

就是秘书长向联大提交的“在公正、透明和非选择性的程序基础上通过同侪审议机制对所有成员国实施所有人权义务进行普遍审议。”埃及（代表阿拉伯国家集团）发言，认为需要对同侪审议的方式以及如何避免政治化作出详细规定。有的国家对同侪审查十分怀疑，认为这种制度无法解决在审议具体的国家的人权情势时被政治操控和有选择性的关键问题。但是，也有不少国家认为，恰恰相反，这种制度可以让每一个国家都受到审议，因此可以减少有选择性的风险。非洲国家集团认为，是否设立同侪审议制度是一个十分重大的问题。有国家代表认为，定期的同侪审议机制不应当损害将来设立的人权理事会对紧急情势作出反应的能力。①

2005年7月6日，加拿大提交了第二份非正式文件（《人权的同侪审议机制》），只提供了一种模式，基本上是第一份文件中提及的综合模式和互动对话模式的结合。该文件与联合国秘书长的立场一样，认为同侪审查“不应当取代或重复现有的机制，例如条约机构、特别机制，……它应当补充这些机制。”② 为了避免重复，该文件指出，同侪审议应当关注实施，建立在现有的信息基础之上而不是要求获取新的信息，请各国进行互动对话，在合理的短期内定期进行，而且对所有国家都适用。它提出了六个审议的步骤：首先由联合国人权高专办编纂一份关于该国的所有信息的档案材料，受审议国可以提交一份回应。其次，组成一个由同侪国家正式组成的12人的委员会，实际上由同侪国家任命的12位专家组成，与受审议国进行三个小时的互动对话。受审议国作陈述，专家委员们提问和作评论，受审议国作出回应。由报告员撰写的对话概要提交给委员会和受审议国，受审议国可以对此作出回应。最后，委员会提交报告员的报告概要以及受审议国向理事会全体作出的回应。

---

① UN Press Release, ‘Commission on Human Rights Holds Informal Meeting on Secretary-General’s Reform Proposals’, 20 June 2005, HR/CN/1110.

② Human Rights Peer Review Mechanism, Non-Paper Version #2, Prepared by Canada, 6 July 2005, available at: www.eyeontheun.org. 这份文件有了细微的修改，例如，同侪审议机制被命名为普遍定期审议，在非正式咨询会议上向成员国散发。2006年7月21日，加拿大也把该文件作为书面文件，available at: http://portal.ohchr.org.

2005年7月22日，第59届联大主席提出了《成果文件》的订正草案，建议“审议所有会员国特别是履行《宪章》和《世界人权宣言》所规定的一切人权义务的情况”。[①]2005年8月5日，第二份订正草案再次建议“定期审议”所有会员国特别是履行《联合国宪章》和《世界人权宣言》所规定的一切义务的情况。[②]2005年9月，《世界首脑会议成果文件》只是声明“决心进一步加强联合国人权机制，决意创建人权理事会”，[③]其中并没有专门提到普遍定期审议，而是“请大会主席举行公开、透明和包容各方的谈判，并在第60届会议期间尽快完成谈判，以确定人权理事会的任务授权、模式、职能、规模、组成、成员、工作方法和程序”。[④]

最终，2006年3月15日，联大第60届会议第251号“决定在日内瓦设立一个人权理事会，取代人权委员会”。[⑤]关于人权理事会的具体职权，该决议规定，人权理事会除其他外，应“根据客观和可靠的信息，以确保普遍、平等地对待并尊重所有国家的方式，定期普遍审查每个国家履行人权义务和承诺的情况；审查应是一个基于互动对话的合作机制，由相关国家充分参与，并考虑到其能力建设需要；这个机制应补充、而不是重复条约机构的工作；理事会应在举行首届会议后一年内，拟定普遍定期审查的方法并作出必要的时间分配。”[⑥]第60届联大主席埃利亚松在向大会提交第251号决议草案（A/60/L.48）表决前的发言指出，该决议有新的内容，将使得人权理事会要大大优于人权委员会，其中一个新内容就是，“它将规定实行普遍定期审议，作为评估每个国家履行人权义务情况的机制。这样一个机制将确保平等对待所有会员国，防止双重标准和选择性做法。”[⑦]

---

① A/59/HLPM/CRP.1/Rev.1, para. 131.

② A/59/HLPM/CRP.1/Rev.2, para. 139.

③ 2005年世界首脑会议成果，第157段。http://daccess-dds-ny.un.org/doc/UNDOC/GEN/N05/487/59/PDF/N0548759.pdf?OpenElement.

④ 2005年世界首脑会议成果，第160段。

⑤ A/60/251，第1段。

⑥ A/60/251，有效案文，第5段第5项。

⑦ A/60/PV.72，第4页。

由于人权委员会缺乏信誉和专业精神，对整个联合国体系的名声都产生了负面影响。但是，不同的国家对于这种负面影响有不同的解读。对于有的国家来说，这种负面的影响就是，人权委员会中充满着对抗，它只审查特定国家严重侵犯人权的情势。对于其他国家来说，人权委员会做得恰恰不够，它对于严重侵犯人权的情势充耳不闻，甚至那些严重侵犯人权的国家成了人权委员会的成员国。解决这两派国家对人权委员会信誉的批评一种方法就是，干脆对所有国家的人权情势都进行审查，以便确保所有国家都不逃脱审查。[①] 因此，人权理事会设立普遍定期审议机制满足了各种国家的不同需求，其之所以在很短的时间内就得到联合国大会的通过，原因也就一目了然了。

## 第三节　确立普遍定期审议机制的重大意义

联合国人权理事会确立普遍定期审议机制是联大第60/251号决议的关键内容，[②] 受到广泛欢迎。[③] 这一机制是人权理事会设立的唯一重要的机制，也是唯一的创新机制。[④] 它就像一股新鲜的空气吹入联合国人权保护机制，是一种真正的机制创新，正面而鼓舞人心。[⑤] 它是联合国人权工作的一个重大突破，[⑥] 是联合国人权机构这次改革的一个核心内容。[⑦] 毫无疑问，普遍定期审议机制是新的人权理事会与旧的人权委员会最大的不

---

① Felice D. Gaer, “A Voice Not an Echo: Universal Periodic Review and the UN Treaty Body System”, 7 *Human Rights Law Review* (2007), p.110.

② Amnesty International’s Proposal, “An Effective Universal Periodic Review Mechanism”, September 2006, p.3.

③ Paul Gordon Lauren, “To Preserve and Build on its Achievements and to Redress its Shortcomings: The Journey from the Commission on Human Rights to the Human Rights Council”, 29 *Human Rights Quarterly* (2007), p.309.

④ Oral Statement by the Lutheran World Federation, 22 November 2006.

⑤ John Carey, “The UN Human Rights Council: What Would Eleanor Roosevelt Say?”, 15 *ILSA Journal of International and Comparative Law* (2008-2009), p.460.

⑥ Iran, Non-paper on UPR, August 2006.

⑦ Statement by Japan, 12 February 2007.

同，[①] 是新的人权理事会与旧的人权委员会相比唯一一个实质性的改变。[②] 在新的人权理事会中引入普遍定期审议机制是对旧的人权委员会中的双重标准和选择性审议的最强有力的回应。[③] 它是联合国人权机制的一个崭新的程序，[④] 为联合国所有会员国增加了一项接受国际审议的义务。[⑤] 旧的人权委员会只审查那些“大规模和系统侵犯”人权的国家。虽然作为特别程序的专题程序也会讨论有关国家的人权，但不会就任何特定国家的人权情况通过决议。因此，普遍定期审议机制是联大第60/251号决议的最大创新。[⑥] 联合国前任人权事务高级专员皮莱女士（Navanethem Pillay）称其为是一个“真正创新的理念”，[⑦] 是新的人权理事会所有体制中最具有开创性的制度，可以说是新的人权理事会引入的制度中唯一一个有实质性改变的重大制度，是新的人权理事会最大的一个创新点和亮点。[⑧] 皮莱女士还说，普遍定期审议机制“为所有国家在所有层面启动和加强人权的对话和合作提供了前所未有的机会”。[⑨] 在联合国六十年的历史发展中，第一次对所有会员国的人权记录进行定期的审议，这绝对是一个重大发展。

---

① Forum Asia, Position Paper on UPR, 19 June 2006.

② Elvira Domínguez-Redondo, “Role of the UN in the Promotion and Protection of Human Rights”, in Azizur Rahman Chowdhury and Md. Jahid Hossain Bhuiyan eds. *An Introduction to International Human Rights Law* (Brill, 2010), p.140.

③ Elvira Domínguez-Redondo, “The Universal Periodic Review of the UN Human Rights Council: An assessment of the First Session”, 7 *Chinese Journal of International Law* (2008), pp.721–34.

④ The International Coordinating Committee of National Human Rights Institutions, Position Paper on UPR, 1 March 2007.

⑤ 戴瑞君:《主权、人权与中国》，载《国际法研究》，第七卷，2012年第3、4期。

⑥ Walter Kälin, Cecilia Jimenez, Jörg Künzli, Mirjam Baldegger, The Human Rights Council and Country Situations: Framework, Challenges, and Models, p.2, footnote 2.

⑦ Navanethem Pillay, “Human Rights in United Nations Action: Norms, Institutions and Leadership”, 1 *European Human Rights Law Review* (2009), p.5.

⑧ Lucia Nader, “The Role of NGOs in the UN Human Rights Council”, 7 *SUR-International Journal on Human Rights* (2007), p.17.

⑨ Navi Pillay, “Sharing Best Practices and Promoting Technical Cooperation: Paving the Way Towards the Second Cycle of the Universal Periodic Review” (Opening Statement to the Human Rights Council, 19th Session Panel Discussion, Geneva, 21 March 2012).

联合国人权理事会普遍定期审议机制的确立，使国际人权机制更加完善和丰富，性质和种类更加多样，增添了一个新的平台。此前，有关人权的国际机制中已经有国家向国际人权条约机构提交报告的机制和联合国人权委员会的特别机制、[①] 有国家与国家之间的相互指控和诉讼机制、[②] 有个人诉国家的国际申诉和诉讼机制、[③] 有代表国际社会利益的国际检察官诉个人的国际刑事制裁机制。[④] 这些机制有明显的共同特征：第一，这些机制均是以一种双边的形式进行的；第二，这些机制基本上都以追究有关国家或个人责任为中心的，是国际人权法的实施机制；第三，这些机制基本上都只能针对某一类特定的人权。联合国人权理事会普遍定期审议机制则不然，它是一种兼具双边和多边性质的人权对话机制，[⑤] 它并非追究受审议国的责任，严格来讲它并非国际人权法的实施机制，而是一种对话和建议的机制，是向前看的一种机制，而且还可以覆盖几乎所有国家和所有人

---

① 参见本专著第五章“原则与目标”中对人权条约机构的研究。

② 例如，1965年联合国大会通过的《消除一切形式种族歧视国际公约》第11条；1966年联合国大会通过的《公民权利和政治权利国际公约》第41条；1984年《禁止酷刑和其他残忍、不人道或有辱人格的待遇或处罚公约》第21条；1990年《保护所有移徙工人及其家庭成员权利公约》第76条；2006年《保护所有人免遭强迫失踪国际公约》第32条。

③ 例如，1965年《消除一切形式种族歧视国际公约》第14条；1966年《〈公民权利和政治权利国际公约〉任择议定书》；1984年《禁止酷刑和其他残忍、不人道或有辱人格的待遇或处罚公约》第22条；1990年《保护所有移徙工人及其家庭成员权利公约》第77条；1999年《〈消除对妇女一切形式歧视国际公约〉任择议定书》；2006年《〈残疾人权利公约〉任择议定书》；2006年《保护所有人免遭强迫失踪国际公约》第31条；2008年《〈经济、社会和文化权利国际公约〉任择议定书》；2011年《〈儿童权利公约〉关于设定来文程序的任择议定书》。

④ 例如，1993年联合国安理会决议通过的《联合国前南斯拉夫问题国际刑事法庭规约》、1994年联合国安理会决议通过的《联合国卢旺达问题国际刑事法庭规约》、1998年罗马外交大会通过的《国际刑事法院罗马规约》。

⑤ 之所以说它具有“双边”性质，是因为这一机制下的建议都来自受审议国与其他国家之间的对话过程，每一个受审议国的工作组报告的最后均含有这样一段话：“本报告所载的所有结论和/或建议反映了提交国和/或受审议国的立场，这些结论和/或建议不得被理解为得到了整个工作组的赞同。”之所以又说它具有“多边”性质，是因为这种双边的互动对话是在联合国人权理事会这一多边机构中展开的。

权，具有独特的优势。[①] 因此，可以说，联合国人权理事会普遍定期审议机制填补了国际人权机制中的这一空白，[②] 具有其他国际人权机制无与伦比的独特优势，等于是给国际人权机制增添了新的翅膀。同时，这一机制的出现从某种意义上说也给条约机构和特别程序等其他国际人权机制添加了动力；第四，普遍定期审议机制还可能发展成为展现和比较人权领域各国国内法律和实践、促进各国之间分享人权保护经验的一个大平台。有理由相信，在多管齐下和多种类的国际人权机制下，国际人权事业必将受到各国政府更大的重视，必将得到更加积极的发展。

---

① Christian Tomuschat, "Universal Periodic Review: A New System of International Law with Secific Ground Rules?" in Ulrich Fastenrath et al. eds., *From Bilateralism to Community Interest: Essays in Honor of Bruno Simma* (Oxford University Press, 2011), p.615.

② "普遍定期审议机制的建立，不仅弥补了联合国人权保障制度的监督漏洞，还矫正了其固有的政治化倾向。"孙萌：《中国与联合国人权保障机制：以普遍定期审议机制为例》，载《外交评论》，2015年第2期，第49页。

# 第三章
# 普遍定期审议体制建设的完成与发展

普遍定期审议的体制建设（institution-building），是指联合国人权理事会为普遍定期审议进行建章立制、制定具体的运作制度。2006年3月15日联大通过的第60/251号决议为普遍定期审议这一全新的制度作出了非常笼统的原则性规定，即：人权理事会，除其他外，应“根据客观和可靠的信息，以确保普遍、平等地对待并尊重所有国家的方式，定期普遍审查每个国家履行人权义务和承诺的情况；审查应是一个基于互动对话的合作机制，由相关国家充分参与，并考虑到其能力建设需要；这个机制应补充、而不是重复条约机构的工作”，[①] 当选为理事会会员的国家应“在任期内接受普遍定期审议机制的审查”。[②] 至于这一制度如何运作，包括审议的职责范围或根据、审议的目标和指导原则、审议的周期性和顺序、审议的程序和方式、审议的结果，以及审议活动的后续行动等均没有作出详细规定，因此急需制定具体的制度，保障普遍定期审议的有效运作。联大第60/251号决议明确要求人权理事会“在举行首届会议后一年内”制定普遍定期审议的方法，并作出必要的时间分配。[③] 2006年6月19日，人权理事会首届会议在联合国日内瓦办事处召开。2007年6月18日，人权理事会第五届会议未经表决，通过了《联合国人权理事会的体制建设》。[④] 《联合国人权理

---

① A/60/251，第5（e）段。

② 同上，第9段。

③ 同上，第5（e）段。

④ 和《联合国人权理事会体制建设》案文同时通过的还有《人权理事会特别程序任务负责人行为守则》，这是人权理事会第五届会议通过的第二号决议。

事会的体制建设》由七个部分组成，分别是："普遍定期审议机制""特别程序""人权理事会咨询委员会""申诉程序""议程和工作方案框架""工作方法"，以及"议事规则"。其中，"普遍定期审议机制"被放到了该决议的第一部分，可见其在决议中的地位是很高的。在"普遍定期审议机制"中，对审议工作的依据、原则和目标、审议工作的周期性安排和顺序、审议工作的程序和模式、审议结果、审议工作的后续行动作出了规定。这标志着普遍定期审议体制建设的完成。人权理事会在联大第60/251号决议规定的期限内顺利完成了决议所要求的为普遍定期审议制定方法和作出必要的时间分配的任务。此后，人权理事会对普遍定期审议机制又陆续通过了一些决议，对该机制进行了一定的发展。本章主要介绍联合国人权理事会完成普遍定期审议体制建设的过程以及嗣后的发展情况。

## 第一节　普遍定期审议体制建设的完成

### 一、工作组的设立

#### （一）首届会议前的建议

联合国人权理事会的设立受到了人权国际保护利益攸关方（国家、国际组织、非政府组织、国家人权机构、专家等）的高度关注，纷纷为这一全新的机构的体制建设献计献策，包括其中的普遍定期审议。在人权理事会首届会议举行之前，许多利益攸关方对普遍定期审议的体制建设的方法和内容提出了种种建议。2006年5月15日，瑞士外交部在洛桑举行了第三届人权理事会研讨会，对人权理事会剩下的公开问题进行非正式、实质和跨区域的讨论，包括人权理事会的议程和工作计划等。来自将近140个国家常驻联合国日内瓦代表团的代表、联合国人权高级专员办公室的代表以及人权专家在内的350多名代表参加了研讨会。在这次研讨会上，大多数与会代表认为，人权理事会设立后的头一年是一个过渡阶段，在这个过渡阶段，普遍定期审议应作为优先事项进行讨论，建议人权理事会马上开始讨论普遍定期审议的体制建设，在2007年之前创设一个关于普遍定期审议的非正式协商程序或工作组。[①]

有三个国家和一个学术研究团队专门就普遍定期审议的模式向人权理事会首届会议提交了书面建议。6月7日，阿根廷就普遍定期审议的模式提交了书面建议。同日，瑞士伯尔尼大学公法研究所的沃尔特·卡琳（Walter Kälin）博士领衔的研究团队也提交了普遍定期审议的研究报告和建议。[②]6月13日，加拿大和瑞士两国专门就普遍定期审议联合提交了一份非正式文件。在该非正式文件中，两国建议人权理事会主席任命一位协调员，与所有利益有关方展开公开、透明、非正式和正式的协商，并就协商达成的协议和时间分配的最终报告在2006年12月之前提交给人权理事会。[③]

此外，许多国家、国际组织和非政府组织向人权理事会首届会议提交的人权理事会体制建设的一般建议中，也有不少都涉及普遍定期审议。智利、印度、挪威、俄罗斯和南非就人权理事会的工作计划形成了"五国集团"。它们在5月3日、6月6日举行了两次非正式协商会议，商讨人权理事会首届会议的工作计划，其中列出了普遍定期审议的方式问题。挪威随后建议人权理事会首届会议就普遍定期审议建立一个会议间正式或非正式的机制来设计普遍定期审议的方式。5月31日，"伊斯兰会议组织"也提出了关于人权理事会的文件。在该文件中，伊斯兰会议组织建议，人权理事会首届会议应建立一个政府间工作组，设计普遍定期审议机制的程序、形式和模式。中国、阿尔及利亚、孟加拉国、白俄罗斯、不丹、古巴、埃及、印度、印度尼西亚、伊朗、马来西亚、缅甸、尼泊尔、巴基斯坦、菲

① Chair's Summary of the Seminar on the UN Human Rights Council, Lausanne, Switzerland, 15 May 2006, 有关普遍定期审议机制工作组的所有文件，包括协调员的文件、各国书面提交的建议和发言、各个利益攸关方的发言等均可以在联合国人权理事会的外网（extranet）找到。本书中有关这些文件和发言，均是从该网上找到的，不再一一注明。

② Walter Kälin, Cecilia Jimenez, Jörg Künzli, Mirjam Baldegger, *The Human Rights Council and Country Situations: Framework, Challenges and Models*, Bern, 7 June 2006, 这份研究报告是应瑞士外交部的委托完成的。

③ 加拿大在5月提交的《讨论文件》建议设立一个包含正式和非正式协商会议在内的协调机制，以便研究普遍定期审议的方式。

律宾、斯里兰卡、苏丹、叙利亚、委内瑞拉、越南、津巴布韦等国家因看法接近而形成了“想法相同的国家集团”。中国常驻联合国日内瓦办事处等国际组织的代表沙祖康大使代表“想法相同的国家集团”也向理事会首届会议提交了非正式文件。在该非正式文件中，关于普遍定期审议，该集团认为，人权理事会应在首届会议的第二周就包括普遍定期审议在内的各种机制设立一个或若干个政府间工作组，而且，首届会议应就包括普遍定期审议在内的一些问题作出决定，制定相应的路线图。此外，印度尼西亚也单独提交了人权理事会首届会议非正式文件，其中也提出了对普遍定期审议体制建设的若干建议。一些非政府组织也就普遍定期审议的模式提出了建议。

### （二）第103号决定的通过

6月19日，联合国人权理事会首届会议在联合国日内瓦办事处开幕。6月28日，在首届会议第18次会议上，人权理事会开始首次讨论为普遍定期审议进行体制建设的问题。人权理事会会员国的代表、非会员国的观察员、非政府组织的观察员、各国国家人权机构的观察员纷纷发言。6月30日，在首届会议第22次会议上，人权理事会通过了第103号决定，决定设立一个闭会期间不限成员名额的政府间工作组（下称“工作组”），制定普遍定期审议机制的运作方式。该工作组可安排举行10天（即20场3小时的会议）配有全套服务的会议，应为制定普遍定期审议机制留出充分的时间和余地。工作组会议由人权理事会主席主持，必要时从日内瓦常驻代表团中抽调一名或几名协调员协调工作，在闭会期间举行不限成员名额、公开透明、安排有序、包容各方的磋商，所有利益攸关方均可参与。人权理事会还决定可通过不限参加人数的磋商进程，立即开始非正式磋商，汇集各方面的提案和相关信息及经验，由主席在所有利益攸关方参与下妥善安排时间，进行开放式讨论；请联合国人权事务高级专员办事处向工作组提供关于现有定期审议机制的背景资料，欧洲理事会、国际原子能机构、国际劳工组织、国际货币基金组织、非洲发展新伙伴关系、经济合作与发展组织、美洲国家组织和世界贸易组织提出意见，以便汇集所有利益攸关方提出的意见；还请工作组自2006年9月起，定期向人权理事会报告在拟定普遍定期审议运作方式和拨出必要的时间方面的进展情况。[①] 人权理事会首届会议主席、来自墨西哥的路易斯·阿方索·德阿尔瓦任命首届会议副主席、来自摩洛哥的穆罕默德·卢利什基为该工作组的协调员。

## 二、“六点建议”的提出

人权理事会随后分别在2006年7月21日、8月2日、9月7日和8日就普遍定期审议机制举行了四轮不限名额的闭会期间磋商。工作组协调员卢利什基邀请所有利益攸关方除了在上述非正式磋商会议上作出口头发言之外，还提交书面意见，概述关于普遍审议机制的建议和其他观点。[②] 在2006年8月2日举行的非正式磋商会议上，卢利什基宣布了其计划的有层级进行讨论的“六点建议”基础，分别是：职责范围或审议的根据；审议的目标和指导原则；审议的周期性和顺序；审议的程序和方式；审议的结果；以及审议活动的后续行动。在9月7日举行的非正式磋商会议上，在协调员的邀请下，欧洲理事会、国际劳工组织、非洲发展新伙伴组织、以及经济合作和发展组织的代表介绍了这些组织各自拥有的定期审议机制。

## 三、《初步结论》的形成

9月18日，人权理事会第二届会议在联合国日内瓦办事处开幕。在10月2日举行的第二届会议第24次会议上，工作组协调员卢利什基向会议提交了人权理事会第二届会议之前举行的各次非正式磋商期间取得的进展的最新报告。在他的报告中，协调员高度赞扬瑞士政府于8月28日在洛桑组织召开的普遍定期审议机制运行方式研讨会。随后，人权理事会会员国的代表、非会员国的观察员、非政府组织的观察员纷纷发言。

---

① 人权理事会的报告，2006年，A/61/53，第41—42页。

② 这些书面意见已由人权事务高级专员办事处汇编成一份综合文件并予以公布，包括在人权理事会公开网站上公布。第1/103号决定中所列的若干组织也发来了关于定期审查的现有其他机制的背景资料，这些资料也已经公布。

11月20—23日，工作组在联合国日内瓦办事处召开了第一届会议，期间共举行了四次会议。人权理事会会员国代表、人权理事会观察员国代表、联合国中非人权理事会会员国的观察员、联合国各机构、专门机构和相关国际组织的观察员、政府间国际组织以及其他机构、各国国家人权机构，以及非政府组织的观察员参加了本届会议。

在开幕致辞中，协调员介绍了2006年6月人权理事会第一届会议以来有关普遍定期审议所开展的活动以及取得的成就。他建议，工作组第一届会议讨论的基础是其在2006年8月2日举行的非正式磋商会议上宣布的“六点建议”，即：职责范围或审议的根据；审议的目标和指导原则；审议的周期性和顺序；审议的程序和方式；审议的结果；以及审议活动的后续行动。在听取各国和各组织代表对这“六点建议”的发言之前，在20日上午举行的第一次会议上，工作组首先听取了各国际组织就其各自已有的定期审议机制的发言，包括国际货币基金组织、美洲国家组织、世界贸易组织、国际原子能机构代表的发言。

在20日下午举行的第二次会议上，关于职责范围或审议的根据，以及审议的目标和指导原则，阿尔及利亚（代表非洲国家集团）、比利时、巴西、加拿大、智利、哥伦比亚、厄瓜多尔、芬兰（代表欧盟）、印度、印度尼西亚、伊朗、意大利、日本、马来西亚、摩纳哥（还代表圣马力诺）、挪威、巴基斯坦（代表伊斯兰会议组织）、罗马尼亚、新加坡、斯里兰卡、瑞士、乌拉圭（还代表阿根廷、智利、哥斯达黎加、厄瓜多尔和秘鲁）以及委内瑞拉等国家的代表作了发言。在22日举行的第三次会议上，关于审议的周期性和顺序以及审议的程序和方式，阿根廷、孟加拉国、不丹、巴西、加拿大、智利、中国、哥伦比亚、芬兰（代表欧洲联盟）、德国、印度、日本、马来西亚、挪威、巴基斯坦、韩国、罗马尼亚、新加坡、瑞士、泰国、乌拉圭、委内瑞拉的代表作了发言。在23日举行的第四次会议上，关于审议的结果以及审议活动的后续行动，阿根廷、孟加拉国、不丹、巴西、加拿大、中国、哥伦比亚、厄瓜多尔、印度、印度尼西亚、伊朗、日本、尼泊尔、尼日利亚、挪威、巴基斯坦、巴拿马、菲律宾、韩国、新加坡、斯里兰卡、瑞士、泰国、乌拉圭和委内瑞拉的代表作了发言。

除了上述六个问题外，工作组还讨论了为普遍定期审议建立一个技术合作基金的可能性问题，以及国家在普遍定期审议过程中不合作的问题，尤其是不执行建议和不开展后续行动。24日，在人权理事会主席召集下举行的一次会议上，工作组听取了协调员就本届会议讨论所取得的初步结论的发言。会议宣布，协调员应准备一份报告，总结初步结论，陈述已经取得的一致意见和需要进一步讨论的问题，并在29日人权理事会第三届会议开幕时把初步结论发给各国代表，并宣布本届会议结束。①

11月29日，人权理事会第三届会议在联合国日内瓦办事处开幕。30日，协调员向会议提交了工作组的《初步结论》。在《初步结论》中，协调员就"六点建议"基础列出了讨论所取得的意见趋同点和需要进一步考虑的要点。② 12月4日，协调员在人权理事会第三届会议的第七次会议上发言，重申其所编写的《初步结论》并非是人权理事会的初步结论，而只是他个人对到那个时候为止的所有讨论的总结的结果。在当天举行的人权理事会第三届会议的第七次会议和第八次会议上，人权理事会会员国代表、非会员国的观察员、非政府组织的观察员，以及各国国家人权机构的观察员对协调员的《初步结论》作了发言。在12月4日第八次会议上，工作组协调员卢利什基回答了问题并作了总结发言。

## 四、协调员的非正式文件

2007年2月12—15日，工作组在联合国日内瓦办事处召开了第二届会议，期间共举行了五次会议。人权理事会会员国代表、人权理事会观察员国代表、联合国中非人权理事会会员国的观察员、联合国各机构、专门机构和相关国际组织的观察员、政府间国际组织以及其他机构、各国国家人

① A/HRC/3/CRP.1.

② A/HRC/3/3.

权机构以及非政府组织的观察员参加了本届会议。在2月12日举行的第一次会议上，协调员向会议提交了第一份非正式文件（下称“第一份非正式文件”）。随后，工作组开始听取一些国家对该非正式文件的意见。发言的国家和组织基本上肯定了协调员的非正式文件，认为该文件准确反映了已有的讨论，也是进一步讨论的良好基础。各国代表们纷纷表示，普遍定期审议非常重要，认为它是人权理事会新的制度中最重要的内容。他们还认为，联大第60/251号决议，尤其是其中的第5段第5项的内容，应当作为建立普遍定期审议机制的参考点，同时特别强调该机制的普遍性、平等性以及合作性，并认为必须避免出现选择性、双重标准和政治化。协调员认为，各国代表们对非正式文件中的一些内容已经取得了一致意见，尽管有些内容需要重新表述。而且，协调员还认为，对于有些关键内容仍然需要进一步讨论，包括审议应当由人权理事会全体会议审议还是由工作组进行审议、在审议过程中专家和其他利益攸关方的参与问题、普遍定期审议结果的执行问题，以及普遍定期审议的决策问题。对此，协调员指出，下一步讨论的重点应该是普遍定期审议的基础问题，而不是那些细节问题。他还建议，审议可以每隔五年进行一次，并且细节问题可以依据审议的经验和实践通过发展和微调解决。①

3月12日，人权理事会第四届会议在联合国日内瓦办事处开幕。在3月15日第四届会议第七次会议上，协调员向会议介绍了关于普遍定期审议机制的新的一份非正式文件（“第二份非正式文件”），里面比较详细地制定了意见的趋同点和需要进一步讨论的要点，在文件的后面还有一个附件，里面列出了普遍定期审议运行方式的两种方案选项。② 协调员在报告中指出，自从2月15日工作组第二届会议结束以来，协调员又对工作组第二届会议的讨论进行了全面思考，并与一些国家集团的代表和个别有兴趣的国家代表进行了双边讨论，也收到了一些有兴趣的国家向其提交的具体

---

① A/HRC/4/CRP.3.

② A/HRC/4/117.

的草案建议。在这些思考、讨论和建议的基础之上，协调员对2月12日的第一份非正式文件进行了修改，修改后的非正式文件巩固了那些意见的趋同点，扩大了在某些问题上的意见趋同点，同时缩小了那些需要进一步讨论的要点。随后，在3月15日的第八次会议上，人权理事会的会员国代表、非会员国的观察员，以及非政府组织的观察员对协调员的第二份非正式文件作了发言。

4月10—13日、16—20日、23—27日，工作组在联合国日内瓦办事处举行了三次闭会期间的会议，继续讨论人权理事会的体制建设。其中，4月11日和24日两天，工作组专门对普遍定期审议进行了讨论。在这些讨论的基础上，4月27日，工作组协调员提出了关于普遍定期审议机制的第三份非正式文件。①

## 五、人权理事会主席的案文

6月4日，工作组举行了不限成员名额的非正式会议。在这次会议上，人权理事会主席路易斯·阿方索·德阿尔瓦向联合国、人权理事会会员国以及观察员提交了关于普遍定期审议体制建设的第一份《主席案文》。在介绍这份《主席案文》时，德阿瓦尔指出，该案文全面规定了人权理事会体制建设的所有主要问题，但它并非是最终案文。他还指出，该案文基本上建立在工作组协调员起草的第三份非正式文件的基础之上，当然有些是他自己提出的建议，以便解决那些悬而未决的事项。关于普遍定期审议，他指出，在这个阶段，需要对该机制的主要问题作出决定，那些运行的技术问题可以在以后作出决定。他在案文中增加了措辞，以便确保在2007年9月就该机制的运作作出决定，例如三人小组的工作模式、以及审议的顺序和方式，这样就可以尽快开始审议的过程。他还就审议的文件和互动对话的方式提出了建议，以便解决那些悬而未决的事项，并确保该机制的公平性、客观性、可预见性和可行性。

① A/HRC/5/14.

6月11日，人权理事会第五届会议在联合国日内瓦办事处开幕。这是联大第60/251号决议为人权理事会设定的完成其体制建设的最后一届会议，因此格外受到关注。在6月13日举行的第八次会议上，人权理事会主席德阿尔瓦向理事会介绍了根据联大第60/251号决议开展的理事会体制建设工作取得进展的最新情况，并提交了第二份《主席案文》。阿尔及利亚（代表非洲国家集团）作了发言。在6月14日的非正式会议上，澳大利亚、加拿大、印度和新加坡代表对该份《主席案文》发表了评论。在6月15日的非正式会议上，又有许多国家和非政府组织的代表对该份《主席案文》发表了评论。

在听取了这些国家和非政府组织的评论后，德阿瓦尔随后对6月13日的第二份《主席案文》作了修改，并于6月17日提出了一份新的《主席案文》（“第三份《主席案文》”）。这份案文对国别机制、会议议程和理事会的工作计划等悬而未决的问题都作出了规定。关于普遍定期审议，这份案文最终解决了国际人道法的问题。德阿瓦尔在向理事会的致辞中指出，这份案文是就理事会体制建设达成最终协议的一次努力，并相信经过一年时间的彻底和广泛工作，人权理事会已经准备好了成功完成联大给其设定的重要使命。他还指出，这份案文在最大可能的范围内包含了各国代表团提出的种种关注，但同时，由于问题的复杂性以及收到的建议的多样性，这份案文不可能把所有的关注都体现出来。而且，他呼吁对他的这份案文作为整体作出决定，该案文的最终目的是为了实现联大在第60/251号决议中设定的使命，因此对该案文的部分内容进行单独决定将会严重破坏整个过程。他呼吁人权理事会的所有会员国在这个历史性时刻认真评估形势，并重视这份案文。

6月18日，在人权理事会第五届会议第九次会议上，德阿尔瓦主席通知人权理事会，已经正式商定了题为《联合国人权理事会的体制建设》案文，并提交理事会讨论。[1] 在这次会议上，人权理事会随后未经表决，决

① A/HRC/5/L.2.

定同意这一案文，这就是本节前言部分所提到的人权理事会第五届会议通过的第一号决议。[①]《联合国人权理事会的体制建设》第一部分就是“普遍定期审议机制”，可见该机制在《联合国人权理事会的体制建设》中的地位之高。“普遍定期审议机制”对审议工作的依据、原则和目标、审议工作的周期性安排和顺序、审议工作的程序和模式、审议结果、审议工作的后续行动均作出了规定。这标志着普遍定期审议体制建设的正式完成，人权理事会在联大第60/251号决议规定的期限内终于顺利地完成了决议设定的使命。

## 第二节　普遍定期审议体制建设的发展

人权理事会第五届会议第一号决议通过的《联合国人权理事会的体制建设》只是规定了普遍定期审议机制的主要框架。此后，人权理事会不断发展普遍定期审议机制。

2007年9月10日，人权理事会第六届会议在联合国日内瓦办事处开幕。27日，在第六届会议第20次会议上，人权理事会主席多鲁·科斯泰亚（Doru Costea）向会议提交了《人权理事会第5/1号决议的后续行动》的决定草案，在该草案中，关于普遍定期审议机制，规定了《准备普遍定期审议资料的一般准则》。[②]他随后向会议作了说明。在该次会议上，人权理事会未经表决通过了含有《准备普遍定期审议资料的一般准则》的《人权理事会第5/1号决议的后续行动》的决定。[③]此后，摩洛哥、斯洛文尼亚（代表欧洲联盟）、斯里兰卡（代表亚洲国家集团）作了解释性发言。

28日，在第六届会议第21次会议上，埃及（代表非洲国家集团）介绍了由埃及（代表非洲国家集团）提出的决议草案——《建立人权理事会

---

① 和《联合国人权理事会体制建设》案文同时通过的还有《人权理事会特别程序任务负责人行为守则》，这是人权理事会第五届会议通过的第二号决议。

② 《人权理事会第5/1号决议的后续行动》，A/HRC/6/L.24.

③ 人权理事会第6/102号决定，A/HRC/6/22，第74页。

的普遍定期审议机制基金的草案》，印度尼西亚和马尔代夫随后加入成为该草案的提案国。在该次会议上，人权理事会未经表决通过该决议草案，即第17号决议——《建立人权理事会的普遍定期审议机制基金》，决定请秘书长设立一个普遍定期审议自愿信托基金，以及设立一个名为“财政和技术援助自愿基金”的新的供资机制，以便发展中国家、特别是最不发达国家参加普遍定期审议机制。[①]

2008年4月9日，在普遍定期审议工作组第一届会议期间，人权理事会主席以主席声明的方式发表了《普遍定期审议程序的模式和做法》(“第8/1号主席声明”)。该声明对普遍定期审议工作组举行会议之前三人小组的工作模式、工作组审议的模式、工作组的报告、全体会议的模式、以及一般模式作了细致规定。[②]

2008年9月24日，在人权理事会第九届会议第23次会议上，人权理事会主席介绍了4月9日的第8/1号主席声明后续行动的声明草案，巴基斯坦和俄罗斯代表对该声明作了一般性评论。该声明随后未经表决获得通过，成为《第8/1号主席声明的后续行动》。它对理事会每届会议报告的内容结构、普遍定期审议所涉文件的字数限制、普遍定期审议中的发言规则等作了进一步明确。[③]

2011年3月25日，在人权理事会成立五周年之际，按照第60届联合国大会第251号决议第16段的规定，[④] 人权理事会第16届会议第47次会议未经表决通过了《审查人权理事会的工作和运行情况草案》，[⑤] 成为第21号决议，题为《审查人权理事会的工作和运作情况》。该决议的第一部分就是关于普遍定期审议，对审议的依据、原则和目标、审议的周期性安排和顺序、审议工作的程序和模式、审议结果、审议工作的后续行动等作出

---

① 人权理事会第6/17号决议，A/HRC/6/22，第32页。

② PRST/8/1，A/HRC/8/52，第69页。

③ PRST/9/2，A/HRC/9/28，第53页。

④ 第60届联合国大会第251号决议第16段规定，人权理事会应在成立五年后审查其工作和运作情况，并向大会提出报告。

⑤ A/HRC/16/L.39.

了新的交代和规定。[①] 在通过之前，古巴、日本、匈牙利（代表欧盟）、乌干达、挪威、中国、阿根廷、美国、尼日利亚（代表非洲国家集团）、巴西、巴基斯坦（代表伊斯兰会议组织）、瑞士、墨西哥、沙特阿拉伯以及智利代表发表了一般性评论和解释。

2011年6月17日，人权理事会第17届会议第35次会议通过了第119号决定，题为《第16届会议第21号决议中所涉普遍定期审议的后续文件》,[②] 对审议的顺序、准备情报的一般指导方针、工作组审议的期限、在工作组发言的人员名单、自愿基金等作了进一步规定。[③]

2012年5月14日，在致人权理事会的一封公开信中，以色列表示，它从即日起中止与联合国人权高专办公室、人权理事会及其各种机制的合作。原定2012年10月需要向人权理事会提交的国别报告也没有按时提交，而且还缺席在2013年1月14日举行的挑选三人小组的会议。作为回应，人权理事会决定重新制定2013年的审议计划，并敦促以色列恢复与普遍定期审议机制的合作。人权理事会还要求理事会主席在人权理事会第22届和第23届会议上就其劝说以色列继续参加普遍定期审议的努力提供报告。2013年1月29日，人权理事会第七次组织会议未经表决通过了《受审议国不与普遍定期审议机制合作》的决定，对受审议国不与普遍定期审议机制合作该如何处理作出了规定。[④] 2013年9月18日，人权理事会主席（Remigiusz A. Henczel）向各国常驻日内瓦联合国办事处的代表致信，专门澄清了普遍定期审议的一些实践和规则。[⑤]

以上这些文件体现了普遍定期审议机制体制建设不断完善的特点，是这一机制不可分割的组成部分，也体现了普遍定期审议机制在实践中具有的强大的生命力和适应能力。它是一个在实践中不断完善和调整的过程。

---

① A/HRC/16/21，A/HRC/16/2，第46页。

② A/HRC/17/L.29.

③ A/HRC/Res/17/119 (2011), A/HRC/17/2，第80页。

④ A/HRC/OM/7/1.

⑤ Letter from President of the Human Rights Council on Rules and Practices of the Universal Periodic Review Working Group, 18 September 2013.

# 第四章
# 审议的依据

任何一套机制想要得到切实有效的运作，其条件之一是这套机制应当拥有明确的运作依据。普遍定期审议机制也不例外。没有明确的审议依据，普遍定期审议必然无法有效运作。因此，明确其审议的依据是一个受到各方关注的十分重要的问题。

早在2005年4月14日，也就是联合国秘书长安南向当时的人权委员会发表讲话提议未来的人权理事会应具有同侪审议职能的设想后一个星期，安南在正式致联大第60届会议主席的信中就已经触及了未来的同侪审议机制的依据问题。他当时建议，同侪审议的依据是“促进和保护《宪章》规定的、《世界人权宣言》表述的各项权利的义务和责任”。[①] 审议的依据也是普遍定期审议这一概念被提出以来学者们关注的问题之一。[②]

在2006年3月15日第60届联大通过的第251号决议中，关于普遍定期审议机制的依据问题，该决议第5（e）段并没有具体指出，只是提到人权理事会应定期普遍审查每个国家履行“人权义务和承诺”的情况。在接下来的普遍定期审议机制的起草过程中，审议的依据问题成为了一个各方关注的重大问题。

就在2006年6月28日人权理事会第一届会议上，在讨论普遍定期审议机制时，一些国家就注意到了审议的依据。孟加拉国代表说，人权理事会首要的一个任务是确定“人权义务和承诺”的含义，并指出，“国家依据

① 秘书长的报告：《大自由：实现人人共享的发展、安全和人权》，A/59/2005，增编一：人权理事会，第7段。

② 例如参见：Carlos Villan Duran, “Lights and Shadows of the New United Nations Human Rights Council”, 5 *SUR International Journal on Human Rights* (2006), p.10.

自己的宪法、法律和基本文件承担着人权义务。同样，国际法也已经得到了发展，界定某些得到多边同意的人权的定义。而且，国家通常遵守某些多边条约，即使没有正式成为缔约国。对大量文献进行编纂后可以发现，这个清单长得令人畏惧。”

人权理事会第一届会议设立的普遍定期审议工作组协调员卢利什基在2006年8月2日举行的非正式磋商会议上宣布的有计划讨论的“六点建议”中，第一个建议就是讨论普遍定期审议机制的职责范围或审议的根据问题。9月7日，孟加拉国代表在工作组闭会期间的磋商上发言，指出确定审查的依据是整个审查制度的一个出发点。而且，在11月20日举行的工作组第一届会议第二次会议上，各个利益攸关方专门就审议的依据进行了讨论。可以说，直到2007年6月18日人权理事会第五届会议通过的《联合国人权理事会的体制建设》第一部分“普遍定期审议机制”作出明确规定时，有关该机制的审议依据仍然是一个有争议的问题。可见，自始至终，有关审议的依据问题一直都是一个极具争议的核心问题之一。经过谈判，最终在2007年6月18日人权理事会第五届会议通过的《联合国人权理事会的体制建设》第一部分“普遍定期审议机制”对审议的依据作出了如下规定：

**A．审议工作的依据**

1. 审议工作的依据是：

（a）《联合国宪章》；

（b）《世界人权宣言》；

（c）一国加入的人权文书；

（d）各国作出的自愿保证和承诺，包括申请入选人权理事会时所作出的保证和承诺。

2. 除以上各项外，鉴于国际人权法和国际人道法相辅相成和相互关联的性质，审议工作还要考虑到适用的国际人道法。[①]

这就是经过一年谈判和起草之后《联合国人权理事会体制建设》最终规定的普遍定期审议机制的审议依据，也是对联大第60/251号决议第5（e）段中提到的普遍定期审议各国履行的“人权义务和承诺”的澄清和具体表述，具有十分重要的意义。而且，依据2011年3月25日人权理事会第16届会议第47次会议通过的《联合国人权理事会工作和运行情况审查结果》的规定，应当重申人权理事会第5/1号决议附件《联合国人权理事会体制建设》所述普遍定期审议的依据。[②] 这意味着，2007年6月18日人权理事会第五届会议通过的《联合国人权理事会的体制建设》第一部分“普遍定期审议机制”的依据对第二个周期（2012年至2016年）仍然适用。

本章下面将对上述审议依据作出一一研究，先介绍这些依据，然后研究这些依据被纳入《普遍定期审议机制》的起草过程，还会对审议实践进行详细考察，最后还会发表自己的评论和看法。另外，本章还将对起草过程中没有被纳入《普遍定期审议机制》的依据进行研究。

## 第一节 《联合国宪章》

### 一、《联合国宪章》中的人权条款及其法律效力

正如第一章中提到的,《联合国宪章》有七处地方明确提到了“人权”这一术语，它们被称为《宪章》中的人权条款。这是以往任何条约所不具有的。[③] 它的通过在国际法的发展史上具有划时代的意义。在人权问题上，《宪章》的通过标志着人权问题全面进入国际法，[④] 拉开了国际社会通过国

---

① A/HRC/RES/5/1, Annex, I (A), pp.1-2.

② A/HRC/RES/16/21，第3页。

③ 1919年的《国际联盟盟约》没有一个地方提到“人权”。

④ 龚刃韧:《战后人权进入国际法领域的历史起因和过程》，载《北京大学学报》，1992年第3期，第51页。

际法尊重、保护和促进人权的序幕。

表格3:《联合国宪章》中的人权条款

| 条款 | 内容 |
|---|---|
| 序言 | 我联合国人民同兹决心：……重申基本人权，人格尊严与价值，以及男女与大小各国平等权利之信念，……。 |
| 第1条 | 联合国之宗旨为：……，三、促成国际合作，以解决国际间属于经济、社会、文化及人类福利性质之国际问题，且不分种族、性别、语言或宗教，“增进并激励对于全体人类之人权及基本自由之尊重”。 |
| 第13条第1款第2项 | 大会应发动研究，并作成建议：……（丑）以促进经济、社会、文化、教育及卫生各部门之国际合作，且不分种族、性别、语言或宗教，助成全体人类之人权及基本自由之实现。 |
| 第55条 | 为造成国际间以尊重人民平等权利及自决原则为根据之和平友好关系所必要之安定及福利条件起见，联合国应促进：……（寅）全体人类之人权及基本自由之普遍尊重与遵守，不分种族、性别、语言或宗教。 |
| 第62条 | 二、本理事会为增进全体人类之人权及基本自由之尊重及维护起见，得作成建议案。 |
| 第68条 | 经济及社会理事会应设立经济与社会部门及以提倡人权为目的之各种委员会，并得设立于行使职务所必需之其他委员会。 |
| 第76条 | 按据本宪章第一条所载联合国之宗旨，托管制度之基本目的应为：……（寅）不分种族、性别、语言或宗教，提倡全体人类之人权及基本自由之尊重。 |

由于《宪章》中上述关于人权的条款规定得比较抽象，既没有关于人权概念的具体定义，也没有规定对人权实施保障的具体措施。因此,《宪章》中上述有关人权的规定是否直接构成了会员国的国际义务问题，从一开始就引起了国际法学界的争论。那些认为《宪章》中上述有关人权的规定并没有为会员国规定国际义务的学者认为,《宪章》中上述有关人权的规定是施加给联合国的义务，而不是施加给会员国的，例如，美籍奥地利学者凯尔逊（H. Kelsen）、日本学者田畑茂二郎、美国学者赫德逊（M. O. Hudson）、英国学者布赖尔利（J. L. Brierly）、法国学者塞尔（G. Scelle）等。不过，英国学者劳特派特（H. Lauterpacht）、美国学者赖特（Q.

Wright）等认为，《宪章》中上述有关人权的规定为会员国创设了义务。我国学者龚刃韧认为，《宪章》中所规定的人权条款不仅有着空前的历史意义，而且为战后联合国在人权领域的活动奠定了重要的法律基础。[①] 国际法院在1970年的“西南非洲案”咨询意见中认为，南非的种族隔离制度违反了《联合国宪章》规定的宗旨和原则，认为《宪章》中的人权条款是真正的法律义务。[②]

## 二、把《宪章》列入普遍定期审议依据的起草过程

尽管《宪章》中的人权条款内容抽象、笼统、不明确，但从《联合国人权理事会的体制建设》第一部分“普遍定期审议机制”的起草过程来看，把《宪章》作为普遍定期审议的依据之一得到了许多利益攸关方的积极支持。有些利益攸关方的建议和发言虽然没有明确提及《联合国宪章》，但至少没有一个利益攸关方明确反对把《宪章》列为普遍定期审议的依据之一。

实际上，早在2005年4月14日，也就是联合国秘书长安南向当时的人权委员会发表讲话提议未来的人权理事会应具有同侪审议职能的设想后一个星期，安南在正式致联大第60届会议主席的信中，就已经建议，同侪审议的依据是“促进和保护《宪章》规定的、《世界人权宣言》表述的各项权利的义务和责任”。[③]

在《普遍定期审议机制》关于审议依据的起草过程中，许多国家在向工作组提交的书面建议中，都认为应当把《宪章》列为审议的依据之一。这包括：2006年7月21日加拿大提交的《普遍定期审议非正式文件》；8

① 有关这方面的研究，参见龚刃韧：《战后人权进入国际法领域的历史起因和过程》，载《北京大学学报》，1992年第3期，第55页。

② ICJ, *Legal Consequences for States of the Continued Presence of South Africa in Namibia (South West Africa) not with standing Security Council Resolution 276* (Advisory Opinion) [1970] ICJ Rep. 1971, para. 131.

③ 秘书长的报告：《大自由：实现人人共享的发展、安全和人权》，A/59/2005，增编一：人权理事会，第7段。

月2日巴基斯坦（代表伊斯兰会议组织）提交的文件；[①]8月18日芬兰（代表欧盟）提交的文件；[②]8月18日澳大利亚提交的文件；11月16日七个拉丁美洲国家（阿根廷、智利、哥斯达黎加、厄瓜多尔、巴拿马、巴拉圭和乌拉圭）联合提交的文件；古巴提交的文件；秘鲁提交的文件；11月20日巴西向工作组非正式磋商提交的非正式文件；以及11月23日俄罗斯提交的非正式文件。

许多国家的代表在工作组闭会期间的磋商会议上也发言，建议把《宪章》列为审议的依据之一。这包括：2006年9月7日阿尔及利亚（代表非洲国家集团）、赞比亚代表在工作组闭会期间磋商上的发言；11月20日伊朗、日本、马来西亚、新加坡、斯里兰卡代表在工作组第一届会议上的发言。

2006年11月30日，在人权理事会第三届会议上，工作组协调员卢利什基提交了工作组的《初步结论》。在这份文件中，卢利什基就上述六点建议基础列出了讨论所取得的意见趋同点,《宪章》就是意见的趋同点之一。[③]12月4日，阿塞拜疆、马尔代夫等国在对协调员的《初步结论》的发言中均指出,《宪章》是审议所有国家的依据之一。《宪章》也是2007年4月27日工作组协调员卢利什基向人权理事会第五届会议提交的《关于普遍定期审议机制的非正式文件》中建议的审议根据之一。[④]此后，在德阿瓦尔主席2007年6月4日、6月13日、6月17日的三份主席案文中,《宪章》均是普遍定期审议的依据之一，而且也没有一个国家对此表示反对。

① Revised OIC Paper on UPR, 2 August 2006; Revised OIC Paper on UPR, 5 September 2006; 巴基斯坦（代表亚洲国家集团）在人权理事会第二届会议上的发言，10月2日；巴基斯坦（代表伊斯兰会议组织）12月4日对协调员初步结论的发言。

② Universal Periodic Review, Contribution by European Union, 18 August 2006. 还可以参见芬兰（代表欧盟）9月7—8日会议的发言；另见芬兰（代表欧盟）在11月20日的工作组非正式磋商会议上的发言；2006年12月4日，芬兰（代表欧盟）对协调员初步结论的发言指出，当国际习惯法和国际人道法的义务重叠时，它们可以成为审议的依据。

③ A/HRC/3/3，2006年11月30日。

④ A/HRC/5/14.

## 三、审议实践

在已有的普遍定期审议实践中，没有一个国家对《宪章》作为审议的依据提出质疑的。相反，在有些国家的审议实践中，明确提到了《宪章》作为审议的依据。例如，2009年5月7日，阿富汗受审时，在互动对话阶段，阿富汗司法部副部长在作陈述时，提到“阿富汗政府遵守《宪章》《世界人权宣言》以及阿富汗批准的国际人权公约”。[①]

## 四、评　论

今天,《宪章》已经几乎实现了普遍性，它的缔约国数量今天已经达到193个，囊括了几乎所有的国家。[②] 也就是说，不论《宪章》中的人权条款的法律效力如何，它已经覆盖了几乎所有的国家，几乎实现了普遍性，这与普遍定期审议机制的普遍性是非常契合的，[③] 因此，把《宪章》作为普遍定期审议机制的依据是非常合适的，而且也是顺理成章的事情，有助于让几乎所有国家都接受普遍定期审议机制的审议，因为今天仍然有少数一

---

① A/HRC/12/9，para. 6.

②《宪章》现有193个缔约国，另有梵蒂冈和巴勒斯坦两个具有常任观察员地位的非会员国。

③ 关于普遍定期审议机制的普遍性原则的理解，参见本专著第五章。

些会员国几乎不是任何国际人权公约的缔约国。[①] 如果不把《宪章》列为审议的依据之一，就有可能让那些几乎不是任何国际人权公约的缔约国的国家逃脱普遍定期审议机制的审议，这将背离这一机制的普遍性原则。

不过，把《宪章》中的上述人权条款列为普遍定期审议的依据之一，严格说来是很困难的，会遇到现实困难。《宪章》中上述所涉人权的规定仅仅规定的是“基本人权，人格尊严与价值”“人权及基本自由”“人权”等这样抽象的用语，并没有具体的定义和标准。因此，要把“人权及基本自由”作为普遍定期审议的依据，很难具有可操作性。这也就是在审议实践中，很少有明确提及《宪章》的原因。《宪章》作为审议的依据，更多的是一种象征和符号的意义，而无法成为具体的审议依据。

---

① 例如，不丹只是1981年《消除对妇女一切形式歧视公约》、1990年《儿童权利公约》及其两个任择议定书、2006年《残疾人权利公约》缔约国。文莱只是1981年《消除对妇女一切形式歧视公约》、1990年《儿童权利公约》及其《关于贩卖儿童、儿童卖淫和儿童色情的任择议定书》缔约国。科摩罗只是1969年《种族歧视公约》、1981年《消除对妇女一切形式歧视公约》、1990年《儿童权利公约》及其《关于贩卖儿童、儿童卖淫和儿童色情的任择议定书》缔约国。斐济只是1969年《消除一切形式种族歧视国际公约》、1981年《消除对妇女一切形式歧视公约》、1990年《儿童权利公约》缔约国。基里巴斯只是1981年《消除对妇女一切形式歧视公约》、1990年《儿童权利公约》、2006年《残疾人权利公约》缔约国。马绍尔群岛只是1981年《妇女权利公约》和1990年《儿童权利公约》缔约国。密克罗尼西亚只是1981年《消除对妇女一切形式歧视公约》和1990年《儿童权利公约》及其《关于贩卖儿童、儿童卖淫和儿童色情的任择议定书》缔约国。缅甸只是1981年《消除对妇女一切形式歧视公约》、1990年《儿童权利公约》及其《关于贩卖儿童、儿童卖淫和儿童色情的任择议定书》、2006年《残疾人权利公约》缔约国。纽埃只是1990年《儿童权利公约》缔约国。帕劳只是1990年《儿童权利公约》和2006年《残疾人权利公约》缔约国。圣基斯和尼维斯只是1969年《消除一切形式种族歧视国际公约》、1981年《消除对妇女一切形式歧视公约》和1999年《议定书》、1990年《儿童权利公约》缔约国。萨摩亚只是1966年《公民权利和政治权利公约》、1981年《消除对妇女一切形式歧视公约》、1990年《儿童权利公约》、以及2006年《保护所有人免遭强迫失踪国际公约》缔约国。圣多美和普林西比只是1981年《消除对妇女一切形式歧视公约》和1990年《儿童权利公约》缔约国。新加坡只是1981年《消除对妇女一切形式歧视公约》、1990年《儿童权利公约》及其《关于贩卖儿童、儿童卖淫和儿童色情的任择议定书》、2006年《残疾人公约》缔约国。汤加只是1969年《消除一切形式种族歧视国际公约》和1990年《儿童权利公约》缔约国。图瓦卢只是《消除对妇女一切形式歧视公约》《儿童权利公约》《残疾人权利公约》缔约国。而南苏丹尚未成为任何国际人权公约缔约国！ http://indicators.ohchr.org.

## 第二节 《世界人权宣言》

### 一、《世界人权宣言》及其法律效力

《世界人权宣言》是1948年12月10日第三届联合国大会以48票赞成、0票反对和8票弃权的表决结果通过的，决议号为217A。[①]《宣言》由序言和30条条文组成。其中，第1条和第2条规定了《宣言》的基本思想和原则。第1条规定了人人生来就具有自由和平等权利的思想，是《宣言》的基础理念。第2条规定了人人在享受人权和基本自由时具有平等和不受歧视的原则。《宣言》第3—21条规定了公民和政治权利。其中，第3条规定人人有权享有生命、自由与人身安全，被认为是《宣言》中公民和政治权利的基础，由此引申出《宣言》第4—21条的一系列公民和政治权利，包括不得被使为奴役和奴隶的自由（第4条）、不得被施以酷刑或其他不人道待遇及处罚的自由（第5条）、具有被承认为法律上权利主体的权利（第6条）、享有法律平等保护的权利（第7条）、得到司法救济的权利（第8条）、不得被施以无理逮捕、拘禁或放逐的自由（第9条）、享有公正和公开审判的权利（第10条）、享有无罪推定的权利（第11条）、隐私权（第12条）、迁徙自由（第13条）、在他国寻求庇护的权利（第14条）、享有国籍的权利（第15条）、婚姻自由和成立家庭权（第16条）、财产权（第17条）、思想、良心与宗教自由（第18条）、言论自由（第19条）、集会结社自由（第20条）、参加本国政府以及公务的权利（第21条）。第22—27条规定了经济、社会和文化方面的权利，包括享受社会保障的权利（第22条）、工作权（第23条）、休息权（第24条）、适当的生活水准权（第25条）、受教育权（第26条）、文化权利（第27条）。第28—30条是最后

---

① 关于《宣言》的起草过程的详细介绍，参见龚刃韧：《战后人权进入国际法领域的历史起因和过程》，载《北京大学学报》，1992年第3期，第51页；白桂梅：《〈世界人权宣言〉在国际人权法上的地位和作用》，载《中外法学》，1998年第6期，第43页。当时投弃权票的国家是南非、沙特、苏联、乌克兰、白俄罗斯、捷克斯洛伐克、波兰和南斯拉夫。

条款，包括享有可以全部实现《宣言》所载权利的国际秩序的权利（第28条）、对社会的义务和责任（第29条）、任何国家、团体或个人无权破坏《宣言》所载权利与自由（第30条）。

与《宪章》不同,《宣言》只是联大通过的一项决议，它并非一项条约，因此并没有明确的法律拘束力。但是,《宣言》是世界上第一份关于人权和基本自由的全球性文件，因此具有非常重要的历史意义。而且，不少人认为，由于《宣言》在联大表决通过时没有一个国家反对（即便今天也没有一个国家反对《宣言》），而且由于《宣言》在序言中提到了《宪章》第55条和第56条,[①] 因此《宣言》可被视为是《宪章》有关条款中“人权与基本自由”的权威解释。[②] 也就是说，可以把《宣言》视为是《宪章》的一个组成部分，从而具有像《宪章》一样的法律效力。

---

① 《宣言》在序言中提到:“鉴于各联合国国家的人民已在联合国宪章中重申他们对基本人权、人格尊严和价值以及男女平等权利的信念，并决心促成较大自由中的社会进步和生活水平的改善”,“鉴于各会员国业已誓愿同联合国合作以促进对人权和基本自由的普遍尊重和遵行”。这两段话来自《宪章》第55条和第56条。

② 在国际法委员会1949年起草《国家权利和义务宣言草案》中的发言，Mr. Sandstrom, A/CN.4/SR.25, 23 May 1949, *Yearbook of International Law Commission* (1949), p.178, para. 7; Nigel Rodley, *The Treatment of Prisoners in International Law* (Clarendon Press, 1999), p.63. 在《宣言》起草过程中，一些国家的代表也认为《宣言》是《宪章》中的人权条款的权威解释。中国代表张彭春曾说,《宣言》所列的人权就是对《宪章》中的人权条款的明确罗列，参见：John P. Humphrey, “The UN Charter and the Universal Declaration of Human Rights”, in Laurd ed., *The International Protection of Human Rights* (Thames & Hudson, 1967), p.50. 法国代表卡森（他是《宣言》起草委员会的委员）说,《宣言》可以被视为是《宪章》的权威解释，参见：同上，p.51. 智利代表明确说，违反《宣言》就是对《宪章》中的原则的违反，参见：A/C.3/S.R.91, p.97. 埃及、叙利亚和巴基斯坦代表也认为《宣言》是对《宪章》的权威解释，参见：A/C.3/S.R.92, p.12; Donna E. Arzt, “The Application of International Human Rights Law in Islamic States”, 12 *Human Rights Quarterly* (1990), pp.215-216. 也有人反对这种说法，例如，国际法委员会美国籍委员、首届主席哈德森（M. O. Hudson），参见：Mr. M. O. Hudson, A/CN.4/SR.25, 23 May 1949, *Yearbook of International Law Commission* (1949), p.178，认为《宣言》并不是为了罗列《宪章》中的人权。

还有不少人认为，由于《宣言》不断被联大决议、[①] 国际条约[②] 以及其他国际文件、[③] 许多国家宪法、[④] 以及国际[⑤] 和国内[⑥] 司法实践的确认，《宣

---

① 例如，1960年12月14日第15届联大第1514号决议《给予殖民地国家和人民独立宣言》第7段明确提及《宣言》:“一切国家应在平等、不干涉一切国家的内政和尊重所有国家人民的主权及其领土完整的基础上忠实地、严格地遵守《联合国宪章》,《世界人权宣言》和本宣言的规定。”

② 例如，1950年《欧洲人权公约》、1966年《公民权利和政治权利国际公约》、1966年《经济、社会和文化权利国际公约》、1981年《非洲人权和民族权宪章》、1969年《美洲人权公约》。在这些全球性和区域性的人权条约的序言中均提到了《宣言》。

③ 例如，1968年4月22日至5月13日在伊朗首都德黑兰召开的联合国人权会议通过的《最后文件》; 1975年8月1日在芬兰首都赫尔辛基召开的欧洲安全与合作会议通过的《最后文件》; 1993年由171个国家的代表协商一致通过的《维也纳宣言和行动纲领》序言:“强调《世界人权宣言》是各国人民和所有国家所争取实现的共同标准，是启迪的源泉，是联合国据之以推进现有国际人权文书、特别是《公民权利和政治权利国际公约》和《经济、社会、文化权利国际公约》所载标准的制订工作的基础。” A/CONF.157/23, 23 July 1993.

④ 例如《波黑宪法》。

⑤ 关于国际司法实践，参见：ICJ, *United States Diplomatic and Consular Staff in Tehran* (*United States of America* v. *Iran*), Judgment, 24 May 1980, para. 91。国际法院在判决书中写道：“非法剥夺他们的自由并把他们关押在恶劣条件，本身就是对《世界人权宣言》列举的人权原则的违反。”还可以参考罗德利教授对这一判词的评论，参见：Nigel Rodley, “Human Rights and Humanitarian Intervention: The Case Law of the World Court”, 38 *International and Comparative Law Quarterly* (1989), p.326.

⑥ 关于国内司法实践，例如参见美国法院的案件：*Filartiga* v. *Pena-Irala* 630 F. 2d 876 (1980), 19 ILM 966.

言》已经成为习惯国际法的一个组成部分。[①] 甚至还有人认为，它有可能是国际法中的一般法律原则。[②] 总之，无论是作为《宪章》的一部分，还是作为习惯国际法，甚至是一般法律原则，其都具有普遍的拘束力，对几乎所有国家都具有法律效力。“尽管人们对《宣言》的性质持有不同看法，但不容否认的事实是，《宣言》对国际社会中的人权领域所发挥的影响确实是极其深远的。”[①]

## 二、把《宣言》列入普遍定期审议依据的起草过程

如同《宪章》一样，把《宣言》作为普遍定期审议的依据之一得到了许多利益攸关方的积极支持。有些利益攸关方的建议和发言虽然没有明确

---

① A. H. Robertson and J. G. Merrills, *Human Rights in the World: An Introduction to the Study of International Protection of Human Rights* (Manchester University Press, 1996), p.29; R. St. Macdonald, “Leadership in Law: John P. Humphrey and the Development of the International Law of Human Rights”, 29 *Canadian Yearbook of International Law* (1991), 59, Footnote 184; John P. Humphrey, “The International Bill of Rights: Scope and Implementation”, 17 *William and Mary Law Review* (1975-1976), p.527; Boutros Boutros-Ghali, *The United Nations and Human Rights: 1945-1995*, United Nations Blue Book Series, Vol. VII (United Nations, New York, 1995), p.7; Henry J. Steiner and Philip Alston, *International Human Rights in Contexts: Law, Politics, Morals* (Clarendon Press, Oxford, 1996), pp.143-144; Alison Dundes Renteln, *International Human Rights: Universalism versus Relativism* (Sage, Newbury Park, 1990), p.29. Louis B. Sohn, “The New International Law: Protection of the Rights of Individuals Rather than States”, 32 *American University Law Review* (1982), pp.16-17. 我国学者白桂梅教授认为，《宣言》尚未成为习惯国际法。参见：白桂梅，《〈世界人权宣言〉在国际人权法上的地位和作用》，载《中外法学》，1998年第6期，第48页。也有一些学者认为，不能说《宣言》中的所有权利都是习惯国际法，参见：Javaid Rehman, *International Human Rights Law*, Second Edition (Pearson Education Limited, 2010), p.82; Patrick Thornberry, *International Law and the Rights of Minorities* (Clarendon Press, 1991), p.322; Thomas Burgenthal, Dinah Shelton, David P. Steward, *International Human Rights in a Nutshell* (Thomson Reuters), 2008, 4th ed., 中文翻译，黎作恒，《国际人权法精要》，法律出版社，2010年，第30页；Elvira Dominguez-Redondo, “Role of the UN in the Promotion and Protection of Human Rights”, in Azizur Rahman Chowdhury and Md. Jahid Hossain Bhuiyan eds., *An Introduction to International Human Rights Law* (Brill, Leiden, 2010), p.128.

② Bruno Simma and Philip Alston, “The Source of Human Rights Law: Custom, Jus Cogens, and General Principles”, 12 *Australian Yearbook of International Law* (1988), p.82; Jonathan Charney, “Universal International Law”, 87 *American Journal of International Law* (1993), p.549.

① 龚刃韧：《战后人权进入国际法领域的历史起因和过程》，载《北京大学学报》，1992年第3期，第58页。

提及《宣言》，但至少没有一个利益攸关方明确反对把《宣言》列为普遍定期审议的依据之一。而且，有不少利益攸关方都把《宣言》和《宪章》联系在一起，把《宣言》作为《宪章》的一个组成部分。

实际上，早在2005年4月14日，也就是联合国秘书长安南向当时的人权委员会发表讲话提议未来的人权理事会应具有同侪审议职能的设想后一个星期，安南在正式致联大第60届会议主席的信中，就已经建议，同侪审议的依据是“促进和保护《宪章》规定的、《宣言》表述的各项权利的义务和责任”。[①] 在2006年5月15日瑞士外交部召集的关于人权理事会的第三次研讨会上，日内瓦国际问题研究所国际法教授安德鲁·克拉彭（Andrew Clapham）认为，由于联大第60/251号决议要求普遍定期审议机制是对条约机构审议机制的补充，而不是重复，因此审议的依据必然包括习惯国际法，而提到人权方面的习惯国际法，必然会提及《宣言》。[②]

在《普遍定期审议机制》关于审议依据的起草过程中，许多国家在向工作组提交的书面建议中，都认为应当把《宣言》列为审议的依据之一。这包括：2006年7月21日加拿大提交的《普遍定期审议非正式文件》；8月2日巴基斯坦（代表伊斯兰会议组织）提交的文件；8月2日菲律宾提交的建议；8月18日芬兰（代表欧盟）提交的文件；8月18日澳大利亚提交的文件；11月16日七个拉丁美洲国家（阿根廷、智利、哥斯达黎加、厄瓜多尔、巴拿马、巴拉圭和乌拉圭）联合提交的文件；古巴向工作组提交的文件；伊朗提交的文件；美国的建议；11月20日巴西提交的非正式文件；11月23日俄罗斯提交的非正式文件；以及2006年12月马尔代夫提交的非正式文件。

许多国家的代表在工作组闭会期间的磋商会议上也发言，建议把《宣

① 秘书长的报告：《大自由：实现人人共享的发展、安全和人权》，A/59/2005，增编一：人权理事会，第7段。

② Andrew Clapham, The Complementarity of Universal Periodic Review in the New Human Rights Council, paper submitted to the Seminar on the UN Human Rights Council, Lausanne, Switzerland, 15 May 2006.

言》列为审议的依据之一，这包括：2006年7月21日新加坡代表在闭会期间的磋商会议上的发言（甚至提到，只有《宣言》和受审国在竞选人权理事会会员时自愿作出的保证才是审议的依据）；2006年8月2日不丹、印度、芬兰（代表欧盟）在闭会期间的磋商中的发言；9月7—8日阿尔及利亚（代表非洲国家集团）在闭会期间磋商的发言；赞比亚的发言。10月2日巴西、孟加拉国、泰国代表在人权理事会第二届会议上发言，其中巴西代表不仅认为《宣言》是审议的依据之一，而且是最低标准之一；11月20日伊朗、日本、斯里兰卡代表在工作组第一届会议上的发言。

2006年11月30日，在人权理事会第三届会议上，工作组协调员卢利什基提交了工作组的《初步结论》。在该份文件中，卢利什基就上述六点建议基础列出了讨论所取得的意见趋同点,《宣言》就是意见的趋同点之一。[①] 12月4日，阿塞拜疆对协调员的《初步结论》的发言中指出,《宣言》是审议所有国家的依据之一。

2007年2月12日，在工作组第二届会议上，列支敦士登代表发言，认为“把《宣言》列为审议依据之一，就可以使普遍定期审议机制审议所有得到国际公认的一套人权和基本自由，而不论受审议国缔结的人权条约数量的影响”。《宣言》也是2007年4月27日工作组协调员卢利什基向人权理事会第五届会议提交的《关于普遍定期审议机制的非正式文件》中建议的审议根据之一。[②] 此后，在德阿瓦尔主席2007年6月4日、6月13日、6月17日的三份主席案文中,《宣言》均是普遍定期审议的依据之一，而且也没有一个国家对此表示反对。

## 三、审议实践

在已有的普遍定期审议实践中，没有一个国家对《宣言》作为审议的依据提出质疑。相反，在有些国家的审议实践中，明确提到了《宣言》作

---

① A/HRC/3/3，2006年11月30日。

② A/HRC/5/14.

为审议的依据。例如，2009年5月7日，阿富汗受审时，在互动对话阶段，阿富汗司法部副部长在做陈述时，提到“阿富汗政府遵守《宪章》《世界人权宣言》以及阿富汗批准的国际人权公约”。[①] 阿尔巴尼亚2009年12月2日受审时，在互动对话阶段，阿尔巴尼亚改革与议会关系部部长在做陈述时，指出《阿尔巴尼亚宪法》第23条规定的信息权扩大了《世界人权宣言》以及《公民和政治权利国际公约》中相关条款的内容。[②] 2014年4月30日，不丹第二次受审时，在互动对话阶段，不丹代表团团长陈述说，“《世界人权宣言》的许多条款已经被纳入《宪法》，而且它们对《宪法》中的许多有关人权的条款产生深远影响。”[③] 2009年12月8日，文莱第一次受审时，在互动对话阶段，美国建议文莱废除《煽动法》和《报纸法》，并使有关媒体自由和言论自由的法律和实践与《世界人权宣言》保持一致。[④] 2009年5月13日，科摩罗第一次受审时，在互动对话阶段，科摩罗代表说，“除《世界人权宣言》、《非洲人权和人民权利宪章》和《儿童权利公约》外，还通过了关于儿童权利的其他文书”。[⑤] 2010年2月19日，埃及第一次受审时，针对加拿大提出的充分执行《世界人权宣言》第2条的规定（“人人有资格享受本宣言所载的一切权利和自由，不分种族、肤色、性别、语言、宗教、政治或其他见解、国籍或社会出身、财产、出生或其他身份等任何区别”），承认“性别”也包括性倾向，埃及表示不予支持。[⑥]

## 四、评　论

有人认为，由于《世界人权宣言》是一份没有国际法拘束力的文件，而只是软法性质的文件，并进一步认为，把不具有国际法拘束力的文件作

① A/HRC/12/9，para. 6.

② A/HRC/13/6, para. 5.

③ A/HRC/27/8, para. 5.

④ A/HRC/13/14, para. 90.23.

⑤ A/HRC/12/16, para. 9.

⑥ A/HRC/14/17, para. 97.8.

为审议的根据，有可能使审议工作在实践中变得复杂。[①] 这种观点值得商榷。正如前面所述，尽管《世界人权宣言》是联大通过的一项决议，是所谓的“软法”，从形式上看对各国的确没有国际法拘束力，但是，它所宣示的不少人权都具有习惯国际法的性质，对各国均有拘束力，有些甚至具有国际强行法的地位。因此，认为《世界人权宣言》不具有国际法拘束力的观点是有问题的。即便它不具有国际法的拘束力，但是它作为一个普遍意义上的人权文件，非常契合普遍定期审议机制的基本原则，即普遍性和平等性：所有国家依据自愿选择的标准得到审议。《世界人权宣言》的英文是“Universal Declaration of Human Rights”，实际上就是《普遍人权宣言》，这种“普遍性”（universal）不仅体现在地理含义方面，而且还涵盖几乎所有的人权，跨越意识形态的鸿沟。[②] 因此，它没有遭到任何国家的反对。而且，实践证明，无论是在《普遍定期审议机制》的起草过程中，还是在日后的审议实践中，《世界人权宣言》与《宪章》一起，是得到最多支持的审议依据，可以说是公认的审议依据。这非但没有削弱和动摇《世界人权宣言》在人权国际保护方面的基础地位，反而强化和巩固了这一地位。

## 第三节 一国加入的人权文书

### 一、一国加入的人权文书的法律效力

一国加入的人权文书，是指一国缔结的人权条约。在这里，必须从广义的角度理解“加入”一词。狭义的“加入”是一国据以在国际上确定其同意受条约拘束的国际行为之一，其他表示同意的行为还可以有批准、接

① Nadia Bernaz, “Reforming the UN Human Rights Protection Procedures: A Legal Perspective on the Establishment of the Universal Periodic Review Mechanism”, in Kevin Boyle ed., *New Institutions for Human Rights Protection* (Oxford University Press, 2009), 76, p.80.

② Ibrahim Gambari, “Sixty Years of the Declaration of Human Rights: Theory and Practice in the Pursuit of United Nations Agenda”, in Chile Eboe-Osuji ed., *Protecting Humanity: Essays in International Law and Policy in Honor of Navanathem Pillay* (Martinus Nijhoff Publishers, Leiden, 2010), p.69.

受或赞同。[①] 这里的“加入”不仅指的是狭义的加入，也包括对条约的批准、接受或赞同。也就是说，这里的“加入”是指依据国际法，一国成为接受条约约束、成为条约缔约国的任何方式。“文书”（instruments）在中文中又译为“文件”，是一个非常广义的词汇，泛指所有以书面形式体现出来的文件。这里的“文书”一词，应作狭义理解，实际上仅指“条约”，即国家间所缔结而以国际法为准之国际书面协定，不论其载于一项单独文书或两项以上相互有关之文书内，亦不论其特定名称如何。[②]

这里的“人权”一词，也应该作狭义理解。尽管在有些人看来，国际人道法也是国际人权法的一个组成部分，但是普遍定期审议机制中有专门处理国际人道法问题的条款。[③] 因此，这里的“人权”一词应当被解释为不包括国际人道法方面的条约。当然，有些条约既可以被视为是国际人权法方面的条约，也有可能是国际人道法方面的条约。换言之，有些条约属于混合性质的条约。例如，1948年的《防止及惩治灭绝种族罪公约》，该公约第一条要求缔约国确认灭绝种族行为，“不论发生于平时或战时”，均系国际法上的一种罪行，承允防止并惩治之。也就是说，灭绝种族行为既可能发生在平时，也可能发生在战时。如果发生在战时，则属于国际人道法所关心的对象。同样的例子还有1984年的《禁止酷刑和其他残忍、不人道或有辱人格的待遇或处罚公约》。该公约第2条第2款规定，任何特殊情况，不论为战争状态、战争威胁、国内政局动荡或任何其他社会紧急状态，均不得援引为施行酷刑的理由。这一条款暗示，酷刑也有可能发生在战争状态中。

## 二、把一国加入的人权文书列入普遍定期审议依据的起草过程

与把《宪章》和《宣言》作为普遍定期审议依据不同，把一国加入的

① 《维也纳条约法公约》第2条第1款第（乙）项。

② 《维也纳条约法公约》第2条第1款第（甲）项。

③ 参见本章下面对国际人道法的研究。

人权文书列入普遍定期审议的依据，在《普遍定期审议机制》关于审议依据的起草过程中，在不同的利益攸关方之间从一开始就产生了争议。不同的利益攸关方对于是否应当把国际人权条约列入普遍定期审议的依据，以及如果应当列入，该列入哪些国际人权文书产生了分歧。

第一，极少数利益攸关方认为，不应当把国际人权条约列入普遍定期审议的依据，不论受审国是否缔结了国际人权文书。例如，2006年7月21日，新加坡代表在工作组闭会期间的磋商会议上发言指出，对于任何一个受审国来说，其没有缔结的国际人权条约不应成为审议的依据，而且即使是那些已经缔结的国际人权条约也不应成为审议的依据，否则会与条约机构的工作重复，违反联大第60/251号决议中提及的不重复条约机构的规定。新加坡的意见显然反对把国际人权条约作为审议的依据，不论受审国是否批准了该国际人权条约。

第二，另有极少数利益攸关方认为，所有的国际人权文书，不论是否得到受审国的批准或加入，都应当成为审议的依据。例如，2007年4月5日，芬兰（代表欧盟）指出，所有的人权文书都应当成为审议的根据，不论受审议的国家是否是某个人权公约的缔约国。他还建议，对于那些尚未成为某个国际人权公约缔约国的国家来说，普遍定期审议机制是一个在联合国人权高专办编写的不同来源的信息的基础上审议这些国家是否尊重、保护和促进人权的讨论平台。芬兰（代表欧盟）在此前的立场并不是这样的，而是有一个演变的过程。2006年8月2日，芬兰（代表欧盟）在工作组闭会期间的磋商会上发言，认为应包括受审国通过批准条约承担的义务。2006年8月18日，芬兰（代表欧盟）提交的文件中只是建议把“条约和其他文书”作为审议的依据之一，并没有指出什么样的条约和其他文书。

第三，有一些利益攸关方同意把国际人权文书作为审议的依据，但并不是受审国缔结的国际人权文书，而是一些最基本的国际人权文书，无论受审国是否批准。例如，2006年7月21日加拿大的建议提到成为其缔约国的人权条约应成为审议的依据。2006年9月7日，孟加拉国代表在工作组闭会期间的磋商中指出，不能让普遍定期审议机制的使命没有任何限制，也不能允许每一个国家随意决定自己的受审依据。孟加拉国代表认为，需要考察一些基本的国际文件。2006年12月，马尔代夫提交的非正式文件中指出，人权文书，例如《公民权利和政治权利国际公约》和《经济、社会和文化权利国际公约》是审议所有国家的依据之一。2006年12月4日，阿塞拜疆对协调员初步结论的发言也建议考察一些基本的国际人权文书。

第四，大多数利益攸关方认为，应当把受审国缔结的国际人权文书作为审议的依据。2006年7月21日，加拿大提交的《普遍定期审议非正式文件》建议把作为缔约国在条约下的义务作为依据之一。马来西亚同日提交的建议中也认为，审议的主要依据应当是得到有关国家批准或加入的国际人权条约下所承担的义务。2006年8月2日，伊斯兰会议组织提交的文件建议把“作为缔约国在条约下承担的义务”作为审议的依据。菲律宾的建议中也提及“作为缔约国的人权公约”。不丹代表在闭会期间的磋商中发言赞成把受审国缔结的条约承担的义务作为审议的依据。印度代表在会上的发言提及“在具体公约下承担的义务”。8月18日澳大利亚提交的文件中也建议把所有相关的人权条约义务作为审查的依据之一。9月7—8日，阿尔及利亚（代表非洲国家集团）在闭会期间磋商发言认为应包括“已经加入的条约和文件中缔约国承担的义务，包括公民、政治、经济、以及社会和文化权利”，并特别指出，“任何国家都不应当对其尚未批准的条约中的义务负责。”10月2日，巴西代表在人权理事会第二届会议上发言，认为受审国参加的国际人权条约是审议的依据之一，而且是最低标准之一。泰国代表的发言也支持把受审国参加的国际人权条约作为审议的依据。11月16日，七个拉丁美洲国家（阿根廷、智利、哥斯达黎加、厄瓜多尔、巴拿马、巴拉圭和乌拉圭）联合提交的文件中建议人权文书应作为审查的依据之一。11月20日，巴西代表向工作组非正式磋商提交的非正式文件，以及日本和挪威的发言也是这么建议的。尤其是，11月20日挪威代表发言指出：“不重复条约机构的工作意味着，普遍定期审议不能取代条约机构的实体工作，不能与条约机构平行审议，也不能成为条约机构的上诉机构。对条约义务的遵守是条约机构的职责，因此挪威建议设立一个简易的普遍定期审议机制，普遍定期审议应当关注受审国与所有联合国人权机制的合作与接触问题，包括在竞选人权理事会会员时的承诺、批准人权条约的情况、履行条约机构报告和后续报告以及对个人来文意见的遵守的情况、与特别机制的合作情况（国别访问、来文，包括紧急行动）以及与人权高专的合作情况。”此外，古巴、伊朗、秘鲁、美国、俄罗斯向工作组提交的文件中也都建议把作为缔约国承担的国际人权文书下的义务作为审查的依据之一。在起草的过程中，许多非政府组织也支持把国际人权条约作为审议的依据之一。

2006年11月30日，在人权理事会第三届会议上，工作组协调员卢利什基先生提交了工作组的初步报告。在该份初步报告中，卢利什基先生就上述六点建议基础列出了讨论所取得的意见趋同点，各国加入的各项人权文书就是意见的趋同点之一。[①] 一国加入的各项人权文书也是2007年2月12日、3月15日以及4月27日协调员提交的三份非正式文件建议的审议根据之一。[②] 此后，在2007年6月4日、6月13日、6月17日三份主席案文中，一国加入的人权文书均是普遍定期审议的依据之一，并在最后得到人权理事会第五届会议通过。

## 三、审议实践

从截至目前的审议实践来看，绝大多数国家都认同其加入的国际人权文书是审议的依据。例如，2009年5月7日，阿富汗受审时，在互动对话阶段，阿富汗司法部副部长在做陈述时，提到“阿富汗政府遵守《宪章》《世界人权宣言》以及阿富汗批准的国际人权公约”。[③] 德国国际法学家克里斯蒂安·托姆斯查（Christian Tomuschat）甚至认为，从审议的实践来看，受审国几乎从来不对其他国家的问题或建议是否属于受审国批准或加

---

① A/HRC/3/3，2006年11月30日。

② A/HRC/4/117; A/HRC/5/14.

③ A/HRC/12/9, para. 6.

入的国际人权条约的范围提出质疑，其他国家也并不关心自己提出的问题或建议是否就是受审国批准或加入的国际人权条约的义务。他注意到，尽管中国缔结的国际人权条约并没有要求中国暂停或废除死刑，但是中国在第一轮受审时，许多国家都对中国的死刑制度和实践提出了此种建议，而且中国代表也没有专门指出这一点。他还注意到，尽管斐济并不是《公民权利与政治权利国际公约》的缔约国，但是针对一些国家建议斐济按照该公约的标准确保司法独立时，斐济只是宣称其司法完全是独立在运作。[①]

但是，也有极少数国家在审议中提出，由于其并非某个特定的国际人权公约的缔约国，因此其不接受以该公约为依据对其的审议。例如，新加坡2011年在接受第一轮审议时，未接受有些建议，是因为“这些建议所依据的假设或前提是错误的”，[②] 这里所指的错误的“假设或前提”不仅包括错误的事实，而且包括错误的法律，即审议所依据的法律是错误的。2010年埃及接受第一轮审议时，对有些建议也表示不予支持，因为“它们有欠准确并且（或者）与事实不符”。[③] 埃及无法接受这些建议，是因为这些建议与埃及国内法不符合，而且拒绝这些建议也不会违反埃及承担的国际人权法义务，例如依据《公民和政治权利国际公约第二任择议定书》规定的废除死刑问题。[④] 换言之，由于埃及并非是《公民和政治权利国际公约第二任择议定书》的缔约国，因此埃及不接受以此为依据对其死刑立法和实践的审议。2008年12月，乌兹别克斯坦第一轮受审时拒绝接受16项建议，理由是，这些建议并不是“依据其同意的国际人权标准项下的义务的一部分”。[⑤] 例如，芬兰希望了解乌兹别克政府执行禁止强迫劳动和童工的法律的计划。芬兰建议乌兹别克政府允许对侵犯劳工权利问题进行独立调查，

① Christian Tomuschat, “Universal Periodic Review: A New System of International Law with Secific Ground Rules?” in Ulrich Fastenrath et al. eds., *From Bilateralism to Community Interest: Essays in Honor of Bruno Simma* (Oxford University Press, 2011), p.614.

② A/HRC/18/2, para. 456.

③ A/HRC/14/17, para. 98.

④ A/HRC/14/L.10, para. 633.

⑤ A/HRC/10/83, para. 107.

并执行劳工组织的《准予就业最低年龄公约》和《禁止和立即行动消除最有害的童工形式公约》。乌兹别克斯坦认为，自己并不是这两个公约的缔约国，自己没有义务接受审议。2013年5月，在第二轮受审时，乌兹别克斯坦拒绝接受44项建议，包括有关性倾向和性别身份、酷刑和迁徙自由等，理由是，这些建议并不是“依据其同意的国际人权标准项下的义务的一部分”。[①] 例如，比利时建议乌兹别克斯坦采取所有必要措施批准《禁止酷刑公约任择议定书》，乌兹别克斯坦认为自己没有法律义务予以批准。新加坡、埃及和乌兹别克斯坦的立场遭到了一些非政府组织的批评，认为这是一种“负面的趋势”。[②]

另外，把一国加入的人权文书列入普遍定期审议的依据还存在一个如何处理一国对加入的人权文书的保留问题。对条约的保留是指一国在签署、批准、接受、赞同或加入条约时所做的片面声明，不论措辞或名称如何，其目的在摒除或更改条约中若干规定对该国适用时之法律效果。[③] 对保留国而言，在保留国与另一缔约国关系上，照保留的范围修改保留所涉及的条约规定。[④] 因此，假如受审国在缔结某一个国际人权条约时，对该条约中的某些条款提出了保留，只要该保留不违反《维也纳条约法公约》

① A/HRC24/7, para. 137.

② Roland Chauville and Mirza Taqi, *Unprecedented Challenge to the Universal Periodic Review*, 31 May 2013, http://www.ishr.ch/news/unprecedented-challenge-universal-periodic-review.

③ 《维也纳条约法公约》第2条第1款第4项。

④ 《维也纳条约法公约》第21条第1款第1项。

第19条、[1] 第20条[2] 和第23条[3] 关于构成有效保留的规定，则该受审国在与其他缔约国的关系上，不受保留的条款的拘束。在《普遍定期审议机制》的起草过程中，有一些国家建议，为了防止与条约机构的审议出现重复审议，普遍定期审议的重点应当放在受审国对人权条约的保留、对保留的撤回[4] 以及受审国为了实施条约机构的结论性意见的而采取的后续行动方面，[5] 这可以说是对条约机构的一种补充。

在实践中，普遍定期审议高度关注受审国对条约的保留问题。例如，埃及2010年第一轮受审时，许多国家都建议埃及撤销对一些条约作出的保留，例如考虑撤销对《消除对妇女一切形式歧视公约》第2、第16和第29条的保留，[6] 继续当前对国际人权文书的保留的审议（孟加拉国），[7] 履行承诺，审查其对人权条约提出的保留，以期撤消这些保留（日本）[8]。埃

---

① 《维也纳条约法公约》第19条规定：一国得于签署、批准、接受、赞同或加入条约时，提具保留，但有下列情形之一者不在此限：（甲）该项保留为条约所禁止者；（乙）条约仅准许特定之保留而有关之保留不在其内者；或（丙）凡不属（甲）及（乙）两款所称之情形，该项保留与条约目的及宗旨不合者。

② 《维也纳条约法公约》第20条规定：一、凡为条约明示准许之保留，无须其他缔约国事后予以接受，但条约规定须如此办理者，不在此限。二、倘自谈判国之有限数目及条约之目的与宗旨，可见在全体当事国间适用全部条约为每一当事国同意承受条约拘束之必要条件时，保留须经全体当事国接受。三、倘条约为国际组织之组织约章，除条约另有规定外，保留须经该组织主管机关接受。四、凡不属以上各项所称之情形，除条约另有规定外：（甲）保留经另一缔约国接受，就该另一缔约国而言，保留国即成为条约之当事国，但须条约对各该国均已生效；（乙）保留经另一缔约国反对，则条约在反对国与保留国间并不因此而不生效力，但反对国确切表示相反之意思者不在此限；（丙）表示一国同意承受条约拘束而附以保留之行为，一俟至少有另一缔约国接受保留，即发生效力。

③ 第23条是关于保留的程序规定：一、保留、明示接受保留及反对保留，均必须以书面提具并致送缔约国及有权成为条约当事国之其他国家。二、保留系在签署须经批准、接受或赞同之条约时提具者，必须由保留国在表示同意承受条约拘束时正式确认。遇此情形，此项保留应视为在其确认之日提出。三、明示接受保留或反对保留系在确认保留前提出者，其本身无须经过确认。四、撤回保留或撤回对保留提出之反对，必须以书面为之。

④ A/HRC/4/CRP3，13 March 2007, para. 13.

⑤ Ibid.

⑥ A/HRC/14/17, para. 95.1.

⑦ A/HRC/14/17, para. 95.3.

⑧ A/HRC/14/17, para. 95.17.

及表示部分接受以下建议：[1] 撤销对《消除对妇女一切形式歧视公约》第2条和第16条的保留（法国）；[2] 撤销对《消除对妇女一切形式歧视公约》的所有保留（爱尔兰）。[3] 澳大利亚2011年第一次受审时，匈牙利和丹麦建议撤销对《儿童权利公约》的保留，韩国、南非和丹麦建议撤销对《消除一切形式种族歧视国际公约》第四条（子）项的保留，丹麦建议撤销对《消除对妇女一切形式歧视公约》和《公民权利和政治权利国际公约》的保留。[4] 澳大利亚表示接受。[5]

## 四、评　论

在国际法中，一般说来，国家只受其缔结的条约的约束。《维也纳条约法公约》第34条明确指出，条约非经第三国同意，不为该国创设义务或权利。在国际法中，这一原则一直被视为国家主权、平等和独立的必然逻辑，[6] 而且也得到国际司法和仲裁实践以及国际法学者的一贯和广泛确

---

① A/HRC/14/17/Add.1, para. 24.

② A/HRC/14/17, para. 99.23.

③ A/HRC/14/17, para. 99.24.

④ A/HRC/17/10, paras. 86.13-86.16.

⑤ A/HRC/17/10/Add.1, para. 3.

⑥ ILC Report 1966, *Yearbook of International Law Commission* (1966), Vol.II, p.226, para. 1. 还可以参见：R.F. Roxburgh, *International Conventions and Third States* (Longman, Green, 1917); E. Jiménez de Aréchaga, "Treaty Stipulations in Favour of Third States", 50 *American Journal of International Law* (1956), p.338.

认。[①] 因此，依据所有的国际人权条约对受审国进行审议，而不论受审国是否是缔约国，显然与国际法的上述基本原则不相符合。

从实践的角度来看，在各种人权保护机制中，曾经出现过一些以没有缔结的人权条约为依据要求一些非缔约国遵守这些人权条约的尝试，但是均告失败。例如，在20世纪90年代，人权委员会任意羁押问题工作组曾试图以《公民权利和政治权利国际公约》为基础向一些国家提出建议，即使这些国家并非该公约的缔约国。该工作组声称，"即使工作组面对的是一个非缔约国，但是由于《公民权利和政治权利国际公约》的条款具有准普遍性，工作组仍然可以援引这一公约。"[②] 但是，这一做法遭到了人权委员会的否定，人权委员会在1996年要求该工作组放弃这一做法。[③] 该工作组在1997年向人权委员会提交的报告中就遵守了人权委员会的要求。[④] 同样，在国际劳工组织的定期审议机制中，当涉及条约时，也仅限于审议缔约国如何遵守条约。[⑤]

但是，如果审议的根据只有受审议国缔结的条约，那么就会出现三个尴尬的局面。第一，由于各国参加国际人权条约的数量和范围不同，因此

① 关于常设国际法院的司法实践，例如参见：PCIJ, *Certain German Interests in Polish Upper Silesia Case*, PCIJ (1926) Series A no. 7, 30; 还可以参见：*The Territorial Jurisdiction of the International Commission of the River Oder Case*, PCIJ (1929) Series A no. 23, 19; *Free Zones Case of Upper Savoy and the District of Gex Case*, PCIJ (1932) Series A/B no. 46, 141. 还可以参见：The *1928 Island of Palmas* Case, RIAA 2 (1928) 831。关于国际法院的司法实践，例如参见：ICJ, *North Sea Continental Shelf* (Federal Republic of Germany/Denmark；Federal Republic of Germany/The Netherlands), Judgment, 20 February 1969, para. 25（在这个案件中，国际法院指出，如果有关国家不是该公约的缔约国，那么在以规定的方式表示同意和接受之前，其不能据此主张权利）；*Aerial Incident of 27 July 1955* (Israel/Bulgaria) (Preliminary Objections) Case, ICJ Reports 1959, p.138（在这个案件中，国际法院指出，就非缔约国而言，该法院的规约对其没有法律约束力）。关于学说，参见：McNair, *Law of Treaties* (Clarendon Press, Oxford, 1961), p.309.

② Report of the Working Group on Arbitrary Detention, E/CN.4/1993/24, 12 January 1993, Deliberation 02, para. 23. 还可以参见：Decisions 42/1992 (Cuba), para. 6 (b) 以及 44/1992 (Cuba), para. 6 (c).

③ Commission on Human Rights, Resolution 1996/28, 19 April 1996, para. 5.

④ E/CN.4/1997/4, 17 December 1996, para. 49.

⑤ Comparative summary of information on existing mechanisms for periodic review, 11 December 2006, OHCHR extranet, http://www.ohchr.org.

如果按照不同的国家适用不同的审议标准，那么就有可能出现违反普遍定期审议奉行的平等原则。[①] 第二，如果审议的依据只有受审国缔结的条约，那么就意味着，国家缔结人权条约越多，将被审议的范围越广和内容越多；而对于那些不缔结任何人权条约的国家来说，其将不会得到任何审议。这等于是在变相地鼓励国家不去缔结人权条约，这显然与人权的国际保护相悖。第三，如果审议的根据只有受审议国缔结的人权条约，那么与条约机构的审议发生重复的可能性就越大，这显然与联大第60/251号决议为普遍定期审议机制设定的“不得重复条约机构的工作，而只能是补充条约机构工作”的基调发生抵触。[②] 因此，如何能够通过普遍定期审议机制鼓励而吸引更多的国家缔结更多的人权条约，而不产生不愿缔结人权条约的负面效果，以及如何去补充条约机构的审议，是摆在致力于推动和加强联合国人权保护机制的国家面前的重要课题。

## 第四节　各国作出的自愿保证和承诺

### 一、各国作出的自愿保证和承诺的法律效力

在国际交往中，国家在很多时候都会作出自愿的保证和承诺，例如自愿放弃对某些领土的主权、[③] 自愿免除他国的国家债务、自愿承诺不从事特定的行为[④]。在大多数情况下，国家作出的自愿保证和承诺不具有法律影响，它们仅仅只是政治声明。但是，有时这种保证和承诺具有法律效

① International Council on Human Rights Policy, UN Human Rights Reform, (Flowerhill Exchange Note 5), p.2, available at: www.ichrp.org/paper_files/130_w_01.doc.

② Nadia Bernaz, “Reforming the UN Human Rights Protection Procedures: A Legal Perspective on the Establishment of the Universal Periodic Review Mechanism”, in Kevin Boyle ed., *New Institutions for Human Rights Protection* (Oxford University Press, 2009), 76, pp.82-83.

③ 例如，约旦对约旦河西岸领土主权的放弃，参见：Document A/CN.4/557, paras. 44-45.

④ 例如，法国总统1974年作出的暂停在南太平洋大气层进行核试验的声明，*Nuclear Tests* (Australia v. France; New Zealand v. France), Judgments dated 20 December 1974, I.C.J. Reports 1974, pp.267-8, paras. 43 and 46 and pp.472-3, paras. 46 and 49. 再比如，1957年，埃及总统对苏伊士运河发表的声明，Document A/CN.4/557, paras. 55-58.

力，在国际法中拘束作出此种保证和承诺的国家。根据国际法委员会2006年通过的《适用于能够产生法律义务的国家单方面声明的一般原则》，这需要取决于作出此种保证和承诺的国家的意图，① 而这种意图可以从以下情形中看出，包括作出此种保证和承诺的主体（例如是否是国家元首、政府首脑、外交部长或其他有权机关作出）、② 方式（例如是否公开作出）、③ 内容（例如是否十分明确具体）、④ 背景（例如是否有产生法律效果的期待的背景下作出）⑤ 以及有关国家的反应（例如是否存在默认、抗议等）。⑥

在人权领域，国家作出自愿保证和承诺的情形也不少见。例如，国家有时候会在联合国的会议上作出此种保证和承诺，有时还会在其他国际组织以及某些国际会议上作出此种保证和承诺。根据第60届联大第251号决议的规定，国家在申请入选人权理事会会员时也需要作出保证与承诺。⑦ 这是人权理事会相比较于以前的人权委员会而言的一个制度创新。从理论上说，国家在人权领域做出的自愿保证和承诺属于国家单方面声明的一种具体情形而已，因此，只要符合国际法委员会2006年列出的《适用于能够产生法律义务的国家单方面声明的一般原则》的要求，是有可能出现具有

---

① *Case Concerning the Frontier Dispute* (Burkina Faso v. Republic of Mali), Judgment of 22 December 1986, I.C.J. Reports 1986, p.573, para. 39.

② 国际法委员会:《适用于能够产生法律义务的国家单方面声明的一般原则》，2006年，原则四。

③ 国际法委员会:《适用于能够产生法律义务的国家单方面声明的一般原则》，2006年，原则一。

④ 国际法委员会:《适用于能够产生法律义务的国家单方面声明的一般原则》，2006年，原则三。

⑤ 国际法委员会:《适用于能够产生法律义务的国家单方面声明的一般原则》，2006年，原则 三。A/CN.4/557, para. 157; *Case Concerning the Temple of Preah Vihea* (Cambodia v. Thailand) Judgment of 15 June 1962, I.C.J. Reports 1962, pp.32-34).

⑥ 国际法委员会:《适用于能够产生法律义务的国家单方面声明的一般原则》，2006年，原则三。例如，有关国家对美国总统杜鲁门就大陆架权利发表的声明的反应，A/CN.4/557, paras. 132-134；乌拉圭拒绝接受来自古巴的疫苗捐赠，A/CN.4/557, paras. 38-39; 俄罗斯对土库曼斯坦1993年通过的划分里海内水和领海的法律的抗议，A/CN.4/557, paras. 84-98。

⑦ A/RES/60/251，第8段："会员国在选举理事会成员时，应考虑候选国对促进和保护人权的贡献以及就此作出的自愿许诺和承诺"。

国际法义务性质的自愿保证和承诺的，不过，应当对具体的保证和承诺进行具体分析。

## 二、各国作出的自愿保证和承诺列入普遍定期审议依据的起草过程

在《普遍定期审议机制》的起草过程中，关于是否应当把受审国作出的自愿保证和承诺，包括申请入选人权理事会时所作出的保证与承诺，列为审议的依据，以及如果是，应当把哪些保证和承诺列为审议的依据，在利益攸关方之间存在一些争论。

### （一）是否应当把各国作出的自愿保证和承诺列为审议依据

关于第一个问题，一些国家非常不愿意把各国作出的自愿保证和承诺，包括申请入选人权理事会时所作出的保证与承诺，作为审议的根据。它们担心，由于各国作出的自愿保证和承诺的范围和内容不同，将会导致不同的国家受到不同程度的审议，这将违反联大第60/251号决议为普遍定期审议机制设定的审议普遍性和平等性的基本原则。[①] 但是，大多数国家和非政府组织支持把它作为审议的依据。例如，2006年7月21日，加拿大提交的《普遍定期审议非正式文件》建议把一国通过自愿声明和保证而承担的承诺作为依据之一。2006年8月2日，伊斯兰会议组织提交的文件建议把“受审国作出的承诺和保证”作为审议的依据。不丹代表同日在闭会期间的磋商中发言赞成把各国自愿作出的保证和承诺作为审议的依据之一。伊朗提交的文件中也建议把“自愿保证”作为审查的依据之一。11月20日，日本、马来西亚、挪威和斯里兰卡的发言也都这么建议。

### （二）受审国在入选人权理事会会员时自愿作出的保证和承诺

关于第二个问题，有一些国家明确提到受审国在竞选人权理事会会员时自愿作出的保证和承诺。例如，2006年8月2日，印度代表在会上的发言提及受审国在竞选人权理事会会员时自愿作出的保证。菲律宾在同日的

① A/HRC/4/CPR3, 13 March 2007, para. 14.

建议中也提及“选举之前作出的承诺”。芬兰（代表欧盟）在同日闭会期间的磋商会上发言，认为应包括受审国竞选人权理事会会员时自愿作出的保证和承诺。2006年8月18日，芬兰（代表欧盟）提交的文件中也建议把“竞选人权理事会时自愿保证而作出的承诺”作为审议的依据之一。澳大利亚在同日提交的文件中也建议各国竞选人权理事会会员时自愿作出的承诺作为审查的依据之一。2006年11月16日，七个拉美国家（阿根廷、智利、哥斯达黎加、厄瓜多尔、巴拿马、巴拉圭和乌拉圭）联合提交的文件中建议各国在选举人权理事会成员时自愿作出的承诺应作为审查的依据之一。秘鲁的建议也提到“国家在申请成为人权理事会会员时作出的保证”。2006年9月7—8日，阿尔及利亚（代表非洲国家集团）在闭会期间磋商发言认为应包括“受审国在竞选人权理事会会员时自愿作出的承诺”。此外，一些非政府组织也建议把一国作出的自愿保证和承诺作为审议的依据。

### （三）各国在联合国、其他国际组织以及国际会议上作出的自愿保证和承诺

各国在联合国、其他国际组织以及国际会议上作出的自愿保证和承诺是指各国在联合国、其他国际组织以及国际会议上就有关人权问题作出的自愿保证和承诺，包括联合国大会就有关人权问题通过的决议（《除《世界人权宣言》外）、1993年的《维也纳宣言和行动纲领》、[①] 2001年在南非德班召开的反对种族主义、种族歧视、仇外心理和不容忍行为世界大会通过的《德班宣言和行动纲领》[②] 等，它们一般被统称为国际人权法领域的“软法”。一般说来，它们并不是国际法的组成部分，并不具有法律拘束力，仅仅具有一定的政治和道德方面的权威或者为国际社会设定努力实现的目标。不过，虽然它们本身并不构成习惯国际法，但是在某些情况下，

① 《维也纳宣言和行动纲领》，1993年6月14—25日，奥地利维也纳，A/CONF.157/23。

② 《反对种族主义、种族歧视、仇外心理和相关的不容忍现象世界会议报告》，2001年8月31日至9月8日，南非德班，A/CONF.189/12。

它们可作为习惯国际法的证据或对其发展作出贡献。[①] 这需要具体情况具体分析，[②] 可以考察的因素主要包括：使用的措辞[③]、以及通过的背景（包括通过决议时所采用的方法，协商一致通过的还是以投票表决通过？赞成票、反对票和弃权票的数字为何？各国对其所持立场为何？在就决议进行谈判时或在立场说明、投票解释或其他声明之中提供的理由为何？）[④]。

关于是否应当把这类自愿保证和承诺也作为审议的依据，也是一个在

---

① ICJ, *Legality of the Threat or Use of Nuclear Weapons*, Advisory Opinion, 8 July 1996, para.70; *Legal Consequences for States of the Continued Presence of South Africa in Namibia (South West Africa) notwithstanding Security Council Resolution 276 (1970)*, Advisory Opinion, 21 June 1971, p.31; *Western Sahara*, Advisory Opinion, 16 October 1975, pp.31-33; *Military and Paramilitary Activities in and against Nicaragua* (Nicaragua v. United States of America), Judgment, 27 June 1986, p.195。Libyan American Oil Company (LIAMCO) v. Government of the Libyan Arab Republic, 62 *International Law Reports* (1982), 141, 189。另见：迈克尔·伍德:《关于习惯国际法的识别的第三份报告》，国际法委员会第67届会议，2015年5月4日至6月5日和7月6日至8月7日，日内瓦，A/CN.4/682，第37页。国际法学会（ILA）第十三委员会关于联合国大会决议的结论，可查阅：http://www.idi-iil.org/idiE/resolutionsE/1987_caire_02_en.PDF，结论1。Shabtai Rosenne, *Practice and Methods of International Law* (Oceana Publications, 1984), p.111.

② James Crawford, "Chance, Order, Change: The Course of International Law", 365 *Recueil des Cours* (2013), pp.90, 112; Alan Boyle and Christine Chinkin, *The Making of International Law* (Oxford University Press, 2007)，p. 225.

③ ICJ, *Military and Paramilitary Activities in and against Nicaragua* (*Nicaragua* v. *United States of America*), Judgment, 27 June 1986, p.193; *Legality of the Threat or Use of Nuclear Weapons*, Advisory Opinion, 8 July 1996, para. 72. 国际法学会（ILA）第十三委员会关于联合国大会决议的结论意见，可查阅：www.idi-iil.org/idiE/resolutionsE/1987_caire_02_en.PDF，结论10。James Crawford, "Chance, Order, Change: The Course of International Law", 365 *Recueil des Cours* (2013), pp.194-195; Alan Boyle and Christine Chinkin, *The Making of International Law* (Oxford University Press, 2007), p.225; Peter Tomka, "Custom and the International Court of Justice", 12 *The Law & Practice of International Courts and Tribunals* (2013), p.198; Mario Prost and Paul Kingsley Clark, "Unity, Diversity and the Fragmentation of International Law: How Much Does the Multiplication of International Organizations Really Matter?", 5 *Chinese Journal of International Law* (2006), 362.

④ ICJ, *Military and Paramilitary Activities in and against Nicaragua (Nicaragua v. United States of America)*, Judgment, 27 June 1986, p.193; *Legality of the Threat or Use of Nuclear Weapons*, Advisory Opinion, 8 July 1996, para. 71. Alan Boyle and Christine Chinkin, *The Making of International Law* (Oxford University Press, 2007)，p.226; M. D. Öberg, "The Legal Effects of Resolutions of the UN Security Council and General Assembly in the Jurisprudence of the ICJ", 16 *European Journal of International Law* (2006), pp.900-901; M. Akehurst, "Custom as a Source of International Law", 47 *British Yearbook of International Law* (1977), pp.6-7.

起草的过程中争议的对象。不少国家、非政府组织和学者都建议，把各国在联合国及其其他国际组织和国际会议上作出的承诺作为审议的依据。一些国家提到了例如1993年《联合国反对针对妇女暴力的宣言》、1993年的《维也纳宣言和行动计划》等，英国提到了《德班宣言》中的承诺。[①]2006年8月2日，菲律宾的建议中提及"国际人权会议上保证的承诺和义务"。2006年11月16日，七个拉美国家（阿根廷、智利、哥斯达黎加、厄瓜多尔、巴拿马、巴拉圭和乌拉圭）联合提交的文件中建议《维也纳宣言与行动计划》应作为审查的依据之一。古巴向工作组提交的文件中建议把《维也纳宣言与行动计划》作为审查的依据之一。11月20日，伊朗代表的建议，包括各国在国际人权会议上的承诺，提及《维也纳宣言和行动计划》。

一些非政府组织也这么建议，例如，"国际妇女权利行动观察"（IWRAW）在2006年11月20日向工作组提交的书面建议中包括"各国在世界大会和峰会上作出的保证"。"国际人权服务"与"德国基金会"联合提交的建议提到"受审国通过自愿声明和保证承担的其他承诺"。

在学术界，在2006年5月15日瑞士外交部召集的关于人权理事会的第三次研讨会上，日内瓦国际问题研究所国际公法教授安德鲁·克拉彭（Andrew Clapham）认为，由于联大第60/251号决议提及普遍定期审议的不仅有国家的义务，而且还有"承诺"，因此这些承诺只能是法律之外的承诺，尤其是那些具有"软法"性质的宣言、世界会议和峰会中作出的承诺。[②]瑞士伯尔尼大学公法研究所沃尔特·卡琳（Walter Kälin）教授等建议，由于联大第60/251号决议提及各国的（its）义务和承诺，因此不仅指的是习惯国际法，而且必然还要包括那些其所缔结的人权条约下的义务以

① "我们将继续依据2001年德班世界反种族主义、种族歧视、排外主义和相关不容忍大会上作出的承诺，在大不列颠和北爱尔兰实施加强种族平等和社区团结的联合国战略"，United Kingdom Voluntary Pledges and Commitments on Human Rights. Available at http://www.un.org/ga/60/elect/hrc/uk.pdf.

② Andrew Clapham, The Complementarity of Universal Periodic Review in the New Human Rights Council, paper submitted to the seminar on the UN Human Rights Council, Lausanne, Switzerland, 15 May 2006.

及自己在联合国等国际会议上作出的政治承诺。[①]

但是，在起草的过程中，也有不少国家反对把各国在联合国会议以及其他会议上作出的承诺作为审议的依据。2006年12月，马尔代夫提交的非正式文件中指出，在联合国会议上作出的承诺不能成为审议所有国家的依据之一，但可以成为审议单个国家的依据之一。

在2006年11月30日工作组协调员的《初步结论》中，协调员认为，各国作出的自愿承诺，包括申请成为人权理事会成员时所作出的承诺是各个利害相关方的意见趋同点之一。但是，在该份报告中，协调员同时列出了需要进一步审议的要点，各国在联合国会议和高峰会议上作出的承诺是否应当列为审议的依据就是其中之一。[②]2006年12月4日，阿塞拜疆对协调员初步结论的发言中也支持把“受审国作出的承诺和保证”列为审议的依据。

2007年2月12日，协调员提交的第一份非正式文件把各国在联合国会议和峰会上作出的承诺列为唯一一个需要进一步审议的要点。一些国家纷纷表态，表示不同意把各国在联合国会议和峰会上作出的承诺列为普遍定期审议的一项独立依据。例如，2007年2月12日，挪威代表发言，表示不支持把联合国会议和峰会上的承诺作为一项单独的审议依据。在挪威代表看来，意见趋同的第四项要件的措辞非常广泛，足以包括在联合国会议和峰会上做出的有关承诺。澳大利亚代表的发言指出：“澳大利亚对把联合国峰会和会议上作出的承诺作为审议的依据表示担忧。这种承诺的性质、质量和得到支持的程度千差万别。它们对国家并没有拘束力，许多仅仅表达的是希望达到的目标。因此，它们并不是用来衡量各国人权水平的恰当措施。还有，如果采用这种承诺，那么就可能抑制联合国会议或峰会上对问题的实质讨论。还注意到挪威提到的一点，即第四项要件非常广泛，足以涵盖各国可能想要在自愿保证中包括的那些承诺”。印度代表发言指出，

---

① Walter Kälin, Cecilia Jimenez, Jörg Künzli, Mirjam Baldegger, The Human Rights Council and Country Situations: Framework, Challenges, and Models, p.6.

② A/HRC/3/3，2006年11月30日。

这种承诺在性质上表达的是一种期望，因此不能作为审议的依据。印度尼西亚代表发言指出，由于有太多的峰会和会议，而且各国政府对于峰会或会议的结果作出的承诺的程度差异太大，因此并不是对所有国家的相同适用。列支敦士登代表认为："虽然我们认为跟踪各国在竞选人权理事会会员国时作出的保证和承诺是很重要的，但是我们认为没有必要把联合国会议和峰会上的承诺包括进来。我们不想要讨论峰会以及作出的成果文件，在有些情况下是极具争议的，而且也没有得到普遍支持。因此，我们认为跟踪这些会议应当属于经社理事会及其下属的职司委员会的任务。"马来西亚代表也指出："对提及联合国会议和峰会上的承诺作为审议的依据表示保留。现在有太多的联合国会议和峰会。想要判断哪些会议和峰会作为审议的依据显然是一个沉重的负担。这些会议和峰会经常设定目标，或者说是各国想要实现的期望。在我们设想由理事会承担的审查中对这种期望进行适当审查时很困难的。"

有鉴于此，在2007年3月15日提交的第二份非正式文件中，协调员对此采取一个折中的方案，即把各国"在联合国各次相关会议和首脑会议上作出的承诺"列为一项有别于"各国作出的自愿承诺，包括申请成为人权理事会会员时所作出的承诺"的独立依据。[①] 但是，在协调员于2007年4月27日提交的第三份非正式文件中，删除了"在联合国各次相关会议和首脑会议上作出的承诺"这一依据，保留了"各国作出的自愿承诺，包括申请成为人权理事会成员时所作出的承诺"。此后，在2007年6月4日和13日的主席案文中，也延续了协调员4月27日第三份非正式文件中的表述，直到最终通过的《普遍定期审议机制》为止。

## 三、审议实践

### （一）依据入选人权理事会会员时的自愿保证和承诺进行的审议实践

埃及2010年2月19日第一轮审议时，在互动对话阶段，针对以色列

① A/HRC/4/117.

建议的按照埃及在参选人权理事会成员国时所作的承诺，作为主办国在开罗设立人权高专办北非区域办事处的建议，埃及表示不予支持。[①]

### （二）依据各国在联合国、其他国际组织以及国际会议上作出的自愿保证和承诺进行的审议实践

在实践中，依据各国在联合国、其他国际组织以及国际会议上作出的自愿保证和承诺进行的审议是很常见的，也没有遭到受审国的非议。例如，新加坡在2011年第一轮受审时，针对《曼谷规则》[②]，新加坡在原则上承认《曼谷规则》的价值，但应由每个国家自己考虑其国情和其他相关因素，决定确保女囚犯正当待遇的最佳方式。[③] 埃及2010年2月19日在第一轮受审时，支持挪威和德国提出的更好地传播《人权维护者宣言》，确保充分执行《宣言》的建议，[④] 支持巴西提出的加强关于儿童权利的政策，关注实施《关于儿童的替代照料准则》。[⑤] 但是，对于西班牙提出的作为废除死刑的第一步，按照联合国大会第62/149号决议的规定，暂停使用死刑的建议表示不支持。[⑥] 亚美尼亚2010年第一轮受审时在互动对话阶段表示，亚美尼亚当局也非常重视在国内和国际上打击各种形式的种族歧视。亚美尼亚的法律改革和实际措施以《德班宣言和行动纲领》为指南。[⑦]《关于人权的国际机构的巴黎原则》[⑧] 在审议实践中经常被提及。例如，乌兹别克

---

① A/HRC/14/17, para. 98.7.

② 2010年10月21日，第65届联大未经投票表决通过题为《联合国女性囚犯待遇及女犯非监禁措施规则》（简称“《曼谷规则》”），第229号决议，A/RES/65/229，补充《联合国囚犯待遇最低限度标准规则》和《联合国非监禁措施最低限度标准规则》（《东京规则》）。

③ A/HRC/18/11/Add.1, para. 96.34.

④ A/HRC/14/17, para. 95.48, para. 95.107. 1998年12月9日第53届联合国大会通过的第144号决议，题为《个人群体和社会机构在促进和保护普遍公认的人权和基本自由方面的权利和义务宣言》（简称《人权维护者宣言》），A/RES/53/144。

⑤ A/HRC/14/17, para. 95.14. 1986年12月3日第41届联合国大会通过的第85号决议，题为《关于儿童保护和儿童福利、特别是国内和国际寄养和收养办法的社会和法律原则宣言》（简称“《关于儿童的替代照料准则》”），A/RES/41/85。

⑥ A/HRC/14/17, para. 97.6.

⑦ A/HRC/15/9, para. 20.

⑧ 1993年12月20日第48届联合国大会通过的第134号决议，题为《关于促进和保护人权的国家机构的地位原则》（简称“《巴黎原则》”），A/RES/48/134。

斯坦2009年第一轮受审时，表示会考虑南非和英国提出的按照《巴黎原则》成立国家人权机构的建议。[①] 亚美尼亚2010年第一轮受审时，针对利比亚提出的加快努力，按照《巴黎原则》建立一个国家人权机构的建议，亚美尼亚表示赞同。[②] 人权理事会的决议也经常在审议实践中被提及。例如，亚美尼亚2010年第一轮受审时，针对巴西提出的按照人权理事会第9/12号决议，考虑制订一个国家人权方案和行动计划，以加强国家增进和保护人权的能力的建议，亚美尼亚表示赞同。[③] 此外，澳大利亚2011年在第一轮受审时，宣布支持《土著人权利宣言》，[④] 针对挪威、玻利维亚、加纳、匈牙利、丹麦、危地马拉提出遵守和执行《联合国土著人民权利宣言》的建议，澳大利亚表示接受这一建议。[⑤]

### （三）审议时的自愿承诺和保证

2011年澳大利亚第一次受审时，澳大利亚代表团借互动对话的机会宣布了澳大利亚政府作出的一些新的承诺，包括向人权事务高级专员办事处和亚太论坛提供资金、在澳大利亚人权委员会内部设立一名全职的种族歧视问题专员、向议会提交条约机构的结论性意见及普遍定期审议的建议，以及为审查澳大利亚对人权条约的保留制定系统性进程等。[⑥]

## 四、评　论

在国际人权法学界，关于是否应当把受审国作出的自愿保证和承诺，包括申请入选人权理事会时所作出的保证与承诺，列为审议的依据，从一开始就存在分歧。一些学者支持把它列为审议的依据。早在2006年5月15日瑞士外交部召集的关于人权理事会的第三次研讨会上，日内瓦国际问题研究所国际法教授安德鲁·克拉彭（Andrew Clapham）认为，由于联大第

---

① A/HRC/10/83, para. 106.2.

② A/HRC/15/9, para. 93.8.

③ A/HRC/15/9, para. 93.9.

④ A/HRC/17/10, para. 34.

⑤ A/HRC/17/10/Add.1, para. 3.

⑥ A/HRC/17/10, para. 88.

60/251号决议提及普遍定期审议的不仅有国家的义务，还有“承诺”，而且由于联大第60/251号决议要求普遍定期审议机制是对条约机构审议机制的补充，而不是重复，因此审议的依据必然包括各国自愿作出的承诺，尤其是各国在竞选成为人权理事会会员国时作出的承诺，包括承诺与特别报告员合作、承诺及时向条约机构提交报告、承诺以建设性的态度与联合国人权高级专员办公室合作，尤其是关于实地行动方面进行技术合作等，因为只有在普遍定期审议中才会有对这些承诺的考察问题，任何现有的机制（包括条约机构在内）都不存在这样的考察，也只有这样，普遍定期审议才可以说是对条约机构的一种补充。[①] 同样，2006年6月7日，瑞士伯尔尼大学公法研究所的沃尔特·卡琳教授（Walter Kälin）等向人权理事会提交的题为《人权理事会和国别情势：框架、挑战和模式》的研究报告也建议，普遍定期审议还必须包括各国竞选理事会会员国时作出的承诺，包括承诺批准条约、承诺撤回对条约的保留、或者承诺加强对国际人权义务的国内实施等。[②] 但是，也有一些学者反对把它列为审议的依据。他们担心，将各国作出的自愿保证和承诺作为审议的根据可能产生一些副作用。如果一个国家在联合国大会投票支持某项人权决议，但是后来它因为没有遵守这项决议而遭到人权理事会的谴责，那么极有可能导致的后果是，这个国家以后宁愿选择不在联合国大会投票支持任何人权决议。同样，也因为这个原因，这个国家还有可能以后不在任何国际人权会议上支持任何会议文件（例如宣言等），而这对于许多需要国际人权会议来说将是灾难性的，因为许多国际人权会议通过的文件（例如宣言等）都是需要协商一致才能通

① Andrew Clapham, The Complementarity of Universal Periodic Review in the New Human Rights Council, paper submitted to the Seminar on the UN Human Rights Council, Lausanne, Switzerland, 15 May 2006.

② Walter Kälin, Cecilia Jimenez, Jörg Künzli, Mirjam Baldegger, The Human Rights Council and Country Situations: Framework, Challenges, and Models, p.6.

过的。[①]

由于最后通过的《普遍定期审议机制》最终把各国作出的自愿保证和承诺，包括申请入选人权理事会时所作出的保证与承诺，列为了审议的依据，因此就出现了三个问题：

第一个问题，“各国作出的自愿保证和承诺”具体包括哪些？由于最后通过的《普遍定期审议机制》对受审国申请入选人权理事会时所作出的保证与承诺用了“包括”一词，这说明，除了受审国申请入选人权理事会时所作出的保证与承诺外，应该还有受审国作出自愿保证和承诺的场合，包括受审国在联合国以及其他国际组织、国际会议上作出的自愿保证和承诺。而且，从以上呈现的审议实践来看，各国作出的自愿保证和承诺作为审议的依据是非常多样的，不仅包括各国在竞选人权理事会会员时作出的自愿保证和承诺，而且还包括各国在联合国、其他国际组织、以及国际会议上作出的自愿保证和承诺，甚至还包括各国在普遍定期审议时作出的自愿保证和承诺。

第二个问题，从内容来说，“申请入选人权理事会时所作出的保证和承诺”具体指的是什么？受审国在申请入选人权理事会时会作出各种保证和承诺。有些保证和承诺对于受审国来说，完全就是其本来应当依据其所缔结的人权条约所承担的国际法上的义务，作出这样的保证和承诺显然是没有必要的，而且会稀释其本来应当承担的国际法义务。例如，法国在申请入选人权理事会时就曾经保证和承诺：法国“将继续努力，确保全面尊重妇女的所有基本权利，消除针对她们的一切形式的歧视和暴力，并且在决策机构中确保她们的代表性。”[②] 但是，由于法国是《消除对妇女一切形式歧视公约》的缔约国，这些所谓的保证和承诺本来就是法国应当依据该

---

① Nadia Bernaz, “Reforming the UN Human Rights Protection Procedures: A Legal Perspective on the Establishment of the Universal Periodic Review Mechanism”, in Kevin Boyle ed., *New Institutions for Human Rights Protection* (Oxford University Press, 2009), 76, p.82.

② France’s candidacy to the Elections to the Human Rights Council, 9 May 2006, at 6, www.un.org/ga/60/elect/hrc/france.pdf.

条约承担的义务。从某种意义上说，这样的保证和承诺可以说是法国积极履行该公约的一种体现和一种姿态。但是，从另一个角度说，这样的所谓的保证和承诺反而会稀释法国本来应当依据该公约承担的义务，因为假如在普遍定期审议过程中，人权理事会发现法国并没有遵守其入选理事会时作出的上述保证和承诺，则会被视为是对普遍定期审议这一政治机制的不尊重，而不是对国际法义务的不尊重。换言之，这样的所谓的保证和承诺极有可能被有些国家利用，从而实现转移视线的作用。因此，要想让各国作出的自愿承诺和保证真正起到作用，要想让普遍定期审议不与条约机构发生重复审议，各国作出的自愿承诺和保证，包括在入选人权理事会时的承诺和保证就最好是那些该国接受的条约义务以外的新的承诺和保证。

第三个问题，即便对于那些不是构成条约义务的自愿保证和承诺来说，它的性质是什么？换句话说，这些新的自愿保证和承诺是否具有产生新的国际法义务的效力？在起草的过程中，一些国家明确指出，各国作出的自愿保证和承诺并不是法律义务，例如，巴基斯坦（代表伊斯兰会议组织）在2006年12月4日对协调员初步结论的发言中指出，自愿承诺是一个好的标准的，但是不能与法律义务相提并论。也有一些学者指出，由于各国作出的自愿保证和承诺是没有国际法拘束力的，而只具有软法性质，并进一步认为，把不具有国际法拘束力的自愿保证和承诺作为审议的根据，有可能使审议工作在实践中变得复杂。[①] 笔者在前面已述，各国作出的自愿保证和承诺并非都是软法，在这个方面，需要特别小心产生法律义务的单方面声明问题。按照国际法委员会2006年的《适用于能够产生法律义务的国家单方面声明的一般原则》，只要符合该《一般原则》列出的要件，各国作出的自愿保证和承诺有可能产生法律义务，因此各国应当认真看待自己作出的自愿保证和承诺。

---

① Nadia Bernaz, "Reforming the UN Human Rights Protection Procedures: A Legal Perspective on the Establishment of the Universal Periodic Review Mechanism", in Kevin Boyle ed., *New Institutions for Human Rights Protection* (Oxford University Press, 2009), p.80.

# 第五节　可适用的国际人道法

## 一、国际人道法及其与人权的关系

国际人道法是调整国际性和非国际性武装冲突直接引起的人道问题，并出于人道原因，限制冲突各方使用作战方法和手段，以及保护那些受武装冲突影响的人员和物体而制定的国际公约或习惯国际法等。[①] 在1949年四个《日内瓦公约》通过之前，这一国际法分支通常被称为“战争法规或惯例”，或更简单地称为“战争法”，在1949年四个《日内瓦公约》通过之后，它有时又被称为“武装冲突法”，而在1977年四个《日内瓦公约》的两个附加议定书通过之后，这一国际法分支才更多地被称为“国际人道法”。[②] 自从1864年第一个《日内瓦公约》[③] 通过以来，国际人道法调整的范围逐渐扩大。首先，调整的对象从原来的战争扩大到所有形式的武装冲突（包括事实上的武装冲突、占领、非国际性武装冲突）。[④] 其次，受

---

① Gasser, Hans-Peter, “International Humanitarian Law–An introduction”, in HAUG (Hans), *Humanity for All*, Henry Dunant Institute, 1993, p.509.

② ICTY, *The Prosecutor* v. *Dusko Tadic*, Case No IT-94-1-AR72, 2 October 1995, Decision on the Defense Motion for Interlocutory Appeal on Jurisdiction, para. 87. 值得注意的是，“国际人道法”并不完全等同于“武装冲突法”，一般说来，战时捕获法、战时中立法等尽管属于武装冲突法的组成部分，但并不作为国际人道法的一个组成部分，参见：Robert Kolb and Richard Hyde, *An Introduction to the International Law of Armed Conflicts* (Hart Publishing, 2008), p.17.

③ 1864年8月22日，瑞士、法国、比利时、荷兰、葡萄牙等12国在日内瓦签订《改善战地武装部队伤者境遇之日内瓦公约》。

④ 1864年、1906年以及1929年的两个《日内瓦公约》均适用于“战争”，即经过宣战的国际性武装冲突（能否适用取决于是否有主观的宣战意图）。1949年四个《日内瓦公约》共同第2条把适用对象扩大到事实上的“武装冲突”以及未经抵抗的占领，共同第3条还适用于非国际性武装冲突（这是国际法第一次对非国际性武装冲突中冲突各方的行为进行规制）。1977年《第一附加议定书》第1条还把因行使民族自决权而使用的武力规定为国际性武装冲突，同时还界定了能够适用该议定书的非国际性武装冲突的要件。

保护的人员从原来的战场上的伤者逐步扩大到了病者、战俘以及平民。[①] 再次，传统国际法中的海牙法规[②] 和日内瓦法规[③] 的区分不再清晰，而是出现了交融的趋势。[④] 第四，具体的实体原则和规则更加明确和丰富。[⑤] 最后，实施机制得到进一步加强，引入了不少新的实施机制，[⑥] 尤其是冷战结束以来，追究个人严重违反国际人道法的战争罪刑事责任领域表现尤为

---

① 1864年《日内瓦公约》保护的人员是“战地武装部队伤者”。1906年《日内瓦公约》扩大到“战地武装部队伤者病者”。1907年《海牙第四公约（陆战法规和惯例章程）》中出现了保护战俘（第一编第二章）和占领法的章节（第三编）。1929年《日内瓦公约》扩大到“战俘”。1949年《日内瓦第四公约》是国际法中第一个专门保护战时平民的公约。1977年《第二附加议定书》是国际法中第一个专门保护非国际性武装冲突中不直接参加敌对行动的人员和物体的公约。

② 因1899年和1907年两次海牙和会中缔结的有关战时行为的公约而得名，主要是1899年《海牙第二公约》和1907年《海牙第四公约》中对战时交战方行为的规制。它又被称为“交战法”或“作战手段和方法”，侧重对战时交战方交战阶段行为的规制。

③ 因1864年《日内瓦公约》以来的一系列日内瓦公约而得名，侧重对有关人员的保护，尤其是交战行为之外的情形，例如落入敌方手中的人员，包括领土被占期间的待遇，基本上不涉及对交战阶段的交战行为的规制。

④ “海牙法规”和“日内瓦法规”的关系就像一个硬币的两面，前者如同硬币的正面（规制的是交战方可以做的行为），后者如同硬币的反面（规制的是受保护的人员不应当受到的待遇）。由于1977年两个《附加议定书》中均有涉及交战行为和受保护人员待遇的规定，因此已经很难严格区分两者。参见：ICJ, *Legality of the Threat or Use of Nuclear Weapons* (Advisory Opinion) [1996] ICJ Rep 226, para. 75; Robert Kolb and Richard Hyde, *An Introduction to the International Law of Armed Conflicts* (Hart Publishing, 2008), p.41.

⑤ 1864年第一个《日内瓦公约》只有10个条款。1949年四个《日内瓦公约》总共加起来的条款将近500条。1977年《〈日内瓦公约〉第一附加议定书》有102条,《第二附加议定书》有28条，2005年《第三附加议定书》有17条。据统计，有关的国际人道法条约加在一起就超过了1000页！形成了一个庞大的条约法体系！关于这些条约，可查阅：http://www.icrc.org/ihl 或者：D Schlindler and J Toman (eds), *The Laws of Armed Conflicts: A Collection of Conventions, Resolutions, and Other Documents*, 4th edn (Leiden, Martinus Nijhoff, 2004).

⑥ 包括国际实况调查委员会制度（1977年《第一附加议定书》第90条）、指挥官责任制度（1977年《第一附加议定书》第87条）、严重破坏公约的制度（1949年《日内瓦第一公约》第49—50条、《第二公约》第50—51条、《第三公约》第129—130条、《第四公约》第146—147条、1977年《第一附加议定书》第85条）等。

明显。[①]

由此可见，国际人道法与国际人权法之间存在诸多差别。首先，国际人道法的历史要比国际人权法更加悠久。正如前面所述，世界上第一份国际人道法方面的条约是1864年的《日内瓦公约》，而真正意义上的世界上第一份国际人权法方面的公约是1966年联大同时通过的《公民和政治权利国际公约》以及《经济、社会和文化权利国际公约》。[②] 其次，正如前面所述，国际人道法是主要适用于武装冲突时期的国际法，[③] 因此要启动国际人道法的适用，首先就要确定是否存在武装冲突，而国际人权法主要适用

---

① 1993年，安理会第827号决议，设立了联合国前南斯拉夫问题国际刑事法庭，对严重破坏四个《日内瓦公约》行为（《规约》第2条）和违反战争法规和惯例的行为（《规约》第3条）具有管辖权；1994年，安理会第955号决议，又设立了联合国卢旺达问题国际刑事法庭，对严重违反1949年四个日内瓦公约共同第三条的行为具有管辖权（《规约》第3条）；1998年，《国际刑事法院罗马规约》在联合国罗马外交大会上得到通过，规定国际刑事法院对发生在国际性和非国际性武装冲突中的战争罪具有管辖权（《规约》第5、8条）。2002年，联合国与塞拉利昂签订协定，在塞拉利昂设立了塞拉利昂问题特别法院，对战争罪具有管辖权（严重违反《日内瓦公约》共同第三条和《第二附加议定书》的行为（《规约》第3条）、(其他严重违反国际人道法的行为（《规约》第4条））。2001年，联合国又与柬埔寨签订协定，柬埔寨在国内设立了特别法庭，对1975—1979年红色高棉统治柬埔寨期间犯下的战争罪具有管辖权（严重破坏《日内瓦公约》的行为（2004年修改后的《关于建立特别法庭的法律》第6条）；严重违反1954年《关于发生武装冲突时保护文化财产的海牙公约》的行为（2004年修改后的《关于建立特别法庭的法律》第7条））。此外，主要是受到《罗马规约》的影响，许多缔约国在国内刑法中更新或纳入了战争罪，引起了不少国家国内法院对战争罪的审判案件。关于非国际性武装冲突中的战争罪，参见：朱利江，《对国内战争罪的普遍管辖与国际法》，法律出版社，2007年版。

② 当然，比这两个条约更早的人权方面的条约还有1948年的《防止和惩治灭绝种族罪公约》以及1965年的《消除一切形式种族歧视国际公约》。不过，这两个条约都调整的是特定的事项，不是一般的人权。

③ 1949年四个《日内瓦公约》共同第2条明确规定，于平时应予实施之各项规定之外，本公约适用于两个或两个以上缔约国间所发生之一切经过宣战的战争或任何其他“武装冲突”，即使其中一国不承认有战争状态。共同第3条规定，在一缔约国之领土内发生“非国际性之武装冲突”之场合，冲突之各方最低限度应遵守下列规定：……

于和平时期。[①] 再次，受到国际人道法保护的人员是指那些不参加敌对行动或不再参加敌对行动的人员，包括战场上的伤者、病者、战俘、以及不直接参加敌对行动的平民。[②] 也就是说，是否受到国际人道法保护要看所涉人员的身份和行为。相比之下，受到国际人权法保护的人员是处在一国领土或管辖范围内的任何人，不论种族、肤色、性别、语言、宗教、政治或其他见解、国籍或社会出身、财产、出生或其他身份等任何区别等。[③] 也就是说，是否受到国际人权法的保护主要不是看所涉人员的身份和行为，而是其是否处在国家的领土或管辖范围内。第四，两者的内容存在差别。国际人道法除了保护那些不参加或不再参加敌对行动的人员外，还包括作战手段和方法方面的规则，而国际人权法除了公民和政治权利外，还有经济、社会和文化权利，甚至还有包括自决权在内的集体人权。也就是说，国际人道法所涉的权利只是国际人权法中的一部分权利。它基本上不涉及选举权与被选举权、社会保障权、思想自由、自决权等。最后，两

---

① 尽管《世界人权宣言》《公民和政治权利国际公约》以及《经济、社会和文化权利国际公约》等都没有专门规定这些文件属时适用的条款，但是《公民和政治权利国际公约》第4条规定："在社会紧急状态威胁到国家的生命并经正式宣布时"，本公约缔约国得采取措施克减其在本公约下所承担的义务，……由于第4条专门适用于社会进入"紧急状态威胁到国家的生命"时，而且由于武装冲突也是一种"紧急状态威胁到国家的生命"的情形，因此，言外之意，该公约中第4条以外的其他条款则适用于"紧急状态威胁到国家的生命"以外的其他情形，即社会处在正常时期（和平时期）。一些人因此就认为《公民和政治权利国际公约》除了第4条以外适用于和平时期。

② 例如，1949年《日内瓦第一公约》第21条规定，医务部门之固定医疗所及流动医疗队应得之保护不得停止，"除非此等组织越出其人道主义任务之外，用以从事有害于敌方之行为"。1977年《第一附加议定书》第8条规定，"伤者"和"病者"是指由于创伤、疾病或其他肉体上或精神上失调或失去能力而需要医疗救助或照顾"而且不从事任何敌对行为"的军人或平民。"遇船难者"是指由于遭受不幸或所乘船舶或飞机遭受不幸而在海上或在其他水域内遇险而且不从事任何敌对行为的军人或平民。这类人"如果继续不从事任何敌对行为"，在被营救期间，直至其依据各公约或本议定书取得另外的身份时为止，应继续视为遇船难者。ICRC, *The Interpretative Guidance on the Notion of Direct Participation in Hostilities under International Humanitarian Law* (Nils Melzer ed., Geneva, 2009).

③ 《公民权利和政治权利国际公约》第2条：本公约每一缔约国承担尊重和保证在其领土内和受其管辖的一切个人享有本公约所承认的权利，不分种族、肤色、性别、语言、宗教、政治或其他见解、国籍或社会出身、财产、出生或其他身份等任何区别等。

者的实施机制也存在差别。国际人道法的实施机制主要是个人刑事责任制度、指挥官责任等，而且其传播和发展主要由红十字国际委员会在负责。[①] 国际人权法的实施机制主要是人权公约缔约国的报告制度、国家之间相互指控的制度、以及个人来文制度，这些一般都有条约机构在监督，当然还有联合国系统内的机构，包括人权理事会等。正是由于上述诸多差别，当1949年《日内瓦公约》起草时，起草者们根本没有关注1948年《世界人权宣言》。[②]

然而，随着时间的推移，人权对国际人道法的影响逐渐显现，尤其是随着国际人道法所调整的范围逐渐扩大，把非国际性武装冲突也纳入到其调整范围之内以及国际人权法的蓬勃发展，国际人权法与国际人道法的关系逐渐成为一个争议话题。1965年，在维也纳举行的第20届国际红十字与红新月大会通过第28号决议，要求所有对武装冲突中行动负责之各国政府及其他当局遵守下列原则：（一）冲突各方采取方法以伤害敌人之权并非无限制；（二）对于平民以其为平民而施以攻击之行为应予禁止；（三）必须时将参与敌对行为之人与平民两者划分，俾使后者尽量免受伤害。1968年，在伊朗德黑兰举行的世界人权大会通过的第23号决议，题为《武装冲突中对人权之尊重》，这一决议随后在1968年12月19日第23届联大以第2444号决议的形式通过。[③] 该决议重申第20届国际红十字与红新月大会第28号决议的内容，要求联合国秘书长同红十字国际委员会及其他有关国际组织商量并研究：（一）为使现有国际人道公约及规则在一切武装冲突中更妥为适用所可采取之步骤；（二）为保证所有武装冲突中之平民、俘虏及战斗员确获较好保证并保证若干战斗方法及工具之使用确受禁止及

① 参见《国际红十字和国际红新月运动章程》第5条第2款第3项和第7项。关于红十字国际委员会的详细职责，还可以参见：Yves Sandoz, “The International Committee for the Red Cross as guardian of international humanitarian law”, 31 December 1998. Available from www.icrc.org.

② Robert Kolb, “The Relationship Between International Humanitarian Law and Human Rights Law: A Brief History of the 1948 Universal Declaration of Human Rights and the 1949 Geneva Conventions”, 324 *International Review of the Red Cross* (1998), pp.409-419.

③ A/RES/23/2444.

限制，而需要增订国际人道公约或订立其他适当法律文书。尽管这一决议以111票赞成、0票反对和0票弃权的表决结果得到通过，但还是引发了各国政府和学界对于国际人权法对武装冲突的关联性的讨论。世界上的一些政府，例如以色列、美国等，认为国际人权法与武装冲突无关，在武装冲突期间应当适用的法律是国际人道法，而不是国际人权法。

与之对立的观点认为，在武装冲突期间应当适用的国际法不仅包括国际人道法，也包括国际人权法，因为国际人道法和国际人权法保护的基本价值是相同的，即尊重人的生命、福祉和尊严，[①] 在武装冲突期间，两者是相互补充、相互增强的关系。[②] 在武装冲突时期，不仅国际人道法适用，国际人权法也继续适用。[③] 当然，在武装冲突时期，有些权利是国际人道法特有的权利；有些权利是国际人权法特有的权利；还有一些权利则可以在两者都找到，只有在这种情况下，国际人道法可以说是国际人权法的特别法。[④] 换言之，不能笼统地说，国际人道法就是国际人权法的特别法。

---

① 前南刑庭审判分庭在“检察官诉安东・弗伦吉亚（Anto Furundžija）案”中强调指出，尊重人格尊严是国际人权法和国际人道法的“基本要义”（basic underpinning），参见：Case No. IT-95-17/1-T, Judgement of 10 December 1998, para. 183. 美洲人权委员会在“胡安・卡洛斯・阿贝拉（Juan Carlos Abella）诉阿根廷案”中认为，其有权适用国际人道法，因为《美洲人权公约》和《日内瓦公约》之间存在内容上的重叠，尤其是，“《日内瓦公约》共同第3条是人权法条款，它对国家的要求基本上就是《美洲人权公约》对国家的要求。”，参见：Report No. 55/97, case 11.137, footnote 19.

② 参见人权事务高级专员的观点，A/HRC/11/31, para. 5。

③ ICJ, *Legality of the Threat or Use of Nuclear Weapons*, Advisory Opinion, 1996, para. 25; ICJ, *Legal Consequences of the Construction of a Wall*, Advisory Opinion, 2004, para. 106; ICJ, *Armed Activities on the Territory of the Congo* (Democratic Republic of the Congo v. Uganda) , Judgment, 2005, para. 217. HRC, HRC, General Comments No. 29 (2001), para. 3; HRC, General Comment No. 31 (2004), para. 11; HRC, Concluding Observations on the report of the United States of America, CCPR/C/USA/CO/3/Rev.1, para. 10. 一些国际人权公约明确在其中提及国际人道法，例如《儿童权利公约》第38条第1款、《〈儿童权利公约〉关于儿童卷入武装冲突的议定书》第1条、《残疾人权利公约》第11条。作为国际人道法核心公约之一的1977年《第一附加议定书》第75条第8款规定，“本条的任何规定，均不得解释为限制或妨碍依据任何适用的国际法规则对第一款所规定的人给予更大保护的任何其他更优惠的规定。”这其中，当然包括国际人权法。

④ ICJ, *Legal Consequences of the Construction of a Wall*, Advisory Opinion, para. 106; ICJ, *Armed Activities on the Territory of the Congo* (Democratic Republic of the Congo v. Uganda), Judgment, para. 216.

在两者都有相应规定的情况下，这些规定都是相同的或者说相似的。这时，两者的规定、文件、判例等就可以相互援引，用来澄清、强化、解释这些规定。例如，1949年四个《日内瓦公约》共同第3条规定的审判条款规定的内容要比1966年《公民和政治权利国际公约》第14条规定的公正审判权粗糙得多，这时，就需要结合第14条对第3条进行解释和适用。[①]同样，对1977年《第一附加议定书》第75条规定的“基本保证”条款的理解就需要结合国际人权法的相关规定、文件、判例等进行。[②]在两者均有相应规定，但规定的内容发生明显冲突无法通过解释进行协调的情况下，应当适用国际人权法还是国际人道法则是一个极具争议的法律问题。一种观点是认为，在这种情况下，则可以通过特别法优于一般法解决，把国际人道法视为特别法，把国际人权法视为一般法，即应当优先适用国际人道法。[③]例如,《公民和政治权利国际公约》第6条规定的生命权条款当然适用于武装冲突情形下对生命权的剥夺情形，但是就交战行为中因某种武器的使用导致剥夺生命的情形而言，由于国际人道法中有专门的有关使用武器的条款，这些条款就是特别法，应当优先适用。[④]还有一种观点是认为，应当依据具体的情形具体分析，要看某个特定的行为发生的背景。例如，即便两国处在国际性武装冲突，当出现战斗员从事的行为不是敌对行为，而是执法行为时，或者即便一国处在非国际性武装冲突，只要有关

---

① Jakob Kellenberger, President of the International Committee of the Red Cross, “International humanitarian law and other legal regimes: interplay in situations of violence”, statement to the 27th Annual Round Table on Current Problems of International Humanitarian Law, San Remo, Italy, 4–6 September 2003. Available from www.icrc.org.

② ICRC, *Customary International Humanitarian Law*, Part V, chap. 32.

③ ILC, Fragmentation of international law: difficulties arising from the diversification and expansion of international law–Report of the Study Group of the International Law Commission (A/CN.4/L.682, paras. 56–57).

④ ICJ, *Legality of the Threat or Use of Nuclear Weapons*, para. 25.

的行为是执法行为，应当适用的是国际人权法，而不是国际人道法。[①] 总之，尽管存在对具体怎么适用有各种争论，但是在武装冲突时期国际人权法仍然是应当适用的得到了大量实践的支持和大多数学者的支持。

## 二、把国际人道法列为普遍定期审议依据的起草过程

### （一）起草过程

在普遍定期审议机制的制定过程中，是否应当把国际人道法列入普遍定期审议的依据之一，以及如果应当列入，如何作出规定，是一个在利益攸关方之间激烈争议的问题。有一些国家和非政府组织的书面建议明确要求把国际人道法列为审议的依据之一，例如阿根廷、智利、哥斯达黎加、厄瓜多尔、巴拿马、巴拉圭、秘鲁和乌拉圭于2006年11月16日联合提交的书面建议，以及古巴单独提交的书面建议。11月20日，在工作组举行的首届会议上，与会的各利益攸关方代表就是否应当把国际人道法列入审议的依据发生了争论。根据人权理事会秘书处撰写的会议记录显示，“有一些代表建议把国际人道法列入审议的依据，其中有一个代表还明确提到了《日内瓦公约》共同第3条以及习惯国际人道法，还有一个代表明确指出，国际人道法的内容在许多方面都与人权相关。但是，也有代表反对这种建议。有一个代表指出，第60届联合国大会第251号决议仅仅提到了‘人权义务和承诺’，因此国际人道法不能作为人权理事会工作的对象。”在11月29日协调员的《初步结论》中，协调员总结说，关于是否应当把国际人道法也列为审议的依据，各方尚未取得一致意见，仍然需要进一步

---

① 例如，2008年8月25日，苏丹安全部队在达尔富尔杀害了多名流离失所者，尽管达尔富尔处在非国际性武装冲突的情形，而且尽管行为人是苏丹安全部队，联合国人权事务高级专员仍然认为，苏丹违反了国际人权法下承担的义务。OHCHR, “Eleventh periodic report of the United Nations High Commissioner for Human Rights on the situation of human rights in the Sudan”, 23 January 2009, www.ohchr.org/Documents/Countries/11thOHCHR22jan09.pdf；OHCHR, International Legal Protection of Human Rights in Armed Conflicts, 2011, p.63. 关于这方面的详细讨论，还可以参见：ICRC Expert Meeting, The Use of Force in Armed Conflicts: Interplay between the Conduct of Hostilities and Law Enforcement Paradigms, Report prepared and edited by Gloria Gaggioli, 2013.

谈判。[①] 在人权理事会第三届会议于2006年12月4日举行的一次会议上，有许多国家的代表建议把国际人道法列为审议的依据。例如，芬兰代表欧盟发言，认为“习惯国际法和国际人道法可以作为审议的一部分”。巴基斯坦代表伊斯兰会议组织发言，认为“国际人道法对于武装冲突的局势是直接有关的。”加拿大代表也支持把国际人道法列为审议的依据。

在2007年2月12日协调员提交的第一份非正式文件中，协调员把国际人道法列为取得一致意见的内容之一，而不是需要进一步谈判的内容之一。而且，他用的表述是“各国依据国际人道法文件承担的义务”（obligations arising from international humanitarian law instruments）。[②] 随后，各个利害相关方对这一非正式文件展开讨论。[③] 他们对于协调员的这一建议发表了不同的观点。一些国家的代表支持协调员的这一建议。例如，阿塞拜疆代表指出，“无论是平时还是武装冲突时期，都应当尊重人权”，“各国依据国际人道法承担的义务可被视为是一种人权法中的特别法，国际法院在最近的一个案件中予以了确认。”马来西亚代表认为，“在审查占领和武装冲突这样的局势时，有必要参考国际人道法的文件。”巴基斯坦代表伊斯兰会议组织认为，“在审查武装冲突的局势时，审议的依据还应当包括依据国际人道法产生的义务。”持同样立场的还有埃及的代表。[④] 然而，也有国家的代表反对把国际人道法列入审议依据，尤其是土耳其、印度、挪威以及澳大利亚的代表。这些国家之所以反对把国际人道法列入审查的依据，主要是因为以下三个原因。第一，他们都认为，第60届联合国大会第251号决议只是规定审议的对象是各国履行“人权义务和承诺”的情况，因此，这不能包括国际人道法的义务和承诺。人权理事会没有权力来

---

① A/HRC/3/3, 30 November 2006, at 4.

② Non-paper on the Universal Periodic Review Mechanism, Prepared under the Authority of the Facilitator and Vice-President of the Human Rights Council, H.E. Mr. Mohammed Loulichiki (Morocco).

③ Summary of the Discussion Prepared by the Secretariat, A/HRC/4/CRP.1, 13 March 2007, at 5, para. 12.

④ Gareth Sweeney and Yuri Saito, “An NGO Assessment of the New Mechanisms of the UN Human Rights Council”, 9 *Human Rights Law Review* 203 (2009), at 206, footnote 15.

处理国际人道法的遵守问题。第二，人权理事会缺乏必要的专业知识来处理包括国际人道法在内的国际法其他分支的履行问题。具备必要的专业知识处理各国遵守国际人道法义务的机构应当是红十字国际委员会，而不是联合国人权理事会。第三，不能仅仅因为国际人道法与人权有关联就要把国际人道法列为审议的依据，因为与人权有关联的国际法分支是很多的，不仅仅是国际人道法，还包括其他许多国际法分支。他们不理解协调员为何只把国际人道法规定了进来，但是没有规定其他的国际法分支。另外，红十字国际委员会当时也不赞成把国际人道法列入审议的依据。[①] 还有一些国家的代表试图提出一个折中的方案。他们一方面赞成把国际人道法列为审议的依据，另一方面则要求明确可成为审议依据的国际人道法的范围，例如瑞士和印度尼西亚代表。

在2月14日的会议上，协调员对上述争论作出了回应，他说，"国际人权法和国际人道法这两个国际法分支存在诸多相似之处，例如它们都致力于在任何情况下保护人的生命和尊严，都含有一些重要条款，例如生命权、禁止酷刑和其他残忍或有辱人格的待遇、禁止奴役等。当然，它们也存在不同之处，例如它们的起源和发展、监督实施的机构、适用的范围（国际人道法适用于武装冲突，而国际人权法适用于任何时候）、以及可以减损的情形（国际人权法允许减损国家的某些义务，而国际人道法不可以）等。"[②] 最后，他指出，尽管他提出的这份非正式文件在某些方面需要作出进一步调整，但是在其他方面可以作为各方已经取得一致意见的体现。[③] 在这种局面下，瑞士代表提出了一个建议，即应当对国际人道法作为审议依据作出如下表述："在国际人道法可以适用的情况下，应当依据相关的国际人道法适用人权法。"瑞士代表希望协调员考虑这一表述。但是，埃及代表认为协调员在非正式文件中的表述，即"各国依据国际人道

---

① Gareth Sweeney and Yuri Saito, "An NGO Assessment of the New Mechanisms of the UN Human Rights Council", 9 *Human Rights Law Review* 203 (2009), at 206, footnote 15.

② 同上，para. 16.

③ 同上，para. 85.

法文件承担的义务”，更具有灵活性，因此反对瑞士代表的建议。随后，瑞士代表和埃及代表进行了谈判，最终谈判没有取得任何结果。[①]

在协调员于3月15日提交的第二份非正式文件中，协调员提出了修改后的折中表述，把原先的表述，即“各国依据国际人道法文书承担的义务”改成了“可适用的国际人道法”（international humanitarian law, as where and if applicable），并认为这是各利害相关方的意见趋同点。[②] 4月27日，协调员在其提交的第三份非正式文件中，延续了这一表述。关于普遍定期审议的依据，协调员指出，尽管对于是否应当把国际人道法列为审议的依据在利害相关方之间存在不同意见，但是他还是认为，国际人道法应当作为审议的依据。[③] 不过，协调员随后把这一稿的非正式文件提交给了人权理事会首届会议主席——墨西哥常驻日内瓦代表路易斯·阿方索·德阿尔瓦（Luis Alfonso de Alba）大使。因此，直到此时，对于是否要把国际人道法列为审议的依据，仍然是一个存在争议的问题，需要人权理事会主席自己决定。[④]

在6月4日主席的第一份案文中，关于国际人道法的问题，他保留了协调员在向其提交的非正式文件中的表述。但是，在6月13日的第二份主席案文中，德阿尔瓦大使对普遍定期审议的依据作出了修改，尤其是对国际人道法的表述，变成如下：“除以上各项外，鉴于国际人权法和国际人道法相辅相成和相互关联的性质，审议工作还要考虑到可适用的国际人道法。”而且，这一表述是和《联合国宪章》、《世界人权宣言》、一国加入的人权文书、以及各国作出的自愿保证和承诺，包括入选人权理事会时所作出的保证和承诺一起作为第五项依据直接规定在一起的。针对这一案文，澳大利亚和印度代表在6月14日的发言中表示，他们反对把国际人道

① 参见：International Service for Human Rights, Council Monitor, 24 April 2007, at 4.

② A/HRC/4/117。

③ A/HRC/5/14, 6 June 2007.

④ Gareth Sweeney and Yuri Saito, “An NGO Assessment of the New Mechanisms of the UN Human Rights Council”, 9 *Human Rights Law Review* 203 (2009), at 206, footnote 13.

法列为审议的依据，如果必须把国际人道法列为审议的依据，他们宁愿选择协调员在非正式文件中的表述，而不是主席在这份案文中的表述。土耳其代表在6月15日的发言中欢迎主席在这份案文中的表述，但是仍然坚持认为，国际人道法不应作为审议的依据，因为这已经超越了人权理事会的职责范围。德阿瓦尔主席并没有理会这些国家的发言，仍然坚持使用其在6月13日第二份主席案文中的表述，不过，在6月18日向人权理事会第五届会议提交的决议草案中，他把国际人道法这部分的内容与前面四项审议的依据（即《联合国宪章》、《世界人权宣言》、一国加入的人权文书、以及各国作出的自愿保证和承诺，包括入选人权理事会时所作出的保证和承诺）分割开来，把前面四项审议的依据作为第一款的规定，而把国际人道法的表述作为第二款的规定。这就是我们现在看到的在2007年6月18日的决议中通过的最终文本。

### （二）简短评论

从上述对国际人道法作为普遍定期审议机制依据的谈判和起草的过程来看，至少可以发现两个结论：第一，是否应当把国际人道法列为审议的依据，依据如果应当列入，该如何表述，是一个从一开始直到人权理事会最终通过决议中在各个利益攸关方之间一直存在争议的问题，哪怕是直到2007年6月18日最终通过决议时，仍然有一些国家表示反对。第二，各个利益攸关方对于2007年6月18日文本的通过作出了重大的贡献，他们献计献策，通过多种方式积极参与这一文本的起草和谈判过程，呈现出人权理事会成立以来各个利害相关方积极参与新制度建设的良好风貌，当然该文本能够在一年时间里最后得到顺利通过，在很大程度上要归功于工作组协调员和人权理事会首届主席高超娴熟的外交技能以及积极的贡献。

在一些学者看来，把国际人道法列为普遍定期审议的依据就是承认国际人道法与人权的国际保护密不可分。[①] 但是，在另外一些学者看来，把

① Juliana Vengoechea-Barrios, "The Universal Periodic Review: A New Hope for International Human Rights Law or a Reformulation of Errors of the Past?", International Law: Review Colombia Derecho International Ildi Bogota (Columbia), No. 12：101-116, Edicion Especial 2008, p.107.

国际人道法列为普遍定期审议的依据是一个“存在问题的发展”，因为人权理事会既没有职权、也没有能力审查国际人道法的履行问题。[①] 笔者认为，这种观点是值得商榷的。国际人权法不仅适用于平时，还适用于武装冲突期间；在国际人权法适用于武装冲突时，可以补充和增强国际人道法的适用，至少是在某些事项方面。这已经得到众多国际实践和学者的认同。[②] 另外，虽然红十字国际委员会被国际社会赋予“发展和监督”国际人道法的使命，但是这并不是说，只有红十字国际委员会才有权顾问国际人道法得到遵守的问题。联合国的许多机构，例如人权理事会（包括其前身的人权委员会）、联合国大会、甚至联合国安理会都已经在过去的一些决议中处理过违反国际人道法的事情。[③] 最后，从政策和价值权衡来说，正如德阿尔瓦说的，“例如，在像达尔富尔这样的武装冲突中，想要在违反国际人权法和违反国际人道法之间作出区分是十分困难的。在这个问题上，你必须遵守国际人道法，但同时也可以利用联合国人权机制所带来的

---

① Claire Callejon, “Developments at the Human Rights Council in 2007：A Reflection of its Ambivalence”, 8 *Human Rights Law Review* 232 (2008), at 336.

② ICJ, *Legality of the Threat or Use of Nuclear Weapons*, Advisory Opinion, 8 July 1996, para. 25; ICJ, *Legal Consequences of the Construction of a Wall in the Occupied Palestinian Territory*, Advisory Opinion, 9 July 2004, para. 94; *Case Concerning Armed Activities on the Territory of the Congo* (DRC v. Uganda), Judgment, 19 December 2005, para. 119; HRC, General Comment 31, Nature of the General Legal Obligation on States Parties to the Covenant, CCPR/C/74/CRP/4/Rev.6 (2004), para. 10; CESCR, Concluding Observation: Israel, E/C.12/1/Add.69, 31 August 2001; UN Sub-Commission on the Promotion and Protection of Human Rights, The Relationship between Human Rights Law and International Humanitarian Law, Working Paper, Francoise Hampson & Ibrahim Salama, E/CN.4/Sub.2/2005/14, 21 June 2005.

③ Toni Pfanner, “Various Mechanisms and Approaches for Implementing International Humanitarian Law and Protecting and Assisting War Victims”, 91 *International Review of the Red Cross* 279 (2009), at 314-325; Cordula Droege, “The Interplay Between International Humanitarian Law and International Human Rights Law in Situations of Armed Conflict”, 40 *Israel Law Review* 310 (2007), at 316; Marco Roscini, “The United Nations Security Council and the Enforcement of International Humanitarian Law”, 43 *Israel Law Review* 330 (2011), at 330; Alston Morgan-Foster and Abresch, “The Competence of the UN Human Rights Council and Its Special Procedures in Relation to Armed Conflicts: Extrajudicial Executions in the ‘War on Terror’”, 19 *European Journal of International Law* (2008), p.183.

政治压力。”[①]

## 三、审议实践

从2007年6月18日人权理事会第五届会议第一号决议最终通过的文本来看，国际人道法作为审议的依据是规定在“审议工作的依据”的第二款中，与第一款中规定的四项依据（《联合国宪章》、《世界人权宣言》、一国加入的人权文书、以及各国作出的自愿保证和承诺，包括入选人权理事会时所作出的保证和承诺）是分开规定的。而且，在第一款规定的四项依据之前，专门规定有“审议工作的依据是”这样的表述。在第二款规定国际人道法之中，并没有规定国际人道法是审议工作的依据，而只是说“要考虑”国际人道法。这就引起了一个问题。一些学者认为，在这种规定下，国际人道法“严格来讲，并非是审议工作的依据”。[②] 而且，即便说国际人道法是审议工作的依据，但是第二款只要求考虑的是“可适用的”国际人道法。因此，还存在一个对于某个受审议的国家来说，哪些国际人道法义务才是“可适用的”国际人道法的问题。

笔者认为，为了回答这些问题，有必要考察普遍定期审议的实践。尽管2007年6月18日人权理事会第五届会议通过的第一号决议并非条约，但是《维也纳条约法公约》规定的条约解释规则是可以参考的。国际法院在“科索沃案”的咨询意见中说，虽然安理会的决议并非条约，但是在解释安理会决议时，《维也纳条约法公约》可以“提供一些指引”。根据《维也纳条约法公约》第31条第1款第3项的规定，应与上下文一并考虑的还有嗣后在适用方面的任何实践。[③] 因此，对于回答上述问题来说，对普遍

① “Interview with Luis Alfonso de Alba”, 90 *International Review of the Red Cross* 489 (2008), at 495.

② Leanne Cochrane and Kathryn McNeilly, “The United Kingdom, the United Nations Human Rights Council and the First Cycle of the Universal Periodic Review”, 17 *International Journal of Human Rights* 152 (2013), at 154.

③ Advisory Opinion, *Accordance with International Law of the Unilateral Declaration of Independence in Respect of Kosovo* (Request for Advisory Opinion), ICJ, 22 July 2010, para. 94.

定期审议机制建立之后对国际人道法的审查实践进行考察是十分有用的。笔者下面将以国际人道法的主要内容为依据展开对审议实践的实证考察。

### （一）一般提及国际人道法

一些国家受审议时，在互动对话阶段，被要求遵守国际人道法。这种要求有时是泛泛提及，并没有明确指出是哪些国际人道法。例如，伊朗在2010年受审议时，在互动对话阶段，科威特就建议伊朗遵守国际人道法和一般国际法。[①] 虽然英国在普遍定期审议机制的谈判起草阶段反对把国际人道法列为审议的依据，但是2008年当哥伦比亚受审议时，英国代表建议哥伦比亚继续采取措施处理非法团体的影响、改革准军事的武装团体、并且遵守国际人道法。[②] 马里在2013年受审议时，比利时、法国、西班牙和危地马拉等国的代表就建议马里严格遵守国际人道法。[③] 2013年，当以色列受审议时，古巴也建议以色列遵守国际人道法，尤其是1949年的《日内瓦第四公约》。[④] 在这些实践中，都一般性地提到了国际人道法。这表明，至少在那些提出这种建议的国家看来，国际人道法是审议的依据。

### （二）对国际人道法公约的批准、加入和保留

在互动对话阶段，许多国家受审时，都被建议批准、加入国际人道法条约，而且，如果已经批准、加入的条约中附有保留的，则建议撤回保留。例如，2010年，当黎巴嫩受审时，德国就建议黎巴嫩批准1949年四个日内瓦公约。[⑤] 同样，当2010年美国受审时，包括德国、俄罗斯、塞浦路斯、匈牙利和奥地利在内的许多国家都建议美国批准1977年四个《日内瓦公约》的两个附加议定书。[⑥] 当土耳其在2010年受审时，塞浦路斯就

---

① A/HRC/14/12, para. 90.1.

② A/HRC/10/82, para. 87.17.

③ A/HRC/23/6, para. 110.11, para. 111.24, para. 111.57, para. 28.

④ A/HRC/25/15, para. 136.13.

⑤ A/HRC/16/18, para. 84.3. 不过，这可能是一个错误，因为黎巴嫩早在1951年就成为1949年四个日内瓦公约，黎巴嫩现在也是两个附加议定书的缔约国。

⑥ A/HRC/16/11, para. 82., para. 92.3, para. 92.23, para. 92.25, para. 92.28. 有报道说，美国也反对把国际人道法列为普遍定期审议的依据之一，参见：International Service for Human Rights, Human Rights Monitor, No. 65, 2007, at 25, footnote 87.

建议土耳其批准1977年四个日内瓦公约的两个附加议定书。[①] 当以色列在2013年受审时，包括爱沙尼亚和乌拉圭在内的国家建议以色列批准1977年两个附加议定书。[②] 2010年美国受审时，匈牙利还建议美国批准1954年《武装冲突情形下保护文化财产公约》及其议定书和1999年第二议定书。[③] 2013年，乌兹别克斯坦受审时，包括阿根廷、哈萨克斯坦、墨西哥、斯洛伐克和巴勒斯坦在内的国家建议乌兹别克斯坦批准《〈儿童权利公约〉关于儿童卷入武装冲突的议定书》。[④] 2009年，俄罗斯受审时，包括约旦、斯里兰卡、乌兹别克斯坦和印度尼西亚建议俄罗斯批准该条约。[⑤] 2013年，中非共和国受审时，卢森堡、智利、摩尔多瓦、克罗地亚、塞拉利昂、斯洛文尼亚、斯洛伐克、西班牙、哥斯达黎加、葡萄牙和美国建议中非共和国批准该条约。[⑥] 2011年，索马里受审时，法国、西班牙等国也建议索马里批准该条约。[⑦] 2010年，黎巴嫩受审时，西班牙也建议黎巴嫩批准该条约。[⑧]

提得最多的可能是《国际刑事法院罗马规约》。许多非缔约国在受审时，都被建议批准或加入该条约。2010年，美国受审时，德国、委内瑞拉、法国、哥斯达黎加、匈牙利、奥地利、塞浦路斯和伊朗等建议美国批准。[⑨] 2013年，俄罗斯受审时，罗马尼亚、哥斯达黎加、突尼斯、奥地利、危地马拉、瑞士、拉脱维亚、乌拉圭、爱沙尼亚、阿根廷、巴拉圭建议

---

① A/HRC/15/13, para. 105.2.

② A/HRC/25/15, para. 136.14, para. 136.15.

③ A/HRC/16/11, para. 92.25.

④ A/HRC/24/7, para. 28, para. 74, para. 80, para. 111, para. 115.

⑤ A/HRC/11/19, paras. 39, para. 42, para. 46, para. 49.

⑥ A/HRC/25/11, para. 104.12, para. 104.14, para. 104.15, para. 104.17, para. 104.18, para. 104.19, para. 104.20, para. 104.21, para. 104.29, para. 105.39.

⑦ A/HRC/18/6, para. 98.3, para. 98.4.

⑧ A/HRC/16/18, para. 82.1.

⑨ A/HRC/16/11, para. 82, para. 92.1, para. 92.2, para. 92.16, para. 92.25, para. 92.28, para. 92.36, para. 92.175.

俄罗斯批准。[①] 以色列在2013年受审时，法国、匈牙利、奥地利、爱沙尼亚、乌拉圭建议以色列批准。[②] 叙利亚2011年受审时，乌拉圭、巴西和斯洛文尼亚建议叙利亚加入。[③] 土耳其2010年受审时，巴西、智利、乌拉圭和塞浦路斯建议土耳其加入。[④] 斯里兰卡2008年受审时，法国建议斯里兰卡加入。[⑤]

对国际人道法条约的保留的撤回也是多次提及。法国2008年受审时，墨西哥就建议法国撤回对《罗马规约》第124条的保留。[⑥] 在开场陈述和互动对话中，法国承诺在2008年修改法国的法律，以便符合《罗马规约》要求。[⑦] 法国最终在2008年撤回了对第124条的声明。2013年法国受审时，墨西哥说，注意到了法国的这一进展。[⑧] 2009年哥伦比亚受审时，墨西哥建议哥伦比亚撤回对《罗马规约》第124条的声明。[⑨] 英国在2012年受审时，斯洛文尼亚、俄罗斯和乌兹别克斯坦建议英国撤回对《〈儿童权利公

① A/HRC/24/14, para. 140.6, para. 140.13, para. 140.12, para. 140.14, para. 140.16, para. 140.17, para. 140.18, para. 140.19, para. 140.20, para. 140.21, para. 140.71.

② A/HRC/25/15, para. 136. 5, para. 136. 8, para. 136. 10, para. 136. 11, para. 136. 12.

③ A/HRC/19/11, para. 104.1, para. 104.2, para. 104.3.

④ A/HRC/15/13, para. 100.1, para. 100.6., para. 105.1.

⑤ A/HRC/8/46, para. 33.

⑥ A/HRC/8/47, para. 16, para. 60.5. 法国在2000年6月21日批准《罗马规约》时发表声明，内容如下："根据《国际刑事法院规约》第124条，法兰西共和国声明，当第8条所列的犯罪是由法国国民实施或在法国领土上实施时，法国不接受法院对第8条所列的犯罪类型的管辖权。"可访问：http://treaties.un.org/doc/Treaties/1998/11/19981110%200638%20PM/Related%20Documents/CN.404.2000-Eng.pdf.

⑦ A/HRC/8/47, para. 63.8. 2008年8月13日，法国政府照会联合国秘书长，法国决定撤回在批准《罗马规约》时对第124条发表的声明，可访问：http://treaties.un.org/doc/Publication/CN/2008/CN.592.2008-Eng.pdf.

⑧ A/HRC/23/3, para. 27.

⑨ A/HRC/10/82, para. 23. 哥伦比亚在2002年8月16日批准《罗马规约》时发表声明，内容如下："根据《规约》第124条的规定，哥伦比亚政府宣布，当第8条所列的犯罪是由哥伦比亚国民实施或在哥伦比亚领土上实施时，哥伦比亚不接受法院对第8条所列的犯罪类型的管辖权。"可访问：http://treaties.un.org/doc/Treaties/1998/11/19981110%2006-38%20PM/Related%20Documents/CN.834.2002-Eng.pdf.

约〉关于儿童卷入武装冲突的议定书》第1条所作的声明，[①] 并要求把英国武装部队征募儿童的最低年龄提高到18周岁。[②]

### （三）国际人权法在武装冲突中的域外适用

国际人权法对国家的域外军事行动是否适用，也在普遍定期审议时提及。例如，2008年英国受审时，日本、苏丹、瑞士和伊朗都询问英国军队在域外的军事行动是否遵守国际人权法。[③] 对此，英国代表答复说，英国军队在域外的军事行动遵守的是国际人道法，但是国际人道法不是普遍定期审议的依据。英国代表还答复说，英国的武装部队成员必须遵守良好的职业标准，而且他们已经接受了有关国际人道法的培训，这些国际人道法都是人权义务的体现。[④]

### （四）日内瓦法规

战俘的待遇问题也被提及。例如，2010年美国受审时，尼加拉瓜建议美国尊重战俘的人权，并得到刑法的保障。[⑤] 美国代表答复说，"关塔那摩的羁押条件符合《日内瓦公约》共同第三条的规定"。[⑥] 武装冲突中失踪人员的待遇也提交。例如，联合国人权理事会朝鲜问题特别报告员曾经敦促朝鲜对1950年至1953年朝鲜战争的后果，尤其是那些始终人员及其因战争而失散的家庭的团聚采取措施。当2009年朝鲜受审时，德国要求朝鲜

---

① 英国2003年批准该条约时对第1条发表了如下声明："英国认为，本议定书第1条不排除使用其武装部队中不满18周岁的人参加敌对行动，只要：（一）在军事方面真的需要部署他们前往正在发生敌对行动的地区；（二）鉴于局势的性质和紧迫性，1. 在部署此类人员之前撤回此类人员属不切实际；或者，2. 这么做将削弱行动的有效性，因此将使军事行动取得成功以及对其他人员处于危险境地。" 可访问：https://treaties.un.org/Pages/ViewDetails.aspx?src=TREATY&mtdsg_no=IV-11-b&chapter=4&lang=en#EndDec.

② A/HRC/21/9, para. 110. 6, para. 110. 8, para. 110. 34.

③ A/HRC/8/25, para. 26, para. 28, para. 33.

④ 同上，para. 36. 另见：Elvira Dominguez Redondo, "The Universal Periodic Review of the UN Human Rights Council: An Assessment of the First Session", 7 *Chinese Journal of International Law* 721 (2008), at 727.

⑤ A/HRC/16/11, para. 92. 176.

⑥ 同上，para.31.

提供其落实特别报告员的建议的信息。[①]

武装冲突期间平民和平民居民的待遇也提及。例如，2013年，马里受审时，比利时建议马里，马里武装部队采取的军事行动要对平民居民提供全面的保护，[②] 法国也建议，马里武装部队要尊重人权，尤其是尊重俘虏的待遇。[③] 而且，童兵也是一个经常提及的问题。例如，美国2010年受审时，乌拉圭建议美国考虑把自愿招募童兵的年龄提高到18周岁，而且明确规定违反《〈儿童权利公约〉关于儿童卷入武装冲突的议定书》的行为是犯罪。[④] 斯里兰卡2008年受审时，瑞典、比利时、斯洛文尼亚、新西兰、意大利、卢森堡建议斯里兰卡采取司法和其他措施，结束征募童兵，并对那些征募童兵负有责任的人员进行调查、起诉和惩罚。[⑤] 哥伦比亚受审时，波兰、奥地利、法国和捷克也提出了类似的建议。[⑥]

关于被占领土上的平民居民，以色列2008年受审时，叙利亚、埃及、伊朗、摩洛哥、也门、科威特、瑞士和法国建议以色列尊重巴勒斯坦被占领土上平民居民的待遇。[⑦] 以色列代表答复说，她将把这些建议报告给本国政府，但是以色列对普遍定期审议中是否应当考察国际人道法持有保留意见。[⑧] 俄罗斯2009年和2013年受审时，格鲁吉亚对俄罗斯作为阿布哈兹和南奥塞梯两块格鲁吉亚领土的占领当局，故意和有系统地不遵守有关国际人道法和国际人权法的规定表示关注。[⑨] 尤其是，2013年5月3日，在俄罗斯第二次受审时，格鲁吉亚向俄罗斯提出了两项建议，即：（一）立即结束对格鲁吉亚阿布哈兹地区和茨欣瓦利地区的占领，作为解决该地区多种形式的严重人权侵犯的首要方法；（二）允许和确保格鲁吉亚阿布哈兹地

① A/HRC/13/13, para. 61.

② A/HRC/23/6, para. 110.11.

③ 同上，para. 111.24.

④ A/HRC/16/11, para. 92.71.

⑤ A/HRC/8/46, para. 21, para. 22., para. 23, para. 24, para. 25, para. 30.

⑥ A/HRC/24/6, para. 116.112, para. 116.113, para. 118.17; A/HRC/10/82, para. 87.20.

⑦ A/HRC/10/76, para. 22, para. 23, para. 25, para. 26, para. 27, para. 29, para. 34, para. 84.

⑧ 同上，para. 15.

⑨ A/HRC/11/19, para. 54; A/HRC/24/14, para. 135.

区和茨欣瓦利地区受种族清洗的内部流离失所者和难民的安全而有尊严的返回，并在对这些地区的占领结束之前和期间充分遵守有关的国际人道主义法和人权法准则。但是，俄罗斯认为，格鲁吉亚的这两项建议与普遍定期审议“不相关”，因为它们“不符合人权理事会第5/1号和第16/21号决议规定的审议依据。”[①] 最终，这两项建议被挪到了审议报告的脚注，而不是审议报告的正文中。[②] 俄罗斯的这一行为受到了一些非政府组织的批评，认为这是对普遍定期审议机制“史无前例的挑战”，违反了普遍定期审议的普遍、平等和合作原则。[③] 俄罗斯并没有明确解释格鲁吉亚提出的这两项建议为何不符合普遍定期审议的审议依据。格鲁吉亚的这两项建议，即建议俄罗斯“立即结束对格鲁吉亚阿布哈兹地区和茨欣瓦利地区的占领，作为解决该地区多种形式的严重人权侵犯的首要方法”，以及“允许和确保格鲁吉亚阿布哈兹地区和茨欣瓦利地区受种族清洗的内部流离失所者和难民的安全而有尊严的返回，并在对这些地区的占领结束之前和期间充分遵守有关的国际人道主义法和人权法准则”，均与占领有关。现在不清楚的是，俄罗斯之所以认为这两项建议与审议依据无关是因为俄罗斯根本就没有占领阿布哈兹地区和茨欣瓦利地区，还是说，俄罗斯认为，即便俄罗斯占领了这两个地区，占领与普遍定期审议的依据无关。如果是后者，应该说，格鲁吉亚的建议并非没有审议依据，因为占领与人权的关系十分密切，占领有可能侵犯人权早就受到国际法院[④]、欧洲人权法院[⑤]等诸多国际司法机构实践的确认。俄罗斯是1949年《日内瓦第四公约》以及1977

---

① A/HRC/24/14, para. 141.

② A/HRC/24/14, para. 141.

③ “Unprecedented challenge to the Universal Periodic Review”, http://www.ishr.ch/news/unprecedented-challenge-universal-periodic-review.

④ ICJ, *Legal Consequences of the Construction of a Wall in the Occupied Palestinian Territory*, Advisory Opinion of 9 July 2004; ICJ, *Armed Activities on the Territory of the Congo* (Democratic Republic of the Congo v. Uganda), Judgment of 19 December 2005, para. 259.

⑤ ECHR, *Louzidou* v. *Turkey*, Application No. 15318/89, Judgment (Merits), 28 November 1995, para. 56; ECHR, Ilascu and others v. Moldova and Russia, Application No. 48787/99, Judgment, 8 July 2004, para. 382.

年《第一附加议定书》的缔约国，[①]还是1951年《关于难民地位公约》和1967年该公约议定书的缔约国。[②]俄罗斯如果坚持认为格鲁吉亚的这两项建议与普遍定期审议的依据无关，只能否认俄罗斯占领着阿布哈兹地区和茨欣瓦利地区。或者说，它只能说，俄罗斯在阿布哈兹地区和茨欣瓦利地区的存在不构成国际法意义上的占领，[③]而是否构成占领是一个与人权无关的话题。

普遍定期审议还遇到了使用私人军事公司的问题。例如，2010年美国受审时，委内瑞拉建议美国停止采用承包商来进行有选择的刺杀，并且停止使用私人军事公司，停止战争的私人化。[④]伊朗也建议美国采取有效的法律措施停止其武装部队和其雇佣的私人保安公司在阿富汗和其他国家从事侵犯人权的行为。[⑤]

### （五）海牙法规

国家是否遵守了关于作战手段和方法的海牙法规，尤其是使用某种特定的武器问题，也得到了审查。例如，美国2010年受审时，许多国家对美国的作战手段和方法表示了关注，尤其是使用无人机的问题。在互动对话阶段，美国代表以国际人权法和国际人道法为依据，试图进行辩解。美国代表说，美国的做法符合有关的法律，特别是，“国际人权法和国际人道法是一种相互补充、相互强化和相互丰富的关系，都遵循的是人道原则，都是为了保护无辜的生命”。美国代表还说，“虽然美国遵守了有关的国际人权法规则，但是在武装冲突的情况下，一国在其领土境外应当遵循

① 苏联在1954年5月10日批准四个《日内瓦公约》，在1989年9月29日批准《第一附加议定书》，俄罗斯继承了这些条约。因此俄罗斯是这些国际人道法条约的缔约国。红十字国际委员会《习惯国际人道法》规则132规定，“一旦迁移之理由不复存在，被迁移的人[即流离失所者，作者注]有权平安、自愿地返回其家园或者惯常居所地。”

② 俄罗斯在1993年2月2日加入1951年联合国《关于难民地位的公约》和1967年的议定书。

③ 1907年《海牙第四公约》所附的《陆战法规与惯例章程》第42条规定，“领土如实际上被置于敌军当局权力之下，即被视为被占领的领土”。

④ A/HRC/16/11, para. 92.142.

⑤ 同上，para. 92.60.

的保护个人和开展交战行为的规则主要是国际人道法中的规则，其适用于政府和非政府的行为者”。[①] 然而，埃及仍然认为，美国使用的军事技术和武器是不分皂白的，而且对平民生命造成了过分的和不相称的伤害，必须停止。[②] 同样，当英国在2013年受审时，乌兹别克斯坦建议英国禁止那些根据英国的法律向那些儿童有可能被用于军事行动的国家出售武器的行为。[③] 马里2013年受审时，西班牙建议马里尊重国际人道法，并且避免对平民进行报复。[④]

### （六）国际人道法的实施

就平时的机制而言，例如，黎巴嫩2010年受审时，一些国家建议黎巴嫩要对其军队培训国际人道法的知识，而且要对培训工作进行监督。[⑤] 2013年哥伦比亚受审时，一些国家建议哥伦比亚要对国际人道法进行国内立法。芬兰建议哥伦比亚修改刑法典，把所有的战争罪都规定为该国刑法典中的犯罪。[⑥] 日本2012年受审时，斯洛伐克建议日本确保本国法律与《罗马规约》的义务保持一致。[⑦] 2013年列支敦士登受审时，荷兰、斯洛伐克和哥斯达黎加建议列支敦士登确保本国立法与《罗马规约》的义务保持一致，尤其是要规定对灭绝种族罪、危害人类罪和战争罪的调查、起诉和惩罚。[⑧] 还提到了建立国际人道法国家委员会的事情。科威特2010年受审时，包括吉尔吉斯斯坦、阿塞拜疆和伊拉克在内的一些国家就赞赏科威特设立国际人道法国家委员会的事情，并表示对这一进展十分感兴趣。[⑨]

对战争罪的国际和国内调查、起诉和审判问题也多次在普遍定期审议

---

① A/HRC/16/11, para. 92.53.

② 同上，para. 92.143.

③ A/HRC/21/9, para. 110.35.

④ A/HRC/23/6, para. 110.57.

⑤ A/HRC/16/18, para. 65.

⑥ A/HRC/24/6, para. 118. 14.

⑦ A/HRC/22/14, para. 147.45.

⑧ A/HRC/23/14, para. 94.19; para. 94. 20.

⑨ A/HRC/15/15, paras. 26, 45, and 60.

中提及。美国2010年受审时，在回答有关被羁押的人员的待遇的提问时，答复说，国防部有关于报告虐待被羁押人员事件的完善程序，还对美军据称在伊拉克、阿富汗和关塔那摩实施的几百起虐囚事件进行了调查，对几百人采取了纪律处分和矫正措施。[①] 英国2012年受审时，瑞士建议英国立即对英国军队在海外涉嫌实施酷刑的人员进行独立和透明的调查。[②] 白俄罗斯也建议英国，对其军人在海外对被羁押的人员系统实施酷刑的行为进行调查，并把调查结果汇报给联合国人权机制，包括人权事务委员会、人权理事会及其机制。[③] 许多国家还建议，斯里兰卡、[④] 哥伦比亚、[⑤] 利比里亚、[⑥] 以及马里[⑦] 等国也应当对其境内涉嫌存在严重违反国际人道法的行为进行调查、起诉和惩罚。

有些国家还被要求对武装冲突中的被害人承担责任。2005年，联大曾经通过了《严重违反国际人权法和严重违反国际人道法行为受害人获得补救和赔偿的权利基本原则和导则》。[⑧] 该决议表明，严重违反国际人道法的被害人的救济权和得到赔偿的权利是国际人道法的一个重要组成部分。日本在2008年和2012年受审时，一些国家就要求日本承认对第二次世界大战期间的慰安妇承担责任，并且采取措施恢复被害人的尊严和提供充分的赔偿，例如韩国、朝鲜、中国、哥斯达黎加、法国和荷兰。[⑨]

---

① A/HRC/16/11, para. 92.54.

② A/HRC/21/9, para. 110. 67.

③ 同上，para. 110. 68.

④ A/HRC/8/46, para. 29; para. 127. 75; para. 127. 76; para. 127. 77; para. 127. 78; para. 127.85; para. 128.72; para. 128.74; para. 128. 75; para. 128.80.

⑤ A/HRC/24/6, para. 116.112; para. 116.113.

⑥ A/HRC/16/3, para. 55.

⑦ A/HRC/23/6, para. 73.

⑧ GA Res. 60/147, 16 December 2005.

⑨ A/HRC/8/44, para. 18, para. 26, para. 32, para. 37; A/HRC/22/14, para. 147.147; A/HRC/22/15, para. 147.148, para. 147.158.

## 四、评 论

从以上对普遍定期审议机制对各国遵守国际人道法的情况的实证分析来看，笔者认为，至少可以发现以下几个有意思的现象。

首先，一般说来，对于其他国家遵守国际人道法义务的情况，国家还是比较积极进行审议的，而且受审国通常来说也是予以配合的。此前，有学者认为，各国对于普遍定期审议机制中发展国际人道法仍然抱有非常“谨慎”的态度，[①] 而且对于普遍定期审议机制中的国际人道法问题，各国基本上都围绕下列问题：“一、国际人道法国家委员会以及有关人权法和国际人道法的国家规划和政策；二、各种措施，例如培训或调查，以便确保各国安全部队在武装冲突中遵守人权法和国际人道法；三、《批准1949年〈日内瓦公约〉附加议定书》（1977年）或《罗马规约》（1998年）；四、在反恐斗争中严格遵守人权法和国际人道法；五、对正在发生的武装冲突中严重违反国际人道法的行为的关注以及对违法行为的有罪不罚的关注；六、结束尚存的占领状态。总体说来，只有相对很少一些问题和建议关注违反国际人道法的行为，而且所提及的关注相对来说也是比较笼统的。所强调的重点和建议是国际人道法的传播问题。”[②] 然而，从本文上述调查的普遍定期审议机制对国际人道法的审议情况来看，各国审议国际人道法还是比较活跃的，而且审议的范围也是比较宽广的，几乎涉及国际人道法的方方面面。

其次，一般说来，尽管人权理事会第五届会议第一号决议在规定普遍定期审议的依据时把国际人道法和国际人权法作出分别规定，但是各国在审议实践中并没有对此刻意关注。没有一个国家专门指出，国际人道法作

---

① Leanne Cochrane and Kathryn McNeilly, “The United Kingdom, the United Nations Human Rights Council and the First Cycle of the Universal Periodic Review”, 17 *International Journal of Human Rights* 152 (2013), at 161.

② Walter Kälin, “Universal Human Rights Bodies and International Humanitarian Law”, in Robert Kolb and Gloria Gaggioli (eds.), *Research Handbook on Human Rights and Humanitarian Law* 441 (2013), at 454-455.

为审议的依据，其所规定的方式与国际人权法不同。这说明，国际人道法与国际人权法一样，都是普遍定期审议的依据。通过各国的嗣后实践，国际人道法也成了普遍定期审议的依据。

再次，在人权理事会第五届会议第一号决议起草过程中曾经极力反对把国际人道法纳入普遍定期审议依据范围的国家也逐渐改变态度，接受国际人道法作为审议的依据，至少当其他国家受审时就是如此。例如，虽然英国曾经强烈反对把国际人道法纳入审议的依据，但是在英国第二轮受审时，她并没有重申这一立场。相反，英国建议斯里兰卡调查和审判那些严重违反国际人道法的行为，[①] 建议哥伦比亚继续采取措施，依据国际人道法处理非法武装团体带来的影响，并改革武装准军事团体，[②] 并建议印度尼西亚批准《罗马规约》。[③] 挪威和澳大利亚的立场也似乎已经得到了改变。虽然和挪威和澳大利亚在人权理事会第五届会议第一号决议的起草过程中，极力反对把国际人道法纳入，但是这两个国家也对其他国家遵守国际人道法的情形提出建议。例如，当美国受审时，挪威建议美国取消因武装冲突而被强奸并怀孕的女性接受人道主义医疗照顾的全面堕胎限制。[④] 澳大利亚也建议印度尼西亚批准《罗马规约》。[⑤] 红十字国际委员会的立场也值得关注。虽然有报道说，红十字国际委员会曾经在人权理事会第五届会议第一号决议的起草过程中反对纳入国际人道法，[⑥] 但是它现在也欢迎把国际人道法作为普遍定期审议的依据之一。2013年2月26日，红十字国际委员会主席彼得·莫雷尔（Peter Maurer）在人权理事会第22届高级别阶段上发言，指出“在2012年3月人权理事会通过的决议中有近三分之一的决议提及国际人道法”，而且表示，“红十字国际委员会将怀着浓厚的兴

---

① A/HRC/8/46, para. 127. 76.

② A/HRC/10/82, para. 87.17.

③ A/HRC/21/7, para. 108.7.

④ A/HRC/16/11, para. 92.228.

⑤ A/HRC/21/7, para. 108. 23.

⑥ Gareth Sweeney and Yuri Saito, “An NGO Assessment of the New Mechanisms of the UN Human Rights Council”, 9 *Human Rights Law Review* 203 (2009), at 206, footnote 15.

趣关注普遍定期审议”。[1]

最后，在审议各国遵守国际人道法义务方面，也暴露了一些其他的问题。有些国家建议其他国家批准或加入某些涉及国际人道法的条约，但自己并没有成为这些条约的缔约国。例如，当美国在2010年受审时，委内瑞拉和伊朗就建议美国批准《罗马规约》，[2] 但是实际上，这两个国家自己并不是这个条约的缔约国。相反，虽然利比里亚尚未成为《〈儿童权利公约〉关于儿童卷入武装冲突的议定书》，而且儿童兵在利比里亚是一个严重的问题，[3] 但是没有一个国家建议利比里亚批准或加入该条约。[4] 究其原因，一些国家在普遍定期审议机制中要么不是认真对待国际人道法，要么在代表团中缺乏具备这方面专业知识的人员，要么就是存心把国际人道法作为一种向他国施压的政治工具。尽管普遍定期审议机制是一个政治机制，但是滥用国际人道法，无疑将使各国遵守国际人道法的情形政治化，从而动摇国际人道法在普遍定期审议机制中的地位。这不能不引起人们的关注和担忧。

通过对第60届联大第251号决议第五段第五款中的“人权义务和承诺”的扩大解释，2007年6月18日人权理事会第五届会议通过的第一号决议把国际人道法规定为普遍定期审议的依据之一。这一发展主要归功于普遍定期审议机制协调员以及人权理事会第一届主席的积极推动。从国际人道法的机制的角度来看，这一发展具有重大意义，它是国际人道法中第一次要求各国就其遵守国际人道法的情况向国际机构提交报告。因此，普遍定期审议机制也就成了国际人道法中第一个、也是迄今为止唯一一个国家

① ICRC and Human Rights Council: Complementary Activities, Respect for Differences, http://www.icrc.org/eng/resources/documents/statement/2013/ihl-human-rights-council.htm (last accessed 5 May 2014).

② A/HRC/16/11, para. 92.1, para. 92.175.

③ Coalition to Stop the Use of Child Soldiers, Child Soldiers Global Report 2008, at 211-216. 可访问：http://www.child-soldiers.org/global_report_reader.php?id=97 (last accessed 20 June 2014).

④ 利比里亚于2004年9月22日签署了该条约，但尚未批准。

报告制度，从某种程度上实现了无数国际人道法学者长期以来的梦想。[①]而且，迄今为止，从普遍定期审议机制对国际人道法义务的遵守情况的审议来看，各国实际上还是比较愿意去积极、全面地接触、探讨和审议国际人道法的义务的遵守情况的，并不是像有些学者说的那样，各国不愿意在人权的普遍定期审议场合审议国际人道法。尤其值得关注的是，人权理事会第五届会议第一号决议起草过程中那些一贯反对国际人道法的国家在嗣后的实践中也是不排斥、甚至是积极审议国际人道法的义务。因此，可以说，国际人道法已经构成普遍定期审议的依据之一，而且，有理由相信，对国际人道法的审议在将来会更加彻底、全面和专业。[②]

## 第六节　被否定的依据

### 一、习惯国际法和其他人权标准

这里所指的“习惯国际法和其他人权标准”，是指具有习惯国际法性质的人权规范以及具有国际法中一般法律原则地位的人权规范，即《国际法院规约》第38条第1款第2项和第3项所指的与人权有关的国际法规范。人权领域的习惯国际法又被称为习惯国际人权法。尽管国际人权法是国际法中非常年轻的分支，是从第二次世界大战以来才建立起来的国际法分支，但是有一些国际人权法规范由于符合习惯国际法的构成要件，已经成

① 红十字国际委员会于1995年建议制定一个各国履行国际人道法义务的国别报告制度，并设立一个国际人道法国际专家委员会，“审查报告，并就国际人道法的实施向各国提出建议”。参见：“Follow-up to the International Conference for the Protection of War Victims, (Geneva, 30 August-1 September 1995)”, 91 International Review of the Red Cross 4 (1995), at 25-27; ICRC Expert Seminars, “Improving Compliance with International Humanitarian Law”, in ICRC, *International Humanitarian Law and the Challenges of the Contemporary Armed Conflicts*, 2003, at 61-62.

② Lijiang Zhu, “International Humanitarian Law in the Universal Periodic Review of the UN Human Rights Council: An Empirical Survey”, 5 *Journal of International Humanitarian Legal Studies* (2014), pp.186-212.

为习惯国际人权法，[①] 从而对包括国家在内的几乎所有国际法主体都产生法律拘束力，有些甚至可以说是国际强行法规则。[②] 同样，有一些人权规范由于存在于世界不同法系，因此可以被视为世界不同法系共有的一般法律原则，从而成为国际人权法的组成部分，对包括国家在内的几乎所有国际法主体都产生法律拘束力。[③] 总之，这里所指的“习惯国际法和其他人权标准”有一个共同的标准，即它们对包括国家在内的几乎所有国际法主体均有拘束力，是一类得到普遍承认和能够普遍适用的统一的国际法。与国家可以作出是否选择被拘束的国际人权公约不同，这里所指的“习惯国际法和其他人权标准”是真正意义上的国际人权法。

把习惯国际法和其他人权文件作为审议的依据，早就有专家提出来了。早在2006年5月15日瑞士外交部召集的关于人权理事会的第三次研讨会上，联合国保护和促进人权小组委员会委员、联合国发展权工作组主席易卜拉欣·萨拉玛（Ibrahim Salama）博士就建议，对于那些没有参加任何国际人权条约的国家来说，进行普遍定期审议的依据应当是那些习惯国际法规定的、联合国人权委员会以及人权理事会决议中体现出来的、得到普遍承认的所有人权规范和标准。[④] 日内瓦国际问题研究所国际法教授

---

① HRC, General Comment No. 24 (1994); HRC, General Comment No. 29 (2001), para. 7. 孙世彦:《论习惯国际人权法的重要性》，载《法制与社会发展》，2000年第2期，第67—78页。

② 例如，国际法委员会提到，禁止酷刑、奴隶制、种族灭绝、种族歧视、危害人类罪以及承认自决权是国际强行法，参见：Draft articles on responsibility of States for internationally wrongful acts, adopted by the International Law Commission at its fifty-third session in 2001, reproduced in Yearbook of the International Law Commission, 2001, vol. II, Part II (United Nations publication, Sales No. E.04.V.17 (Part 2)); 人权事务委员会在一般性评论中指出，生命权、禁止酷刑、禁止奴隶制、奴隶贸易和奴役、罪刑法定等是国际强行法，参见：HRC, General Comment No. 24 (1994), para. 8 消除一切形式种族歧视委员会在其关于种族歧视和反恐措施的声明中，指出禁止种族歧视是国际强行法规则，参见：Official Records of the General Assembly, Fifty-seventh Session, Supplement No. 18 (A/57/18), chap. XI, sect. C, para. 4.

③ Bruno Simma and Philip Alston, “The Sources of Human Rights Law: Custom, Jus Cogens, and General Principles”, 12 *Australian Yearbook of International Law* (1988-1989), p.82.

④ Ibrahim Salama, Horizons for enhanced human rights protection under the “new” Council: Proposals for the unfinished business, paper submitted to the Seminar on the UN Human Rights Council, Lausanne, Switzerland, 15 May 2006.

安德鲁·克拉彭（Andrew Clapham）认为，由于联大第60/251号决议要求普遍定期审议机制是对条约机构审议机制的补充，而不是重复，因此审议的依据必然包括习惯国际法，而提到人权方面的习惯国际法，必然会提及《世界人权宣言》。①

在起草的过程中，不同的国家对此有不同的看法。2006年11月16日，七个拉美国家（阿根廷、智利、哥斯达黎加、厄瓜多尔、巴拿马、巴拉圭和乌拉圭）联合提交的文件中建议习惯国际法应作为审查的依据之一。秘鲁的建议也提到“国际人权文件的相关规定，无论是条约还是非条约”。芬兰（代表欧盟）在11月20日的工作组非正式磋商会议上的发言，提及“其他文件”。斯里兰卡代表在同日的发言也提及“其他人权义务”。2006年11月23日，俄罗斯提交的非正式文件中建议的依据包括“联合国机构（联大及其三委、人权委员会、以及经社理事会）在《世界人权宣言》的基础之上通过的其他文书”。不过，也有一些国家的代表对此有疑问。例如，11月20日，日本代表发言，表示对国际标准和习惯国际法存在疑问，除非得到受审国的同意。马来西亚代表也强调对国际法和习惯国际法有保留，由于宗教背景和法律体系的不同，对于何谓国际法和习惯国际法会有不同看法。新加坡代表表示，对纳入国际习惯法和国际人权标准有疑问，因为对于它们会有不同的解释。2006年11月30日，在人权理事会第三届会议上，工作组协调员卢利什基提交了工作组的初步报告。在该份初步报告中，卢利什基就上述六点建议基础列出了需要进一步审议的要点，国际习惯法和其他人权标准就是其中之一。②

2006年12月4日，芬兰（代表欧盟）对协调员《初步结论》的发言

---

① Andrew Clapham, The Complementarity of Universal Periodic Review in the New Human Rights Council, paper submitted to the Seminar on the UN Human Rights Council, Lausanne, Switzerland, 15 May 2006. 也有一些非政府组织提出此类建议，例如，Human Rights Watch, Universal Periodic Review, 18 August 2006, p.2. International Service for Human Rights (ISHR) & Friedrich Ebert Foundation (FES)：Chapter on the “Universal Periodic Review” from the ISHR and FES handbook, A New Chapter for Human Rights, p.76.

② A/HRC/3/3，2006年11月30日。

指出，当国际习惯法和国际人道法的义务重叠时，它们可以成为审议的依据。但是，巴基斯坦（代表伊斯兰会议组织）12月4日对协调员初步结论的发言，“尽管经过多轮协商，国际习惯法是否有关仍然无法确定下来。”同日，伊朗（观察员国）代表也认为，“对把习惯国际法包括在内非常怀疑，因为对此有不同的解读。”2007年2月12日，协调员在第一份非正式文件中在列出的需要进一步审议的问题中，并没有把习惯国际法和其他人权标准列为需要进一步审议的问题。在协调员2007年3月15日、4月27日的非正式文件以及6月4日和6月17日的主席案文中均没有再出现习惯国际法和其他人权标准。最后，在《普遍定期审议机制》中并没有明确规定习惯国际法和其他人权标准。

但是，这并不是说，习惯国际法和其他人权标准在任何情况下都不可能成为普遍定期审议的依据。在《普遍定期审议机制》中，《世界人权宣言》显然是一个公认的审议依据，而这一联大决议通常都被认为是习惯国际法的体现。而且，当可适用的国际人道法作为审议的依据时，习惯国际法有可能发挥作用，因为与其他审议依据不同的是，“可适用的国际人道法”并没有专门指出是国际人道法条约还是习惯国际人道法，[①] 因此应当包括习惯国际人道法在内。[②]

## 二、条约机构、特别机制的结论和建议

条约机构是指依据国际人权公约建立起来的监督公约实施的机构，由专家以个人身份任职，其主要的职责是审议缔约国的报告、审查缔约国之间的相互指控以及审查个人的来文等，有些条约机构还有探视、访问和调查的职责。特别机制是指联合国人权理事会下属的专题机制和国别机制，

---

① 关于习惯国际人道法的研究，参见：（比）亨克茨，（英）多斯瓦尔德–贝克著、红十字国际委员会组织翻译的：《习惯国际人道法》，法律出版社，2007年版。

② Nadia Bernaz, “Reforming the UN Human Rights Protection Procedures: A Legal Perspective on the Establishment of the Universal Periodic Review Mechanism”, in Kevin Boyle ed., *New Institutions for Human Rights Protection* (Oxford University Press, 2009), 76, p.80.

其主要的职能是任命特别报告员，负责专题机制和国别机制的运作，访问有关国家、接受个人的紧急来文等。[①] 无论是条约机构还是联合国人权理事会下属的特别机制，其工作的主要内容之一是向有关国家的人权状况作出结论和发出建议。

关于是否应当把条约机构和特别机制的结论和建议作为审议的依据，在起草《普遍定期审议机制》的依据的过程中，利益攸关方之间的分歧很大。一些国家建议把它们作为审议的依据。例如，2006年8月2日，芬兰（代表欧盟）在闭会期间的磋商会上发言，认为应包括条约机构和特别程序作出的结论、建议和决定。欧盟国家意大利和丹麦也表达了这一立场。一些非欧盟的国家也持这一立场。例如，2006年11月20日，巴西、伊朗和尼泊尔向工作组非正式磋商提交的非正式文件中都建议纳入“特别程序和联合国人权理事会的建议”。2006年11月29日，协调员在《初步结论》中把“现有的资料，包括条约机构和特别程序的结论和建议”列为需要进一步审议的要点之一。[②] 但是，有一些国家反对把条约机构和特别机制的结论和建议作为审议的依据。2006年12月，马尔代夫提交的非正式文件中指出，条约机构、特别机制的结论和建议不能成为审议所有国家的依据之一，但可以成为审议单个国家的依据之一。

2007年2月12日，协调员在第一份非正式文件中在列出的需要进一步审议的问题中，并没有把条约机构和特别机制的结论和建议列为需要进一步审议的问题。有些国家表示不同意见。2007年2月12日，泰国代表发言，支持普遍定期审议机制充分利用现有的正式情报，包括条约机构和特别机制作出的结论和建议，以及其他相关联合国机构作出的结论和建议，还应当考虑有关国家作出的反应和评论。普遍定期审议机制因此具有附加值，可以避免重复其他现有机制已经从事的审议，只关注对人权义务和承诺的审议。但是，在协调员2007年3月15日、4月27日的非正式文件以及

---

① 参见本书第一章。

② A/HRC/3/3.

6月4日和6月17日的主席案文中均没有再出现条约机构和特别程序的结论和建议。

## 三、各国的宪法和国内立法

在《普遍定期审议机制》依据的起草过程中，还有一些国家建议审议的根据应当包括各国的宪法、立法等国内法。例如，马来西亚代表在2006年6月28日人权理事会第一届会议关于普遍定期审议的讨论的发言中认为，一国的宪法和国内法也应当成为审议的依据。2006年8月2日，伊斯兰会议组织提交的文件建议把“有关国家的国内法”作为审议的依据。同日，菲律宾的建议中也提及“保护和促进人权的国内法制度（政策、计划、法律、国家人权机构等）”。2006年9月7日，阿尔及利亚（代表非洲国家集团）在闭会期间磋商发言认为应包括“适当情况下受审国的宪法”。同日，孟加拉国代表在磋商上的发言，指出国家的人权义务来自宪法或基本文件。10月2日，巴西代表在人权理事会第二届会议上发言，认为当受审国国内法中的义务比国际文件中的标准更高时，也是审议的依据之一，而且是最低标准之一。11月20日，伊朗代表的发言也提及“国内立法”。同日，日本也认为，可以同意把宪法和国内法包括在内。马来西亚代表强调，一定要把受审国的宪法和国内法作为依据之一，这是因为“宪法和国内法是对国情的体现，同时也反映了受审国的美好愿望和明确规章，包括受审国自愿承诺和要求遵守的执法和尊重人权方面的内容。”提及“国内法”的还有斯里兰卡的代表。2006年11月23日，俄罗斯提交的非正式文件中建议的依据包括“有关国家的国内法”。

2006年11月30日，在人权理事会第三届会议上，工作组协调员卢利什基提交了工作组的初步报告。在该份初步报告中，卢利什基先生就上述六点建议基础列出了需要进一步审议的要点，各国的宪法、立法和国内法就是其中之一。[1] 2006年12月，马尔代夫提交的非正式文件中指出，宪

① A/HRC/3/3，2006年11月30日。

法、立法和国内法不能成为审议所有国家的依据之一，但可以成为审议单个国家的依据之一。巴基斯坦（代表伊斯兰会议组织）12月4日对协调员初步结论的发言，“尽管经过多轮协商，国内法是否有关仍然无法确定下来。”同日，加拿大代表对协调员初步结论发言，指出：“虽然考察国内法是否符合受审国的国际人权义务当然应当成为普遍定期审议的一部分，普遍定期审议的目的就是为了审查受审国遵守其人权义务和承诺的情况，但是并不是去审查受审国是否符合其国内法，这并不是理事会的能力范围内也不是其职责。”

2007年2月12日，协调员在第一份非正式文件中在列出的需要进一步审议的问题中，并没有把各国宪法和国内法列为需要进一步审议的问题。孟加拉国代表在发言中指出，这是非常重要的，不能取消。尽管如此，在协调员2007年3月15日、4月27日的非正式文件以及6月4日和6月17日的主席案文中均没有出现各国宪法和国内立法。

# 第五章
# 审议的原则和目标

每一套法律机制都有其自身维持运转的原则，也具有其期望实现的目标。普遍定期审议机制也不例外。因此，明确其审议的原则和目标也是一个受到各方关注的十分重要的问题。

早在2005年4月14日，也就是联合国秘书长安南向当时的人权委员会发表讲话提议未来的人权理事会应具有同侪审议职能的设想后一个星期，安南在正式致联大第60届会议主席的信中就已经阐述了未来的同侪审议机制应当遵守的原则和争取实现的目标。[①] 在2006年3月15日第60届联大通过的第251号决议中，关于普遍定期审议机制的原则和目标问题，该决议第5（e）段虽然没有具体指出，但是还是触及了这一问题。[②] 在接下来的普遍定期审议机制的起草过程中，原则和目标也是一个各方关注的重大问题。

人权理事会第一届会议设立的普遍定期审议工作组协调员卢利什基（摩洛哥人）在2006年8月2日举行的非正式磋商会议上宣布的有计划讨论的"六点建议"中，第二个建议就是讨论普遍定期审议机制的审议的目标和指导的原则。随后，许多国家、非政府组织等利益攸关方纷纷向工作组提交书面建议。工作组在2006年11月20日下午举行的第一届会议第二次会议以及2007年2月12日下午举行的第二届会议第二次会议上，专门听取了各利益攸关方就审议的原则和目标的发言。最终，在工作组协调员和人权理事会主席的努力下，2007年6月18日人权理事会第五届会议通过了

① 秘书长的报告:《大自由：实现人人共享的发展、安全和人权》，A/59/2005，增编一：人权理事会，第7段。

② A/RES/60/251，第5（e）段。

《联合国人权理事会的体制建设》，在其中第一部分“普遍定期审议机制”中，对审议的原则和目标作了如下规定：

**原则与目标**

1. 原则

（3）普遍定期审议应：

（a）促进所有人权的普遍性、相互依存性、不可分割性以及相互关联；

（b）是一种建立在客观可靠的资料以及互动对话的基础上的合作机制；

（c）确保普遍涉及到并且平等对待所有国家；

（d）是一个由联合国会员国驱动、注重行动的政府间进程；

（e）让受审议国家充分参与；

（f）补充而不是重复其他人权机制，从而另有一层价值；

（g）客观、透明、不作选择、具有建设性、非对抗、非政治化地进行；

（h）不给所涉国家或理事会的议程造成过多负担；

（i）不过于冗长，应切合现实，不应花费过多的时间、人力和财力；

（j）不削弱理事会应对紧急人权状况的能力；

（k）充分纳入性别观点；

（l）在不损及审议工作依据中规定的主要依据所载各项义务的前提下，考虑到各国的发展水平和特点；

（m）根据大会2006年3月15日第60/251号决议和经济及社会理事会1996年7月25日第1996/31号决议以及理事会在这方面可能作出的任何决定，确保所有相关的利益攸关方、包括非政府组织和国家人权机构的参与。

2. 目标

（4）审议工作的目标为：

（a）改善实地的人权状况；

（b）履行国家的人权义务和承诺，评估该国积极的事态发展以及面临的挑战；

（c）与所涉国家协商并征得其同意，增强该国的能力，并加强技术援助；

（d）各国及其他利益攸关方交流共享最佳做法；

（e）支持在增进和保护人权方面的合作；

（f）鼓励与人权理事会、其他人权机构和联合国人权事务高级专员办事处全面合作和交往。①

这就是经过一年谈判和起草之后《联合国人权理事会体制建设》最终规定的普遍定期审议机制的原则和目标，也是对联大第60/251号决议第5（e）段中提到的普遍定期审议原则和目标的细化，具有十分重要的意义。而且，依据2011年3月25日人权理事会第16届会议第47次会议通过的《联合国人权理事会工作和运行情况审查结果》的规定，应当重申人权理事会第5/1号决议附件《联合国人权理事会体制建设》所述普遍定期审议的原则和目标。② 这意味着，2007年6月18日人权理事会第五届会议通过的《联合国人权理事会的体制建设》第一部分“普遍定期审议机制”的原则和目标对第二个周期（2012年至2016年）仍然适用。本章将对普遍定期审议的原则和目标进行一一研究。

## 第一节　审议的原则

### 一、人权的普遍性和不可分性原则

人权的普遍性和不可分原则是指，所有人权具有普遍性、相互依存性、不可分割性以及相互关联性，这是人权的一项基本原则。在有关的国

① A/HRC/RES/5/1, Annex, I (A), paras. 3-4.

② A/HRC/RES/16/21，第3页。

际人权文书中，所有人权的普遍性、相互依存性、不可分割性以及相互关联通常都写在一起，但是严格说来，人权的普遍性与人权的相互依存性、不可分割性以及相互关联性是两项不同的原则，彼此没有必然的联系。[①] 换言之，这一基本原则实际上可以进一步分为以下两个要素：（一）普遍性原则；（二）不可分原则（相互依存性、不可分割性以及相互关联性）。

### （一）普遍性原则

人权的普遍性原则是指，所有人权都具有普遍性，它们适用于所有人。尽管一直存在质疑人权普遍性的声音和行动，但是人权的普遍性目前已经深入人心。作为人享有或应当享有的权利，适用于生活在这个星球上不同国家、社会制度、文化背景、历史传统和宗教信仰下的所有人，不论肤色、性别、财产、出身等外在因素。所有人权的普遍性原则得到了许多国际人权文件的确认。1945年《联合国宪章》第55条规定，联合国应促进"全体人类"之人权及基本自由之普遍尊重与遵守，不分种族、性别、语言或宗教。[②] 1948年《世界人权宣言》在序言中确认，对"人类家庭所有成员"的固有尊严及其平等的和不移的权利的承认，乃是世界自由、正义与和平的基础。它还指出，各会员国业已誓愿同联合国合作以促进对人权和基本自由的"普遍"尊重和遵行。《宣言》第二条宣布，"人人有资格享有本宣言所载的一切权利和自由，不分种族、肤色、性别、语言、宗教、政治或其他见解、国籍或社会出身、财产、出生或其他身分等任何区别。"没有一个国家公然反对《世界人权宣言》，这还可以从各国都同意把《世界人权宣言》列为普遍定期审议的依据之一中看出来。[③] 人权的普遍性还体现在许多核心国际人权公约中，而且这些公约大多数都得到了世界各

① Marko Milanovic, *Extraterritorial Application of Human Rights Treaties: Law, Principles, and Policy* (Oxford University Press, 2011), p.57, footnote 8.

② 《联合国宪章》已有193个缔约国，涵盖了几乎所有的国家，覆盖世界人口99%。

③ 参见本研究第三章。

国的普遍批准。[①] 1993年第二次世界人权大会通过的《维也纳宣言和行动纲领》庄严宣布，“所有国家庄严承诺依照《联合国宪章》、有关人权的其他国际文书和国际法履行其促进普遍尊重、遵守和保护所有人的一切人权和基本自由的义务。这些权利和自由的普遍性质不容置疑。”[②] 可以说，在世界不同的文明中，都存在应当尊重和保护人权的社会信念。[③] 正如一位学者所言，尽管一直有质疑和挑战人权普遍性的声音和行动，但这种挑战和质疑都没有否定那些最基本的人权，这些最基本的人权是所有人权价值

---

① 例如，《公民权利和政治权利国际公约》和《经济、社会和文化权利国际公约》在序言中均指出，按照《联合国宪章》所宣布的原则，对“人类家庭所有成员”的固有尊严及其平等的和不移的权利的承认，乃是世界自由、正义与和平的基础，而且这些权利是源于“人的固有尊严”，并且按照《世界人权宣言》，只有在创造了使“人人”可以享有其公民和政治权利，正如享有其经济、社会、文化权利一样的条件的情况下，才能实现“自由人类”享有公民及政治自由和免于恐惧和匮乏的自由的理想。《公民权利和政治权利国际公约》第二条规定，本公约每一缔约国承担尊重和保证在其领土内和受其管辖的一切个人享有本公约所承认的权利，不分种族、肤色、性别、语言、宗教、政治或其他见解、国籍或社会出身、财产、出生或其他身份等任何区别（该公约目前已经有164个缔约国）；《经济、社会和文化权利国际公约》第二条第二款规定，本公约缔约各国承担保证，本公约所宣布的权利应予“普遍”行使，而不得有例如种族、肤色、性别、语言、宗教、政治或其他见解、国籍或社会出身、财产、出生或其他身分等任何区分（该公约目前已经有168个缔约国）；《消除一切形式种族歧视国际公约》序言指出，《联合国宪章》系以“全体人类”天赋尊严与平等的原则为基础，所有会员国均担允采取共同及个别行动与本组织合作，以达成联合国宗旨之一，即不分种族、性别、语言或宗教，增进并激励对于“全体人类”的人权及基本自由的普遍尊重与遵守，还指出，《世界人权宣言》宣示人皆生而自由，在尊严及权利上均各平等，“人人”有权享受该宣言所载的一切权利与自由，无分轩轾，尤其不因种族、肤色或民族而分轩轾（该公约目前已经有177个缔约国）；《禁止酷刑公约》序言也回顾《联合国宪章》宣布的原则，承认“人类大家庭一切成员”具有平等与不可剥夺的权利是世界自由、公正与和平的基础，并认为上述权利起源于“人的固有尊严”，第二条第一款规定，每一缔约国应采取有效的立法、行政、司法或其他措施，防止在其管辖的任何领土内出现酷刑的行为（该公约目前已经有158个缔约国）；《保护所有人员免遭强迫失踪国际公约》序言提及各国在《联合国宪章》下的义务——促进普遍尊重和遵守人权和基本自由，并考虑到《世界人权宣言》，第一条第一款规定，“任何人”不应遭到强迫失踪（该公约目前已经有50个缔约国）。

② 《维也纳宣言和行动纲领》，A/CONF.157/23，第1段。

③ Jack Donnelly, *Universal Human Rights in Theory and Practice* (Connell University Press, 2nd edn, 2003), p.89.

的核心内容，不许损抑。[①]

### （二）不可分原则

所有人权的不可分原则是指，所有人权具有相互依存性、不可分割性以及相互关联性。所有人权，无论是公民权利和政治权利，以及经济、社会和文化权利，不论是个人权利还是集体权利，都是相互依存、不可分割和相互关联的。这也得到了国际社会的广泛认同。由于冷战以及意识形态的原因，联合国无法通过一个国际人权公约，最终在1966年通过了两个国际人权公约，分别涉及两类人权，即被称为第一代人权的“公民权利和政治权利”，以及被称为第二代人权的“经济、社会和文化权利”。此外，这两个国际人权公约中还规定了被称为第三代人权的“集体人权”（自决权），[②] 形成了所谓三代人权的概念。但是，三代人权的概念并不是完全无关的，而是具有相互依存性、不可分割性以及相互关联性。这得到了许多国际人权文件的确认。1968年国际人权会议通过的《德黑兰宣言》确认，若不同时享有经济、社会及文化权利，则公民及政治权利决无充分实现之日。[③] 1977年联大通过的第32/130号决议指出：“一切人权和基本自由都是不可分割并且是相互依存的；对于公民权利和政治权利，以及经济、社会及文化权利的执行、增进和保护，应当给予同等的注意和迫切的考虑。”[④] 1986年联大通过的第41/117号决议重申：“所有人权和基本自由都是不可分割并且相互依赖的，各国绝不能因增进和保护一类人权，就可以

① Javaid Rehman, *International Human Rights Law*, Second Edition (Pearson Education Limited, 2010), p.9.

② 《公民权利和政治权利公约》和《经济、社会和文化权利国际公约》共同第一条第一款规定：“所有人民”都有自决权。他们凭这种权利自由决定他们的政治地位，并自由谋求他们的经济、社会和文化的发展。

③ Proclamation of Teheran, Final Act of the International Conference on Human Rights, Teheran, 22 April to 13 May 1968, UN Doc. A/CONF. 32/41 at 3 (1968), para. 13.

④ 《在联合国系统内增进人权和基本自由的切实享受的各种可供选择途径、方式和方法》，A/RES/32/130，1977年12月16日。

免于或不必要增进和保护其他权利。”[①] 1987年联大通过的第42/102号决议“呼吁所有国家采取政策致力于实施、促进和保护关于人权的两项国际公约和其他国际文书所承认的经济、社会、文化公民和政治权利。”[②] 1993年第二次世界人权大会通过的《维也纳宣言和行动纲领》庄严宣布，“一切人权均为普遍、不可分割、相互依存、相互联系。国际社会必须站在同样地位上，用同样重视的眼光，以公平、平等的态度全面看待人权。固然，民族特性和地域特征的意义，以及不同的历史、文化和宗教背景都必须要考虑，但是，各个国家，不论其政治、经济和文化体系如何，都有义务促进和保护一切人权和基本自由。”[③]

### （三）起草过程

要求普遍定期审议遵守人权的普遍性和不可分原则很早就已经提出来了。早在2005年4月14日，也就是联合国秘书长安南向当时的人权委员会发表讲话提议未来的人权理事会应具有同侪审议职能的设想后一个星期，安南在正式致联大第60届会议主席的信中，在阐述未来的同侪审议机制应当遵守的原则和争取实现的目标时，就指出：未来的同侪审议机制“将具体体现人权的普遍性和不可分割原则。公民、政治、经济、社会和文化权利以及发展权必须受到同等重视。”[④] 安南还指出，“同侪审查应当触及人权的各方面，即公民、政治、经济、社会和文化权利。”[⑤]

2006年3月15日通过的第60届联大第251号决议虽然在提及普遍定期审议时并没有明确指出未来的普遍定期审议应当遵循这一原则，但该决议在序言中重申，“所有人权都是普遍、不可分割、相互关联、相互依存、

---

① 《发展权利、经济、社会、文化、公民和政治权利的不可分割性和相互依赖性》，A/RES/41/117，1986年12月4日。

② 《经济、社会、文化、公民和政治权利的不可分割性和相互依赖性》，A/RES/42/102，1987年12月7日。

③ 《维也纳宣言和行动纲领》，A/CONF.157/23，第5段。

④ 秘书长的报告:《大自由：实现人人共享的发展、安全和人权》，A/59/2005，增编一：人权理事会，第6段。

⑤ 同上，第8段。

相辅相成的，必须以公正和平等的方式，在同样的基础上，以同样的重视程度，对待所有人权”。[①] 该决议还决定，人权理事会“应负责促进普遍尊重对人人没有任何形式的区分，公正、平等地享有所有人权和基本自由的保护”，[②] “加强促进和保护公民、政治、经济、社会和文化权利等所有人权，包括发展权”。[③] 由于该决议是设立人权理事会的决议，而普遍定期审议将是人权理事会的一项职责，因此从逻辑上说，虽然第251号决议在提及普遍定期审议时并未特别指出应当遵循这一原则，但由于这一原则是人权理事会应当遵循的一项原则，因此自然也应当成为人权理事会所有职责应当遵循的原则，当然包括普遍定期审议在内。阿尔及利亚代表在投票赞成第251号决议时指出，“阿尔及利亚对决议投了赞成票，目的是重申其对普遍、相互依赖和不可剥夺的所有人权之事业的承诺，以及我们对作为《联合国宪章》和多边主义之基础的普遍价值观和原则的坚持。”[④] 肯尼亚代表也说，“案文依据的原则是：人权是普遍、不可剥夺、不可分割的和相互依存的，……案文承认，所有的人权一律平等，无论是公民、政治、经济、文化或社会权利都一样。”[⑤]

在普遍定期审议建章立制的过程中，许多利益攸关方支持把这一原则列为审议的原则。例如，2006年6月28日，乌克兰代表在人权理事会第一届会议上说，审议的标准应当很清楚，应当包括所有的权利，包括公民和政治权利，以及经济、社会和文化权利。在2006年11月20日普遍定期审议工作组第一届会议第二次会议讨论审议应当遵循的原则和目标时，许多利益攸关者均提到了这一原则。他们强调指出，这一原则应当成为审议的一项重要指导原则，并认为有必要在对待所有人权方面达成平衡，尤其是公民和政治权利与经济、社会和文化权利，包括发展权之间的平衡。[⑥]

---

① A/RES/60/251，序言，第四段。

② A/RES/60/251，第二段。

③ A/RES/60/251，第四段。

④ A/60/PV.72，第20—21页。

⑤ 同上，第24页。

⑥ A/HRC/3/CRP.1，第29段。

例如，阿尔及利亚（代表非洲集团）指出，普遍定期审议应当促进对国际社会分享的核心价值的普遍、相互依赖和不可分割原则的尊重。巴西代表也指出，普遍定期审议应在促进对人权的多样性尊重的同时，建立在人权的普世价值基础之上，同时还应当建立在人权的不可分割性和相互关联性的基础之上。加拿大代表也建议，普遍定期审议应促进对所有人权和基本自由的普遍尊重，不作任何种类的区分。基于利益攸关方提交的书面建议以及口头发言，2006年11月30日，工作组协调员卢利什基向人权理事会第三届会议提交的工作组《初步结论》中，就审议的指导原则而言，建议普遍定期审议应“促进所有人权的普遍性、相互依赖性、不可分割性以及相互关联性”，列为第三项原则，并认为这是各利益攸关方的意见趋同点之一。

在2007年2月12日协调员提交的第一份非正式文件中，协调员继续建议，普遍定期审议机制应当“促进所有人权的普遍性、相互依存性、不可分割性以及相互关联”，并特别指出这是各方的意见趋同点之一，在所有原则的位次顺序方面上升到第二项原则，得到了几乎所有利益攸关方的赞同。在2007年2月12日工作组第二届会议第二次会议的专门讨论中，许多利益攸关方建议普遍定期审议应促进所有人权的普遍性、相互依赖性、不可分割性和相互关联性，并认为这是一项审议的重要原则，而且应当在对待所有人权，包括发展权方面，达成恰当的平衡。[①] 例如，德国（代表欧盟）指出，普遍定期审议的“普遍”共有五个含义，其中第二个含义是，这一机制必须保护和促进“所有的人权”。在2007年3月15日协调员提交的第二份非正式文件中，他继续指出，这一原则是各方的意见趋同点之一，并继续把其列为第二项原则。[②] 在2007年4月27日的第三份非正式文件中，协调员继续保留这一原则，由于得到了利益攸关方的强烈支持，他把这一原则提升为普遍定期审议应当遵循的第一项原则。[③] 人权理事会

① A/HRC/4/CRP.3，第23段。

② A/HRC/4/117.

③ A/HRC/5/14.

主席在2007年6月4日的第一份案文、6月13日的第二份案文、6月17日的第三份案文均原封不动地继承了协调员在2007年4月27日第三份非正式文件中的写法和位次，直到最终在6月18日通过，这就是我们现在看到的《普遍定期审议机制》中的规定。

综上，从普遍定期审议机制的起草过程来看，人权的普遍性和不可分性得到了几乎所有利益攸关方的赞同。这可以从这一原则早早地被确定为是利益攸关方的意见趋同点中看出。另外，这一原则从协调员《初步结论》最初的第三项原则上升到最终的第一项原则，足以看出这一原则得到利益攸关方的支持程度有多高。实际上，坚持人权的不可分原则正是普遍定期审议机制有别于其他人权机制的一大优势。[①] 其他人权机制要么只能审议某一公约下的人权（条约机制）或某一特定的人权（专题机制），要么只是审议某一国家的人权（国别机制）。普遍定期审议则可以覆盖几乎所有的人权和所有的国家。

## 二、合作原则

合作原则是指，普遍定期审议机制是一种建立在客观可靠的资料以及互动对话的基础上的合作机制。国际合作是当代国际关系的基本现象和要求，是处理和解决当代众多国际问题的基础，甚至可以说是现代国际法的一项重要原则。[②] 虽然人权本质上是处理国家和个人之间国内法上的一对

---

① Christian Tomuschat, 'Universal Periodic Review: A New System of International Law with Secific Ground Rules?' in Ulrich Fastenrath et al. eds., *From Bilateralism to Community Interest: Essays in Honor of Bruno Simma* (Oxford University Press, 2011), p.615.

② 《联合国宪章》第一条第三款规定联合国的宗旨之一是，“促成国际合作……增进并激励对于全体人类之人权及基本自由之尊重”。1970年《国际法原则宣言》重申《联合国宪章》第一条规定的第三项宗旨“促进国际合作”，并把“各国依照宪章彼此合作之义务”列为国际法原则之一，指出各国不同在政治、经济及社会制度上有何差异均有义务在国际关系之各方面彼此合作，以期维持国际和平与安全，并增进国际经济安定与进步、各国之一般福利、及不受此种差异所生歧视之国际合作。1974年《各国经济权利和义务宪章》在其序言、第一章（n）项、第二章第17条等多处强调国际合作。A/RES/3281 (XXIX)。1975年欧安组织第一届首脑会议通过的《赫尔辛基会议最后文件》也将国与国之间的合作列为调整与会各国关系的十项原则之一。

法律关系，但是通过国际合作保护和促进人权同样重要。[①] 普遍定期审议机制作为联合国人权理事会的一项职责，其本质上是一种国际机制。这一机制得以有效运作并发挥最大效果离不开国际合作。没有国际合作，这一机制即便不瘫痪，其效果必将大打折扣。

### （一）合作机制

普遍定期审议机制是一个合作的机制，即该机制作出的任何决定都是在受审议国自愿参加的情况下作出的。[②] 受审议国并非“被告国”，因为普遍定期审议机制是一种建议性质的政治程序，而非国际人权法的实施程序。[③]

这从普遍定期审议的概念被提出当时就得到了重视。早在2005年4月14日，也就是联合国秘书长安南向当时的人权委员会发表讲话提议未来的人权理事会应具有同侪审议职能的设想后一个星期，安南在正式致联大第60届会议主席的信中，在阐述未来的同侪审议机制应当遵守的原则和争取实现的目标时，就指出：未来的同侪审议机制“审查结论的落实，应

① 《联合国宪章》第56条明确要求各会员国在人权问题上“采取共同及个别行动与本组织合作”。1993年《维也纳宣言和行动纲领》有39处提到人权领域国际“合作”，尤其是，在序言中重申《联合国宪章》第56条的要求，并“决心为国际社会的承诺迈出新的一步，更努力、持续地从事国际合作和团结，使人权事业能取得实际的进展”，第一部分第一段要求“加强人权领域的国际合作对于充分实现联合国的宗旨至关重要”、第一部分第四段指出，“促进和保护所有的人权和基本自由必须按照联合国的宗旨和原则，特别是国际合作的宗旨，视为联合国的一项首要目标”、第一部分第10段要求“国际社会应促进有效的国际合作，实现发展权利，消除发展障碍”，等等。1993年《曼谷宣言》宣布：“回顾《联合国宪章》正确地将普遍遵守和促进人权和基本自由问题置于国际合作的范畴”。印度尼西亚代表S. 维亚诺在维也纳世界人权会议亚洲区域筹备会上发言指出，“有意思和指导意义的是，在《联合国宪章》中，人权是放在国际合作这一标题之下对待的。”参见刘楠来编:《发展中国家与人权》，四川人民出版社，1994年版，第47页。苏丹代表在投票赞成联大第60/125号决议后的解释性发言中甚至认为，“合作与对话是客观和中立地处理与人权有关的问题和专题的最佳方式”。参见：A/60/PV.72，第15页。

② Felice D. Gaer, “A Voice Not an Echo: Universal Periodic Review and the UN Treaty Body System”, 7 *Human Rights Law Review* (2007), p.128.

③ Christian Tomuschat, “Universal Periodic Review: A New System of International Law with Secific Ground Rules?” in Ulrich Fastenrath et al. eds., *From Bilateralism to Community Interest: Essays in Honor of Bruno Simma* (Oxford University Press, 2011), p.627.

作为一种合作行动”。[①] 2006年3月15日联大第60/251号决议在决定设立人权理事会时，多处提及“合作”。该决议在序言中确认，促进和保护人权的基础之一是“合作”，[②] 还确认人权理事会工作的指导原则之一是“合作”，[③] 并要求人权理事会通过“合作”，协助预防侵犯人权行为。[④] 尤其是，该决议明确要求普遍定期审议机制是一个基于互动对话的“合作机制”。[⑤] 因此，这一原则在《普遍定期审议机制》中的出现实际上是对联大决议要求重申、细化和落实。

在普遍定期审议机制的起草过程中，许多利益攸关方均提及合作。例如，新加坡代表在2006年10月2日的发言中提醒人权理事会注意普遍定期审议机制是一个合作机制，它不是、也不应当是一个法庭。它的目标也不应当是点名和羞辱。因此，审议的结果必须是，在受审国家同意的情况下，全面遵守其承诺，切实提高受审国家人权水平。在2006年11月20日工作组第一届会议第二次会议的专门讨论中，许多利益攸关方以联大第60/251号决议为依据，强调普遍定期审议是一个合作机制。例如，阿尔及利亚（代表非洲集团）指出，普遍定期审议必须建立在合作的基础之上，而且不应成为一个法庭。加拿大代表也建议普遍定期审议必须基于国际合作。斯里兰卡代表建议，普遍定期审议应当以一种合作的精神进行。巴基斯坦（代表伊斯兰会议组织）、挪威代表的发言也都提及合作。在总结各利益攸关方的意见后，2006年11月30日，工作组协调员卢利什基在向人权理事会第三届会议提交的工作组《初步结论》中，把普遍定期审议应是一个合作机制写入原则之一，列为第二项原则，而且认为这是各利益攸关方的意见趋同点之一。[⑥]

---

① 秘书长的报告:《大自由：实现人人共享的发展、安全和人权》，A/59/2005，增编一：人权理事会，第7段。

② 同上，序言，第11段。

③ A/RES/60/251，第四段。

④ A/RES/60/251，第五（f）段。

⑤ A/RES/60/251，第五（e）段。

⑥ A/HRC/3/3，2006年11月30日。

在其2007年2月12日的第一份非正式文件中，协调员继续把普遍定期审议应是一个合作机制写入原则之一，其地位已经上升到第一项原则，并且认为这是利益攸关方的意见趋同点之一。在2007年2月12日工作组第二届会议的专门讨论中，许多利益攸关方发言，纷纷强调普遍定期审议机制是一个合作机制，[①] 包括加拿大、中国、德国（代表欧盟）、菲律宾、巴基斯坦（代表伊斯兰会议组织）、新加坡、马来西亚。在2007年3月15日的第二份非正式文件中，协调员继续保留这一原则，继续把其列为第一项原则，并认为这是利益攸关方的意见趋同点之一。[②] 在2007年4月27日的第三份非正式文件中，协调员继续保留了这一原则，但把这一原则降为第二项原则，排在人权的普遍性和不可分原则之后。[③] 人权理事会主席2007年6月4日的第一份案文、6月13日的第二份案文、6月17日的第三份案文均原封不动地继承了协调员在2007年4月27日第三份非正式文件中的写法和位次，直到最终在6月18日通过，这就是我们现在看到的《普遍定期审议机制》中的规定。

### （二）客观可靠的资料

根据《普遍定期审议机制》的规定，普遍定期审议中的合作的第一项基础是“客观可靠的资料”。这也是对联大第60/251号决议要求的重申，因为联大第60/251号决议明确要求普遍定期审议机制建立在“客观和可靠的资料”基础之上。[④]

在普遍定期审议机制的起草过程中，许多利益攸关方纷纷表示，应当把基于客观和可靠的资料列入普遍定期审议机制的原则。在2006年11月20日工作组第一届会议第二次会议的专门讨论中，许多利益攸关方发言，支持这一原则，包括阿尔及利亚（代表非洲集团）、印度尼西亚、巴基斯坦（代表伊斯兰会议组织）等。印度尼西亚代表指出，普遍定期审议应当

---

① A/HRC/4/CRP.3，第20—21段。

② A/HRC/4/117.

③ A/HRC/5/14.

④ A/RES/60/251，第五（e）段。

建立在客观可靠的资料基础上。同日，巴基斯坦（代表伊斯兰会议组织）提及普遍定期审议应建立在客观和可靠的资料的基础之上。

在总结各利益攸关方的意见后，2006年11月30日，工作组协调员卢利什基在向人权理事会第三届会议提交的工作组《初步结论》中，把普遍定期审议应基于客观和可靠的资料写入原则之一，列为第一项原则，而且认为这是各利益攸关方的意见趋同点之一。[①] 在其2007年2月12日的第一份非正式文件中，协调员继续把普遍定期审议应基于客观和可靠的资料写入原则之一，其地位继续维持在第一项原则，并且认为这是利益攸关方的意见趋同点之一。在2007年2月12日工作组第二届会议的专门讨论中，许多利益攸关方发言，纷纷强调普遍定期审议机制必须基于客观和可靠的资料。[②] 例如，孟加拉国代表建议，国家提供的资料、条约机构报告以及其他有关联合国文件中对真实资料的汇编应当成为审议的基础，还应制作一份适用于每一个国家的标准问卷，并且如果国家愿意，可以用一份报告的形式回答这些问卷中的问题。中国代表指出，普遍定期审议应当建立在各国基于标准问卷（有待人权理事会通过）而提交的资料以及特别机制和条约机构提交的资料基础之上。在2007年3月15日的第二份非正式文件中，协调员继续保留这一原则，继续把其列为第一项原则，并认为这是利益攸关方的意见趋同点之一。[③] 在2007年4月27日的第三份非正式文件中，协调员继续保留了这一原则，但把这一原则降为第二项原则，排在人权的普遍性和不可分原则之后。[④] 人权理事会主席2007年6月4日的第一份案文、6月13日的第二份案文、6月17日的第三份案文均原封不动地继承了协调员在2007年4月27日第三份非正式文件中的写法和位次，直到最终在6月18日通过，这就是我们现在看到的《普遍定期审议机制》中的规定。

---

① A/HRC/3/3，2006年11月30日。

② A/HRC/4/CRP.3，第20—21段。

③ A/HRC/4/117.

④ A/HRC/5/14.

### （三）互动对话

根据《普遍定期审议机制》的规定，普遍定期审议中的合作的第二项基础是“互动对话”。从某种意义上说，互动对话也是国际合作的具体形式之一。在人权领域，从20世纪90年代开始，一些国家意识到，除了传统的双边人权外交和在联合国框架内从事的多边行动外，应当采取其他一些更加富有建设性和积极成果的人权政策。由于联合国人权委员会在当时逐渐失去了信誉，双边人权对话作为一种全新的国际合作方式逐渐出现。例如，许多西方国家以及欧盟与中国、越南、伊朗、墨西哥等国均开展了双边人权对话。① 从对话的主体数量多少来看，人权领域的对话基本上可分为双边对话和多边对话，其中，占多数的是双边人权对话。与传统的人权外交相比，双边人权对话具有明显的特征：第一，双边人权对话选择的话题一般都是对于双方来说敏感度不是非常高的话题，例如改善被羁押人员的囚禁和待遇。第二，双边人权对话不仅有双方外交官的发言致辞，而且还有其他国家工作人员的参加（例如司法机关人员），有些甚至还有公民社会参加（例如专家和非政府组织等），尤其是，还有双方人权专家之间的讨论，包括采取一些合作研究等形式，以便实际改善双方的有关人权状况。普遍定期审议机制作为联合国这个全球最大的国际组织的一个人权审查机制，由于也是建立在互动对话的基础之上，因此是人权领域规模最大的多边对话。从这个意义上说，普遍定期审议机制采取互动对话的形式，是人权国际保护机制有史以来的一项重大突破。

2006年3月15日的联大第60/251号决议在序言中就确认，促进和保护人权应以“真正对话”的原则为基础，② 并要求人权理事会工作的指导原则之一是开展建设性的“国际对话”，③ 还要求人权理事会通过“对话”，

---

① 欧盟依据《欧盟人权对话指导纲领》与40个非欧盟国家开展有人权对话。参见：European Union's Guidelines on Human Rights Dialogues, http://www.consilium.europa.eu/uedocs/cmsUpload/14469EN_HR.pdf.

② 同上，序言，第11段。

③ A/RES/60/251，第四段。

协助预防侵犯人权行为,[1] 理事会的工作方式“应有利于真正的对话”。[2] 该决议尤其指出，在决定设立人权理事会时，要求普遍定期审议机制是一个基于“互动对话”的合作机制。[3] 因此,《普遍定期审议机制》把互动对话作为合作基础这一原则是对联大第60/251号决议的重申。

在普遍定期审议机制的起草过程中，许多利益攸关方纷纷表示，应当把互动对话列入普遍定期审议机制的原则。在2006年11月20日工作组第一届会议第二次会议的专门讨论中，许多利益攸关方发言，支持这一原则，包括阿尔及利亚（代表非洲集团）、加拿大、巴基斯坦（代表伊斯兰会议组织）等。在总结各利益攸关方的意见后，2006年11月30日，工作组协调员卢利什基在向人权理事会第三届会议提交的工作组《初步结论》中，把普遍定期审议应基于互动对话写入原则之一，列为第二项原则，而且认为这是各利益攸关方的意见趋同点之一。[4]

在其2007年2月12日的第一份非正式文件中，协调员继续把普遍定期审议应基于互动对话写入原则之一，其地位已经上升到第一项原则，并且认为这是利益攸关方的意见趋同点之一。在2007年2月12日工作组第二届会议的专门讨论中，许多利益攸关方发言，纷纷强调普遍定期审议机制应基于互动对话,[5] 包括加拿大、德国（代表欧盟）、菲律宾。在2007年3月15日的第二份非正式文件中，协调员继续保留这一原则，继续把其列为第一项原则，并认为这是利益攸关方的意见趋同点之一。[6] 在2007年4月27日的第三份非正式文件中，协调员继续保留了这一原则，但把这一原则降为第二项原则，排在人权的普遍性和不可分原则之后。[7] 人权理事会主席2007年6月4日的第一份案文、6月13日的第二份案文、6月17日

---

① A/RES/60/251，第五（f）段。

② A/RES/60/251，第12段。

③ A/RES/60/251，第五（e）段。

④ A/HRC/3/3，2006年11月30日。

⑤ A/HRC/4/CRP.3，第20—21段。

⑥ A/HRC/4/117.

⑦ A/HRC/5/14.

的第三份案文均原封不动地继承了协调员在2007年4月27日第三份非正式文件中的写法和位次，直到最终在6月18日通过，这就是我们现在看到的《普遍定期审议机制》中的规定。

## 三、普遍和平等原则

普遍和平等原则是指，普遍定期审议机制应确保涉及并且平等对待所有国家。这一原则实际上又可以进一步分为两项原则：普遍原则及平等原则。

### （一）普遍原则

与作为普遍定期审议第一项原则的确保所有人权的普遍性不同，这里的普遍原则，是指联合国的所有会员国都应当接受审议，没有任何国家可以成为例外。[①] 这是普遍定期审议机制中“普遍”两字的首要含义，也是普遍定期审议机制与国别人权审议机制的最大区别之一。

这一原则很早就被提及。早在2005年4月14日，也就是联合国秘书长安南向当时的人权委员会发表讲话提议未来的人权理事会应具有同侪审议职能的设想后一个星期，安南在正式致联大第60届会议主席的信中，在阐述未来的同侪审议机制应当遵守的原则和争取实现的目标时，就指出：在未来的同侪审议机制中，“每个会员国将定期受到审查”，[②] “同侪审查至关重要的一点是普遍监督，即所有会员国对于各项人权承诺的履行情况应当受到其他国家的评估。同侪审查有助于尽可能避免政治化和选择性，而政治化和选择性是人权委员会的特征。”[③] 2006年3月15日的联大第60/251号决议在序言中，确认在审议人权问题时要确保“普遍性”，[④] 还决定，理事会工作的指导原则之一是“普遍性”，[⑤] 并要求根据客观和可靠的

---

① 参见奥地利（代表欧盟）对联大第60/251号决议表决后的发言，A/60/PV.72，第9页。

② 秘书长的报告:《大自由：实现人人共享的发展、安全和人权》，A/59/2005，增编一：人权理事会，第6段。

③ 同上，第8段。

④ 同上，序言，第十段。

⑤ A/RES/60/251，第四段。

信息，以确保“普遍”、平等地对待并尊重所有国家的方式，定期“普遍”审查每个国家履行人权义务和承诺的情况。[①] 因此，这一原则实际上也是联大决议的要求和落实。

在普遍定期审议机制的起草过程中，绝大多数利益攸关方都支持普遍覆盖所有国家原则。只有极个别国家以避免重复原则为由，反对普遍原则。例如，古巴代表在向工作组提交的书面建议中认为，凡是那些已经被列入国别机制审议的国家，就没有必要再接受普遍定期审议，目的是为了防止重复审查以及普遍定期审议的政治化。但是，在2006年11月20日工作组第一届会议第二次会议的专门讨论中，许多利益攸关方以联大第60/251号决议为依据，强调审议必须满足普遍覆盖原则。[②] 例如，巴西代表在发言中指出，普遍定期审议应当是真正普遍的，包含所有联合国会员国，毫无例外。伊朗代表的发言指出，为了避免基于政治的选择性，这一机制应当是真正的普遍的，所有国家毫无例外，从人权理事会的会员国开始，都必须受到审议。阿尔及利亚（代表非洲集团）指出，普遍定期审议应适用于每一个国家在人权方面从事的境内和境外的所有行为。此外，加拿大、巴基斯坦（代表伊斯兰会议组织）、挪威代表等也均强调普遍原则。在总结各利益攸关方的意见后，2006年11月30日，工作组协调员卢利什基在向人权理事会第三届会议提交的工作组《初步结论》中，把普遍原则列入普遍定期审议的原则之一，即“确保涉及到所有国家”，列为第六项原则，而且认为这是各利益攸关方的意见趋同点之一。[③]

在其2007年2月12日的第一份非正式文件中，协调员继续把普遍原则列为普遍定期审议的原则之一，其地位已经上升到第五项原则，并且认为这是利益攸关方的意见趋同点之一。在2007年2月12日工作组第二届会议的专门讨论中，许多利益攸关方发言，纷纷强调普遍覆盖原则。[④] 例

---

① A/RES/60/251，第五（e）段。

② A/HRC/3/CRP.1，第27段。

③ A/HRC/3/3，2006年11月30日。

④ A/HRC/4/CRP.3，第20—21段。

如，德国代表发言指出，普遍定期审议的“普遍”共有五个含义，其中第一个含义便是，在“全世界范围内”保护和促进人权，而且认为这一含义是普遍定期审议的“普遍”一词的中心含义。波兰代表发言指出，普遍定期审议应当对所有国家平等地适用普遍同意的人权标准和义务。此外，巴基斯坦（代表伊斯兰会议组织）代表也再次强调普遍覆盖所有国家原则。在2007年3月15日的第二份非正式文件中，协调员继续保留这一原则，继续把其列为第五项原则，并认为这是利益攸关方的意见趋同点之一。[①]在2007年4月27日的第三份非正式文件中，协调员继续保留了这一原则，但把这一原则上升为第三项原则，排在人权的普遍性和不可分原则以及合作原则之后。[②]人权理事会主席2007年6月4日的第一份案文、6月13日的第二份案文、6月17日的第三份案文均原封不动地继承了协调员在2007年4月27日第三份非正式文件中的写法和位次，直到最终在6月18日通过，这就是我们现在看到的《普遍定期审议机制》中的规定。

### （二）平等原则

平等原则，是指普遍定期审议必须平等对待所有国家。国家主权平等原则是国际法的基本原则，《联合国宪章》第2条第1款就规定，本组织系基于各会员国主权平等之原则。由于普遍定期审议机制是联合国的一个人权机制，因此必须坚持平等原则。同时，《联合国宪章》第1条第3款规定联合国的宗旨之一是，“促成国际合作，以解决国际属于经济、社会、文化及人类福利性质之国际问题，且不分种族、性别、语言或宗教，增进并激励对于全体人类之人权及基本自由之尊重。”普遍定期审议机制确切地体现了《联合国宪章》第1条第3款所规定的这一宗旨。[③]

---

① A/HRC/4/117.

② A/HRC/5/14.

③ Christian Tomuschat, “Universal Periodic Review: A New System of International Law with Specific Ground Rules?” in Ulrich Fastenrath et al. eds., *From Bilateralism to Community Interest: Essays in Honor of Bruno Simma* (Oxford University Press, 2011), p.611.

1．起草过程

早在2005年4月14日，也就是联合国秘书长安南向当时的人权委员会发表讲话提议未来的人权理事会应具有同侪审议职能的设想后一个星期，安南在正式致联大第60届会议主席的信中，在阐述未来的同侪审议机制应当遵守的原则和争取实现的目标时，就指出：在未来的同侪审议机制中，“人权理事会必须确保建立公正、透明和可行的同侪审查制度，以同一标准对各国进行审查。”[①] 平等原则在2006年3月15日联大第60/251号决议中已经提及。该决议要求在决定设立人权理事会时，根据客观和可靠的信息，以确保普遍、“平等地”对待并尊重所有国家的方式，定期普遍审查每个国家履行人权义务和承诺的情况，[②] 而且要求人权理事会的工作方式之一是“公平、公正”。[③] 因此，这一原则实际上也是对联大决议要求的落实。

在普遍定期审议机制的起草过程中，许多利益攸关方支持这一原则。欧盟2006年8月18日向工作组提交的书面建议中，提到普遍定期审议机制“应当确保平等对待所有国家”。[④] 在2006年11月20日工作组第一届会议第二次会议的专门讨论中，许多利益攸关方以联大第60/251号决议为依据，强调审议必须平等对待所有国家，[⑤] 包括巴西、加拿大、巴基斯坦（代表伊斯兰会议组织）、挪威等。“国际妇女权利行动观察”（IWRAW）在2006年11月20日向工作组提交的书面建议中指出，应当有一套适用于所有国家的审议的共同的规范基础，而且还应当有一套共同的审议方式适用于所有国家，以便确保平等对待所有国家。在总结各利益攸关方的意见后，2006年11月30日，工作组协调员卢利什基在向人权理事会第三届会

---

① 秘书长的报告：《大自由：实现人人共享的发展、安全和人权》，A/59/2005，增编一：人权理事会，第8段。

② A/RES/60/251，第五（e）段。

③ A/RES/60/251，第12段。

④ Contribution by the European Union. 另见：Amnesty International's Proposal, "An Effective Universal Periodic Review Mechanism", September 2006, p.6.

⑤ A/HRC/3/CRP.1，第27段。

议提交的工作组《初步结论》中，把平等原则列入普遍定期审议的原则之一，即“确保平等对待所有国家”，列为第六项原则，而且认为这是各利益攸关方的意见趋同点之一。[①]

在其2007年2月12日的第一份非正式文件中，协调员继续把普遍原则列为普遍定期审议的原则之一，其地位已经上升到第五项原则，并且认为这是利益攸关方的意见趋同点之一。在2007年2月12日工作组第二届会议第二次会议的专门讨论中，许多利益攸关方发言，纷纷强调普遍覆盖原则。[②] 例如，列支敦士登代表指出，根据所有国家平等对待的原则，审议的过程、形式，尤其是基本标准应当对每个国家一视同仁。波兰代表指出，平等对待所有国家是普遍定期审议的基本原则，普遍定期审议应当对所有国家平等地适用普遍同意的人权标准和义务。在审查周期的期间方面，对所有国家进行平等对待也是有关的。此外，巴基斯坦（代表伊斯兰会议组织）、日本等国发言也提及这一原则。在2007年3月15日的第二份非正式文件中，协调员继续保留这一原则，继续把其列为第五项原则，并认为这是利益攸关方的意见趋同点之一。[③] 在2007年4月27日的第三份非正式文件中，协调员继续保留了这一原则，但把这一原则上升为第三项原则，排在人权的普遍性和不可分原则以及合作原则之后。[④] 人权理事会主席2007年6月4日的第一份案文、6月13日的第二份案文、6月17日的第三份案文均原封不动地继承了协调员在2007年4月27日第三份非正式文件中的写法和位次，直到最终在6月18日通过，这就是我们现在看到的《普遍定期审议机制》中的规定。

（2）平等原则与审议依据

如上所述，普遍定期审议中的平等原则是指应当平等对待所有国家。因此，普遍定期审议应当有一套适用于所有国家的审议模式，而不能有选

① A/HRC/3/3，2006年11月30日。

② A/HRC/4/CRP.3，第20—21段。

③ A/HRC/4/117.

④ A/HRC/5/14.

择性地对不同的国家采取不同的审议模式。有一种观点认为，平等原则还要求所有国家审议的依据的内容应当完全相同，认为《普遍定期审议机制》所规定的审议的依据未能够体现平等原则。例如，受审国的审议依据之一是该国加入的人权文书。那么，有的受审国加入的人权文书较多，有的则较少，这就出现了加入的人权文书越多，其将接受审议的内容就越多，而加入越少，则受审的内容越少的局面，这违反了平等原则。同样，受审国作出的自愿承诺和保证也存在着这么一个问题。按照这种说法，只有当《联合国宪章》和《世界人权宣言》成为审议依据时，所有受审国的依据才符合平等原则。因此，有人质疑现在的《普遍定期审议机制》中的一些依据违反了平等原则。关于这种观点，笔者认为，从表面上看，一国加入的人权文书越多，其将接受审议的内容就越多，从而似乎违反了平等原则，但是一国加入人权文书的行为或作出自愿承诺和保证的行为并非基于某种胁迫或压力，可以理解为该国自愿的行为，即这是一种基于受审国国家意志自愿作出的行为。从这个意义上说，这恰恰是平等原则的体现。换言之，平等对待所有国家是指普遍定期审议的模式应当对所有国家是相同的，并不是指对所有国家所审议的人权内容应当完全相同。

## 四、国家驱动原则

国家驱动原则是指，普遍定期审议机制是一个由联合国会员国驱动、注重行动的政府间进程。尽管联大第60/251号决议并没有明确指出普遍定期审议机制是一个由联合国会员国驱动、注重行动的政府间进程，但是，在普遍定期审议机制的起草过程中，有一些利益攸关方建议，应当在原则中写入国家驱动原则。例如，古巴政府在给工作组的书面建议中提到："普遍定期审议应当主要是一个面向联合国所有会员国的政府间的进程。"在2006年11月20日工作组第一届会议第二次会议的专门讨论中，一些国家的代表认为，任何的决策只有由国家作出，还有一些代表认为，普遍定期审议应当仅仅是一个联合国会员国驱动的进程。[①] 例如，巴基斯坦（代表伊斯兰会议组织）建议写入国家驱动原则。在总结各利益攸关方的意见后，2006年11月30日，工作组协调员卢利什基在向人权理事会第三届会议提交的工作组《初步结论》中，把国家驱动原则列入普遍定期审议的原则之一，即“是一个由会员国驱动、注重行动的政府间进程”，列为第九项原则，而且认为这是各利益攸关方的意见趋同点之一。[②]

在其2007年2月12日的第一份非正式文件中，协调员继续把国家驱动原则列为普遍定期审议的原则之一，将其列为第八项原则，并且认为这是利益攸关方的意见趋同点之一。在2007年2月12日工作组第二届会议第二次会议的专门讨论中，一些利益攸关方表示支持这一原则。例如，菲律宾代表指出，“审议应当是政府间的、国家驱动的进程。”泰国代表发言指出，“普遍定期审议是一个政府间的进程，是由国家驱动的，而且是以结果为导向的。观察员国可以在互动对话期间参与审议进程，国家人权机构、联合国专门机构、以及在经社理事会具有咨商地位的非政府组织也可以出席。”巴基斯坦（代表伊斯兰会议组织）指出，“首要的相关方或参加者应当是国家，因为这个机制是以国家为中心的。有关国家可以咨询其他行为者，例如国家人权机构或非政府组织，就像有些条约机构一样。”特别是，有一些利益攸关方对第一份非正式文件中提到的审议是一个政府间的进程、由“会员国”驱动的会员国的说法提出疑问，认为它是由“联合国会员国”驱动的，而不仅仅是“人权理事会会员国”驱动的，因此要求协调员澄清非正式文件中的用语。[③] 这个国家就是新西兰。新西兰代表发言询问协调员第一份非正式文件中提及的“会员国”是指“联合国会员国”还是“人权理事会的会员国”，并认为应当指所有的联合国会员国。在2007年3月15日的第二份非正式文件中，协调员采纳了新西兰代表的建议，继续保留这一原则，并把其列为第八项原则，但是在表述中在“会员

① A/HRC/3/CRP.1，第31段。

② A/HRC/3/3，2006年11月30日。

③ A/HRC/4/CRP.3，第26段。

国”之前增加了“联合国”一词，明确表示这是一个联合国会员国驱动的进程，即“是一个由联合国会员国驱动、注重行动的政府间进程”，并认为这是利益攸关方的意见趋同点之一。[①] 2007年4月24日，阿根廷（同时代表巴西、智利、日本、荷兰、新西兰、挪威、韩国、瑞士、英国和乌拉圭）建议，普遍定期审议应当是一个国家驱动的政府间的进程。在2007年4月27日的第三份非正式文件中，协调员继续保留了这一原则，但把这一原则上升为第四项原则。[②] 人权理事会主席2007年6月4日的第一份案文、6月13日的第二份案文、6月17日的第三份案文均原封不动地继承了协调员在2007年4月27日第三份非正式文件中的写法和位次，直到最终在6月18日通过，这就是我们现在看到的《普遍定期审议机制》中的规定。

## 五、受审国充分参与原则

受审国充分参与原则是指，普遍定期审议机制应让受审议的国家充分参与这一机制。让受审国充分参与普遍定期审议机制在2006年3月15日的联大第60/251号决议汇总已经提及。该决议在决定设立人权理事会时，要求普遍定期审议机制“由相关国家充分参与”。[③] 这里的“相关国家”当然包括受审国，因此，这一原则实际上也是联大决议要求的重申和落实。

在普遍定期审议机制的起草过程中，许多利益攸关方建议写入受审国充分参与原则。在2006年11月20日工作组第一届会议第二次会议的专门讨论中，许多利益攸关方的代表以联大第60/251号决议为依据，强调审议必须确保相关国家的充分参与，[④] 例如阿尔及利亚（代表非洲集团）、加拿大、巴基斯坦（代表伊斯兰会议组织）、新加坡、马来西亚。在总结各利益攸关方的意见后，2006年11月30日，工作组协调员卢利什基在向人权理事会第三届会议提交的工作组《初步结论》中，把受审国充分参与原则

① A/HRC/4/117.

② A/HRC/5/14.

③ A/RES/60/251，第五（e）段。

④ A/HRC/3/CRP.1，第27段。

列入普遍定期审议的原则之一，即“让受审国充分参与”，列为第八项原则，而且认为这是各利益攸关方的意见趋同点之一。[①]

在其2007年2月12日的第一份非正式文件中，协调员继续把受审国充分参与原则列为普遍定期审议的原则之一，并把其列为第七项原则，并且认为这是利益攸关方的意见趋同点之一。在2007年2月12日工作组第二届会议第二次会议的专门讨论中，一些利益攸关方表示支持这一原则。例如，德国（代表欧盟）发言指出，普遍定期审议的“普遍”共有五个含义，其中第五个含义是所有国家都在一条船上，应当重点关注让受审国充分参与。此外，菲律宾、巴基斯坦（代表伊斯兰会议组织）的发言也提及受审国充分参与原则。在2007年3月15日的第二份非正式文件中，协调员采继续保留这一原则，并把其列为第七项原则，并认为这是利益攸关方的意见趋同点之一。[②] 2007年4月24日，阿根廷（同时代表巴西、智利、日本、荷兰、新西兰、挪威、韩国、瑞士、英国和乌拉圭）重申，第60/251号决议要求确保有关国家充分参与普遍定期审议机制。在2007年4月27日的第三份非正式文件中，协调员继续保留了这一原则，但把这一原则上升为第五项原则。[③] 人权理事会主席2007年6月4日的第一份案文、6月13日的第二份案文、6月17日的第三份案文均原封不动地继承了协调员在2007年4月27日第三份非正式文件中的写法和位次，直到最终在6月18日通过，这就是我们现在看到的《普遍定期审议机制》中的规定。

## 六、补充原则

补充原则是指普遍定期审议机制在与其他人权机制的关系方面，是补充其他人权机制，而不是重复其他人权机制，从而另有一层价值。目前，在国际层面，存在许多其他的人权机制。除了本专著第一章中提及的联合

① A/HRC/3/3，2006年11月30日。

② A/HRC/4/117.

③ A/HRC/5/14.

国的特别机制之外，[①] 在国际层面还存在一个十分重要的人权机制，即条约机构。而且，与普遍定期审议机制十分类似的是，条约机构运用最广泛的机制也是定期审议的制度。此外，还有一些区域人权条约机构也建立了定期审议制度。普遍定期审议机制与人权理事会的特别机制以及条约机构的关系问题，是一个从普遍定期审议的想法提出以来立即引起各个利益攸关方关注的重大问题。

### （一）国际人权条约机构的定期审议制度

目前，已经建立了定期审议机制的国际人权条约机构有十个，即：

（1）依据1966年《公民权利和政治权利国际公约》（ICCPR）第28条设立起来的人权事务委员会，由18位委员组成；[②]

（2）由联合国经社理事会第1985/17号决议设立的监督1965年《经济、社会和文化权利国际公约》（ICESCR）的经济、社会和文化权利委员会，由18位委员组成；[③]

（3）依据1979年《消除对妇女一切形式歧视公约》（CDEAW）第17条设立起来的消除对妇女歧视委员会，由23名委员组成；[④]

（4）依据1989年《儿童权利公约》（CRC）第43条设立起来的儿童权利委员会，由18名委员组成；[⑤]

（5）依据1965年《消除一切形式种族歧视国际公约》（ICERD）第8

① 关于特别程序在联合国人权委员会中的产生以及发展，参见本专著第一章。根据联大第60/251号决议的规定，人权理事会应承担、审查并在必要时改进及合理调整人权委员会的所有任务、机制、职能和职责，以便保持一个包含特殊程序、专家咨询和申诉程序的制度（A/RES/60/251, para. 6）。因此，特别程序在人权理事会中并没有被取消，而是得到了改进和合理调整。2007年6月18日人权理事会第七届会议通过的决议《联合国人权理事会的体制建设》第二部分规定了新的特别程序。

② 《公民权利和政治权利国际公约》第28条第1款。

③ 联合国经济及社会理事会1985年5月28日第22次全体会议通过的题为《审查〈经济、社会和文化权利国际公约〉执行情况政府专家会期工作组的组成、组织和行政安排》的第17号决议。E/1985/17。

④ 《消除对妇女一切形式歧视公约》第17条第1款。

⑤ 《儿童权利公约》第43条。

条设立起来的消除种族歧视委员会，由18名委员组成；[①]

（6）依据1984年《禁止酷刑和其他残忍、不人道或有辱人格的待遇或处罚公约》（CAT）第17条设立起来的禁止酷刑委员会，由10名委员组成；[②]

（7）依据2002年《〈禁止酷刑和其他残忍、不人道或有辱人格的待遇或处罚公约〉任择议定书》第2条设立起来的防范酷刑小组委员会，由25名委员组成。[③]

（8）依据1990年《保护所有移徙工人及其家庭成员权利公约》（ICRMW）第72条设立起来的移徙工人委员会，由14名委员组成；[④]

（9）依据2006年《残疾人权利公约》（CRPD）第34条设立起来的残疾人权利委员会，由18名委员组成；[⑤]

（10）依据2006年《保护所有人免遭强迫失踪国际公约》（CED）第26条设立起来的强迫失踪委员会，由10名委员组成。[⑥]

一般来说，缔约国都需要在这些公约对缔约国生效后一年或两年内向上述条约机构（防范酷刑小组委员会除外）提交一份初步报告，[⑦] 随后缔约国需要定期向这些人权条约机构提交报告，接受它们的审议，报告的

---

① 《消除一切形式种族歧视国际公约》第8条第1款。

② 《禁止酷刑和其他残忍、不人道或有辱人格的待遇或处罚公约》第17条第1款。

③ 《〈禁止酷刑和其他残忍、不人道或有辱人格的待遇或处罚公约〉任择议定书》第2条、第5条。

④ 《保护所有移徙工人及其家庭成员权利公约》第72条第1款。

⑤ 《残疾人权利公约》第34条。

⑥ 《保护所有人免遭强迫失踪国际公约》第26条第1款。

⑦ 规定在公约对缔约国生效后一年内提交初步报告的条约是:《公民权利和政治权利国际公约》第40条第1款、《经济、社会和文化权利国际公约》第17条第1款、《消除一切形式种族歧视国际公约》第9条第1款、《消除对妇女一切形式歧视公约》第18条第1款、《禁止酷刑和其他残忍、不人道或有辱人格的待遇或处罚公约》第19条第1款、《保护所有移徙工人及其家庭成员权利公约》第73条第1款。规定两年内提交初步报告的条约是:《儿童权利公约》第44条第1款、2002年的《〈儿童权利公约〉关于儿童卷入武装冲突问题的任择议定书》第8条第1款、2002年《〈儿童权利公约〉关于买卖儿童、儿童卖淫和儿童色情制品问题的任择议定书》第12条第1款、《残疾人权利公约》第35条第1款、《保护所有人免遭强迫失踪国际公约》第29条第1款。

期限一般为四年或五年。[①] 而且，定期审议制度是所有核心人权公约强制要求缔约国遵守的，即缔约国一旦成为缔约国，就有义务遵守定期审议制度，无须缔约国再发表单方面声明表示接受，缔约国也没有权利发表单方面声明予以排除。

**表格4：国际人权条约机构缔约国报告年限要求**

| 条约 | 初步报告(批准后) | 定期报告 |
|---|---|---|
| ICERD | 1年内 | 每2年 |
| ICESCR | 2年内 | 每5年 |
| ICCPR | 1年内 | 每4年 |
| CEDAW | 1年内 | 每4年 |
| CAT | 1年内 | 每4年 |
| CRC | 2年内 | 每5年 |
| ICRMW | 1年内 | 每5年 |
| CRC-OPSC | 2年内 | 每5年或连同下一份CRC报告一起 |
| CRC-OPAC | 2年内 | 每5年或连同下一份CRC报告一起 |

① 《公民权利和政治权利国际公约》第40条要求缔约国在“该公约对其生效后的一年内”，及此后“每逢委员会要求这样做的时候”，提出关于它们已经采取而使本公约所承认的各项权利得以实施的措施和关于在享受这些权利方面所作出的进展的报告。人权事务委员会2010年7月12—20日第99届会议通过的《缔约国依据〈公民权利和政治权利国际公约〉第40条的规定提交条约专要文件的准则》规定，“对于此后提交的定期报告，委员会采取的实践是，在结论性意见的最后，确定下一份定期报告应当提交的日期”。CCPR/C/2009/1，第12段。一般来说，缔约国需要每四年提交一次报告。《消除一切形式种族歧视国际公约》第9条第1款要求缔约国每两年并应委员会请求时提交一次报告，但是该委员会允许将两份报告合二为一，也就是说，实际上为每四年提交一次报告。《消除对妇女一切形式歧视公约》第18条要求缔约国至少每四年并随时在委员会的请求下提交报告。《禁止酷刑和其他残忍、不人道或有辱人格的待遇或处罚公约》第19条第2款要求缔约国应每四年提交关于其所采新措施的补充报告以及委员会可能要求的其他报告。《儿童权利公约》第44条第1款要求缔约国每五年提交一次报告。此外，2002年的《〈儿童权利公约〉关于儿童卷入武装冲突问题的任择议定书》第8条第2款规定，缔约国应每五年向儿童权利委员会提交一次报告。2002年《〈儿童权利公约〉关于买卖儿童、儿童卖淫和儿童色情制品问题的任择议定书》第12条第2款也要求缔约国每五年向儿童权利委员会提交一次报告。《保护所有移徙工人及其家庭成员权利公约》第73条第1款要求缔约国每隔五年及当委员会要求时提交报告。《残疾人权利公约》第35条第2款要求缔约国至少应当每四年提交一次报告，并在委员会提出要求时另外提交报告。《经济、社会和文化权利国际公约》第17条并未规定缔约国提交报告的周期，但是赋予联合国经社理事会确定自身报告计划的决定权，一般是每五年提交一次报告。

续表

| 条约 | 初步报告(批准后) | 定期报告 |
|---|---|---|
| CRPD | 2年内 | 每4年 |
| CED | 2年内 | 应CED的要求（第29（4）条） |

国际人权条约机构的定期审议制度有以下几个明显特征：

第一，这些人权条约机构都不是由国家的代表组成的，而是由专家以个人身份任职的。因此，国际人权条约机构具有独立性、专业性和规范性。[1]

第二，这些人权条约机构虽然都定期审议缔约国提交的国家履约报告，但是几乎没有任何一个这样的定期审议制度是普遍的，因为只有缔约国才有义务提交报告。目前，所有上述十个国际人权公约中，缔约国数量最多的《儿童权利公约》，达到了196个，但是美国直到今天还不是该公约的缔约国。[2] 因此，国际人权条约机构的定期审议具有相对性。

第三，这些人权条约机构无法对缔约国的所有人权进行定期审议。每一个国际人权条约机构只有权力定期审议相应的公约所规定的人权范围。由于这些国际人权公约要么局限于某一类特定的人权（例如公民权利和政治权利、经济、社会和文化权利），要么局限于某一类特定的人群（例如妇女、儿童、移徙工人、残疾人），要么局限于某一个特定的事项（例如种族歧视、酷刑、强迫失踪），因此，国际人权条约机构无法对缔约国的所有人的所有人权进行全面审议，具有局限性。

从第一个国际人权条约机构，即消除种族歧视委员会运作以来，国际人权条约大多数缔约国认真提交了国家报告，接受了条约机构的定期审议，从总体来说，其履行状况比较良好。定期审议制度有力地提高了各缔约国尊重、保护和促进相应的人权的水平，实现了各缔约国国内相关法律和机制的透明度，促进了各缔约国之间尊重、保护和促进相应人权的能力

① 白桂梅、朱利江编：《国际法》（第二版），中国人民大学出版社，2007年，第136页。

② 索马里在2015年10月1日向联合国秘书长提交了《儿童权利公约》的批准书，该公约的缔约国数量达到196个，美国尚未成为该公约的缔约国。

建设和经验交流，可以说，为人权的国际保护作出了重大的贡献。[①] 联合国秘书长潘基文高度赞赏国际人权条约机构的作用，认为“条约机构是国际人权保护系统的核心，同时也是推广普世的规范来保障社会正义和个人福祉的引擎”。[②] 然而，在实践过程中，也出现了诸多急需解决的现实问题。一方面，许多缔约国不能按时提交定期报告，或者干脆不提交报告。另一方面，条约机构不能及时审议已经提交的报告，造成大量积压。在缔约国看来，报告任务随着加入条约数目的增多而逐步增加；报告间多有重复，造成报告成本高昂、资源过度浪费；条约机构要求缔约国根据审议上次报告的结论性意见提交反馈报告或中期报告，导致报告任务更为繁重；条约机构轻视国家报告，重视非政府组织提供的信息，不符合条约的规定；部分条约机构专家观点偏颇，所提意见有失中肯、难以接受。目前，如何改革和完善国际人权条约机构的报告制度，是国际人权保护领域的一个重点课题，正在受到各方的广泛关注。[③]

① Christof Heyns and Frans Vijoen, *The Impact of the United Nations Human Rights Treaties on the Domestic Level* (Kluwer Law International, The Hague，2002), p.648.

② 联合国秘书长的前言，载联合国人权事务高级专员2012年《关于加强条约机构系统的报告》，A/66/860，第五页。

③ 参见：2012年由中国、俄罗斯、古巴、委内瑞拉、津巴布韦、巴基斯坦、叙利亚、伊朗、尼加拉瓜、白俄罗斯、塔吉克斯坦、玻利维亚、印度尼西亚等13国发起的题为《大会关于加强和增进人权条约机构体系有效运作政府间进程》的联大决议草案，A/66/L.37；联合国人权事务高级专员2012年《关于加强条约机构系统的报告》，A/66/860。有关这方面的介绍和研究，可参见：戴瑞君:《联合国人权条约机构体系的加强进程》，载《环球法律评论》，2013年第六期，第159页。关于国际人权条约机构报告审议制度的研究，还可以参见：尹生:《核心国际人权条约缔约国报告制度：困境与出路》，载《中国法学》，2015年第三期；曾令良:《联合国人权条约实施机制：现状、问题和加强》，载《江汉论坛》2014年第7期；吴晓晖:《论联合国人权条约监督机制改革的若干理论和实践问题》，载《武大国际法评论》第14卷第1期，武汉大学出版社2011年版；戴瑞君:《论联合国人权条约监督机制的改革》，载《法学杂志》，2009年第三期；彭锡华:《国际人权条约实施的国际监督制度》，载《西南民族学院学报》(哲学社会科学版)，2001年第10期；Michael O'Flaherty and Claire O'Brien, “Reform of UN Human Rights Treaty Monitoring Bodies: A Critique of the Concept Paper on the High Commissioner's Proposal for a Unified Standing Treaty Body”, 7 *Human Rights Law Review* (2007), pp.141-172; Michael O'Flaherty, “Reform of the UN Human Rights Treaty Body System: Locating the Dublin Statement”, 10 *Human Rights Law Review* (2010), pp.319-335.

### （二）区域人权条约机构的定期审议制度

除了国际人权条约机构的定期审议制度外，在区域人权法层面，也存在定期审议制度。根据1961年《欧洲社会宪章》（European Social Charter）（后经多次修改，最近的修改是1996年）的规定，缔约国需要向欧洲社会权利委员会（依据《欧洲社会宪章》第25条设立，由15位独立专家组成，他们由欧洲理事会部长委员会选举产生，任期六年）每年提交报告，接受审议，欧洲社会权利委员会对缔约国的报告审议后发表结论性意见。根据1995年《欧洲保护国内少数者框架公约》第24—26条的规定，欧洲理事会部长委员会任命18位独立专家组成咨询委员会，协助部长委员会监督该公约的实施。该公约的缔约国需要在该公约对该缔约国生效后一年内提交初步报告，以后需要定期应部长委员会的请求提交报告，接受咨询委员会的审议，咨询委员会在审议后会发表一份意见。①

1981年《非洲人权及民族权宪章》（African Charter on Human and People's Rights）第二部分第一章规定了非洲人权及民族权委员会的设立，依据该《宪章》第31条的规定，该委员会由11名委员组成，这些委员以个人身份任职。根据该《宪章》第四章“可适用的原则”第62条的规定，每一个缔约国应当承诺，从该《宪章》对该缔约国生效之日起，每隔两年就其采取的立法和其他措施向委员会提交报告。②

1988年的《〈美洲人权公约〉经济、社会和文化权利领域的附加议定书》（“《圣萨尔瓦多议定书》”）第19条规定了保护措施。根据该条规定，该议定书的缔约国应当就其采取的措施提交定期报告。所有的缔约国报告都应当提交给美洲国家组织秘书长，秘书长应将其转交给美洲国家间经济和社会理事会以及美洲国家间教育、科学和文化理事会。这两个机构将依据该议定书的规定进行审议。美洲国家组织秘书长还应当将这些报告的复

---

① European Social Charter of 1961, CETS No.35; Amending Protocol of 1991 Reforming the Supervisory Mechanism (CETS No. 142); Revised European Social Charter of 1996 (CETS No. 163); http://www.coe.int/en/web/turin-european-social-charter/charter-texts

② http://www.achpr.org/instruments/achpr/#a45

印本转交给美洲人权委员会。如果缔约国提交的报告或报告中的有关内容与美洲国家组织专门机构的职责范围有关，而且该缔约国又是美洲国家组织专门机构的缔约国，美洲国家组织秘书长还应当将其收到的报告的复印本或有关内容的复印本转交给美洲国家组织专门机构。美洲国家组织专门机构也可以向美洲国家间经济和社会理事会以及美洲国家间教育、科学和文化理事会就其职责范围内与该议定书内容有关的活动报告。向美洲国家间经济和社会理事会和美洲国家间教育、科学和文化理事会提交的年度报告应当包含从该议定书缔约国以及专门机构受到的资料概况。美洲人权委员会可以就该议定书缔约国经济、社会和文化权利的状况提出意见和建议。① 1994年美洲国家组织通过的《美洲防止、惩治和消除对妇女暴力的公约》要求每一个缔约国在其向美洲妇女委员会提交的国别报告中包含实施该公约的资料（第10条）。② 1999年《美洲消除对残疾人一切形式歧视的公约》设立了美洲消除对残疾人一切形式歧视委员会，并要求缔约国在该公约对其生效后一年内提交初步报告，此后每隔四年提交定期报告，接受该委员会的审议（第6条）。③

1992年欧洲理事会通过的《欧洲地区或少数者语言宪章》(European Charter for Regional or Minority Languages）第四部分（第15-17条）规定了定期审议制度。根据该《宪章》第15条的规定，缔约国应当在该《宪章》对该缔约国生效一年内提交初步报告，以后应当每隔三年向欧洲理事会秘

---

① Organization of American States, Additional Protocol to the American Convention on Human Rights in the Area of Economic, Social, and Cultural Rights "Protocol of San Salvador", 17 November 1988, OAS Doc. OAS/Ser.L/V/I.4 rev. 13. Oswaldo R. Ruiz-Chiriboga, "The American Convention and the Protocol of San Salvador: Two Intertwined Treaties", 31 *Netherlands Quarterly of Human Rights* (2013), p.159.

② Inter-American Convention on the Prevention, Punishment and Eradication of Violence Against Women ("Convention of Belem do Para"), 9 June 1994, 1995年3月5日生效。美洲妇女委员会是第六届泛美大会在1928年设立的一个国际组织，由美洲国家的女性代表组成，是世界上第一个专门保护妇女权利的国际组织。

③ Inter-American Convention on the Elimination of All Forms of Discrimination Against Persons With Disabilities, AG/RES. 1608, 7 June 1999. (Resolution adopted at the first plenary session, held on June 7, 1999).

书长提交定期报告。第16条规定，这些报告应由依据第17条设立的专家委员会进行审议。第17条规定了专家委员会的设立和组成，该委员会由每个缔约国的一位专家组成，任期六年，可连选连任。

阿拉伯国家联盟于1994年通过、并经2004年修改的《阿拉伯人权宪章》（Arab Charter on Human Rights）也设立有一个七人组成的阿拉伯人权委员会，由缔约国的国民以个人身份任职（第45条），每一个缔约国应当在该宪章对其生效之日一年内提交初步报告，并在以后每个三年提交定期报告，接受阿拉伯人权委员会的审议（第48条）。[①]

### （三）普遍定期审议与其他人权机制之间的区别

与特别程序相比，普遍定期审议机制也呈现不同的特点。首先，两者的范围不同。特别程序之所以被称为"特别"程序，是因为这一程序要么针对特定的国家（国别程序），要么针对特定的人权（专题程序）。尤其是对于国别程序来说，它只针对特定的国家。而普遍定期审议奉行普遍原则，具有普遍性，针对所有联合国193个会员国以及所有的人权。其次，两者审议的主体不同。与条约机构一样，特别程序也是由独立的人权专家负责的，而普遍定期审议则是国家驱动的程序，是国家之间的同侪审议。再次，两者的内容不同。特别程序在人权事务高级专员办事处的支持下开展国家访问，通过发函提请各国及其他行为者关注指称侵犯虐待案件以回应个别案件及更广泛的结构性问题，撰写专题报告和组织专家讨论会，促进国际人权标准的发展完善，从事宣传活动，提高公众意识，为技术合作提供咨询意见等，而这些职权都是普遍定期审议机制中所不涉及的。最后，在特别程序中，尤其是在国别程序中，奉行的是秘密审议的原则，而普遍定期审议机制则实行的是透明原则。总之，普遍定期审议与特别程序具有不同的特点，是人权理事会的两个不同机制。

---

① Council of the League of Arab States, Arab Charter on Human Rights, September 15, 1994, reprinted in *18 Human Rights Law Journal* (1997)，p. 151. 1994年的这个宪章没有得到一个阿拉伯国家的批准。League of Arab States, Arab Charter on Human Rights, May 22, 2004, 12 International Human Rights Reports (2005), p.893, 已经于2008年3月15日生效。

与条约机构的定期审议相比，普遍定期审议也具有明显的特征。首先，两者的性质不同。条约机构的审议属于国际人权公约监督机制中的条约机制，是以受审国参加特定的国际人权公约为前提的，因此，是否接受条约机构的定期审议，国家保有较大的自主权，国家有可能选择不批准或加入条约来规避条约机构对其人权的定期审议，国家也有可能对条约中的某些条款提出保留，从而规避条约机构对保留的条约所涉的条款的审议；而普遍定期审议适用于所有联合国193个会员国，因此联合国会员国是没有选择权的，只能定期接受审议。其次，两者的审议主体不同。条约机构的审议是由条约机构的专家委员进行的，而普遍定期审议则是由会员国进行的，因此，前者的法律性和专业性比后者更强。再次，两者的审议内容不同。条约机构的审议具有局限性，只有那些受审国参加的相应的国际人权公约规定的人权才会受到审议，而普遍定期审议的人权内容是所有人权。这是普遍定期审议机制有别于条约机构的一大优势。[①] 第四，两者的审议周期不同。条约机构的审议周期取决于相应的条约规定，一般是四年或五年，而且在实践中大多数缔约国都没有能够按时接受审议，[②] 而普遍定期审议的周期不是固定不变的，到目前为止尚未出现缺席审议的情形。第五，两者的审议基础不同。条约机构的审议一般以缔约国提交的报告为基础，而普遍定期审议除了受审国提交的报告外，还包括其他客观和可靠的资料。最后，两者的审议结果不同。条约机构在作为审议结果的一般性结论或意见中很少考虑受审国的能力建设和需求，而普遍定期审议的结果中一般都考虑受审国的能力建设和需求。

---

① Christian Tomuschat, “Universal Periodic Review: A New System of International Law with Secific Ground Rules?” in Ulrich Fastenrath et al. eds., *From Bilateralism to Community Interest: Essays in Honor of Bruno Simma* (Oxford University Press, 2011), p.615.

② 根据联合国人权高专办公室的统计，应当向条约机构提交的初步报告中有30%都没有按时提交。截至2006年2月，在194个国家中，只有8个国家及时提交了报告。而且，在审查报告方面，已经存在严重的滞后。Report by the Secretariat, Concept Paper on the High Commissioner’s Proposal for a Unified Standing Treaty Body, HRI/MC/2006/2 (2006), para. 17.

### （四）补充性原则的起草过程

早在2005年4月14日，也就是联合国秘书长安南向当时的人权委员会发表讲话提议未来的人权理事会应具有同侪审议职能的设想后一个星期，安南在正式致联大第60届会议主席的信中，在阐述未来的同侪审议机制应当遵守的原则和争取实现的目标时，就指出："同侪审查机制对人权条约规定的报告程序起补充作用，而不是取而代之。"①2005年7月22日，第59届联大主席提出的《成果文件》的修正草稿中，建议"这一程序不与人权条约规定执行的报告程序重叠"。② 在2005年8月5日的第二份修正草稿中也是这么建议的。③2006年3月15日的联大第60/251号决议在决定设立人权理事会时，特别指出，普遍定期审议机制"应补充、而不是重复条约机构的工作"，④ 而且，人权理事会的工作方式"能与特殊程序和机制进行实质互动"。⑤ 因此，这一原则实际上也是联大决议要求的重申和落实。

如何处理普遍定期审议机制与已有的其他人权机制之间的关系，早就受到各利益攸关方的关注，甚至成为决定普遍定期审议机制存在价值和意义的重要因素之一。2006年3月15日，中国代表张义山在投票赞成联大第60/251号决议后的解释性发言中指出，普遍定期审议机制"易与联合国人权公约机构及特别机制职能重叠"，⑥ 体现中国对普遍定期审议机制的关注和担忧。国际人权法专家曼夫雷诺瓦克也指出："普遍定期审议不仅会重复条约机构和特别程序的工作，而且这意味着是一个重大的倒退。因此，必须把普遍定期审议理解为一种后续机制，就像欧洲理事会对《欧洲人权

① 秘书长的报告:《大自由：实现人人共享的发展、安全和人权》，A/59/2005，增编一：人权理事会，第7段。

② A/59/HLPM/CRP.1/Rev.1, para. 131.

③ A/59/HLPM/CRP.1/Rev.1, para. 139.

④ A/RES/60/251，第五（e）段。

⑤ A/RES/60/251，第12段。

⑥ A/60/PV.72，第25页。

公约》的监督一样。”[①] 曾经担任人权事务委员会委员的英国诺丁汉大学教授迈克尔·奥弗莱厄蒂（Michael O'Flaherty）也对这一机制可能重复人权条约机构的工作十分担心，认为重复的可能性很高，建议两者划分各自的领域。[②]

在普遍定期审议机制的起草过程中，许多利益攸关方建议审议应遵循补充性原则。例如，澳大利亚建议，“普遍定期审议不应当取代或重复现有的机制，例如条约机构或特别程序。普遍定期审议应当补充这些机制。它应当与这些机制有所不同，产生附加值，而且从这些机制的信息和工作中获益。”欧盟2006年8月18日向工作组协调员提交的建议中，也认为普遍定期审议的目标之一是补充、而不是重复独立人权机构的建议、结论和决定的实施，尤其是条约机构、特别程序和相关的区域安排。

在2006年11月20日工作组第一届会议第二次会议的专门讨论中，许多利益攸关方以联大第60/251号决议为依据，强调审议必须是对其他人权机构的补充和不重复。[③] 例如，阿尔及利亚（代表非洲集团）提及，普遍定期审议必须避免对受审国施加其依据条约机构已经承担的义务。伊朗代表指出，应当界定普遍定期审议机制与特别程序和条约机构的关系。加拿大代表建议普遍定期审议机制补充、而不是重复条约机构的工作。芬兰（代表欧盟）发言，建议“普遍定期审议不重复条约机构的工作，不对受审国是否遵守条约机构的义务进行第二轮的实体审查，而只是对其是否遵守落实条约机构的建议进行跟踪；不取代人权理事会或其特别机制的工作，而是跟踪这些机制给出的建议落实情况。”挪威代表指出，普遍定期审议应当补充而不重复条约机构的工作，不重复是指普遍定期审议不能取代条约机构的工作，也不能成为条约机构的上诉机制。此外，印度尼西

① Manfred Nowak, “The Need for a World Court of Human Rights”, 7 *Human Rights Law Review* (2007), p.251.

② Michael O'Flaherty and Claire O'Brien, “Reform of UN Human Rights Treaty Monitoring Bodies: A Critique of the Concept Paper on the High Commissioner's Proposal for a Unified Standing Treaty Body”, 7 *Human Rights Law Review* (2007), p.163.

③ A/HRC/3/CRP.1，第27段。

亚、巴基斯坦（代表伊斯兰会议组织）的发言也都提到补充原则。在总结各利益攸关方的意见后，2006年11月30日，工作组协调员卢利什基在向人权理事会第三届会议提交的工作组《初步结论》中，把补充原则列入普遍定期审议的原则之一，即"补充而不是重复其他人权机制，从而另有一层价值"，列为第五项原则，而且认为这是各利益攸关方的意见趋同点之一。[①]

在其2007年2月12日的第一份非正式文件中，协调员继续把补充原则列为普遍定期审议的原则之一，并把其列为第四项原则，并且认为这是利益攸关方的意见趋同点之一。在2007年2月12日工作组第二届会议第二次会议的专门讨论中，一些利益攸关方表示支持这一原则。例如，加拿大代表发言，指出普遍定期审议应当补充其他这些机制，成为促进跟踪建议的附加和普遍的方法，而且鼓励更好实施联合国的人权义务，在从这些其他机构的资料和工作中获益外，它应当增添附加值。此外，中国、菲律宾、巴基斯坦（代表伊斯兰会议组织）代表也发言，指出普遍定期审议应补充而不是重复其他机构的工作。菲律宾代表2007年2月12日发言，指出"审议应补充、而不是复制现有的机制。"同日，巴基斯坦（代表伊斯兰会议组织）的发言也建议规定这一原则。

在2007年3月15日的第二份非正式文件中，协调员继续保留这一原则，并把其列为第四项原则，并认为这是利益攸关方的意见趋同点之一。[②] 在2007年4月27日的第三份非正式文件中，协调员继续保留了这一原则，但把这一原则上升为第五项原则。[③] 人权理事会主席2007年6月4日的第一份案文、6月13日的第二份案文、6月17日的第三份案文均原封不动地继承了协调员在2007年4月27日第三份非正式文件中的写法和位次，直到最终在6月18日通过，这就是我们现在看到的《普遍定期审议机制》中的规定。

---

① A/HRC/3/3，2006年11月30日。

② A/HRC/4/117.

③ A/HRC/5/14.

## （五）实践与问题

在普遍定期审议的实践中，许多受审议国在互动对话阶段的陈述中，承诺在规定的时间里将向条约机构提交那些迟迟没有提交的报告，还有的国家的代表承诺将批准或加入国际人权公约或者在审议之前批准或加入国际人权公约。例如，巴基斯坦在审议之前不到三周批准了《经济、社会和文化权利国际公约》，并签署了《公民权利和政治权利国际公约》。从这个意义上可以说，普遍定期审议是对条约机构工作的一种补充，因为它鼓励各国符合条约机构设定的程序义务，并作为履行条约机构提出的突出问题的一种临时后续行动。许多国家受审议时收到的建议中，都有涉及条约机构和特别程序方面的建议。

另一方面，条约机构在审议缔约国的报告时，也对普遍定期审议的建议进行了回应。例如，消除对妇女歧视委员会在对芬兰、以及禁止酷刑委员会在对印度尼西亚的报告进行审议时，提到了这两个国家的普遍定期审议结果文件。在另外一些实践中，条约机构中的国家报告员认为，普遍定期审议的结果文件在准备审议缔约国时有帮助。例如，人权事务委员会中的美国籍委员韦奇伍德（Wedgwood）女士作为审议法国的报告员在准备过程中认为，普遍定期审议结果文件对法国的审议准备工作是有价值的。不过，2008年6月和12月，条约机构之间的联席制度“委员会间会议”显示，普遍定期审议可能会动摇条约机构，侵蚀条约机构的自治性。条约机构委员提出的种种担心包括：普遍定期审议在提及条约机构的建议方面存在政治方面的选择性；普遍定期审议的受审议国可能在普遍定期审议时拒绝接受它们在条约中已经接受的义务方面的建议；普遍定期审议建议过于笼统；以及普遍定期审议缺乏一个后续行动方面的程序。[①]

---

① Report of the Seventh Inter-committee Meeting of Human Rights Treaty Bodies, 13 August 2008, A/63/280, at Annex, paras. 22-23.

## 七、客观、透明、不作选择、具有建设性、非对抗和非政治化原则

这一连串原则是在吸取联合国人权委员会失败的经验教训上得出的，也将是人权理事会能否重蹈人权委员会失败的覆辙的基本保证，因此这一连串原则在普遍定期审议机制的起草过程中受到了各利益攸关方的广泛支持。

在总结各利益攸关方的意见的基础上，2006年11月30日工作组协调员卢利什基向人权理事会第三届会议提交的工作组《初步结论》中，就规定了这一原则，并列为第七项原则，而且认为这是各利益攸关方的意见趋同点之一。① 此后，这一原则一直都出现在协调员2007年2月12日的第一份非正式文件（位列第六项原则）、3月15日的第二份非正式文件（位列第六项原则）、4月27日的第三份非正式文件（位列第七项原则）、以及人权理事会主席6月4日的第一份案文（位列第七项原则）、6月13日的第二份案文（位列第七项原则）、以及6月17日的第三份案文（位列第七项原则），直到最终的6月18日的人权理事会的决议中（位列第七项原则）。这些原则虽然都列在一起，形成一连串原则，但是严格来说，它们之间仍然存在一定的区分，需要一一研究。

### （一）客观原则

客观原则在2006年3月15日联大第60/251号决议中就已经提及。在该决议序言中，确认在审议人权问题时要确保“客观性”，② 而且要求人权理事会工作的指导原则之一是“客观性”。③ 虽然第60/251号决议没有在涉及普遍定期审议机制的段落中明确提及客观原则，但是，该段落要求根据“客观和可靠的信息”，以确保普遍、平等地对待并尊重所有国家的方式，

① A/HRC/3/3，2006年11月30日。

② 同上，序言，第十段。

③ A/RES/60/251，第四段。

定期普遍审查每个国家履行人权义务和承诺的情况。[①] 因此，可以说，客观原则也是联大第60/251号决议的要求。在普遍定期审议机制的起草过程中，许多利益攸关方建议写入客观原则。在工作组2006年11月20日第一届会议第二次会议的专门讨论中，一些代表就认为普遍定期审议机制的运作应当确保客观性，[②] 包括阿尔及利亚（代表非洲集团）提及必须尊重客观原则。在工作组2007年2月12日第二届会议第二次会议的专门讨论中，也有不少利益攸关方认为，这一机制应当满足客观原则，[③] 包括中国、德国（代表欧盟）。

### （二）透明原则

透明原则要求普遍定期审议机制的运作完全公开。这是全球治理进程中透明原则在国际人权机制中的最新体现和发展。尽管国际法和国际机制中存在着诸多非透明原则，而且国际法中并不存在一项一般的透明原则，但是,国际法和国际机制的发展的一个基本特征是正在从“不公开”向“公开”发展，而且,从应然法的角度来看，国际法和国际机制应当变得更加透明，即目前的趋势应当持续并得到加强。这是因为，在国际法和国际治理领域，透明度的价值与功能可以体现在以下三个方面：(1）促进善治与法治，包括可预见性、可获得性以及法律的清晰度;(2）提高可归责性、参与度以及民主性;(3）增强有效性和效力。[④] 这一点在普遍定期审议机制的起草过程中体现得十分明显。

早在2005年4月14日，也就是联合国秘书长安南向当时的人权委员会发表讲话提议未来的人权理事会应具有同侪审议职能的设想后一个星期，安南在正式致联大第60届会议主席的信中，在阐述未来的同侪审议机制应当遵守的原则和争取实现的目标时，就指出:“人权理事会必须确

---

① A/RES/60/251，第五（e）段。

② A/HRC/3/CRP.1，第30段。

③ A/HRC/4/CRP.3，第25段。

④ 安妮·皮得斯著、戴瑞君译:《国际法的透明度转向》，载《国际法研究》，2015年第一期，第30页。关于国际法中的透明度原则更为一般的研究，参见：Andrea Bianchi and Anne Peters eds., *Transparency in International Law* (Cambridge University Press, 2013).

保建立公正、‘透明’和可行的同侪审查制度。”[①] 审议是否应当公开也是普遍定期审议这一概念被提出以来学者们关注的问题之一。[②] 2006年联大第60/251号决议提到理事会的工作方式之一是“透明”。[③]

在普遍定期审议机制的起草过程中，许多利益攸关方建议审议应当透明，包括澳大利亚。欧盟在2006年8月18日的建议中强调透明原则，指出无论是在普遍定期审议的准备阶段还是在审议阶段，都应当体现透明性，这意味着普遍定期审议的过程应当是公开的。有的非政府组织在2006年9月提交的书面建议中也提及透明原则，认为“对于所有有关各方来说，审议必须在各个方面是公开和透明的。作为审议基础的资料应当是透明的，审议的过程、互动对话、审议的结果，以及执行建议的措施和其他后续行动都应当是透明的。”在2006年11月20日工作组第一届会议第二次会议的专门讨论中，阿尔及利亚（代表非洲集团）强调，必须尊重透明原则。芬兰（代表欧盟）建议，普遍定期审议的全过程都应当遵守透明原则，审议应该公开进行。在2007年2月12日工作组第二届会议第二次会议的专门讨论中，一些利益攸关方认为，这一机制应当满足透明原则。[④] 有代表建议，普遍定期审议应当对媒体公开，尤其是有关国家的媒体，而且审议应当是直播的，以便确保全面的透明度。[⑤] 加拿大代表指出，普遍定期审议整个过程应当是透明的，所有对话和文件应当是公开的，而且可以通过电子的形式获得。德国（代表欧盟）指出，普遍定期审议的“普遍”共有五个含义，其中第四个含义是透明，允许所有利益攸关方，包括非政府组织，全面和有效地参与这一机制，并且这一机制向一般公众开放。波兰代表同意德国（代表欧盟）的发言，并且特别指出，透明原则对于确保审

---

① 秘书长的报告:《大自由：实现人人共享的发展、安全和人权》，A/59/2005，增编一：人权理事会，第8段。

② 例如参见：Carlos Villan Duran, “Lights and Shadows of the New United Nations Human Rights Council”, 5 *SUR International Journal on Human Rights* (2006), p.10.

③ A/RES/60/251，第12段。

④ A/HRC/4/CRP.3，第25段。

⑤ 同上，第30段。

议过程的信誉来说至关重要。只有菲律宾代表的发言反对透明原则，指出“审议本身或者说互动对话是理事会评估受审国增进和保护人权的优势和弱势的机制，应当是在秘密会议中进行。”

### （三）不作选择原则

早在2005年4月14日，也就是联合国秘书长安南向当时的人权委员会发表讲话提议未来的人权理事会应具有同侪审议职能的设想后一个星期，安南在正式致联大第60届会议主席的信中，在阐述未来的同侪审议机制应当遵守的原则和争取实现的目标时，就指出：同侪审查有助于尽可能避免政治化和“选择性”，而政治化和选择性是人权委员会的特征。[①] 2006年联大第60/251号决议在序言中，确认在审议人权问题时要确保“非选择性”，[②] 还要求理事会工作的指导原则之一是“非选择性”。[③] 在普遍定期审议机制的起草过程中，许多利益攸关方建议写入不作选择原则。在2006年11月20日工作组第一届会议第二次会议的专门讨论中，一些代表都提及普遍定期审议机制的运作应当确保不作选择性，[④] 包括阿尔及利亚（代表非洲集团）、巴西。在2007年2月12日工作组第二届会议第二次会议的专门讨论中，也有一些国家的代表指出，这一机制应当满足不作选择原则，避免双重标准。[⑤] 例如，德国（代表欧盟）指出，普遍定期审议的“普遍”共有五个含义，其中第三个含义是，它是“选择性、政治化和双重标准”的反义词，“普遍”指的是不偏不倚和客观。普遍定期审议的标准并不属于某一个洲，而是所有联合国会员国的共同标准，是共同的成就。不作选择原则至少含有以下两个含义：第一，审议的对象不应作选择，即所有国家都应当得到审议，这实际上就是前述第二项原则中的普遍原则；第二，审议的内容不应当作选择，不能只审查公民权利和政治权

---

① 秘书长的报告：《大自由：实现人人共享的发展、安全和人权》，A/59/2005，增编一：人权理事会，第8段。

② 同上，序言，第十段。

③ A/RES/60/251，第四段。

④ A/HRC/3/CRP.1，第30段。

⑤ A/HRC/4/CRP.3，第25段。

利，而不审查经济、社会和文化权利。

### （四）建设性原则

2006年联大第60/251号决议要求人权理事会工作的指导原则之一是“建设性”国际对话。[①] 在普遍定期审议机制的起草过程中，许多利益攸关方建议审议应当具有建设性，包括澳大利亚。在2006年11月20日工作组第一届会议第二次会议的专门讨论中，一些国家的代表认为，普遍定期审议机制不应当成为点名或羞辱国家的法庭，而是应当满足建设性原则。[②] 例如，伊朗代表认为，这一机制不应仅仅用作基于政治目的而发起指责的法庭或论坛。阿尔及利亚（代表非洲集团）提及，普遍定期审议必须建立在建设性对话的基础之上。斯里兰卡代表指出，普遍定期审议应当以一种建设性的方式进行。提及这一原则的还有印度尼西亚和马来西亚的代表。在2007年2月12日工作组第二届会议第二次会议的专门讨论中，一些利益攸关方再次提及，这一机制应当满足建设性原则，不应当成为点名或羞辱国家的法庭，也不应成为施加国别决议或指责的机制。[③] 例如，孟加拉国代表指出，审议结果应当是建设性的，并建议审议结果包含合作或援助的建议，也可以包含受审国的自愿保证。有些代表建议在审议结果中包含任命特别报告员、实况调查团或报告人权理事会的建议，这背离了普遍定期审议机制的精神，应当不采纳。

### （五）非政治化原则

早在2005年4月14日，也就是联合国秘书长安南向当时的人权委员会发表讲话提议未来的人权理事会应具有同侪审议职能的设想后一个星期，安南在正式致联大第60届会议主席的信中，在阐述未来的同侪审议机制应当遵守的原则和争取实现的目标时，就指出：同侪审查有助于尽可

---

① A/RES/60/251，第四段。

② A/HRC/3/CRP.1，第30段。

③ A/HRC/4/CRP.3，第25段。例如，加拿大代表。

能“避免政治化”和选择性，而政治化和选择性是人权委员会的特征。[①]在普遍定期审议机制的起草过程中，许多利益攸关方建议写入非政治化原则。在2006年11月20日工作组第一届会议第二次会议的专门讨论中，一些国家的代表认为，普遍定期审议机制的运作应当确保排除双重标准和非政治化。[②]例如阿尔及利亚（代表非洲集团）、斯里兰卡。在2007年2月12日工作组第二届会议第二次会议的专门讨论中，一些利益攸关方再次提及，这一机制应当满足非政治化原则，[③]例如中国。

### （六）非对抗原则

尽管联大第60/251号决议中并未提及人权理事会工作应遵循非对抗原则，但是，在普遍定期审议机制起草过程中，许多利益攸关方均提及非对抗原则。在2006年11月20日工作组第一届会议第二次会议的专门讨论中，一些国家的代表认为，普遍定期审议机制应当满足非对抗性原则。[④]例如，阿尔及利亚（代表非洲集团）指出，普遍定期审议必须避免对抗。斯里兰卡代表指出，普遍定期审议应当是一个轻松的、非对抗的过程。在2007年2月12日工作组第二届会议第二次会议的专门讨论中，一些利益攸关方也提及，这一机制应当满足非对抗性原则，[⑤]例如中国。

## 八、不造成过多负担原则

这一原则是指，普遍定期审议不应当给所涉国家或人权理事会的议程造成过多负担。尽管这一原则没有规定在联大第60/251号决议中，但是在该决议通过的当时，一些国家的代表指出，普遍定期审议机制不应当造成负担，尤其是对发展中国家。例如，中国代表张义山在投票赞成第60/251号决议后的解释性发言中指出，普遍定期审议机制“增加发展中国家的报

---

① 秘书长的报告:《大自由：实现人人共享的发展、安全和人权》，A/59/2005，增编一：人权理事会，第8段。

② A/HRC/3/CRP.1，第30段。

③ A/HRC/4/CRP.3，第25段。

④ A/HRC/3/CRP.1，第30段。

⑤ A/HRC/4/CRP.3，第25段。

告负担”。[1]

在普遍定期审议机制起草过程中，许多利益攸关方提出，应当写入这一原则。在总结各利益攸关方的意见后，2006年11月30日，工作组协调员卢利什基在向人权理事会第三届会议提交的工作组《初步结论》中，把这一原则列入普遍定期审议的原则之一，即“不给各国增加新的报告义务，也不给理事会或秘书处造成过多负担”，列为第四项原则，而且认为这是各利益攸关方的意见趋同点之一。[2]

在其2007年2月12日的第一份非正式文件中，协调员继续把这一原则列为普遍定期审议的原则之一，并把其列为第三项原则，但是把措辞改为，“不给提供报告的国家或理事会的议程造成负担”，并且认为这是利益攸关方的意见趋同点之一。在2007年2月12日工作组第二届会议第二次会议的专门讨论中，一些利益攸关方强调普遍定期审议机制不应过于复杂，过于冗长，不能给受审国、人权理事会、人权理事会会员国、人权高专以及观察员施加沉重的负担，包括加拿大、土耳其、菲律宾、巴基斯坦（代表伊斯兰会议组织）。尤其是，韩国代表指出，关于第三项原则，虽然我们同意审议过程应当简单和可控，但我们觉得，有必要在“负担”前面加上“过多”一词，因为任何审议必然意味着某种负担，因此审议过程应当不能简单了事。也有一些国家的代表虽然认同不造成过分负担原则，但是认为不应当规定在原则中，而是一个模式问题。挪威指出，虽然支持把普遍定期审议机制设置为一个可控的和轻松的程序，但是这一机制不应成为某种负担不应成为一项原则，认为这是一个与审议模式有关的问题，在确立审议模式时，应当避免对国家、秘书处和人权理事会造成过分的负担。新西兰代表也认为，“普遍定期审议不应对国家造成过多负担。具体来说，它不应重复报告要求，这一点可以并入第四项原则，不应对国家造成过多负担可以像挪威建议的那样，用正面的方式规定，即普遍定期审议

---

① A/60/PV.72，第25页。

② A/HRC/3/3，2006年11月30日。

应当是一个对于国家和理事会来说有效的和可控的机制，而不应对理事会的议程造成过多负担。”

在2007年3月15日的第二份非正式文件中，协调员继续保留这一原则，并把其列为第三项原则，但是在“负担”前面增加了“过多”一词，并认为这是利益攸关方的意见趋同点之一。[①] 在2007年4月27日的第三份非正式文件中，协调员继续保留了这一原则，但把这一原则列为第八项原则。[②] 人权理事会主席2007年6月4日的第一份案文基本上继承了协调员的第三份非正式文件，只是将“提供报告的国家”改为了“所涉国家”，此后，在6月13日的第二份案文以及6月17日的第三份案文均没有发生变化，直到最终在6月18日通过，这就是我们现在看到的《普遍定期审议机制》中的规定。

## 九、节俭原则

这一原则是指，普遍定期审议不应过于冗长，应切合现实，不应花费过多的时间、人力和财力。这一原则并没有出现在联大第60/251号决议中。但是，在2006年11月20日工作组第一届会议第二次会议的专门讨论中，有一些国家的代表认为，鉴于其他现有的审议机制的成本很高，明显具有劳动密集的性质，而且人权高专办的资源非常有限，因此普遍定期审议应当是一个轻松的、而不是负担过分沉重的进程，不应对国家、理事会和人权高专办施加额外的义务或负担。[③] 但是，在工作组协调员11月30日的《初步结论》中，并没有提到这一原则，甚至在2007年2月12日协调员第一份非正式文件、3月15日的第二份非正式文件中，也没有出现这一原则。这一原则第一次出现是在协调员4月27日的第三份非正式文件中，当时列为第九项原则，即“不应过于冗长，应切合现实，不应花费过多的时间、人力和财力”。此后，在人权理事会主席6月4日第一份主席案文、

---

① A/HRC/4/117.

② A/HRC/5/14.

③ A/HRC/3/CRP.1，第32段。

6月13日第二份主席案文，以及6月17日第三份主席案文中继续保留这一原则，并排在第九项，直到6月18日决议的通过。这就是我们现在看到的《普遍定期审议机制》中的规定。

## 十、不削弱理事会应对紧急人权状况能力的原则

早在2005年4月14日，也就是联合国秘书长安南向当时的人权委员会发表讲话提议未来的人权理事会应具有同侪审议职能的设想后一个星期，安南在正式致联大第60届会议主席的信中，在阐述未来的同侪审议机制应当遵守的原则和争取实现的目标时，就指出：未来的同侪审议机制，“不应妨碍理事会处理可能发生的一切大规模严重侵犯人权的情况。实际上，理事会必须可以提请国际社会注意紧急危机。”[①]

在联大第60/251号决议中，并没有在普遍定期审议的段落中提及这一原则，但是，通过对话及合作，协助预防侵犯人权行为，并及时应对人权紧急状况是人权理事会的一项职责。[②] 在普遍定期审议机制的起草过程中，许多利益攸关方建议普遍定期审议不能削弱人权理事会应对紧急人权状况的能力。澳大利亚的建议指出，“普遍定期审议不应当以任何方式削弱理事会应对紧急人权状况的能力。”在2006年11月20日工作组第一届会议第二次会议的专门讨论中，芬兰（代表欧盟）指出，依据联大第60/251号决议，普遍定期审议并不是处理联合国会员国人权情况的唯一机制，除了普遍定期审议外，人权理事会还有其他可供选择的机制，包括特别机制，以便以一种建设性的方式及时处理联合国会员国的人权情况。但是，在工作组协调员11月30日的《初步结论》中，并没有提到这一原则，而是把它规定在普遍定期审议的目标中。在《初步结论》中，普遍定期审议的第七项目标便是“不削弱人权理事会应对紧急人权状况的能力”。协调员指出，从各利益攸关方的立场来看，在原则部分，需要进一步审议的要点包

---

① 秘书长的报告:《大自由：实现人人共享的发展、安全和人权》，A/59/2005，增编一：人权理事会，第6段。

② A/RES/60/251, operative paragraph 5 (f).

括，普遍定期审议机制应该是人权理事会所拥有的若干工具中的一个。在2007年2月12日协调员第一份非正式文件中，也是把它列为普遍定期审议的目标（第六项目标），而非原则。应当把它作为原则处理还是作为目标处理，在2007年2月12日工作组第二届会议第二次会议的专门讨论中成为了一个争议的话题。在这一会议上，印度代表建议，应当把人权理事会处理紧急人权情势的能力问题作为普遍定期审议机制的原则，而不是目标来处理。还有国家的代表认为，普遍定期审议不应当处理紧急的人权情势，因为根据联大第60/251号决议第10段话，人权理事会已经有特别的会议和其他手段处理紧急的人权情势了。因此，有代表建议在目标中完全删除这一段话。[①] 中国代表表示，中国不赞成在普遍定期审议中通过具体的国别决议。在3月15日协调员第二份非正式文件中，继续把它列为普遍定期审议的目标，没有把它列为原则。但是，在协调员4月27日的第三份非正式文件中，协调员把它作为原则处理，而不是目标，当时列为第九项原则，即“不应过于冗长，应切合现实，不应花费过多的时间、人力和财力”。这一表述在后来6月4日、6月13日和6月17日的主席案文中均为如此，直到6月18日决议的通过。可见，在这一原则的起草过程中，各利益攸关方一直纠结于是否应把它作为原则处理还是目标处理。

## 十一、性别原则

性别原则是指普遍定期审议机制应当充分纳入性别观点。这一原则在联大第60/251号决议中并没有提及。一些非政府组织要求审议纳入性别观点。例如，“国际妇女权利行动观察”在2006年11月20日关于审议原则的发言中指出，虽然人权理事会应当接受关于妇女人权的资料，但是理事会应当要求从多个不同的来源提供此种数据，而且确保此种数据在性别方面能分类提供。[②] 尽管如此，在协调员2006年11月30日的《初步结论》、

---

① A/HRC/4/CRP.3，第36段。

② International Women's Rights Action Watch, Statement on the Modalities of the Universal Periodic Review, 20 November 2006.

2007年2月12日第一份非正式文件和3月15日第二份非正式文件中，仍然没有出现性别原则。第一次出现性别原则是在协调员4月27日的第三份非正式文件中。在该文件的原则中，第11项原则便是性别原则。此后，这一规定在主席的三份案文中均没有变化，直到6月18日决议的通过。

## 十二、特殊性原则

特殊性原则，是指在不损及审议工作依据中规定的主要依据所载各项义务的前提下，考虑各国发展水平和特点。"各国发展水平"是指各国的经济发展水平，"特点"主要是指各国的历史、文化和宗教特点。虽然联大第60/251号决议在普遍定期审议的段落中没有专门提及特殊性原则，但该决议在序言中承认"各国和各区域的特点以及不同的历史、文化和宗教背景的重要性"。[①]

在普遍定期审议机制的起草过程中，是否应当把特殊性原则作为审议的原则，在各利益攸关方之间产生了激烈的争论。许多利益攸关方要求在审议时考虑特殊性原则。古巴建议，在审议时，应当铭记不同的政治、经济和社会制度，以及国内和区域的特点，以及不同的历史、文化和宗教背景；还有不同的发展水平，以及政府控制以外的可能阻碍人权义务实施和实现的障碍。时任中国外交部副部长杨洁篪在2006年6月20日人权理事会第一届会议上发言指出，"拟议中的普遍定期审议机制应当确保所有国家，不论大小，都得到不偏不倚和公正的对待，而且所有国家的历史、文化和宗教背景也应当得到平等的尊重。"中国代表在2006年6月28日人权理事会第一届会议关于普遍定期审议的专门发言中也指出，审议应当充分考虑有关国家不同的文化、宗教和历史传统，以及发展水平。阿尔及利亚（代表非洲集团）也认为，审议应当考虑每个国家的发展水平和文化特点。2006年7月21日，阿尔及利亚（代表非洲国家集团）在闭会期间的磋商中又说，"普遍定期审议应当承认国际社会公认的那些核心基本价值的

① A/RES/60/251，序言，第五段。

普遍性，同时也应当承认每个国家的文化和社会特点以及发展水平。”马来西亚提交的建议指出，在审议时，应当考虑有关国家的国情，及其历史、文化和宗教背景。菲律宾也指出，“普遍定期审议机制应当考虑到受审国的特点，尤其是它的法律制度以及文化和宗教背景。”7月30日，巴基斯坦（代表伊斯兰会议组织）在提交的文件中指出，普遍定期审议应当考虑:（1）受审国的发展水平;（2）如有的话，宗教和社会文化特点。8月2日，不丹代表在闭会期间的磋商中发言指出，“新的审议机制必须考虑各国不同的发展阶段、多样的法律制度、社会和文化特点，包括不同的价值体系。”尼泊尔代表在同一天的磋商中的发言指出，在强调不论各国的政治、经济和文化制度有促进和保护所有人权的基本义务的同时，“普遍定期审议还应当考虑国情以及各种文化和历史背景，以及经济发展水平。”9月7日，沙特阿拉伯（代表亚洲国家集团）在磋商会议上发言，指出，“社会和文化特点、人权的普遍性，以及发展水平，应当在整个审议过程中得到考虑。”10月2日，泰国（人权理事会观察员国）发言，审议“还应当考虑不同的发展阶段，以及宗教和社会文化特点。”马尔代夫（人权理事会观察员国）在同一天发言，称“作为最不发达国家，马尔代夫支持考虑发展中小国面临的与已有的报告义务作斗争的困难的呼声。”在2006年11月20日工作组第一届会议第二次会议的专门讨论中，伊朗代表建议审议应考虑各国不同的发展水平以及宗教、文化背景。阿尔及利亚（代表非洲集团）再次发言，指出“普遍定期审议应考虑每一个受审国家的发展水平，尊重每一个国家的特殊性。这一机制应适用于每一个国家在人权方面从事的境内和境外的行为。”巴西代表也指出，审议应尊重每个国家的特殊现实，以及各国多样性的现实。斯里兰卡代表也建议审议应当采取一种发展的眼光，应当正视各国不同的发展水平。11月23日，俄罗斯在提交的非正式文件中建议，审议时还应当考虑受审国的“社会经济发展水平以及宗教、文化和历史方面的特点”。但是，也有一些利益攸关方，特别是一些非政府组织，表示审议不应当考虑特殊性原则。例如，有的非政府组织认为，普遍定期审议机制适用于所有会员国，无论发达国家、发展中国家还是最不发达国家，无论大国还是小国。还有的非政府组织指出，“国际人权法已经恰当地处理了特殊性这个问题。国际人权法规定，对于经济社会和文化权利来说，各国有义务‘利用最大的资源’予以逐步实现。因此，应当以国际法规定的方式考虑发展水平，不多不少。”基于各利益攸关方的这种讨论状况，2006年11月30日，协调员在《初步结论》中指出，“普遍定期审议机制应该考虑到各国的发展水平和特点”是一个需要进一步审议的要点之一。[①]2006年12月4日，在人权理事会第三届会议上，作为非政府组织的“联合国观察”对协调员的《初步结论》发言，指出：考虑发展水平和宗教文化特点将会“削弱普遍定期审议的公正性和普遍性。”

在2007年2月12日的第一份《非正式文件》中，协调员认为，是否在原则中规定特殊性原则，是一个需要进一步考虑的问题，他同时提出了自己的一种方案，即：“普遍定期审议应当在不影响审议依据所规定的义务的情况下，考虑各国的发展水平和特点。”在2月12日工作组第二届会议第二次会议的专门讨论中，关于是否应当考虑受审国的发展水平和特殊性问题，各利益攸关方继续发表各种观点。[②]中国代表对协调员这份《非正式文件》中的这一点发言，指出：“普遍定期审议应当考虑各国不同的历史、文化、宗教背景以及不同的发展阶段”。古巴（代表不结盟运动）发言，认为“应当对各种不同的政治、经济和社会制度、国家和地区的特殊性、以及各种历史、文化和宗教背景予以合理的尊重。还应当合理考虑不同的发展水平、以及影响各国政府实施确保实现所有人的所有人权的政策和计划的外部挑战和障碍。”南非认为：“普遍定期审议机制应当看一下受审国的发展水平在履行其国际义务方面遇到的挑战。也就是说，缺乏能力造成了哪些限制。”菲律宾指出：“合理关注受审国的特点是重要的，这种关注可以通过审议机制的内容，例如在审议中使用的情报、问卷以及结果中体现出来。”孟加拉国代表详细地说，“考虑发展水平是非常重要的。有

① A/HRC/3/3。

② A/HRC/4/CRP.3，第32—33段。

效享受人权的环境取决于一国提供权利环境的能力。必须有一套法律、机构、法律体系、执行机制，以及人力和物资资源等。与低水平发展的国家相比，已经实现了高水平发展的国家有更大的能力提供这种环境。承认不同国家能力的不同，并不影响人权普遍原则或思想。实际上，这种承认能帮助我们创造一个可以有效享受人权的环境。”印度指出，审议应当考虑各国的发展水平和特点。泰国代表也指出，在不影响审议依据规定的义务的情况下，审议应当考虑受审国的发展水平和具体情况。

也有一些发达国家原则上支持纳入特殊性原则。韩国代表指出，发展水平和具体国情只能成为“平等对待原则”和“人权的普遍原则”的一种补充。在评估受审国的能力建设需求和提供相应的援助时，可以考虑这些因素。在这个方面，在第三项中提及“发达国家和发展中国家不同的期间”不是一个很好的想法。波兰代表指出，虽然审议的过程和形式对所有国家都应当相同，但是受审国的发展水平应当在审议的结果中得到考虑，因为发展水平是受审国机制建设的一个决定性因素。新西兰同意智利和阿根廷的观点，认为鉴于受审国标准的普遍性，审议的结果应当考虑受审国的发展水平和具体情况的原则。列支敦士登指出，受审国的发展水平和具体情况应当在对话和结果中得到考虑。审议结果可以规定技术援助的内容。

有一些发展中国家建议把特殊性问题放到审议的依据，而不是审议的原则中。巴基斯坦（代表伊斯兰会议组织）指出，在受审时应当考虑受审国的发展水平和具体国情，尤其是宗教和文化特点，但是这一问题应当放到审议的依据，而不是审议的原则中。马来西亚也认为：“把发展水平、各国特点以及历史、文化和宗教背景包括进来是审议依据的一项重要内容。这一要件可以使审议过程充分考虑受审国的多样性，并且与审议的重要目标之一保持一致，即提高受审国的能力以及受审国要求的技术援助。因此，应当把这一要件作为审议的依据，而不是列在审议的原则中。”

在3月15日第二份非正式文件中，协调员提出了自己的折中方案，即“普遍定期审议机制应当在不损及审议的根据的要点所载义务的前提下，考虑到各国的发展水平和特点。”同时，他认为这是各利益攸关方的意见趋同点，并把这一原则列为最后一项原则（第十项原则）。在4月27日的第三份非正式文件中，协调员继续维持这一表述，并将它列为第12项原则。此后，这一规定在主席的三份案文中均没有变化，直到6月18日决议的通过。

## 十三、各方参与原则

各方参与原则是指，根据大会2006年3月15日第60/251号决议和经济及社会理事会1996年7月25日第1996/31号决议以及理事会在这方面可能作出的任何决定，确保所有相关的利益攸关方、包括非政府组织和国家人权机构的参与。

### （一）各方参与原则的起草过程

2006年3月15日的联大第60/251号决议在决定设立人权理事会时，尽管在普遍定期审议的段落中没有专门提到确保所有利益攸关方参与原则，但是要求人权理事会“在人权领域与各国政府、区域组织、国家人权机构和民间社会密切协作”。[①] 由于普遍定期审议机制是人权理事会的一项职责，因此与各国政府、区域组织、国家人权机构和民间社会密切协作实际上也是对普遍定期审议的一种要求。而且，在序言中，该决议认知到“非政府组织在国家、区域和国际各级为促进和保护人权发挥着重要作用”。[②] 在该决议第11段，联大决定，“包括非理事会成员的国家在内的观察员、专门机构、其他政府间组织和国家人权机构以及非政府组织的参与及理事会与它们之间的协商应以人权委员会所遵循的包括经社理事会1996年7月25日第1996/31号决议在内的安排和各种做法为基础，同时应确保这些实体作出最有效的贡献。”[③] 1996年7月25日经社理事会通过的第1996/31号

① A/RES/60/251，第五（h）段。

② 同上，序言，第13段。

③ A/RES/60/251，第11段。

决议详细规定了联合国与非政府组织之间的咨商关系。[①]

在普遍定期审议机制的起草过程中，许多利益攸关方支持把它列为审议的原则之一。2006年6月27日，一些非政府组织在人权理事会第一届会议上联合发表声明，建议“人权理事会从人权事务高级专员提供的独立专家名单中任命一位会议报告员或者一个专家组，整合条约机构和特别程序提出的所有相关建议、人权高级专员办公室和相关联合国机构提出的报告以及非政府组织以及国家人权机构提出的报告，并对受审国起草一份背景文件和问题清单。”该联合声明还建议，非政府组织应当有权陈述并提问。欧盟在2006年8月18日提交的建议中，要求确保所有相关的利益攸关方参与普遍定期审议机制。在2006年11月20日工作组第一届会议第二次会议的专门讨论中，一些国家的代表认为，确保所有利益攸关方参与审议的各个阶段非常重要，尤其是非政府组织和其他民间社会行为者，有一个国家的代表还建议，那些在联合国经社理事会没有咨商地位的非政府组织也应当被允许提供审议的资料。[②] 在总结各利益攸关方的意见后，2006年11月30日，工作组协调员卢利什基在向人权理事会第三届会议提交的工作组《初步结论》中，把这一原则列入普遍定期审议的原则之一，即“确保所有利益攸关方，包括非政府组织和各国国家人权机构的参与”，列为第十项原则，而且认为这是各利益攸关方的意见趋同点之一。但是，会员国以外的利害攸关方在审议的筹备阶段、进行阶段以及结果的执行阶段在多大水平、以何性质以及在什么时刻参与的问题上，各利益攸关方的意见

---

① E/RES/1996/31, 25 July 1996. 原先的人权委员会作为经社理事会的下属机构，就允许非政府组织在一定程度上参与会议。《联合国宪章》第71条就规定，“经济及社会理事会得采取适当办法，俾与各种非政府组织会商有关本理事会职权范围内之事件。此项办法得与国际组织商定之，关于适当情形下，经与关系联合国会员国会商后，得与该国国内组织商定之。”为了执行第71条的规定，经社理事会在1968年第1296（XLIV）号决议就规定了非政府组织参与的具体条件。这一决议在经社理事会1996年7月25日第1996/31号决议中得到了修改。依据第1996/31号决议的规定，在联合国具有不同地位的非政府组织有各种不同的权利，包括向经社理事会的各个机构建议议程的权利、参加公开会议的权利、提交书面声明供审议的权利、或者在公开会议上进行口头陈述的权利等。

② A/HRC/3/CRP.1，第31段。

分歧较大，协调员认为这是一个需要进一步审议的要点。[①] 在2007年2月12日协调员的第一份非正式文件中，协调员自己提出了一个折中的方案，即："确保所有相关的利益攸关方、包括非政府组织和国家人权机构的充分参与，参与的模式应遵守在以后依据相关的联大和经社理事会的决议以及理事会在这方面可能作出的任何决定。"协调员将此项原则列为第九项原则，而且是各方意见的趋同点之一。

在2月12日工作组第二届会议第二次会议的专门讨论中，对于确保各方参与这一原则，各利益攸关方发表了各种不同的观点。一些国家的代表支持协调员的这一方案，例如阿塞拜疆。有一些国家的代表要求协调员澄清参与的利益攸关方的类型、参与的范围和性质。例如，马来西亚代表指出，"有必要澄清'所有相关的利益攸关方'的含义，有必要在这一阶段开列'所有相关的利益攸关方'的清单。还有，只要所有相关的利益攸关方限于观察员地位，应当考察它们的参与模式。"印度代表认为，在国内阶段，非政府组织应当促进审议过程的准备阶段，具体来说，就是促进提交给人权理事会的国家报告的准备。在国内阶段，非政府组织最好能提供受审国的资料。另外，非政府组织，尤其是那些具有经社理事会咨商地位的组织，以及国家人权机构应当能够提供受审国的书面资料，但是在互动对话阶段只能作为观察员出席。普遍定期审议是一个政府间的、由国家驱动的程序。印度尼西亚代表认为，"应当确保公民社会，包括非政府组织和国家人权机构的参与。关于参与的程度，由于审议是一个政府间的进程，因此非政府组织和国家人权机构的参与应当在准备阶段。而且，由于审议处理的是各国人权的实现水平，因此只有当地的非政府组织也可以在准备阶段提供情报，外国的非政府组织并没有对该国的实际人权情况必要的了解深度和清晰度。"列支敦士登指出，"审议主要是一个政府间的过程，但是非政府组织和国家人权机构应当能够参与这一过程，尤其是在审议之前提交相关情报，这些情报可以添加在人权高专编纂的情报之中。当提到

① A/HRC/3/3，2006年11月30日。

所有相关利益攸关方充分参与审议时，不应当忘记讨论观察员国的角色。”还有一些代表提到了地区性和国际性的非政府组织（不论是否具有经社理事会的咨商地位）、联合国机构、基金、规划署以及其他实体、条约机构的代表和特别程序的专家，并认为这些利益攸关方应当参与审议的所有阶段，包括与有关国家的互动对话阶段。① 还有代表建议，普遍定期审议应当对媒体公开，尤其是有关国家的媒体，而且审议应当是直播的，以便确保全面的透明度和有关国家的充分参与。②

关于参与的模式问题，新西兰认为，所有利益攸关方参与的模式问题不应当由理事会在后面的阶段确定，而是应当由工作组尽快讨论、发展和确定。不过，加拿大代表指出，相关利益攸关方的恰当参加是应该的，包括非政府组织和国家人权机构，而且允许它们从一开始就参加，至于具体的参加方式可以再议。有一些国家的代表认为，协调员的方案中提及确保所有相关的利益攸关方的“充分”参与是不对的，应该是“有效”参与。例如，挪威代表指出，“所有利益攸关方的参与不仅对于确保审议的质量，而且对于确保这一机制的信誉非常关键，希望能够确保所有利益攸关方的‘有效’（而不是‘充分’）参与，包括非政府组织和国家人权机构”。新西兰代表赞同挪威的观点，认为应用“有效”参与，而不仅仅是“充分”参与，因为根据透明原则，不能设置一个比现有的机制参与标准更低的机制。波兰代表特别指出，所有利益攸关方，包括非政府组织和国家人权机构的“有效”参与是至关重要的。此外，有一些国家的代表认为，协调员的这一方案仅仅规定了所有相关的利益攸关方最低限度的参与。还有一些国家的代表认为，应当确保所有相关的利益攸关方的参与符合联大第60/251号决议第11段话。③

在2007年2月14日人权理事会第四届会议上，协调员对上述各种关注作出了回应。协调员指出，有关利益攸关方包括人权理事会的观察员

① A/HRC/3/CRP.1，第31段。

② A/HRC/3/CRP.1，第30段。

③ A/HRC/4/CRP.3，第27段。

国、非政府组织、国家人权机构、其他政府间国际组织、联合国实体、基金和规划署等。他还指出，在审议的不同阶段，可以建立不同的参与模式：准备阶段、审议行为、决策、对审议结果的实施和后续阶段。工作组将继续讨论这些问题。[①]

在2007年3月15日协调员的第二份非正式文件中，协调员提出了修正后的折中方案，明确提到了经社理事会1996年7月25日第1996/31号决议，即“根据大会2006年3月15日第60/251号决议和经济及社会理事会1996年7月25日第1996/31号决议以及理事会在这方面可能作出的任何决定，确保所有相关的利益攸关方、包括非政府组织和国家人权机构的参与”，并认为这是各方意见趋同点之一，把其列为第九项原则。在4月27日的第三份非正式文件中，协调员继续维持这一表述，并将它列为第13项原则。此后，这一规定在主席的三份案文中均没有变化，直到6月18日决议的通过。

### （二）非政府组织参与普遍定期审议

各方参与原则要求普遍定期审议机制根据大会2006年3月15日第60/251号决议和经济及社会理事会1996年7月25日第1996/31号决议以及理事会在这方面可能作出的任何决定，确保所有相关的利益攸关方、包括非政府组织和国家人权机构的参与。依据这一原则，非政府组织作为明确提到的利益攸关方有权参与普遍定期审议这一全新的制度，被一些学者认为是非政府组织的胜利。[②] 首先，凡是有资格参与普遍定期审议机制的非政府组织必须依据经济及社会理事会1996年7月25日第1996/31号决议获得联合国经济及社会理事会咨商地位的非政府组织。第二，“参与”是指，在普遍定期审议的整个过程中，非政府组织都可以参与其中的每一个环

① A/HRC/4/CRP.3，第28段。

② Lawrence C. Moss, “Opportunity for Nongovernmental Organization Advocacy in the Universal Periodic Review Process at the UN Human Rights Council”, 2 *Journal of Human Rights Practice* (2010), p.129.

节。具体来说，非政府组织参与普遍定期审议，可以体现在各个环节：[①]

（1）在国家准备报告阶段，按照要求，国家应广泛征询利益攸关方的意见。因此，非政府组织可以作为利益攸关方之一，参与受审国政府组织的征询，提出自己的关注。

（2）在受审国国家报告准备之前，非政府组织还可以独立通过游说活动，将自己关注的人权问题反映给媒体或举办各种活动，希望受审国政府能够在国家报告中体现自己的关注。

（3）在联合国人权高专办撰写受审国资料之前，非政府组织可以向有关的联合国特别程序提供资料，请求特别程序对受审国进行访问，并调查有关的资料。

（4）在审议之前，非政府组织可以向人权条约机构提交影子报告，以便联合国人权高专办撰写受审国资料之前，条约机构能否发表受审国的结论性意见。

（5）非政府组织可以向国家人权机构提交资料，请求国家人权机构把他们的关注体现在国家人权机构提交给联合国人权高专办的资料中。

（6）非政府组织，无论是否具有联合国经社理事会咨商地位，均可提交材料，提交的材料会被收录在“其他利益攸关方”的报告中。

（7）在审议期间，非政府组织可以游说人权理事会会员国和观察员国，请求这些国家向受审国提出问题和建议。

（8）在工作组审议会议期间，非政府组织的报告也会得到审议。任何参与审议和互动对话的国家都可参考这些信息。具有联合国经社理事会咨商地位的非政府组织还有资格以观察员身份列席工作组会议。所谓观察员，是指这些非政府组织只能观察会议进程，但不能作口头发言。

（9）在审议工作组会议期间，非政府组织还可以游说“三国小组”和观察员国，请求他们提出问题、关注或建议。

---

① Lawrence C. Moss, “Opportunity for Nongovernmental Organization Advocacy in the Universal Periodic Review Process at the UN Human Rights Council”, 2 *Journal of Human Rights Practice* (2010), pp.130-131.

（10）非政府组织还可以出版资料、举行活动、举办有关普遍定期审议进程的信息会议，以便分享信息和在国家层面上的最佳实践案例。

（11）具有联合国经社理事会咨商地位的非政府组织还有资格作为观察员列席人权理事会的全体会议，审议普遍定期审议的结果文件。在人权理事会的全体会议期间，这些非政府组织还可以提交书面陈述和举办平行活动。在全体会议上，非政府组织可以观察会议进程，也有机会发表一般评论，在发言者名单上登记后，可以利用专门划拨给他们的20分钟内作口头发言。

（12）在结果文件的实施过程中，虽然国家是主要责任主体，但鼓励非政府组织在适当的情况下予以协助，非政府组织可以出版受审国受审的资料，敦促受审国在结果声明中接受各国建议，并予以落实。

由此可见，非政府组织参与的原则贯穿于普遍定期审议的始终。[①] 为了规范和引导非政府组织参与普遍定期审议的全过程，联合国人权高专办还专门编写了《民间社会实用指南：普遍定期审议》，详细规定了非政府组织出席普遍定期审议会议的资格认定、出席会议、公共旁听席的准入、为信息会议申请会场、文献和资源、参会的一般事项、以及利益攸关方提交材料的指南等。[②]

有学者认为，尽管如此，普遍定期审议关于非政府组织参与的具体制度实际上限制了非政府组织的参与。由于只有在联合国经社理事会具有咨商地位的非政府组织才有机会列席工作组会议，或者参加人权理事会通过结果文件的全体会议，而符合这一条件的非政府组织数量毕竟有限。而且，普遍定期审查的工作组会议与通过结果文件的人权理事会全体会议之间往往相隔几个月的时间，这就给非政府组织坚持参加两次会议带来了时间、财力和耐心上的考验。还有，普遍定期审议制度严格限制了作为审

---

① 戴瑞君:《非政府组织参与普遍定期审议》，载中国法学网，http://www.iolaw.org.cn/showArticle.aspx?id=2544.

② 联合国人权高专办:《民间社会实用指南：普遍定期审议》，日内瓦，http://www.ohchr.org/Documents/HRBodies/UPR/PracticalGuideCivilSociety_ch.pdf.

议基础的三项文件的篇幅，反映非政府组织意见的资料概述不超过10页，这使包括非政府组织在内的利益攸关方无法深入、全面表达意见。[①]

在实践中，非政府组织参与普遍定期审议产生了许多问题。在国家报告的准备阶段，尽管许多国家的报告以及代表团的陈述中都在阐述报告撰写的方法时介绍了与非政府组织的征询活动，但是具体的信息通常不详细。而且，在互动对话阶段，很少有国家对受审国与非政府组织的征询活动进行提问。尤其是在审议结果通过的人权理事会全体会议上，非政府组织有机会发表一般评论。但是，对于何谓“一般评论”，在实践中产生了问题。巴林在第一次受审时，就遇到了这个问题。当时，非政府组织“前线国际”（Frontline International）用了两分钟时间对巴林的人权情况进行了批评。巴基斯坦代表随后提出了程序问题的动议（point of order），认为非政府组织不应当“重新开启工作组中提到的讨论情况”。当时的人权理事会主席、罗马尼亚大使考斯蒂亚（Costea）随后裁决，认为非政府组织应当“遵守第5/1号决议的规定以及相关的文件”，并认为它们的规定是非常清楚的。此后，在巴林、摩洛哥、阿尔及利亚和巴基斯坦的审议结果通过时，非政府组织的批评都遭到了这些国家代表拍打桌子或挥手抗议，即使这些非政府组织的发言与这些国家的审议结果文件有关。埃及代表非洲国家集团认为，非政府组织在全体会议上的发言过于笼统和一般，与工作组的报告结果或建议无关，并认为，如果允许非政府组织就审议结果中的实质问题发表意见，全体会议等于就是对受审国的“二次审议”，甚至要求所有非政府组织的评论从会议正式记录中删除。有人注意到，只有当非政府组织指责非洲国家或伊斯兰会议组织成员国时，这些国家才会抗议。当非政府组织指责法国或韩国时，即便这些指责与普遍定期审议结果文件中的建议无关，阿尔及利亚和巴基斯坦等国也不会抗议。[②] 非政府组织的

① 戴瑞君:《非政府组织参与普遍定期审议》，载中国法学网，http://www.iolaw.org.cn/showArticle.aspx?id=2544.

② Gareth Sweeney and Yuri Saito, “An NGO Assessment of the New Mechanisms of the UN Human Rights Council”, 9 *Human Rights Law Review* (2009), p.216.

发言通常比理事会会员国和观察员国的发言更加严厉。许多非政府组织利用发言的机会，建议受审议国采取执行普遍定期审议建议的具体方法，或者对受审议国拒绝接受某些建议的立场提出质疑，例如“人权和驱离中心”对瑞士政府关于经济、社会和文化权利的立场提出了质疑。韩国国家人权委员会对韩国政府关于《国家安全法》的立场提出了质疑。在阿尔及利亚的审议结果文件通过时，非政府组织强调，被阿尔及利亚政府拒绝的建议实际上是审议结果中最重要的建议。在阿根廷的结果文件通过时，一些非政府组织强调指出，普遍定期审议建议并没有涉及该国面临的最严重的人权问题。值得注意的是，也有相当一部分国家在结果文件受审时，对非政府组织的评论进行了积极回应。例如，巴林关于妇女参政的问题，巴西关于人权捍卫者的权利问题，波兰关于引渡的问题，秘鲁关于提高妇女地位的问题，瑞士关于经济、社会和文化权利的问题。厄瓜多尔和阿根廷的结果文件通过时肯定了非政府组织参与这一阶段的重要性。2008年6月13日，“亚洲法律资源中心”在内的11个非政府组织发表联合声明，认为普遍定期审议机制缺乏非政府组织的参与：在国内准备阶段，缺乏非政府组织的参与；某些国家的实践倾向于赞美她们的友邦国家；在审议结果文件通过阶段缺乏非政府组织参与的明确性；受审议国对一些建议缺乏反应；以及一些国家企图质疑普遍的国际人权法原则等。[①] 最后，还有一些国家的审议结果在全体会议通过时，并没有任何非政府组织参与，尤其是非洲国家。非洲的加蓬和马里在第一轮受审中，在全体会议通过审议结果时，没有一个非政府组织参与。在第一轮审议中，在全体会议上，贝宁和赞比亚的审议结果也只有一个非政府组织发表一般评论。[②]

---

① Gareth Sweeney and Yuri Saito, “An NGO Assessment of the New Mechanisms of the UN Human Rights Council”, 9 *Human Rights Law Review* (2009), p.217.

② Allehone Mulugeta Abebe, “Of Shaming and Bargaining: African States and the Universal Periodic Review of the United Nations Human Rights Council”, 9 *Human Rights Law Review* (2009), p.29.

### （三）国家人权机构参与普遍定期审议

国家人权机构是指由一国政府根据其宪法或法律建立、并以促进和保护人权为其专门职责的独立国家机构。[①] 依据联合国大会1993年12月20日通过的《关于国家人权机构地位的原则》(《巴黎原则》)[②] 的要求，国家人权机构具有以下几个基本特征：法定性；独立性；便民性；专业性。[③] 由于国家人权机构在一国国内人权保护和促进方面具有的独特地位，因此它可以在普遍定期审议中发挥独特的作用。这种作用不同于政府和民间社会，它可以补充政府和民间社会的信息。它所具有的独特使命、权力和职能可以使其成为普遍定期审议机制的十分理想的贡献者。实际上，普遍定期审议机制包含着国家人权机构的核心使命和工作，包括报告国家的人权情况、鼓励广泛的国家协商、提升对人权和联合国机制的认识、赋予利益攸关方权利、以及就实施联合国机制的建议向国家提供咨询。这些使命和工作十分契合普遍定期审议机制。具体来说，在普遍定期审议机制中，国家人权机构发挥的作用包括：在国家和国际人权机制中发挥桥梁作用；就国家人权情况提供独立和权威的信息；分享最佳实践和经验教训；就实施普遍定期审议的建议向政府提供建议，监督政府采取的后续措施；以及在国内层面提升对普遍定期审议的认识，并鼓励国内行为者。

与非政府组织一样，国家人权机构参与普遍定期审议也是全方位的，同时，它的参与度已经得到了提升，从某种意义上说，它在普遍定期审议中的地位比非政府组织要高。首先，2011年6月，人权理事会第17届会议第9号决议承认国家人权机构在人权理事会保护和促进人权方面发挥重要作用，包括在普遍定期审议的准备阶段。[④] 在普遍定期审议之前，国家人权机构可以积极参与国内关于普遍定期审议的协商，提交独立的报告，还

---

① 郭三转:《国家人权机构的设立与作用》，载《环球法律评论》，2010年第3期，第127页。

② A/RES/48/134.

③ 张伟:《试论国家人权机构的特征》，载《政法论坛》，2010年第2期，第69页。

④ A/HRC/17/9.

可以与非政府组织进行协商，将非政府组织的关切纳入自己的报告中。国家人权机构提交的信息是相关的利益攸关方提交的信息，[①] 而且所提交的信息会被收录在人权高专办编写的“利益攸关方”的报告中，而且自人权理事会第16届大会议第21号决议之后，所有A类国家人权机构提交的信息会在人权高专办编写的“利益攸关方”的报告中有专门一个部分，其他类的国家人权机构提交的信息将会放在一般利益攸关方这一部分中。[②] 在实践中，许多国家的国家报告的撰写都与该国的国家人权机构进行了协商。而且，许多国家的国家人权机构也以自己的名义向联合国人权高专办独立提交材料，被编入利益攸关方的材料。例如，在马尔代夫受审之前，马尔代夫人权委员会对其收到的体现该国十分迫切的人权问题的申诉进行了审查。而且，就在该国受审之前18个月，该委员会召集了一些马尔代夫的非政府组织，鼓励他们参加普遍定期审议过程。在该次召集的会议上，马尔代夫人权委员会与他们分享了审查申诉的情况，并且让有兴趣的非政府组织登记参加普遍定期审议过程。通过与非政府组织的对话，马尔代夫人权委员会能够确保非政府组织反映的人权问题在其提交的信息中得到体现。马尔代夫人权委员会的报告甚至更加重要，因为它收集了该国许多岛屿上的人权问题，而该国的非政府组织提供的人权信息基本上都局限在该国首都。其次，在审议的互动对话期间，国家人权机构作为“其他的相关利益攸关方”也可以作为观察员列席审议会议。再次，在人权理事会全体会议通过受审国审议结果之前发表一般评论，而且自人权理事会第16届会议第21号决议之后，国家人权机构可以就人权理事会全体会议通

① 国家人权机构向联合国人权高专办提交信息的具体内容和形式方面的要求，可参见：http://www.ohchr.org/EN/HRBodies/UPR/Pages/NoteNHRIS.aspx

② “其他相关利益攸关方所提供信息的摘要应酌情包含一个单独的部分，述及完全按照《巴黎原则》经认可的受审议国国家人权机构所提交的资料。其他经认可的国家人权机构和其他利益攸关方提供的信息也将得到相应的反映。”A/HRC/16/21，第9段。

过该国的审议结果期间在受审国代表发言之后立即发表一般评论。① 例如，在人权理事会第13届会议上，葡萄牙议会专员就理事会全体会议通过关于葡萄牙的审议结果后发言，强调了葡萄牙受到关注的几个人权领域，包括监狱的条件、弱势人群的权利，尤其是生活在贫困线之下的妇女和儿童的权利等。该议会专员还承诺，紧密跟踪葡萄牙政府实施普遍定期审议建议的后续情况。最后，在建议的后续阶段，也可以发挥重要作用。

2011年6月，人权理事会第17届会议第9号决议承认国家人权机构在人权理事会保护和促进人权方面发挥重要作用，包括在普遍定期审议的后续阶段。② 例如：传播审议结果；运用审议结果中的建议开展国内活动，包括国家人权机构的战略和行动计划；在审议结果通过后与政府和民间社会举行讨论会；监督和报告对审议结果的实施；定期向人权理事会会议报告审议建议的落实情况；以及将审议建议纳入其他联合国人权机制中。③ 例如，就在肯尼亚结果文件通过之后，肯尼亚人权委员会就制定了《利益攸关方的结果宪章》，作为指导该国政府和非政府组织实施建议和承诺的文件。这一文件记录了肯尼亚人权委员会对该国承诺的理解，而且建议采取四年时间，就如何落实建议制定一份时间表。而且，肯尼亚人权委员会在2009—2013年战略计划中决定加强与国际人权机构的互动，并监督普遍定期审议建议的落实情况。④ 同样，孟加拉国国家人权委员会在孟加拉国第一次审议之后，与各个政府部长之间举行了政策对话会，而且每个政府部门（28个部门）都任命了与国家人权委员会展开实施普遍定期审议建议的联络人员。

---

① “受审议国符合大会第48/134号决议附件所载与增进和保护人权的国家机构地位有关的原则（《巴黎原则》）的国家人权机构应当有权在理事会全体会议通过审议结果期间，紧接着受审议国发言。”A/HRC/16/21，第13段。

② A/HRC/17/9.

③ International Coordinating Committee of National Institutions for the Promotion and Protection of Human Rights (ICC), National Human Rights Institutions and Universal Periodic Review Follow-up.

④ http://www.ohchr.org/Documents/HRBodies/UPR/InfoNoteNHRIUPR2ndCycle.pdf.

### （四）其他利益攸关方参与普遍定期审议

除了非政府组织和国家人权机构外，参与普遍定期审议的其他利益攸关方还可以包括区域组织、区域人权条约机构、议会、人权维护者、学术机构和研究所、以及民间社会代表。它们也与非政府组织和国家人权机构一样，可以参与普遍定期审议的各个环节。这里重点介绍区域组织和各国议会参与普遍定期审议的情况。

1．区域组织

这里的“区域组织”是指区域性国际组织。世界上一些地区的区域组织已经积极参与普遍定期审议。例如，丹麦第二轮受审时，位于法国斯特拉斯堡的欧洲理事会、位于奥地利维也纳的欧盟基本权利局、以及欧洲安全与合作组织（欧安组织）的民主机制和人权办公室都向联合国人权高专办提交了材料。[①] 挪威第二次受审时，欧洲理事会以及民主机制和人权办公室也提交了材料。[②] 俄罗斯第二次受审时，欧洲理事会也提交了材料。[③] 智利在第二次受审时，美洲人权委员会提交了材料。[④] 美国在第二次受审时，美洲人权委员会和欧安组织的民主机制和人权办公室也提交了材料。[⑤] 瑞典在第二次受审时，欧洲理事会、欧盟基本权利局、欧安组织的民主机制和人权办公室等也提交了材料。[⑥] 德国第二次受审时，欧洲理事会、欧洲理事会预防酷刑委员会、欧洲理事会反种族主义和不容忍委员会、欧洲理事会部长委员会、欧洲理事会《框架公约》咨询委员会、欧洲理事会欧洲社会权利委员会等区域人权机构也提交了材料。[⑦] 卢森堡在第一次受审时，欧洲社会委员会提交了材料。[⑧] 不过，总体来说，区域组织

---

① https://uprdoc.ohchr.org/uprweb/docsviewch.aspx?ctycode=DNK&Session=UPR24.

② http://www.ohchr.org/CH/HRBodies/UPR/Pages/UPRNOStakeholdersInfoS19.aspx.

③ http://www.ohchr.org/CH/HRBodies/UPR/Pages/UPRRUStakeholdersInfoS16.aspx.

④ http://www.ohchr.org/CH/HRBodies/UPR/Pages/UPRCLStakeholdersInfoS18.aspx.

⑤ http://www.ohchr.org/CH/HRBodies/UPR/Pages/UPRUSStakeholdersInfoS22.aspx.

⑥ http://www.ohchr.org/CH/HRBodies/UPR/Pages/UPRSEStakeholdersInfoS21.aspx.

⑦ http://www.ohchr.org/CH/HRBodies/UPR/Pages/UPRDEStakeholdersInfoS16.aspx.

⑧ A/HRC/WG.6/3/LUX/3, 16 September 2008.

参加普遍定期审议还是极少数，而且大多集中在欧洲和拉美国家的审议中。非洲国家受审时，尽管非洲存在不少区域组织（例如，非洲人权与民族权委员会），但是区域组织提交材料和参加审议的情形还是比较少见，可能是因为意识不强，也有可能是因为经费问题。[①] 亚洲国家受审时，也很难见到区域组织的参与，这和亚洲地区区域组织较少也有一定关系。

2．各国议会

议会参与普遍定期审议的问题，在普遍定期审议机制的原则以及具体的制度中并不明确，在学理中还存在一定的争论。

持否定论者认为，各国议会并非、而且不应当成为普遍定期审议机制的利益攸关方，因为允许各国议会参与普遍定期审议将违反普遍定期审议的基本原则，即普遍定期审议应当以非对抗性和非政治化的方式进行，而各国议会显然是一个非常具有对抗性和政治性的机构。具体来说，在国家报告的撰写过程中，让议会参与国家报告的撰写不仅会削弱议会的独立性,而且由于议会中极有可能存在各党派之间的争论，因此有可能迟滞国家报告的撰写，使国家报告迟迟无法撰写完成，影响国家参加普遍定期审议的效率和进程。在普遍定期审议的互动对话阶段，各国议会也无法作为一个机构独立地作为观察员列席互动对话。在审议结果通过之前，议会也无法作为一个机构独立地参加人权理事会全体会议并作一般性评论。因此，各国议会只有在普遍定期审议建议的实施中发挥一定的作用，除此以外，各国议会并非利益攸关方，无法、也不应当参加普遍定期审议。

但是，持肯定论者则认为，各国议会可以在普遍定期审议中发挥重要的作用。与非政府组织和国家人权机构相比，各国议会具有独特的地位和作用。允许各国议会参加普遍定期审议，正是作为普遍定期审议原则之一的各方参与原则的体现，也是透明原则的要求。而且，普遍定期审议的最终成果需要在受审国国内得到实施和落实，而这些都离不开受审国议会的

① Allehone Mulugeta Abebe, “Of Shaming and Bargaining: African States and the Universal Periodic Review of the United Nations Human Rights Council”, 9 *Human Rights Law Review* (2009), p.27.

支持和工作。关于各国议会的参与有可能违反普遍定期审议机制非对抗性和非政治化进行的原则，持肯定论者认为，人权问题并非是纯技术的事项，人权问题通常都需要经历激烈的政治辩论和决策。因此，人权问题的政治内容实际上是不可避免的。持肯定论者认为，与其企图将人权问题的政治内容完全排除在人权内容之外，还不如以包容的姿态看待人权问题的政治内容，从而作出最佳的政治内容取舍，而议会就是这么一个包容各种政治辩论的机构，因此十分有利于对人权问题进行公开的辩论，从而寻求一种能够得到各派政治势力都能够接受的出路。换言之，议会可以给辩论的结果提供民主的正当性，而且可以为普遍定期审议建议的实施提供公众支持。因此，持肯定论者认为，各国议会在普遍定期审议中至少是可以发挥一定的作用的。至于如何发挥作用，则可以进一步探讨。[①]

早在普遍定期审议机制的起草过程中，就已经有一些非政府组织提出，普遍定期审议不应当是受审国行政机关的一件事情，而是应当包容受审国各个机关和部门的事情，包括立法和司法机关。因此，议会应当参与普遍定期审议的过程。例如，关于普遍定期审议依据的材料，早在2006年11月22日普遍定期审议机制工作组第一届会议第三次会议的专门讨论中，一些非政府组织就指出，为了配合审议，各国应当设立一个国家协调中心，因为审议不仅仅与受审国的行政机关有关，还涉及受审国的各类国家机关，而且应当让受审国的人民全面和透明地参与这一过程，包括非政府组织（无论是否具有联合国经社理事会的咨商地位）、国家人权机构、议会议员、市民社会、媒体和其他非国家的行为者，他们都应当参与从资料的收集到后续行动的实施等审议的每一个阶段。[②]

---

① 参见各国议会联盟（“议联”）秘书长安德斯·约翰松（Anders B. Johnsson）于2013年5月29日在瑞士日内瓦举行的联合国人权理事会关于各国议会对联合国人权理事会工作及其普遍定期审议贡献的小组讨论会上的致辞，Anders B. Johnsson, Introductory Remarks on the Panel on the Contributions of Parliaments to the Work of the Council and Its Universal Periodic Review, 29 May 2013, Geneva.

② Oral Statement By Pax Romana, International Alliance of Women, Forum Asia, International Women's Rights Action Watch, 22 November 2006.

尽管最终通过的《普遍定期审议机制》并没有明确提到议会参与的问题，但是从实践来看，各国议会、联合国以及联合国人权理事会逐渐意识到参与普遍定期审议的重要性，并逐渐强化了参与的进程。联合国与各国议会联盟（下称“议联”）[①] 之间的合作由来已久。早在1996年，《联合国与各国议会联盟的合作协定》就已经签订，奠定了两个国际组织之间合作的基础。[②] 2002年11月19日，第57届联合国大会通过决议，邀请议联以观察员身份参加联合国大会的工作。[③] 从第57届联合国大会开始，每隔两年，联合国大会都要通过联合国与议联合作的决议。[④] 2010年12月13日，第65届联合国大会通过了题为《联合国同各国议会和各国议会联盟的合作》的第65/123号决议。在该决议中，联合国大会鼓励议联对联合国人权条约机构系统和人权理事会作出更大的贡献，尤其协助进行对会员国履行人权义务和承诺情况的普遍定期审议。[⑤] 这是联合国第一次鼓励议联协助会员国参加普遍定期审议机制。2012年5月29日，第66届联合国大会通过题为《联合国与各国议会和各国议会联盟之间的互动》的第66/261号决议，鼓励议联参照近年来议联、消除对妇女歧视委员会和本国正在接受审查的国家议会之间形成的合作方式，促使议会对联合国人权条约机构系统和人权理事会的工作作出贡献。[⑥] 这一决议明确希望议联采取措施，促使各国议会对联合国人权理事会的工作作出贡献。2013年3月21日，联合国人权理事会第22届会议通过了题为《各国议会对人权理事会的工作

① “议联”（IPU）是各国议会联盟（Inter-Parliamentary Union）的简称，是世界上最大的议会间国际组织。《议联章程》（Statutes of the IPU）于1976年通过，1983年和2013年三次修改（其中2013年得到两次修改）。根据《议联章程》的规定，议联是一个由主权国家的议会之间组成的国际组织。它的宗旨是促进各国人民的和平与合作，并在各国代议机构之间建立稳固的联系。它设有大会、理事会、执行委员会、秘书处及各国议会秘书长协会，总部位于瑞士日内瓦，目前有167个缔约国，还有10个联系方（主要是区域性议会联盟）。

② A/51/402，附件。

③ A/RES/57/32，2002年11月19日。

④ A/RES/57/47，2002年11月21日；A/RES/59/19，2004年11月8日；A/RES/61/6，2006年10月20日；A/RES/63/24，2008年11月18日。

⑤ A/RES/65/123, 2010年12月13日，有效案文，第7段。

⑥ A/RES/66/261，2012年5月29日，有效案文，第8段。

及其普遍定期审议的贡献》的第22/15号决议，决定在人权理事会第23届会议上举行一次关于议会对人权理事会工作及普遍定期审议的贡献的小组讨论会。[①] 这是人权理事会自成立以来第一次组织这样内容的小组讨论会。2013年5月29日，人权理事会第23届会议如期举行了这一小组讨论会，联合国人权高专、议联、以及布基纳法索、安提瓜和巴布达、罗马尼亚、菲律宾和西班牙等国议会的代表应邀在小组讨论会上发言，还有许多国家常驻联合国日内瓦办事处的代表团代表参加了这一小组讨论会，就各国议会在国内层面如何促进和保护人权以及议联和人权高专办的作用、各国议会和议员如何参与人权理事会的工作尤其是普遍定期审议和特别程序的工作、在人权理事会和各国议会之间建立各种联系以及有关的经验教训等问题作了发言。发言人一致认为，议会在普遍定期审议中可以发挥重要作用，可以全流程以多种形式参与普遍定期审议的各个阶段，从普遍定期审议的准备直到普遍定期审议建议的实施。为了强化议会的参与，一些发言人建议，应当加强对各国议会议员有关普遍定期审议机制方面知识的宣传，提高他们对这一机制的认识和了解。[②] 2014年5月19日，第68届联合国大会通过第68/272号决议，再次欢迎各国议会联盟对理事会工作的贡献。[③] 2014年6月27日，人权理事会第26届会议再次通过题为《各国议会对人权理事会的工作及其普遍定期审议的贡献》的第26/29号决议。该决议鼓励各国根据本国法律，促进议会参与普遍定期审议各阶段的报告进程，尤其是让国家议会作为相关利益攸关方参与国家报告的协商进程和各项建议的执行工作，并在国家报告和自愿中期报告中，或在普遍定期审议的互动对话期间，报告这种参与情况；欢迎受审议国越来越多地让议员参加出席普遍定期审议的国家代表团；鼓励各国酌情继续这种做法。[④] 2015年10月1日，人权理事会第30届会议通过第30/14号决议，决定在人权理

① A/HRC/RES/22/15.

② A/HRC/26/CRP.1.

③ A/RES/68/272.

④ A/HRC/26/29.

事会第32届会议上，值人权理事会成立十周年之际，召开一次小组讨论会，以评估各国议会对理事会的工作及普遍定期审议的贡献，并确定如何进一步加强这种贡献。[①] 由此可见，从实践的角度来看，联合国以及联合国人权理事会十分支持和鼓励各国议会对联合国人权机制尤其是普遍定期审议机制的贡献，支持他们参与普遍定期审议各个阶段的工作。可以说，联合国以及联合国人权理事会的实践支持对议会参与普遍定期审议持肯定论者的观点，有力地驳斥了持否定论者的观点。

从实践来看，各国议会可以全方位以多种形式参加普遍定期审议，而且，鉴于议会固有的特点，各国议会参与普遍定期审议具有非政府组织和国家人权机构无法比拟的独特优势。具体来说，各国议会可以在以下四个阶段以多种形式参加普遍定期审议。

首先，在普遍定期审议之前的材料准备过程中，受审国的议会既可以某种形式参与受审国国家报告的撰写，又可以以某种形式作为利益攸关方向联合国人权高专办提交材料，从而被编入利益攸关方的材料。就受审国的国家报告的撰写来说，普遍定期审议机制并没有明确规定国家报告的撰写过程，受审国有权自己确定国家报告的撰写过程，但是，让议会以某种形式参与国家报告的撰写，至少让议会知晓国家报告的撰写情况，可以在更大程度上增加国家报告撰写的广泛参与度，提升国家报告的质量。目前，绝大多数受审国的国家报告的撰写是由受审国的行政部门牵头的（尤其是外交部或司法部），而且这些牵头的行政部门联系的也往往都是其他的行政部门。例如，美国的第二份国家报告是由美国国务院牵头的，共联系了15个政府部门，没有提到曾经联系美国联邦国会。[②] 英国的第二份国家报告的撰写是司法部牵头的，没有提到曾经联系英国议会。[③] 法国的

① A/HRC/RES/30/14.

② National report submitted in accordance with paragraph 5 of the annex to Human Rights Council resolution 16/21：United States of America, A/HRC/WG.6/22/USA/1, 13 February 2015.

③ National report submitted in accordance with paragraph 5 of the annex to Human Rights Council resolution 16/21：United Kingdom, A/HRC/WG.6/13/GBR/1, 8 March 2012.

第二份国家报告的撰写是外交部牵头的，没有提到曾经联系法国国民议会。[①] 俄罗斯的第二份国家报告的撰写是司法部牵头的，没有提到曾经联系俄罗斯杜马。[②] 他们往往有意或无意地将受审国的议会排除在外。只有少数国家在撰写国家报告时，与该国议会有过沟通或咨询。例如德国的第二份国家报告的撰写是由外交部牵头的，但是，在准备撰写第二份国家报告时，曾经将报告的草案放到网站上进行公开的听证，并于2012年12月在德国联邦议会的人权与人道援助委员会进行了讨论。[③] 澳大利亚的第二份国家报告的起草过程中也有议会议员的参加。澳大利亚联邦议会参议员在整个起草过程中参加了对报告草案的讨论。[④] 在巴西，在第二份国家报告的撰写准备过程中，巴西联邦国会下属的人权委员会曾经通过互联网举行过一场公开的听证会，就政府打算向人权理事会提交的第二份国家报告的初稿进行了辩论。[⑤] 就议会作为利益攸关方向联合国人权高专办独立提交受审国的人权状况，在实践中，也是非常罕见的。只有极少数国家的一些议会这么做，而且这些议会往往是地方性的议会，例如，瑞典在第二次受审时，瑞典的萨米议会作为利益攸关方向联合国人权高专办提交了有关材料，陈述了作为土著人的萨米人在瑞典权利没有得到保障的一些情况，作为利益攸关方提交的材料成为审议瑞典的资料。[⑥] 此外，一些国家议会

---

① National report submitted in accordance with paragraph 5 of the annex to Human Rights Council resolution 16/21：France, A/HRC/WG.6/15/FRA/1, 4 December 2012.

② National report submitted in accordance with paragraph 5 of the annex to Human Rights Council resolution 16/21：Russian Federation, A/HRC/WG.6/16/RUS/1, 6 February 2013.

③ National report submitted in accordance with paragraph 5 of the annex to Human Rights Council resolution 16/21：Germany, A/HRC/WG.6/16/DEU/1, 7 February 2013.

④ National report submitted in accordance with paragraph 5 of the annex to Human Rights Council resolution 16/21：Australia, A/HRC/WG.6/23/AUS/1, 7 August 2015.

⑤ 参见巴西非政府组织"人权联络"（Conectas Human Rights）项目主任Juana Kweitel于2013年5月29日在瑞士日内瓦举行的联合国人权理事会关于各国议会对联合国人权理事会工作及其普遍定期审议贡献的小组讨论会上的发言，http://www.ohchr.org/EN/NewsEvents/Pages/DisplayNews.aspx?NewsID=13375&LangID=E.

⑥ Sametinget-Sametinget/Sami Parliament of Sweden, Contributions for the Summary of Stakeholder's information, Universal Periodic Review Second Cycle-Sweden-Reference Documents, http://www.ohchr.org/CH/HRBodies/UPR/Pages/UPRSEStakeholdersInfoS21.aspx.

中监察专员（Ombudsman）、在议会中获得席位的政党、甚至是议员个人，也可以以其他形式参与普遍定期审议利益攸关方材料的提交，可以透过非政府组织或国家人权机构或者与其联合提交的方式进行，编入利益攸关方提交的材料。例如，在芬兰第二轮受审议时，芬兰议会中的平等权监察专员就作为国家人权机构独立提交了信息，被编入利益攸关方材料。[①] 挪威第二轮受审议时，挪威议会中负责公共行政、平等和反歧视、以及儿童权利的三位监察专员就与挪威人权中心一起作为国家人权机构提交有关的信息，被编入利益攸关方材料。[②]

其次，在普遍定期审议的互动对话阶段，虽然只有受审国国家代表团、人权理事会成员国和非成员国、以及在联合国经社理事会获得咨商地位的非政府组织才可以出席互动对话，但议会也可以多种形式参加互动对话。例如，受审国的国家代表团中可以包含该国议会的议员出席互动对话。[③] 不过，这种实践目前还非常少见，绝大多数受审国参加互动对话的代表团中均没有议会议员参加。这有点遗憾。尽管这样做可能会稀释作为受益国的政府在回答人权提问时的责任，但这样做有助于加强受审国国家代表团的民主成分。议会参与互动对话的第二种方式是，可以准备问题和建议。议会中监察专员、在议会中获得席位的政党、甚至是议员个人，还可以透过非政府组织作为观察员列席互动对话。

再次，在人权理事会全体会议通过审议结果阶段，议会中监察专员、

① Summary prepared by the Office of the United Nations High Commissioner for Human Rights in accordance with paragraph 15 (b) of the annex to Human Rights Council resolution 5/1 and paragraph 5 of the annex to Council resolution 16/21：Finland, A/HRC/WG.6/13/FIN/3, 9 March 2012.

② Summary prepared by the Office of the United Nations High Commissioner for Human Rights in accordance with paragraph 15 (b) of the annex to Human Rights Council resolution 5/1 and paragraph 5 of the annex to Council resolution 16/21：Norway, A/HRC/WG.6/19/NOR/3, 21 January 2014.

③ 《消除对妇女一切形式歧视公约》设立的消除对妇女歧视委员会曾经于2008年在第41届会议上通过了一份关于该公约与缔约国议会关系的综合声明，建议缔约国确保其议会和议员充分参与缔约国报告的过程以及充分实施公约及议定书的过程。参见：CEDAW, Statement on the Relationship of the Committee on the Elimination of Discrimination Against Women with Parliamentarians, 2008.

在议会中获得席位的政党、甚至是议员个人，也可以透过非政府组织或国家人权机构作为利益攸关方列席会议，甚至可以发表一般评论。

最后，在普遍定期审议建议的实施阶段，各国议会可以发挥十分重要的作用，肩负着重要使命。而且，议会在实施普遍定期审议的建议中发挥作用是毫无争议的，受到广泛的肯定。依据受审国的宪法，议会可以积极批准或加入有关的国际人权公约、撤回对有关国际人权公约的条款的保留。作为立法机关，议会可以积极通过政府提交的制定、修改、或废除有关法律的提案，议员可以主动提出有关的法律草案，获得议会的通过，使受审国的国内法符合普遍定期审议的建议。各国议会甚至可以考虑制定专门的实施普遍定期审议建议的国内法律。作为监督机关，议会可以对政府如何落实建议进行质询和问责。议会中的监察专员或下属的人权委员会等机构，可以不断提醒政府在普遍定期审议中的承诺。[①] 作为掌控国家预算和决算的机关，各国议会还可以对国家预算用于实施普遍定期审议建议的比率进行把关。作为受审国各派政治力量的集中展现场所，议会参与普遍定期审议机制还可以在各派政治力量中扩大普遍定期审议机制的影响，议会是受审国普通公众了解普遍定期审议机制的重要桥梁、平台和窗口。议会还可以发起政府在普遍定期审议中的承诺和建议的传播工作，增强全社会对普遍定期审议机制及其政府承诺和建议的了解。

总之，各国议会可以在普遍定期审议机制中发挥重要作用，各国在这一机制中大有用武之地。为了让各国议会了解他们可以在普遍定期审议机制中的重大作用，受审国政府应当将该国接纳的普遍定期审议的建议以及作出的承诺通知其议会，尤其是那些需要议会发挥作用的建议和承诺。受审国政府还应当与其议会之间就普遍定期审议的情况保持经常的沟通，建立某种形式的工作机制，定期向其议会报告其参加普遍定期审议的

① Felix Kirchmeier, “The Role of Parliaments in the Universal Periodic Review”, Dialogue on Globalization, April 2009, No.2.

情况。[①]

## 第二节 审议的目标

《普遍定期审议机制》第三段列出审议应当努力实现的目标共有六个。

### 一、改善实地的人权状况

尽管改善实地的人权状况并没有规定在联大第60/251号决议中，但是，在普遍定期审议机制的起草过程中，它得到了各方的支持。在总结各方意见的基础上，工作组协调员在2006年11月30日的《初步结论》中，就已经把改善实地的人权状况列为普遍定期审议应当努力实现的目标之一，当时是作为第二项目标，而且是各方的意见趋同点之一。在2007年2月12日协调员第一份非正式文件中，改善实地的人权状况已经被规定为第一项目标。在2007年2月12日工作组第二届会议第二次会议的专门讨论中，日本代表指出，普遍定期审议应当旨在改善世界各地的人权状况，而不是为了审议而审议。此后，这一目标都作为第一项目标被规定在3月15日和4月27日的第二和第三份非正式文件以及主席的各个案文中，直到6月18日决议的通过。因此，可以说，改善实地的人权状况作为普遍定期审议的首要目标得到了所有各方的支持。

### 二、评估受审国积极的事态发展以及面临的挑战

在普遍定期审议机制的审议过程中，欧盟在2006年8月18日提交建议，认为普遍定期审议应旨在加强各国对人权义务和承诺的实施。2006年11月30日，在总结各方意见的基础上，协调员在其《初步结论》中认为以下两个目标是各方意见的趋同点，即：“评估一国所做的人权工作、取

① 朱利江:《试论各国议会参与联合国人权普遍定期审议》，载《法治研究》，2017年第2期，第150—160页。

得的积极进展以及在该进展中面临的挑战”和“履行国家的人权义务和承诺”，并分别列为第一项和第三项目标。在2007年2月12日协调员第一份非正式文件中，协调员将上述两项目标合并为一项，写成“履行国家的人权义务和承诺，评估该国积极的事态发展以及面临的挑战”，并将其列为第二项目标。在2007年2月12日工作组第二届会议第二次会议的专门讨论中，关于履行国家的人权义务和承诺问题，有国家的代表指出，普遍定期审议是一个合作的机制，因此受审国在这方面应当得到协助，因此应当修改第一份非正式文件中的用语。而且，普遍定期审议应当是对受审国面临的所有发展和情势的一个评估，因此应当删除协调员非正式文件中的“积极”一词。① 但是，协调员并没有理会这种声音，没有删除其中的“积极”一词。此后，这一目标都作为第二项目标规定在3月15日和4月27日的第二和第三份非正式文件以及主席的各个案文中，直到6月18日决议的通过。因此，可以说，履行国家的人权义务和承诺，评估该国积极的事态发展以及面临的挑战作为普遍定期审议的目标也得到了几乎所有各方的支持。

## 三、增强受审国的能力并加强技术援助

早在2005年4月14日，也就是联合国秘书长安南向当时的人权委员会发表讲话提议未来的人权理事会应具有同侪审议职能的设想后一个星期，安南在正式致联大第60届会议主席的信中，在阐述未来的同侪审议机制应当遵守的原则和争取实现的目标时，就指出：“人权理事会同侪审查的结果，有助于国际社会更好地提供技术援助和政策咨询。”② 在联大第60/251号决议中，联大在序言中指出设立人权理事会的目的之一是，“增强会员国履行其人权义务的能力”，还决定人权理事会应当“促进人权教育和学习以及咨询服务、技术援助和能力建设；这些工作应与有关会员国协

① A/HRC/4/CRP.3，第34段。

② 秘书长的报告:《大自由：实现人人共享的发展、安全和人权》，A/59/2005，增编一：人权理事会，第6段。

商并在后者同意下开展。”[①] 尤其是，在涉及普遍定期审议的段落中，决议要求“审议应考虑到[有关国家]能力建设的需求”。[②] 因此，加强受审国的能力建设并提供技术援助这一目标在起草过程中得到各方的广泛支持。澳大利亚建议，普遍定期审议应当协助各国“找出需求和机会，以便用技术援助和能力发展支持有关国家。”伊朗也认为，普遍定期审议应当考虑有关国家的能力建设要求。

在2006年11月20日工作组第一届会议第二次会议的专门讨论中，一些国家的代表认为，有必要考虑受审国能力建设的需求，认为普遍定期审议应当协助受审国找出经其同意的技术协助的领域。[③] 阿尔及利亚（代表非洲集团）指出，审议必须在想要发展技术的国家的请求下促进提供技术援助。巴西代表也指出，人权高专应当提供技术援助，以便提高受审国的能力，使其作好接受审议的准备。加拿大代表也建议，审议需要考虑受审国提高能力的需求。马来西亚建议，审议不能提一些不切实际的建议，而应该注意提高受审国的能力。此外，印度、印度尼西亚、巴基斯坦（代表伊斯兰会议组织）、以及挪威的发言中，均提及提高能力建设和加强技术援助的问题。在总结各方意见的基础上，协调员在2006年11月30日的《初步结论》中，认为“增强国家能力和技术援助”应成为一项审议的目标（第四项目标），而且这是各方意见的趋同点。在2007年2月12日的第一份非正式文件中，协调员继续维持这一写法（第三项目标）。在2007年2月12日工作组第二届会议第二次会议的专门讨论中，不少国家的代表强调能力建设和技术援助的重要性，包括加拿大、土耳其、巴基斯坦（代表伊斯兰会议组织）。马来西亚指出，“关于提升受审国的能力和技术援助问题，必须经受审国的请求，而且在与受审国协商之后才可以。为了实现想要的结果，以及由于普遍定期审议是一个合作的机制，因此必须在人权理事会和受审国之间取得同意的情况下才可以合作。”马来西亚的意见受到

---

① A/RES/60/251, 第5(a)段。

② 同上，第5(e)段。

③ A/HRC/3/CRP.1，第27段。

了协调员的关注。在3月15日的第二份非正式文件中，协调员在“增强国家能力和技术援助”之前增加了“与有关国家协商并征得其同意”的表述，并认为这是各方意见趋同点之一（第三项目标）。此后，这一目标都作为第三项目标规定在4月27日的第三份非正式文件以及主席的各个案文中，直到6月18日决议的通过。

## 四、交流共享最佳做法

普遍定期审议应当旨在各国及其他利益攸关方之间交流共享最佳做法，是一个得到各方支持的目标。在2006年11月20日工作组第一届会议第二次会议的专门讨论中，印度代表专门指出了这一个目标。协调员在11月30日的《初步结论》中也把其列为审议的目标之一（第五项目标），而且是各方意见的趋同点之一。在2007年2月12日协调员的第一份非正式文件中，也将其列为目标之一（第四项目标）。在2月12日工作组第二届会议第二次会议上，德国（代表欧盟）指出，普遍定期审议的“普遍”共有五个含义，其中第五个含义是所有国家都在一条船上，普遍定期审议应该成为分享各国进步和共享最佳做法的平台。此后，这一目标都作为第四项目标规定在3月15日和4月27日的第二和第三份非正式文件以及主席的各个案文中，直到6月18日决议的通过。

## 五、支持各国之间的合作

与第四项目标一样，支持在增进和保护人权方面的合作是一个得到各方支持的目标。在协调员2006年11月30日的《初步结论》中就把其列为审议的目标之一（第六项目标），而且是各方意见的趋同点之一。在2007年2月12日协调员的第一份非正式文件中，也将其列为目标之一（第五项目标）。在2月12日工作组第二届会议第二次会议上，菲律宾代表指出，“普遍定期审议的目标应当是提高各国在增进和保护人权方面的能力，而不是成为某种类型的法庭或者谴责的平台。”此后，这一目标都作为第五项目标规定在3月15日和4月27日的第二份和第三份非正式文件以及主席的各个案文中，直到6月18日决议的通过。

## 六、鼓励与国际人权机构的合作和交往

在普遍定期审议机制的起草过程中，一些利益攸关方提出了这一目标。欧盟2006年8月18日提交的建议中认为，应当鼓励与独立人权机构，尤其是条约机构和特别程序以及人权理事会、人权高专和相关区域组织的合作和交往。但是，在2006年11月30日协调员的《初步结论》中，“鼓励与人权机构、人权理事会和人权高专办的全面合作与交往”是协调员列出的需要进一步考虑的一个目标，而不是一个各方意见的趋同点。在2007年2月12日协调员第一份《非正式文件》中，“鼓励与人权理事会、其他人权机构和联合国人权事务高级专员办事处全面合作和交往”被列为普遍定期审议的第六项目标。在2月12日工作组第二届会议第二次会议的专门讨论中，许多代表建议，普遍定期审议应当鼓励受审国与人权理事会、其他人权机构和人权高专办的全面合作和交往。有代表建议，在“合作和交往”之前增加“以明确和清楚的方式”这一状语。也有代表认为，应当删除人权高专办，因为它与普遍定期审议机制的关系尚未确定。[①] 马来西亚代表指出，关于鼓励与人权理事会的全面合作和交往，正如联大第60/251号决议强调的，不要有重复。但是，协调员继续维持在第一份非正式文件中的写法。此后，这一目标都作为第六项目标规定在3月15日和4月27日的第二份和第三份非正式文件以及主席的各个案文中，直到6月18日决议的通过。

---

① A/HRC/4/CRP.3，第37段。

# 第六章
# 审议的流程

在确立了普遍定期审议机制的依据、原则和目标之后，接下来一个问题便是审议的过程，即普遍定期审议是如何进行的。对于普遍定期审议机制来说，这显然是一个十分重要的问题。具体来说，审议的流程包括审议的周期、顺序、程序、模式。如果把普遍定期审议机制比作是一个“人”的话，那么审议的依据、原则和目标就如同这个“人”的灵魂，而审议的流程则将呈现这个“人”的外形、长相和躯体。因此，对于所有利益攸关方来说，这个“人”的外形、长相和躯体是一个十分重要的问题，它既是那些“灵魂”的载体，又是那些“灵魂”能否实现的工具。如何设计和达成一个审议的流程也是一个受到各个利益攸关方关注的十分重要的问题。

早在2005年4月14日，也就是联合国秘书长安南向当时的人权委员会发表讲话提议未来的人权理事会应具有同侪审议职能的设想后一个星期，安南在正式致联大第60届会议主席的信中就已经阐述了未来的同侪审议机制的一部分流程，特别是审议所需的资料以及联合国人权高专办的作用等。他指出：“要建立一个公平的制度，必须就所需资料的质量和数量达成协议，作为审查的基准点。在这方面，高级专员办事处可起核心作用，汇编此种资料，并确保以全面、均衡的方式对待各项人权。”[1] 在2006年3月15日第60届联大通过的第251号决议中，关于普遍定期审议机制的流程，该决议第5(e)段并没有具体指出，而是要求人权理事会在一年之内予以完成。[2] 在接下来的普遍定期审议机制的起草过程中，审议的周期、

① 秘书长的报告:《大自由：实现人人共享的发展、安全和人权》，A/59/2005，增编一：人权理事会，第8段。

② A/RES/60/251，第5(e)段。

顺序、程序和模式也是一个各方关注的重大问题。

人权理事会第一届会议设立的普遍定期审议工作组协调员卢利什基在2006年8月2日举行的非正式磋商会议上宣布的有计划讨论的“六点建议”中，第三点和第四点建议就是讨论普遍定期审议机制的审议周期和顺序（第三点建议）、以及审议的程序和模式（第四点建议）。随后，许多国家、非政府组织等利益攸关方纷纷向工作组提交书面建议。工作组在2006年11月22日下午举行的第一届会议第三次会议以及2007年2月13日下午举行的第二届会议第三次会议上，专门听取了各利益攸关方就审议的周期性安排和顺序的发言。最终，在工作组协调员和人权理事会主席的努力下，在2007年6月18日人权理事会第五届会议通过了《联合国人权理事会的体制建设》，在其中第一部分“普遍定期审议机制”中，对审议的周期性安排和顺序、审议工作的程序和模式作了如下规定：

**C．审议的周期性安排和顺序**

5. 审议在理事会通过普遍定期审议机制之后开始。

6. 审议顺序应反映普遍性和平等对待的原则。

7. 审议顺序应尽快确定，以便各国作好应有的准备。

8. 理事会的所有成员国都要在其成员任期内接受审议。

9. 理事会的初始成员，特别是当选任期为一年或两年的成员，应首先接受审议。

10. 接受审议的既应有理事会的成员国，也应有理事会的观察员国。

11. 在选择要审议的国家时应注重公平地域分配。

12. 应以确保充分注重公平地域分配的方式，从每个区域组中抽签选出接受审议的第一个成员国和观察员国。然后从由此选出的国家开始，按国名字母顺序进行安排，但其他国家如有自愿要求予以审议的除外。

13. 两个审议期之间的间隔期应当合理，以便考虑到各国有无能力为审议工作提出的要求作好准备，其他利益攸关方有无能力对之作出回应。

14. 第一审议期将为期4年。这样，工作组每年3届、每届为期2周的会议期间，共计将审议48个国家。[①]

## D．审议工作的程序和模式

### 1. 文　件

15. 审议所依据的文件有：

（a）所涉国家根据理事会第六届会议（第二个周期的第一届会议）拟将通过的一般准则准备的资料，其形式可以是国家报告，以及所涉国家认为相关的任何其他资料，这些资料既可以口头陈述，也可以书面提交；但归纳此种资料的书面材料不超过20页，以确保所有国家同等对待，并且不给审议机制造成过大负担。鼓励各国通过在国家一级与所有相关的利益攸关方广泛磋商准备这种资料；

（b）此外还有人权事务高级专员办事处汇总各条约机构、特别程序报告中所载资料、包括所涉国家的意见和评论、及其他相关的联合国正式文件编成的一份汇编，其篇幅不得超过10页。

（c）理事会在审议工作中还应考虑的其他有关利益攸关方另外为普遍定期审议提供的可信和可靠的资料。人权事务高级专员办事处将编制这种资料概述，篇幅不超过10页。

16. 人权事务高级专员办事处编制的文件应按照理事会就所涉国家准备的资料通过的一般准则的结构编拟。

17. 国家的书面陈述和人权事务高级专员办事处的概述应在工作组开始审议前提前6周备齐，以确保这些文件按照大会1999年1月14日第53/208号决议以联合国的6种正式语文同时分发。

### 2. 模　式

18. 审议工作的模式如下：

（a）审议由一个工作组进行，工作组由理事会主席主持，由理事会47

---

① 普遍定期审议是一个不断演化的进程；在第一个审议期结束后，理事会可依据最佳做法和经验教训，审查这个机制的模式和周期性安排。

个成员国组成。每个成员国自行决定本国代表团的组成情况；[①]

（b）观察员国可参加审议，包括参加互动对话；

（c）其他相关的利益攸关方可列席工作组的审议工作；

（d）将从理事会成员国和不同区域组中抽签选出3名报告员，组成一个报告员小组（“三国小组”），以便于每次审议工作的进行，包括工作组报告的编写。人权事务高级专员办事处应为报告员提供必要的协助和专门知识。

19. 所涉国家可要求3名报告员中的1名选自其所属区域组，并可请求替换1名报告员，但仅限1次。

20. 报告员可要求回避参加某一次审议工作。

21. 接受审议的国家与人权理事会的互动对话将在工作组内进行。报告员可将关注或存疑的问题整理后转交接受审议的国家，以便于其进行准备，使互动对话重点突出，同时保障审议工作的公正和透明。

22. 工作组对每个国家的审议时间将为3小时。另外最多安排1小时由理事会全体会议审议工作组的审议结果。

23. 工作组将为通过每个接受审议国家的报告各安排半小时。

24. 工作组从审议到通过每个接受审议国家的报告的时间应该有一个合理的范围。

25. 最后结果将由理事会全体会议通过。

这就是经过一年谈判和起草之后《联合国人权理事会体制建设》最终规定的普遍定期审议机制的流程，完成了联大第60/251号决议第5（e）段的要求，具有十分重要的意义。

2011年3月25日，人权理事会第16届会议第47次会议未经表决通过了《联合国人权理事会工作和运行情况审查结果》的规定，决定对于审

① 应设立一个普遍定期审议自愿信托基金，以便于发展中国家、特别是最不发达国家参加普遍定期审议机制。

议的周期性安排和顺序、以及审议工作的程序和模式自第二个审议周期（2012年至2016年）开始适用《联合国人权理事会工作和运行情况审查结果》中对于普遍定期审议周期性安排和顺序、以及审议工作的程序和模式的修改性规定。[①] 具体如下：

### C．审议工作的程序和模式

#### 1. 重点和文件

5. 第二个周期及以后的周期的审议工作将继续以理事会第5/1号决议附件第15段所述的三份文件为依据。

6. 第二个审议周期及以后的审议周期应当除其他外，侧重于所接受建议的落实情况和受审议国人权状况的发展动态。

7. 应在理事会第十八届会议之前，根据第二个周期及以后的周期的工作重点，调整理事会第6/102号决定通过的普遍定期审议报告一般准则。

8. 鼓励其他相关的利益攸关方在所提交的资料中，列入关于就上次审议采取后续行动的信息。

9. 其他相关利益攸关方所提供信息的摘要应酌情包含一个单独的部分，述及完全按照《巴黎原则》经认可的受审议国国家人权机构所提交的资料。其他经认可的国家人权机构和其他利益攸关方提供的信息也将得到相应的反映。

#### 2. 模　式

10. 应当保留理事会第5/1号决议附件和PRST/8/1号主席声明中所述的三国小组的作用。

11. 在把审议周期延长至四年半后，将在现有资源和工作量的范围内，延长目前工作组审议会议三个小时的会期，并在理事会第十七届会议上商定会议模式，包括发言者名单，该名单应根据附录中的模式确定。

12. 最后审议结果将由理事会全体会议通过。组织对该结果进行一小

---

① A/HRC/RES/16/21，第3页。

时审议的模式应当符合PRST/9/2号主席声明。

13. 受审议国符合大会第48/134号决议附件所载与增进和保护人权的国家机构地位有关的原则(《巴黎原则》)的国家人权机构应当有权在理事会全体会议通过审议结果期间，紧接着受审议国发言。

14. 应当加强理事会第6/17号决议设立的旨在促进各国参与的普遍定期审议自愿信托基金并将之投入运行，以鼓励发展中国家，尤其是最不发达国家和小岛屿发展中国家大力参与对它们的审议工作。

另外，为了确保发展中国家，尤其是最不发达国家，大力参与普遍定期审议，2007年6月18日人权理事会通过的《普遍定期审议机制》中还设立了一个参加普遍定期审议机制的自愿信托基金。

本章下面将对上述审议的流程以及这一基金进行一一研究，先研究审议的周期和顺序，然后研究审议的程序和模式，最后研究的是参加普遍定期审议自愿信托基金。

## 第一节 审议周期性安排和顺序

### 一、2007年《普遍定期审议机制》中的审议周期性安排和顺序的起草过程

#### (一)审议在理事会通过普遍定期审议机制之后开始

这一点规定在《普遍定期审议体制建设》第五段中。审议应在人权理事会通过普遍定期审议机制之后开始，是各个利益攸关方从一开始就达成的一致意见。在2006年11月22日工作组第一届会议第三次会议关于审议顺序的讨论中，许多利益攸关方指出，审议只有在理事会通过普遍定期审议机制之后才能开始，[①] 包括阿尔及利亚(代表非洲国家集团)、不丹等，没有一个利益攸关方对此有不同意见的。2006年11月30日，工作组协调

① A/HRC/3/CRP.1，第9页，第38段。

员卢利什基向人权理事会第三届会议提交的工作组《初步结论》中，就审议的周期性安排和顺序而言，协调员指出了几个各个利益攸关方的意见趋同点。其中，第一点就是“审议在人权理事会通过普遍定期审议机制之后开始”。此后，在协调员2007年2月12日提交的第一份非正式文件、3月15日提交的第二份非正式文件、4月27日提交的第三份非正式文件、以及人权理事会主席在2007年6月4日的第一份案文、6月13日的第二份案文、6月17日的第三份案文均原封不动地继承了协调员在工作组《初步结论》中的写法和位次，直到最终在6月18日通过，这就是我们现在看到的《普遍定期审议机制》中的规定。

### （二）审议顺序应反映普遍性和平等对待的原则

这一点规定在《普遍定期审议体制建设》第六段中。审议顺序应反映普遍性和平等对待的原则，也是各个利益攸关方从一开始就达成的一致意见，是作为普遍定期审议原则之一的普遍性原则和平等性原则在审议流程中的具体体现和落实。澳大利亚2006年8月18日提交的书面建议，审议的顺序应当体现普遍性和平等对待原则。2006年11月30日，工作组协调员卢利什基向人权理事会第三届会议提交的工作组《初步结论》中，就审议的周期性安排和顺序而言，协调员指出了几个利益攸关方的意见趋同点。其中，第二点就是“审议顺序应反映普遍性和平等对待原则”。此后，在协调员2007年2月12日提交的第一份非正式文件、3月15日提交的第二份非正式文件、4月27日提交的第三份非正式文件、以及人权理事会主席在2007年6月4日的第一份案文、6月13日的第二份案文、6月17日的第三份案文均原封不动地继承了协调员在工作组《初步结论》中的写法和位次，直到最终在6月18日通过，这就是我们现在看到的《普遍定期审议机制》中的规定。

### （三）审议顺序应尽快确定，以便各国作好应有的准备。

这一点规定在《普遍定期审议体制建设》第七段中。审议顺序尽快确定，以便各国作好应有的准备，也是各个利益攸关方从一开始就达成的一致意见。2006年11月30日，工作组协调员卢利什基向人权理事会第三届会议提交的工作组《初步结论》中，就审议的周期性安排和顺序而言，协调员指出了几个各个利益攸关方的意见趋同点。其中，第三点就是“审议顺序应尽快确定，以便各国作好应有准备”。此后，在协调员2007年2月12日提交的第一份非正式文件、3月15日提交的第二份非正式文件、4月27日提交的第三份非正式文件、以及人权理事会主席在2007年6月4日的第一份案文、6月13日的第二份案文、6月17日的第三份案文均原封不动地继承了协调员在工作组《初步结论》中的写法和位次，直到最终在6月18日通过，这就是我们现在看到的《普遍定期审议机制》中的规定。

**（四）理事会的所有成员国都要在其成员任期内接受审议。**

这一点规定在《普遍定期审议体制建设》第八段中。联大第60/251号决议第九段明确要求，“当选为理事会成员者在促进和保护人权方面应（shall）坚持最高标准，与理事会充分合作，并在任期内接受定期普遍审查机制的审查。”[①] 这就明确要求理事会的所有成员国都要在其成员任期内接受普遍定期审议。因此，这一要求也是各个利益攸关方从一开始就达成的一致意见。在2006年11月22日工作组第一届会议第三次会议的专门讨论中，许多利益攸关方都强调，理事会的所有成员国都要在成员任期内接受审议，包括马尔代夫、孟加拉国、中国、日本、韩国、泰国等，没有一个利益攸关方对此表示反对。2006年11月30日，工作组协调员卢利什基向人权理事会第三届会议提交的工作组《初步结论》中，就审议的周期性安排和顺序而言，协调员指出了几个各个利益攸关方的意见趋同点。其中，第四点就是“理事会的所有成员国都要在其任期内接受审议”。

在协调员2007年2月12日提交的第一份非正式文件中，关于审议的周期性安排和顺序的第四点各方意见趋同点中，除了提到“理事会的所有成员国都应（should）在其任期内接受审议”外，还进一步写道：“可依据字母顺序、抽签或自愿的方式作出选择。选择的具体模式将由理事会在以后的阶段决定”。在2007年3月15日工作组第二届会议第三次会议的专门

① A/RES/60/251，第九段。

讨论中，各个利益攸关方对协调员认定的这一意见趋同点表示支持，确认理事会的成员国应当在任期内接受审议，同时建议将“应”（should）一词改为“要”（shall），以便与联大第60/251号决议中的用词保持一致。[①]

在协调员3月15日提交的第二份非正式文件中，关于这一点，协调员接受了上述建议，将其改为“理事会的所有成员国都要（shall）在其任期内接受审议”。此后，在4月27日提交的第三份非正式文件、以及人权理事会主席在2007年6月4日的第一份案文、6月13日的第二份案文、6月17日的第三份案文均原封不动地继承了协调员在工作组《初步结论》中的写法和位次，直到最终在6月18日通过，这就是我们现在看到的《普遍定期审议机制》中的规定。

**（五）理事会的初始成员，特别是当选任期为一年或两年的成员，应首先接受审议。**

这一点规定在《普遍定期审议体制建设》第九段中。与前四点不同，理事会的初始成员，特别是当选任期为一年或两年的成员，是否应首先接受审议，从一开始是一个在各个利益攸关方之间存在争论的点。在2006年11月22日工作组第一届会议第三次会议关于审议顺序的讨论中，有一些国家的代表认为，理事会的成员国，应当首先接受审议，尤其是那些当选任期为一年或两年的成员国，[②] 例如不丹。2006年11月30日，工作组协调员卢利什基向人权理事会第三届会议提交的工作组《初步结论》中，就审议的周期性安排和顺序而言，协调员指出了几个需要进一步考虑的要点。“当选期限为一年或两年的成员应首先接受审议”就是其中之一。

在协调员2007年2月12日提交的第一份非正式文件中，协调员认为，“理事会的初始成员，特别是当选任期为一年或两年的成员，应首先接受审议”是各个利益攸关方的意见趋同点之一，而且被列为第五点。在2007年2月13日工作组第二届会议第三次会议的专门讨论中，各个利益攸关方

---

① A/HRC/4/CRP.3，第38段。

② A/HRC/3/CRP.1，第9页，第38段。

都支持理事会的初始成员应首先接受审议，尤其是当选期限为一年或两年的成员。[1] 此后，在协调员3月15日提交的第二份非正式文件、4月27日提交的第三份非正式文件、以及人权理事会主席在2007年6月4日的第一份案文、6月13日的第二份案文、6月17日的第三份案文均原封不动地继承了协调员在第一份非正式文件中的写法和位次，直到最终在6月18日通过，这就是我们现在看到的《普遍定期审议机制》中的规定。

**（六）接受审议的既应有理事会的成员国，也应有理事会的观察员国。**

这一点规定在《普遍定期审议体制建设》第十段中。接受审议的既应有理事会的成员国，也应有理事会的观察员国，这也是各个利益攸关方从一开始就达成的一致意见。在2006年11月22日工作组第一届会议第三次会议关于审议顺序的讨论中，许多利益攸关方指出，接受审议的既应有理事会的成员国，也应有理事会的观察员国，例如阿尔及利亚（代表非洲国家集团）、不丹、韩国等。有些国家的代表认为，即使在第一轮中人权理事会的观察员国也必须得到审议，例如哥伦比亚代表强烈要求在第一轮中审议观察员国。还有的国家建议，这可以在观察员国自愿的基础上展开。[2]

2006年11月30日，工作组协调员卢利什基向人权理事会第三届会议提交的工作组《初步结论》中，就审议的周期性安排和顺序而言，协调员指出了几个各个利益攸关方的意见趋同点。其中，第五点就是“不论是人权理事会的成员国还是观察员国都应接受审议”。此后，这一点在协调员2月12日提交的第一份非正式文件、3月15日提交的第二份非正式文件、4月27日提交的第三份非正式文件、以及人权理事会主席在2007年6月4日的第一份案文、6月13日的第二份案文、6月17日的第三份案文基本上都保留了协调员在工作组《初步结论》中的写法和位次，直到最终在6月18日通过，这就是我们现在看到的《普遍定期审议机制》中的规定。

---

① A/HRC/4/CRP.3，第38段。

② A/HRC/3/CRP.1，第9页，第38段。

**（七）在选择要审议的国家时应注重公平地域分配。**

这一点规定在《普遍定期审议体制建设》第11段中。在选择要审议的国家时，应注重公平地域分配，这一点在普遍定期审议机制起草的初期在各个利益攸关方之间存在争议。在2006年11月22日工作组第一届会议第三次会议关于审议顺序的讨论中，有一些国家的代表强调指出，无论采取何种方式决定受审国的顺序，都应当确保在每年的审议中在选择受审的国家时注重公平的地域分配，而且应当事先通知有关国家，[①] 例如马来西亚、不丹、中国、印度、泰国等。在2006年11月30日工作组协调员的《初步结论》中，协调员认为“在选择要审议的国家时应尊重公平的地域分配”是一个需要进一步考虑的要点。

但是，在2007年2月12日协调员第一份非正式文件中，将这一点列为了各方意见的趋同点之一，列在第八点。在3月15日的第二份非正式文件中，这一点也是列为各方意见趋同点，并列在第七点。此后，在协调员4月27日提交的第三份非正式文件、以及人权理事会主席在2007年6月4日的第一份案文、6月13日的第二份案文、6月17日的第三份案文基本上都保留了协调员在第二份非正式文件中的写法和位次，直到最终在6月18日通过，这就是我们现在看到的《普遍定期审议机制》中的规定。

**（八）应以确保充分注重公平地域分配的方式，从每个区域组中抽签选出接受审议的第一个成员国和观察员国。然后从由此选出的国家开始，按国名字母顺序进行安排，但其他国家如有自愿要求予以审议的除外。**

这一点规定在《普遍定期审议体制建设》第12段中。这一点从一开始在各个利益攸关方之间存在重大分歧。在向普遍定期审议机制起草工作组提交的书面建议中，荷兰认为，应当通过抽签决定审议顺序，同时考虑理事会成员国必须在任期内受审，因此可以作适当调整。美国也建议，按照抽签决定审议顺序。在2006年11月22日工作组第一届会议第三次会议关于审议顺序的讨论中，关于选择受审国的顺序，各方发表了各种意见。

---

① A/HRC/3/CRP.1，第9页，第37段。

有的利益攸关方指出，应当依据国名的字母顺序确定审议顺序，例如日本。有的指出，应当通过抽签决定审议顺序，例如不丹。还有的指出，应当采取自愿的方式确定审议顺序，例如韩国，尤其是针对理事会的观察员国。也有的则认为，无论采取何种方法，都应当注重公平的地域分配。① 在2006年11月30日协调员的《初步结论》中，协调员指出，“国家可以在任何时候自愿接受审议”是各方的意见趋同点之一（第六点），但是同时又指出，“应按字母顺序选择要审议的成员或者通过抽签决定”是需要进一步考虑的要点之一（第五点）。

在2007年2月12日协调员的第一份非正式文件中，在意见趋同点中，删除了“国家可以在任何时候自愿接受审议”这一点，而是在前面提到的“理事会的所有成员国都要在其任期内接受审议”外，补充写道：“可依据字母顺序、抽签或自愿的方式作出选择。选择的具体模式将由理事会在以后的阶段决定”（第四个意见趋同点）。另外，还有一个意见趋同点是：“观察员国可以在任何时候自愿接受审议，或者在必要时，通过抽签接受审议。选择的具体模式将由理事会在以后的阶段决定”（第七个意见趋同点）。

在2007年2月13日工作组第二届会议第三次会议的专门讨论中，一些利益攸关方指出，决定审议顺序的标准必须非常明确，以便确保审议的可预见性，例如新西兰。而且，无论如何，均应当注重公平的地域分配。② 有的利益攸关方建议，采取按国名的字母顺序选择（可选择联合国的官方语言之一进行），例如日本。有的建议抽签决定，例如德国（代表欧盟）表示，建议按照抽签决定顺序，同时照顾公平的地域分配。还有建议自愿决定，例如泰国，认为这是合作原则的体现，不应被否定。还有的利益攸关方建议，从区域集团中随机选择，例如新西兰。还有的利益攸关方认为，无论是抽签决定还是自愿方式决定，都无法确保审议的可预

① A/HRC/3/CRP.1，第37段。

② A/HRC/4/CRP.3，第39段。

见性。[①]

在2007年3月15日协调员的第二份非正式文件中，协调员在意见趋同点中提出了自己的折中方案，即“接受审议的第一个成员国和观察员国都将用抽签方式选出。然后从这两个国家开始，按国名英文字母顺序进行审议，自愿接受审议者除外”（第八个意见趋同点）。在2007年4月27日协调员的第三份非正式文件中，协调员在意见趋同点中，指出，“应以确保充分注重公平地域分配的方式，从每个区域组中抽签选出接受审议的第一个成员国和观察员国。然后从由此选出的国家开始，按国名字母顺序进行安排，但其他国家如有自愿要求予以审议的除外。”（第八个意见趋同点）这一表述在后来人权理事会主席在2007年6月4日的第一份案文、6月13日的第二份案文、6月17日的第三份案文中都原封不动地得到了保留，直到最终在6月18日通过，这就是我们现在看到的《普遍定期审议机制》中的规定。

**（九）两个审议期之间的间隔期应当合理，以便考虑到各国有无能力为审议工作提出的要求作好准备，其他利益攸关方有无能力对之作出回应。**

这一点规定在《普遍定期审议体制建设》第13段中。在普遍定期审议机制的起草过程中，各个利益攸关方对于这一点从一开始就达成了一致意见。在2006年11月30日协调员的《初步结论》中，协调员指出，这是各方的意见趋同点之一（第七点）。此后，这一点在协调员2007年2月12日第一份非正式文件（第九个意见趋同点）、3月15日第二份非正式文件（第九个意见趋同点）、4月27日第三份非正式文件、以及人权理事会主席2007年6月4日的第一份案文、6月13日的第二份案文、6月17日的第三份案文中均一字不差地得到了保留，直到最终在6月18日通过，这就是我们现在看到的《普遍定期审议机制》中的规定。

**（十）第一审议期将为期4年。这样，工作组每年3届、每届为期2周**

① A/HRC/4/CRP.3，第40段。

**的会议期间，共计将审议48个国家。**[①]

这一点规定在《普遍定期审议体制建设》第14段中。在普遍定期审议机制的起草过程中，审议期的长短是一个各个利益攸关方之间存在重大分歧的问题。在向普遍定期审议机制起草工作组提交的书面建议中，各个利益攸关方提出了各种不同的建议。最短的建议是每隔三年审议一次，而且每个国家都一样。例如，加拿大建议，对于所有192个国家来说，每隔三年审议一次，每年审议64个国家，在理事会闭会期间进行，审议时间为三小时。每一个普遍定期审议委员会每年将审议16个国家。阿根廷、智利、哥斯达黎加、厄瓜多尔、巴拿马、巴拉圭、秘鲁和乌拉圭联合提交的建议，认为每个国家应每隔三年受审一次，还认为如果每隔五年或超过五年受审一次，无法使理事会在落实普遍定期审议建议方面起到真正的监督作用。作为非政府组织之一的"国际妇女权利行动观察"也建议，每个国家应当每隔三年受审一次。最长的建议是每隔六年或六年半，每个国家都一样。例如，俄罗斯建议审议周期应为每六年或六年半审议一次，每年受审30个国家，每次会议受审10个国家，每个国家受审三个小时，一年审议所需天数为15天（三周）。介于其中的是其他各种方案。荷兰建议每个国家应至少每隔三年或四年审议一次。这样做虽然会加大工作量，但对于审议的有效性来说非常重要。瑞士也建议所有国家都必须以同样方式得到审议，每隔三至四年受审一次。菲律宾建议每个国家每隔三年至五年受审一次，每次互动对话时间三个小时，在理事会全会通过审议结果文件最多一个小时。列支敦士登建议，所有的联合国会员国应当每隔四年受审一次。秘鲁建议每个国家每隔五年受审一次，一年大约40个国家受审。美国也建议，每个国家每五年受审一次，一年大约审议40个国家。作为非政府组织的"国家人权机构国际协调委员会"也建议每隔五年受审一次。还有些国家建议，处在不同发展阶段的国家审议期限应当不同。例如，伊

---

① 普遍定期审议是一个不断演化的进程；在第一个审议期结束后，理事会可依据最佳做法和经验教训，审查这个机制的模式和周期性安排。

朗建议，发达国家每三年审议一次，发展中国家每五年审议一次，所有国家的审议时间不超过三个小时。还有的国家没有给出具体的时间建议。例如，马来西亚指出，普遍定期审议的周期应当在受审国的数量、理事会和人权高专办的工作压力、国家的时间和财政以及人力资源的限制，尤其是发展中国家之间达成平衡。

在2006年11月22日工作组第一届会议第三次会议关于审议期限和顺序的讨论中，各个利益攸关方提出了各种审议期的建议，从最短的三年到最长的六年不等，因此每年审议的国家数量也从32个到64个不等。加拿大认为，根据联大第60/251号决议，每一个国家必须得到平等的对待。因此，审议周期对于每个国家来说必须是相同的。由于联大第60/251号决议要求理事会的每一个成员国在三年的任期内得到审议，因此每一个国家的审议周期最多是三年。任何更长的审议周期都会在理事会的成员国和观察员国之间造成复杂性和可能的不平等。相对频繁的审议能更好地补充条约机构和特别程序的工作，使其建议能有更多定期的后续行动，也就为国家的能力建设需求提供更频繁的机会。为了让每一个联合国会员国每隔三年都接受审议，每年就需要审议64个国家。为了更有效地分配这项任务，加拿大建议设立四个普遍定期审议委员会，每一个工作组由11位或12位人权理事会的成员国组成。每一个委员会应当每年在理事会闭会期间审议大约16个国家。这一工作可以在整个一年期间开展。如果每个国家分到三个小时的闭会期间的审查时间，那么每一个工作组每年就需要大约八次这样的会议，再加上准备向理事会提交报告的另外两天时间。每一个委员会在一年内定期向理事会汇报工作，以便在理事会每年举行的三次定期会议中能够审议大约12国的受审报告。哥伦比亚代表支持加拿大代表提出的三年周期。但是，这样的观点遭到了一些国家的反对，它们认为，联大第60/251号决议第9段并没有排除四年、甚至五年的审议周期。而且，这只是在成员国任期和审议周期之间的一种现实安排和协调而已，尤其是在选举理事会的新成员国之后。[1]

有一些发展中国家的代表建议，按照发展水平的不同设置不同的审议周期。例如，巴基斯坦（代表伊斯兰会议组织）提出了两项建议，一项是联合国的所有会员国每隔五年审议一次，另一项是依据发展水平的不同，发达国家每隔三年审议一次，发展中国家每隔五年审议一次，最不发达国家每隔七年审议一次。孟加拉国也建议，每个受审国审议时间不超过三个小时，一年审议时间不超过四个星期，按照一个星期五个工作日计算，一年将有40个审议会议计算，一年将有40个国家受到审议。而且，孟加拉国还建议，依据受审国发展水平的不同，应该有不同的审议周期，具体建议如下：发达国家（35个），每三年接受一次审议（每年11个国家）；发展中国家（106个），每五年接受一次审议（每年20个国家）；最不发达国家（50个），每七年接受一次审议（每年七个国家）。孟加拉国还指出，这些建议不是一成不变的，而是依据审议的复杂或简易程度可以作相应改变。但是，这样的建议也遭到了许多国家的反对，因为这被认为违反了联大第60/251号决议第5段第5项所规定的普遍定期审议应遵循的基本原则。它们建议，所有国家的审议期应当相同。韩国明确表示反对基于发展水平的不同，而对不同的国家设置不同的审议周期。日本也认为，审议的周期对于所有国家应当相同，有些国家可能有困难，但是对于这样的国家来说，延长审议的周期是不明智的，因为它们将无法从及时的审议中获益，这些困难可以通过技术援助的方法解决。具体说来，每个国家审议的时间应为三个小时，每年审议的国家数量应超过40个，每个国家应每隔四年或五年审议一次。

有不少国家建议采取五年的审议周期。例如，不丹支持制定一个简易的审议制度，不对那些资源有限的发展中小国和人权高专办带来过多的负担，建议采取五年的审议周期，因为大多数条约机构的审议周期也是五年。马尔代夫指出，审议的周期应当在现实性和正当性之间达成平衡，至

---

① A/HRC/3/CRP.1，第36段。

少对于最不发达国家来说应当如此，并认为五年期是比较合适的。印度也建议审议周期为五年。

中国认为，普遍定期审议不应给人权理事会带来过多的负担，因此建议审议的周期应为五年至六年，也就是说，人权理事会每年审议30个国家，每次审议不超过3个小时。泰国也建议每个国家每隔五年或六年审议一次，每次时间为三个小时，所有国家都应当相同。韩国认为，每年由普遍定期审议委员会审议九个至十个国家，这样四个普遍定期审议委员会一年就可以审议38个或39个国家。在这种制度下，每个国家至少每隔五年就要被审议一次。韩国支持在理事会闭会期间进行审议，这样理事会的定期会议就可以集中处理自己的重大问题。阿尔及利亚（代表非洲集团）指出，审议的周期可以是每三年或五年，受审国的数量可以在38个至64个之间，每个受审国受审的时间可以是两个小时，每年审议的天数可以是19天至30天不等，可依据比例原则结合具体情况具体调整。

总之，对于那些希望审议周期短一些的国家来说，较为频繁的审议可以对受审国的人权情况进行彻底评估，而且也可以使受审国较快调整人权政策和计划，而对于那些希望审议周期长一些的国家来说，较长的审议周期有助于减轻理事会、受审国和人权高专办的工作压力和资源需求，普遍定期审议就可以更多地集中审议受审国那些更广泛的制度和机构方面的问题，而不是具体的事件和案件，使普遍定期审议更具有建设性和有效果。[①]

2006年11月30日，协调员在总结各个利益攸关方的意见后在《初步结论》中，他指出，关于审议期，是一个需要进一步考虑的要点。他建议：

提议的周期从三年到六年不等，甚至更长。如果由理事会全会进行审议，那么审议的必要时间如下：

---

① A/HRC/3/CRP.1，第9页，第34段。

| 周期/年 | 国家数/年 | 2小时会议 | | 3小时会议 | |
|---|---|---|---|---|---|
| 3年 | 64个国家 | 128个小时 | 43次会议 | 192个小时 | 64次会议 |
| 4 | 48 | 96个小时 | 32次会议 | 144个小时 | 48次会议 |
| 5 | 38.4=39 | 78个小时 | 26次会议 | 117个小时 | 39次会议 |
| 6 | 32 | 64个小时 | 22次会议 | 96个小时 | 32次会议 |

而且，协调员还指出，各个利益攸关方还对以下几点意见分歧较大，还需要进一步考虑："根据审议是通过平行地举行会议还是在闭会期间举行会议的工作组或小组委员会进行，周期当然会有所不同"；"对发达国家和发展中国家，尤其是最不发达国家来说，审议的周期应该不同"；"审议时间可以是两到三个小时"。

在2007年2月12日协调员的第一份非正式文件中，协调员提出了两个需要进一步考虑的要点：

（1）提议的周期从三年到六年不等，甚至更长。协调员建议，限于以下两个选项，要么是四年，要么是五年。

| 周期/年 | 国家数/年 | 3小时会议 | |
|---|---|---|---|
| 4 | 48 | 144个小时 | 48次会议 |
| 5 | 38.4=39 | 117个小时 | 39次会议 |

（2）对发达国家和发展中国家，尤其是最不发达国家来说，审议的周期应该不同。

在2007年2月13日工作组第二届会议第三次会议的专门讨论中，关于第一个需要进一步审议的要点，有的利益攸关方说，这两个选项都可以接受，例如印度、日本。新西兰认为，如果普遍定期审议是一个有效而轻松的过程，而不是给国家带来过多负担的过程，那么三年至四年的审议周期是比较合适的。从实际的角度来说，超过四年的审议周期都将无法确保理事会的成员国在任期内能够得到审议。因此，新西兰不支持五年的审议周期。

有些利益攸关方支持第二个选项（五年期），认为这样可以给受审国提供充分的时间，以便其准备审议和执行审议的建议，例如泰国。而且，审议周期越长，就越能审议那些越广泛、越是系统性和机制性的问题，而且受审国可以对政策和计划作出任何必要的调整。还有的支持第二个选项的利益攸关方说，无论从减少国家、理事会和人权高专办的工作压力还是其资源的有限性来说，五年期的审议周期更加现实。但是，支持第一个选项（四年期）的利益攸关方强调指出，更短的周期可以使审议更有效和及时，因此可以协助受审国找到能力建设的需要，允许理事会作出更快的反应，更能符合普遍定期审议的目标。还有的利益攸关方指出，从普遍定期审议中产生的建议应当具体和现实，应当是那些能在四年内就能执行的。而那些原本希望采取三年审议期的利益攸关方则指出，它们愿意接受四年的审议期。①

关于第二个需要进一步审议的要点，一些利益攸关方指出，有必要考虑国家的能力和潜在的困难，尤其是最不发达国家在准备审议和符合普遍定期审议义务方面可能遇到的困难。巴基斯坦（代表伊斯兰会议组织）重申其在2006年11月22日工作组第一届会议第三次会议中的两项建议选项，一是所有联合国会员国每隔五年审议一次，二是按照国家的不同发展水平，设置不同的审议周期（发达国家每隔三年审议一次、发展中国家每隔五年审议一次、最不发达国家每隔七年审议一次）。

但是，还有一些利益攸关方则以联大第60/251号决议第5（e）段中提到的普遍原则和平等对待原则为依据，认为审议周期应当对所有国家都是一样的。例如，加拿大代表指出，对于出于不同发展水平的国家设定不同的审议周期，将违反联大第60/251号决议所规定的平等对待所有国家的原则，而且还可能会传递一个错误的信息，即：全世界不同国家的人权是不

① A/HRC/4/CRP.3，第41段。

同的。德国（代表欧盟）也发言指出，平等对待所有国家原则也适用于审议周期，因此所有国家的审议周期都应当是一样的。日本认为，在审议时应当考虑受审国的发展水平，但是审议的周期对所有国家都应当一样。新西兰支持阿根廷、智利、印度、墨西哥和挪威的观点，认为普遍原则和平等对待原则要求对所有国家的审议周期是一样的。新西兰说，关于发展水平和国情特点这样的因素，应当在审议的建议或结果中考虑，而不能成为审议周期不同的原因。如果普遍定期审议是一个合作和可管理的进程、不应该给国家带来过多负担、是一个以行动为导向的、能产生现实的结果的进程，那么不同的审议周期必然会背离普遍定期审议的目标和精神。

还有一些利益攸关方指出，在实际审议时应当考虑受审国的发展水平和具体国情，而且审议的结果和建议也应当具有针对性，针对受审国的具体能力，满足其具体的需求。[①] 还有的利益攸关方建议，对于那些面临特殊困难的国家来说，应当设立更频繁的审议周期，以此作为后续行动的一个手段。另外，还有国家建议，应当建立一个机制，允许各国在下一个审议周期之前就取得的进步进行报告或提供这方面的资料。[②]

在2007年3月15日的第二份非正式文件中，协调员列出了两个意见趋同点："审议周期为四年（每年48个国家）或五年（每年39个国家），待定"（第十个意见趋同点）；"审议时间是三个小时。如果由理事会全会审议其结果，则将提供额外的必要时间（约一小时）"（第11个意见趋同点）。在2007年4月27日的第三份非正式文件中，协调员指出，"审议周期将为四年（每年48个国家）或五年（每年39个国家）。"（第十点）在2007年6月4日人权理事会主席的第一份案文中，建议的是"第一个周期将为四年。这样，每年在工作组为期各两周的三届会议期间共计将审议48个国家"（第十点）。而且，在这一建议稿中，还对这一点附有一个脚注，即："普遍定期审议是一个不断演化的进程；在第一个审议期结束后，理事

① A/HRC/4/CRP.3，第42段。

② A/HRC/4/CRP.3，第43段。

会可依据最佳做法和经验教训，审查这个机制的模式和周期性安排。”此后，在人权理事会主席6月13日的第二份案文、6月17日的第三份案文中均一字不差地得到了保留，直到最终在6月18日通过，这就是我们现在看到的《普遍定期审议机制》中的规定。可见，在审议周期的问题上，人权理事会主席作出了重大的贡献。这也是一个协调员一直无法把握，拖到人权理事会主席那里的问题。

## 二、第一个周期的实践（2008—2011年）

2007年9月12日和19日，人权理事会第六届会议举行了两次非正式会议，讨论了秘书处编写的题为《为制定普遍定期审议审议工作方案（第一周期）所将采取的主要措施》的文件。在该文件中，秘书处设定了挑选受审国的两个步骤。

第一个步骤为挑选之前的步骤。秘书处指出，根据《普遍定期审议机制》第12段的规定，人权理事会成员国和观察员国可自愿作为优先事项而接受审议，它们应在2007年9月21日前向秘书处表示意向。哥伦比亚和瑞士两国随即按照《普遍定期审议机制》第12段的规定，主动要求优先接受审议。秘书处以拉丁字母为序制定五份国家名单，每一名单反应一个区域集团，并根据类似情况下在纽约所作的集团划分制定区域集团名单。根据《普遍定期审议体制建设》第9段的规定，在每一名单上明确标明成员资格于2007年6月到期或于2008年6月到期的人权理事会成员国，也在每一名单上指出那些自愿接受审议的国家名单。为了在人权理事会成员国和非成员国之间保持良好平衡，也酌情指出那些成员国资格在2009年6月或之后到期的理事会成员国。

第二个步骤是挑选过程。人权理事会主席于2007年9月21日通过抽签挑出第一个成员国或观察员国，该国名将因此用于重组上述名单，并参照前面所提到的优先顺序，重新制定每一名单。成员国资格于2007年6月到期的国家在名单中上移，接着是那些成员资格在2008年6月到期的国家，以及自愿接受审议的国家。成员国资格于2009年6月到期的成员国与成员国资格于2010年到期的非理事会初始成员国在其成员国资格结束之年得到最先列入名单的机会。根据《普遍定期审议体制建设》第14段的规定，每年审议48个国家；这相当于普遍定期审议工作组每届会议审议16个国家。为此，依据《普遍定期审议体制建设》第11段，为了确保公平的地域分布，人权理事会制定了2008年及其后各年的日历。

人权理事会主席然后以抽签确定出为首届普遍定期审议会议所挑选的国家接受审议的顺序。在每届全会上也为普遍定期审议工作组以后各届会议进行类似的抽签。最后，依据《普遍定期审议体制建设》第19段的规定，请2008年接受审议的所有国家于2007年11月15日前说明它们是否打算要求三名报告员之一应来自于本区域集团。

2007年9月21日，在人权理事会第六届会议第12次会议上，人权理事会商定了根据普遍定期审议机制在第一周期内对192个联合国会员国进行审议的时间表。在同一次会议上，人权理事会以抽签方式确定了在第一周期（2008—2011年）期间内的12次届会中每次由普遍定期审议工作组审议的国家。[①] 随后，理事会通过抽签方式确定了192个国家的审议次序。

**表格5：第一个审议周期国家次序表**

| 序号 | 第1届会议（2008年） | 第2届会议（2008年） | 第3届会议（2008年） | 第4届会议（2009年） | 第5届会议（2009年） | 第6届会议（2009年） | 第7届会议（2010年） | 第8届会议（2010年） | 第9届会议（2010年） | 第10届会议（2011年） | 第11届会议（2011年） | 第12届会议（2011年） |
|---|---|---|---|---|---|---|---|---|---|---|---|---|
| 1 | 摩洛哥 | 加蓬 | 博茨瓦纳 | 喀麦隆 | 中非 | 科特迪瓦 | 安哥拉 | 几内亚 | 利比里亚 | 莫桑比克 | 塞舌尔 | 斯威士兰 |
| 2 | 南非 | 加纳 | 布基纳法索 | 吉布提 | 乍得 | 刚果（金） | 埃及 | 几内亚比绍 | 利比亚 | 纳米比亚 | 塞拉利昂 | 多哥 |
| 3 | 突尼斯 | 马里 | 布隆迪 | 毛里求斯 | 科摩罗 | 赤道几内亚 | 马达加斯加 | 肯尼亚 | 马拉维 | 尼日尔 | 索马里 | 乌干达 |
| 4 | 阿尔及利亚 | 赞比亚 | 佛得角 | 尼日利亚 | 刚果 | 厄立特里亚 | 冈比亚 | 莱索托 | 毛里塔尼亚 | 卢旺达 | 苏丹 | 坦桑尼亚 |
| 5 | 巴林 | 贝宁 | 土库曼斯坦 | 塞内加尔 | 瓦努阿图 | 埃塞俄比亚 | 卡塔尔 | 基里巴斯 | 黎巴嫩 | 圣多美和普林西比 | 帕劳 | 津巴布韦 |

① A/HRC/6/22，第291-295.

续表

| 序号 | 第1届会议（2008年） | 第2届会议（2008年） | 第3届会议（2008年） | 第4届会议（2009年） | 第5届会议（2009年） | 第6届会议（2009年） | 第7届会议（2010年） | 第8届会议（2010年） | 第9届会议（2010年） | 第10届会议（2011年） | 第11届会议（2011年） | 第12届会议（2011年） |
|---|---|---|---|---|---|---|---|---|---|---|---|---|
| 6 | 印度 | 日本 | 图瓦卢 | 孟加拉国 | 越南 | 不丹 | 斐济 | 科威特 | 马尔代夫 | 缅甸 | 巴布亚新几内亚 | 叙利亚 |
| 7 | 印度尼西亚 | 巴基斯坦 | 阿联酋 | 中国 | 也门 | 文莱 | 伊朗 | 吉尔吉斯斯坦 | 马绍尔群岛 | 瑙鲁 | 萨摩亚 | 塔吉克斯坦 |
| 8 | 菲律宾 | 韩国 | 乌兹别克斯坦 | 约旦 | 阿富汗 | 柬埔寨 | 伊拉克 | 老挝 | 密克罗尼西亚 | 尼泊尔 | 新加坡 | 泰国 |
| 9 | 阿根廷 | 斯里兰卡 | 哥伦比亚 | 马来西亚 | 乌拉圭 | 塞浦路斯 | 哈萨克斯坦 | 格林纳达 | 蒙古 | 阿曼 | 所罗门群岛 | 东帝汶 |
| 10 | 厄瓜多尔 | 汤加 | 巴哈马 | 沙特阿拉伯 | 伯利兹 | 朝鲜 | 玻利维亚 | 圭亚那 | 洪都拉斯 | 巴拉圭 | 圣文森特和格林纳丁斯 | 特立尼达和多巴哥 |
| 11 | 巴西 | 危地马拉 | 巴巴多斯 | 古巴 | 智利 | 哥斯达黎加 | 尼加拉瓜 | 海地 | 牙买加 | 圣基茨和尼维斯 | 苏里南 | 委内瑞拉 |
| 12 | 荷兰 | 秘鲁 | 以色列 | 墨西哥 | 马耳他 | 多米尼克 | 萨尔瓦多 | 西班牙 | 巴拿马 | 圣卢西亚 | 比利时 | 安提瓜和巴布达 |
| 13 | 芬兰 | 法国 | 列支敦士登 | 加拿大 | 摩纳哥 | 多米尼加共和国 | 意大利 | 瑞典 | 美国 | 澳大利亚 | 丹麦 | 冰岛 |
| 14 | 英国 | 瑞士 | 卢森堡 | 德国 | 新西兰 | 挪威 | 圣马力诺 | 土耳其 | 安哥拉 | 奥地利 | 希腊 | 爱尔兰 |
| 15 | 波兰 | 罗马尼亚 | 黑山 | 俄罗斯 | 斯洛伐克 | 葡萄牙 | 斯洛文尼亚 | 亚美尼亚 | 保加利亚 | 爱沙尼亚 | 匈牙利 | 立陶宛 |
| 16 | 捷克 | 乌克兰 | 塞尔维亚 | 阿塞拜疆 | 马其顿 | 阿尔巴尼亚 | 波黑 | 白俄罗斯 | 克罗地亚 | 格鲁吉亚 | 拉脱维亚 | 摩尔多瓦 |

## 三、2011年《人权理事会工作和运作情况审查结果》及其后续行动

自2009年开始，人权理事会决定设立审查理事会工作和运作情况政府间工作组，审查理事会的工作和运行情况。

关于审议的周期性安排，许多国家提出各种建议。西方国家坚持第一

个周期中的四年周期，例如西班牙、瑞士、阿根廷、危地马拉、比利时（代表欧盟）、美国、日本和智利。许多发展中国家则建议改为五年周期，例如中国、巴拉圭、俄罗斯、伊朗、委内瑞拉、泰国、孟加拉国、沙特阿拉伯、马来西亚、摩洛哥、菲律宾、印度尼西亚、阿尔及利亚、埃及（代表不结盟运动）、尼日利亚（代表非洲集团）、巴基斯坦（代表伊斯兰会议组织）、秘鲁、哥伦比亚。此外，还有国家提出应当在两个审议周期中间有一个过渡期，不进行审议，以便解决一些程序问题或者为下一个周期的审议作充分准备，例如马来西亚、新加坡、尼日利亚（代表非洲集团）。还有国家提出了一年的具体建议，例如中国、伊朗、沙特、菲律宾、埃及（代表不结盟运动）、巴基斯坦（代表伊斯兰会议组织）。不过，委内瑞拉、瑞士、澳大利亚、乌拉圭、摩洛哥、日本、秘鲁、危地马拉、智利等国建议立即启动第二个审议周期，不应有过渡期。

关于审议的顺序，许多国家建议按照第一个周期中的顺序进行，例如俄罗斯、委内瑞拉、毛里求斯、摩洛哥、巴西、埃及（代表不结盟运动）、阿尔及利亚、尼日利亚（代表非洲集团）、巴基斯坦（代表伊斯兰会议组织）、马来西亚、伊朗、摩尔多瓦、泰国、澳大利亚、危地马拉。①

2011年3月25日，人权理事会第16届会议第47次会议未经表决通过了题为《审查人权理事会的工作和运作情况》的第21号决议，通过了《联合国人权理事会工作和运作情况审查结果》，决定《联合国人权理事会工作和运作情况审查结果》应作为对人权理事会2007年6月18日第5/1号和第5/2号决议所载体制建设文件以及理事会其他有关决议、决定和主席声明的补充。关于普遍定期审议的周期性安排和顺序，《联合国人权理事会工作和运作情况审查结果》关于普遍定期审议的部分作出新的规定：

B. 审议的周期性安排和顺序

2. 第二个审议周期应自2012年6月开始。

① A/HRC/WG.8/2/1，第25-28页。

3. 第二个审议周期及以后的审议周期将为期四年半。这意味着普遍定期审议工作组每年将在三届会议期间审议42个国家。

4. 第二个审议周期及以后的审议周期应当保留为第一个审议周期确定的审议顺序。[①]

2011年6月17日，人权理事会第17届会议第35次会议通过了题为《人权理事会第16/21号决议普遍定期审议部分的后续行动》的第119号决定。关于审议顺序，该决定规定：

第一个审议周期确定的审议顺序应在第二个审议周期及以后的审议周期予以保留，在第二个和此后的审议周期中，将在工作组每届会议期间审议14个国家。

因此，与第一个审议周期相比，第二个审议周期发生了些许变化：第一，审议的周期将从原来的四年改为四年半；第二，第二个审议周期将举行14届审议会议，而不是第一个审议周期的12届审议会议；第三，每届会议只审议14个国家，而不是以前的16个国家；第四，审议的顺序没有发生变化。由于在第二个审议周期每届会议只审议14个国家，因此在第一个审议周期第一届会议受审的最后两个国家，即捷克和阿根廷，将被移到第二个审议周期第二届会议首先受审；原来的第二届会议的最后受审的四个国家，即法国、汤加、罗马尼亚和马里，将被移到第二个周期的第三届会议首先受审；以此类推。[②] 最后，由于第二个审议周期的第一届会议从2012年6月开始，因此第二届会议将在10月进行，第三届会议将在2013年1月进行，也就是说，2012年将只举行两届审议会议。

---

① A/HRC/RES/16/21，第3页。

② A/HRC/DEC/17/119.

## 四、第二个周期的实践（2012—2016年）

2011年6月17日，人权理事会第17届会议第35次会议通过的题为《人权理事会第16/21号决议普遍定期审议部分的后续行动》的第119号决定附件一详细规定了第二个审议周期的国家名单及顺序。具体如下：

**表格6：第二个审议周期国家次序表**

| 人权理事会普遍定期审议（第二个周期） | | | | | | | | | | | | | | |
|---|---|---|---|---|---|---|---|---|---|---|---|---|---|---|
| 序号 | 第13届会议（2012年） | 第14届会议（2012年） | 第15届会议（2013年） | 第16届会议（2013年） | 第17届会议（2013年） | 第18届会议（2014年） | 第19届会议（2014年） | 第20届会议（2014年） | 第21届会议（2015年） | 第22届会议（2015年） | 第23届会议（2015年） | 第24届会议（2016年） | 第25届会议（2016年） | 第26届会议（2016年） |
| 1 | 巴林 | 捷克 | 法国 | 土库曼斯坦 | 沙特阿拉伯 | 新西兰 | 挪威 | 意大利 | 吉尔吉斯斯坦 | 白俄罗斯 | 密克罗尼西亚 | 纳米比亚 | 苏里南 | 多哥 |
| 2 | 厄瓜多尔 | 阿根廷 | 汤加 | 布基纳法索 | 塞内加尔 | 阿富汗 | 阿尔巴尼亚 | 萨尔瓦多 | 基里巴斯 | 利比里亚 | 黎巴嫩 | 尼日尔 | 希腊 | 叙利亚 |
| 3 | 突尼斯 | 加蓬 | 罗马尼亚 | 佛得角 | 中国 | 智利 | 刚果（金） | 冈比亚 | 几内亚 | 马拉维 | 毛里塔尼亚 | 莫桑比克 | 萨摩亚 | 委内瑞拉 |
| 4 | 摩洛哥 | 加纳 | 马里 | 哥伦比亚 | 尼日利亚 | 越南 | 科特迪瓦 | 玻利维亚 | 老挝 | 蒙古 | 瑙鲁 | 爱沙尼亚 | 圣文森特和格林纳丁斯 | 冰岛 |
| 5 | 印度尼西亚 | 秘鲁 | 博茨瓦纳 | 乌兹别克斯坦 | 墨西哥 | 乌拉圭 | 葡萄牙 | 斐济 | 西班牙 | 巴拿马 | 卢旺达 | 巴拉圭 | 苏丹 | 津巴布韦 |
| 6 | 芬兰 | 危地马拉 | 巴哈马 | 图瓦卢 | 毛里求斯 | 也门 | 不丹 | 圣马力诺 | 莱索托 | 马尔代夫 | 尼泊尔 | 比利时 | 匈牙利 | 立陶宛 |
| 7 | 英国 | 贝宁 | 布隆迪 | 德国 | 约旦 | 瓦努阿图 | 多米尼克 | 哈萨克斯坦 | 肯尼亚 | 安道尔 | 圣卢西亚 | 丹麦 | 巴布亚新几内亚 | 乌干达 |
| 8 | 印度 | 韩国 | 卢森堡 | 吉布提 | 马来西亚 | 马其顿 | 朝鲜 | 安哥拉 | 亚美尼亚 | 保加利亚 | 阿曼 | 帕劳 | 塔吉克斯坦 | 东帝汶 |
| 9 | 巴西 | 瑞士 | 巴巴多斯 | 加拿大 | 中非 | 科摩罗 | 文莱 | 伊朗 | 几内亚比绍 | 洪都拉斯 | 奥地利 | 索马里 | 坦桑尼亚 | 摩尔多瓦 |
| 10 | 菲律宾 | 巴基斯坦 | 黑山 | 孟加拉国 | 摩纳哥 | 斯洛伐克 | 哥斯达黎加 | 马达加斯加 | 瑞典 | 美国 | 缅甸 | 塞舌尔 | 安提瓜和巴布达 | 海地 |

续表

| 人权理事会普遍定期审议（第二个周期） | | | | | | | | | | | | | | |
|---|---|---|---|---|---|---|---|---|---|---|---|---|---|---|
| 序号 | 第13届会议（2012年） | 第14届会议（2012年） | 第15届会议（2013年） | 第16届会议（2013年） | 第17届会议（2013年） | 第18届会议（2014年） | 第19届会议（2014年） | 第20届会议（2014年） | 第21届会议（2015年） | 第22届会议（2015年） | 第23届会议（2015年） | 第24届会议（2016年） | 第25届会议（2016年） | 第26届会议（2016年） |
| 11 | 阿尔及利亚 | 赞比亚 | 阿联酋 | 俄罗斯 | 伯利兹 | 厄立特里亚 | 赤道几内亚 | 伊拉克 | 格林纳达 | 马绍尔群岛 | 澳大利亚 | 所罗门群岛 | 斯威士兰 | 南苏丹[①] |
| 12 | 波兰 | 日本 | 以色列 | 阿塞拜疆 | 乍得 | 塞浦路斯 | 埃塞俄比亚 | 斯洛文尼亚 | 土耳其 | 克罗地亚 | 格鲁吉亚 | 拉脱维亚 | 特立尼达和多巴哥 | |
| 13 | 荷兰 | 乌克兰 | 列支敦士登 | 喀麦隆 | 刚果 | 多米尼加 | 卡塔尔 | 埃及 | 几内亚 | 牙买加 | 圣基茨和尼维斯 | 塞拉利昂 | 泰国 | |
| 14 | 南非 | 斯里兰卡 | 塞尔维亚 | 古巴 | 马耳他 | 哥伦比亚 | 尼加拉瓜 | 波黑 | 科威特 | 利比亚 | 圣多美和普林西比 | 新加坡 | 爱尔兰 | |

# 第二节　审议程序和模式

## 一、文件

### （一）2007年《普遍定期审议机制》的起草过程

#### 1. 各个利益攸关方提交的书面建议

联大第60/251号决议指出，必须根据“客观和可靠的信息”，定期普遍审议每个国家履行人权义务和承诺的情况。因此，普遍定期审议必须有“客观和可靠的”资料作为审议的基础，即审议用的背景资料。而且，普遍定期审议的原则之一就是客观性。[②] 但是，哪些资料是客观和可靠的资料？谁提供这些资料？这些成了《普遍定期审议机制》起草过程中各方争论的焦点。何谓“客观和可靠的消息”早就是普遍定期审议这一概念被提

---

① 2011年7月14日成为联合国会员国，并依据人权理事会决定随即添加到第二轮审议安排日历中。

② 参见本研究第五章中的普遍定期审议原则二（“是一种建立在客观可靠的资料以及互动对话的基础上的合作机制”）和原则七（“客观、透明、不作选择、具有建设性、非对抗、非政治化地进行”）。

出以来学者们关注的问题之一。[①]

从各方向普遍定期审议机制起草工作组提交的书面建议来看，不同的利益攸关方提出了各种建议。澳大利亚认为，没有必要要求受审国单独提交一份国家报告，因为这将重复条约机构所要求的报告程序，是没有必要的。澳大利亚支持由人权高专办准备一份“国家卷宗”（country dossier），将与受审国有关的条约机构的报告、条约机构的结论性意见和建议、特别程序的报告、以及非政府组织和学术机构的意见等现有资料汇编在一起；受审国可以在一份问卷的基础上提供一份声明，说明该国实施人权取得的成就、困难、挑战和计划；受审国打算如何应付国家卷宗中涉及的任何问题；以及是否有国际合作和技术援助方面的请求等。

欧盟认为，背景文件对于审议来说至关重要。对这一文件的汇编、查明每一个国家面临的关键问题最好由人权高专办进行。在这一阶段，应当从所有相关利益攸关方的专业知识中获得此种资料。鉴于此，可以考虑各种方案，欧盟提出以下可能的模式供各方考虑：

（1）人权高专办应与条约机构、特别程序、其他联合国机构、相关区域组织、非政府组织和国家人权机构、以及受审国磋商，在此基础上汇编一份含有现有资料和建议的国家卷宗；

（2）从国家卷宗中找出那些涉及受审国履行人权义务的关键问题；

（3）在列出的关键问题的基础上，由一个小组委员会或工作组与受审国进行包容性对话。这种对话可以在公开的会议上进行。必须确保条约机构、特别程序、非政府组织、国家人权机构和其他联合国机构的参加。这一工作组或小组委员会讨论和通过结果文件的草案。

（4）结果文件的草案应被送交人权理事会全会讨论和批准。受审国随后可以基于结果文件作出保证或承诺。普遍定期审议所占用的理事会全会时间应计入理事会的十周会议时间。

---

① 例如参见：Carlos Villan Duran, “Lights and Shadows of the New United Nations Human Rights Council”, 5 *SUR International Journal on Human Rights* (2006), p.10.

荷兰建议，人权高专办应当是收集这种资料的领导者。在资料的收集过程中，人权高专办将与其他行为者接触，包括受审国、联合国条约机构和特别机制、相关的联合国机构、区域组织、国家人权机构和市民社会。考虑到普遍定期审议应当集中于落实建议，因此资料的不同来源的相关性取决于受审国与联合国人权机制的合作记录。原则上，条约机构的结论性意见和特别程序提供的资料，以及区域组织的建议和报告应当是主要的来源。考虑到许多国家已经在条约机构中承担繁重的报告义务，不支持再为国家添加报告义务。但是，那些与联合国机制有良好合作记录的国家应当被邀请分享最新的事实资料。对于那些与联合国机制合作记录较差的国家，例如，因为不是某个条约的缔约国、严重拖延报告义务或者特别程序无法访问该国等原因，人权高专办应当依靠其他可靠来源，包括相关联合国机构、国家人权机构和市民社会的资料。人权高专办可以制作一份标准化表格（“收集资料的清单”）。依据清单，人权高专办应对收集到的资料进行概括，并在人权高专办的网站上公布。受审国可以就该文件向普遍定期审议工作组提交书面答复。在互动对话开始之前，所有在这一阶段收集到的文件以及受审国的答复都应当在人权高专办网站上公布。

瑞士建议，应在向理事会全会提交普遍定期审议建议前几个月，由人权高专办履行文件的准备这一使命，人权高专办应是唯一可信任的机构，应当向受审国发送一份国别情况文件，一起发送的应当还有一份以标准格式体现的、特别是基于人权普遍指数（Universal Index of Human Rights）的简短的事实问卷。在普遍定期审议前六个月，受审国应当就人权高专办的国别情况文件作出的评论，连同它对问卷的回答，发送给普遍定期审议工作组。在普遍定期审议前三个月，人权高专办应将国家情况文件、问卷、以及受审国的回复，连同工作组的建议和受审国的评论一起，发送给理事会。

列支敦士登建议，人权高专办在其网站上为每一个国家开设一个国家主页，每个国家主页由以下内容构成：

（1）人权高专办汇编的受审国国家卷宗，包括来自联合国的资料，例如联合国驻该国办事处、条约机构、专题性质的特别程序、竞选理事会成员国期间的承诺等；

（2）受审国自愿提交的国家报告，提供该国的背景资料，包括在审议该国人权状况时应当考虑的法律、经济、社会、文化、宗教或其他方面的资料。国家报告也可以基于向条约机构提交的最新的核心文件。

（3）国家人权机构或在联合国经社理事会具有咨商地位的非政府组织提交的相关资料。

（4）在审议过程中，国家主页中还可以列出问题清单、受审国对问题清单的答复、得到普遍定期审议委员会批准的审议对话的概况、理事会通过的建议、以及受审国提交的落实建议的计划等。为了显示对所有国家平等对待，人权高专办应当起草一份适用《世界人权宣言》的问题清单。理事会全会讨论并且修改或者通过这样的问题清单。问题清单可以结合受审国的特点包含补充问题。

加拿大提交的非正式文件建议：（1）人权高专办对与受审国有关的最近存在的联合国报告中的资料进行汇编，制作一份国家卷宗，并将电子版放到高专办的网上，包括条约机构的结论性意见、建议和意见，以及特别报告员和其他特别程序的报告。国家卷宗在每次审议之前都可以在网上找到。受审国的自愿承诺或保证以及国家人权机构和具有咨商地位的非政府组织的报告也应当在审议之前放到网上。（2）受审国在对话之前向普遍定期审议委员会准备和提交一份声明。这份声明涉及：该国落实人权的情况，成就、困难、挑战和计划；人权高专办汇编的国家卷宗中的问题，以及该国打算如何处理这些问题和请求合作和技术援助的情况。

美国建议，审议过程首先从审议工作组的文件开始，该文件是对受审国的一个事实情况的问卷，涉及其缔结的人权条约以及正在采取的人权措施等。在这一问卷，以及所有来源的资料（条约机构和非政府组织的资料）的基础上，每年两次理事会闭会期间的工作组会议上进行审议，每次会议持续两周。

阿根廷、智利、哥斯达黎加、厄瓜多尔、巴拿马、巴拉圭、秘鲁和乌拉圭提交的联合建议是：

（1）首先汇编客观和可靠的资料：资料是审议的基础，应当来自联合国人权保护体系中合格的来源，例如受审国、独立专家（特别程序、专家机制和条约机构）、非政府组织和国家人权机构。非政府组织提交的报告应当包含最新的资料，而且应当与审议相适应，就像条约机构制度的实践一样；如有可能，还应当包括区域人权保护机制中的资料；来文机制（1503程序），适当关注保密性，应当有受审国主要发展趋势的资料。

（2）接下来是处理资料：

1）国家报告。受审国可以向理事会阐述一份报告，考虑标准问卷中包含的问题；

2）独立专家的作用。与其他资料一起，专门的独立专家由理事会主席指定，应准备一份关于互动对话优先事项的“具体的问卷”；

3）所有的资料，包括受审国的报告，都应当提前在人权高专办的网站上公布。

菲律宾的建议是，制作一份问卷。问卷是审议的基本部分。它取代以前建议的国家报告或者国家陈述。它应当体现公认的原则、标准，应当是互动对话的基础。在起草问卷时，应当从现有的资料库中寻找信息，包括条约机构、特别程序、来文机制和其他相关的联合国实体的报告以及相关的具有联合国经社理事会咨商地位的非政府组织。还应当考虑的针对每一个国家的具体问题包括：人权公约的缔结情况；选举前的承诺；在国际人权大会和会议上的承诺和保证；国内人权保护和促进制度（政策、计划、法律、国家人权机构等）。

俄罗斯建议，核心审议应基于受审国准备的、并根据时间安排提交给理事会的报告。人权高专办应当将最近的现有资料进行汇编，然后制作一份国家卷宗。国家报告应当简单，不得超过20页或20分钟，不影响报告的实质内容。报告应当包含一般资料，对受审国在促进和保护人权领域的政策有一个一般的描述。审议还应当包含条约机构、特别程序建议的落实情况，以及在人权领域就具体任务进行协商和技术合作的请求。报告应当在理事会会议前提前进行，以便所有参与方能准备，并能向受审国发送书面问题。对这些问题的答复应当在审议会议前给出。就书面问题的具体情况的口头提问可以在审议会议期间提出。

伊朗建议，为了创设一个有效但劳动密集型、而且不费成本的机制，审议应当基于全面、标准化、简单和客观的问卷的回答的基础之上，这份问卷可以由理事会提交给受审国，由受审国准备。问卷给了受审国提前澄清问题、准备审议期间的辩论的额外机会。核心的审议应当要么是对问卷的回答，要么是受审国准备的报告。条约机构的报告以及特别程序和机制的资料可以作为补充资料。

此外，许多非政府组织也提交了书面建议。例如，“国际法学家委员会”建议，人权高专办应当汇编一份简单的受审国的国家卷宗。国家报告或卷宗应当至少包括下列资料：受审国提供的资料；条约机构的结论性意见以及个人来文的意见；特别程序的报告；批准和保留联合国人权条约以及发出长期邀请的情况；联合国机构、办事处和基金（难民署、儿基会、发展署）等相关人权情况；区域国际性人权机构（欧洲理事会、欧洲人权法院等）的报告或其他相关人权资料；非政府组织的资料（无论是否具有咨商地位）；人权委员会、理事会、联大和安理会的相关决议、决定和主席声明；首次审议之后落实和跟进理事会建议的情况。这份资料卷宗必须包括一些欠缺的地方，尤其是那些需要重点审议、没有批准人权条约或者特别程序或人权高专从来没有访问过的国家。为此，理事会应当通过人权高专办或独立专家进行补充分析，可以要求在该国设立办事处。在对每一个国家审议之前至少一个月，该国家报告应当发送给受审国和理事会的成员国，并公开。

2．工作组第一届会议中的讨论

在2006年11月22日工作组第一届会议第三次会议的专门讨论中，关于审议所需要的文件，各个利益攸关方之间产生了较大的分歧，争议较大，主要涉及人权理事会的问卷、受审国自己编写的报告、人权高专办的资料汇编、以及其他利益攸关方提供的补充资料等。

（1）人权理事会的问卷

许多利益攸关方建议，人权理事会准备一份问卷，供受审国作出回应，以此作为审议的背景文件。例如，印度认为，理事会可以准备一份标准化的问卷，以便查明受审国自己感觉到的需要与国际社会合作提升自己促进和保护人权能力的关键领域。不丹认为，审议优先的基础应当是来自受审国在问卷中的回答，这应当是审议的核心文件。日本认为，理事会应当向受审国发出一份书面问卷，受审国应当对书面问卷作出回应。马尔代夫认为，国家对理事会问卷的回应应当成为审议的基础，而且受审国应当有机会对完成的问卷发表声明。伊朗认为，审议的基础应当是受审国对标准化问卷的回应。阿尔及利亚（代表非洲集团）的建议也提到理事会的问卷。泰国认为，理事会应当通过人权高专办的专家库，起草书面问卷，并向受审国发出书面问卷。起草问卷的资料应当可靠和客观，受审国应当有充分时间对这种问卷作出回应。除了初步回应外，受审国还应当可以就它们认为必要和适当的情况提供补充资料。

关于这样的问卷是否应当对所有国家以标准化的形式进行（确保形式的统一性并关注随后进行的互动对话），还是以个性化的形式进行（体现受审国遇到的特定问题和挑战），与会代表发表了各种不同的观点。[①] 不丹认为，理事会应当制定问卷的格式，以便确保结构的一致性。印度认为，理事会可以准备一份标准化的问卷。伊朗认为，理事会应当准备一份标准化问卷的样本。阿尔及利亚（代表非洲集团）建议由理事会提供问卷样本或指导原则。日本认为，书面问卷应当是标准化的，得到理事会同意的。不过，虽然应当使用标准化的问卷，但是应当关注受审国的具体人权特点。马尔代夫认为，问卷应当由人权高专办准备，可以包括两部分内容，一部分是适用于所有国家的内容，还有一部分是适用于具体国家的具体内容，而且对于最不发达国家来说，问卷的内容应当少一些。

① A/HRC/4/CRP.3，第46段。

（2）受审国自己编写的报告

一些国家的代表指出，虽然普遍定期审议不应当为国家创设额外的报告义务，但是国家应当就其一般的人权情况提供一份报告，也许可以在人权高专办的协助下、在理事会的同意下采用一份标准格式的报告。例如，韩国认为，审议应当基于现有的资料，以便减轻受审国的负担。受审国应当在审议会议之前一个月将人权情况报告提交给秘书处。加拿大建议，受审国需要准备一份简要陈述，说明在该国执行人权的情况，包括成就、困难、挑战和计划；人权高专办汇编的国家卷宗中产生的问题，包括对联合国机构的建议的后续行动，以及如有需要，受审国打算处理突出挑战和能力建设需求的方法。这一陈述也可以作为国家卷宗的一部分。

马来西亚认为，准备过程不应对各方带来过多负担，并认为由受审国提交一份报告足够了，这份报告可以基于理事会同意的标准格式。新加坡认为，新加坡设想的资料只有受审国的报告（主报告），以及人权高专办的补充报告。关于主报告，为了减少受审国的负担，所有受审国应当对标准的问卷作出回应。这有助于确保普遍定期审议的一致性。在问卷中包含的内容应当在普遍定期审议机制开始前得到理事会的同意。受审国应当至少在受审前两个月提交对问卷的回应，这样其他国家就可以利用这一主报告作为在实际审议中提出具体问题的基础。这些具体问题应当至少在受审前一个月提供给受审国，以便其有足够时间在互动对话中准备回应。中国认为，国家提交的材料应当是审议的首要资料来源。

（3）人权高专办的资料汇编

许多国家提出，人权高专办应当为每一个受审国准备一份资料汇编，成为受审国的“国家卷宗”的一部分，作为审议的背景文件。这份资料汇编是一份涉及受审国事实或背景方面的报告，用来补充受审国自己提供的资料。在这份报告中，应当含有该国的基本资料，例如人权方面的基本制度和机构、批准条约的情况、发展水平等。而且，这种事实方面的报告应当遵循标准的格式，这种标准格式可以由理事会同意，而且应当包含联合国实体的资料，以及非政府组织“客观和可靠的资料”。这份事实报告应当在审议之前（也许提前一至两个月）提供给有关国家，以便其纠正任何事实方面的错误。还建议，有关国家提出的任何回应应当并入报告，然后再把报告发给其他国家。[①] 芬兰（代表欧盟）指出，人权高专办应当在自己汇编的国家资料的基础上查明受审国遇到的主要挑战，在查明挑战的基础上受审国应当回答如何应付这些挑战、采取了哪些措施、以及在能力建设和技术援助方面有哪些需求。韩国认为，为了确保资料的"客观性和可靠性"，审议应当不仅给予受审国自己提交的资料，而且还应当基于其他现有的资料来源，包括联合国条约机构的报告、特别程序的报告、专门机构涉及人权的报告、国家人权机构和非政府组织的报告。这些资料的形式可以由人权高专办汇编，并且放到人权高专办的网上。加拿大建议，准备阶段的第一步应当由人权高专办对每一个联合国会员国汇编一份"国家卷宗"，放到人权高专办的网上，供人们自由访问。这份国家卷宗应当包括每一个国家在《联合国宪章》、《世界人权宣言》、其他国际人权文件、以及每一个国家的人权承诺下承担的国际人权义务，还可以包括每一个国家在联合国其他制度下的资料，包括条约机构、特别程序、人权高专办等。资料还可以包括与更大的发展议程和挑战有关的内容，既涉及发展的进程和结果，也涉及公民和政治权利、以及经济、社会和文化权利。这些来源可以包括联合国、多边和国别文件，例如国家评估和国家战略等。因此，除了联合国的人权资料外，还应当参考下列文件：《联合国共同国家评估》（这是在有关国家参与的情况下由联合国各个机构联合准备的以权利为基础对一国情况的评估）；联合国国家规划框架和行动计划，例如联合国发展援助框架和联合国发展署的框架和计划；人权高专办的国家实地报告；国家减贫战略和计划；以及其他查明能力建设需求的联合国、多边和国别的报告。另外，还应当参考非政府组织（无论是国内的还是国际的）以及国家人权机构提供的资料。接下来的步骤是，由人权高专办准备对这些资料的概括和分析，以便查明联合国已经对受审国提出的建议、分析取得的

① A/HRC/4/CRP.3，第49段。

成就和存在的突出问题、以及能力建设需求和正在进行的国际合作努力。这种评估可以作为国家卷宗的一部分。

马来西亚认为，马来西亚对于由人权高专办制定另一份受审国的事实报告持开放态度，这份事实报告的标准格式也须得到理事会的同意，而且至少应在一个月之前发给受审国。新加坡认为，新加坡设想的资料只有受审国的报告（主报告），以及人权高专办的补充报告。关于人权高专办的补充报告，其应当来自其机制的现有资料以及非政府组织提供的可靠而客观的资料。补充资料应当至少在审议之前两个月提供给受审国，以便改正任何事实错误，而且受审国对补充报告的回应可以在补充报告分发给其他国家之前并入该补充报告。中国认为，资料还可以来自：条约机构的一般性评论、结论性意见（限于受审国发表评论的范围）；专题性质的特别程序提供的资料（限于受审国发表评论的范围）；在联合国经社理事会具有咨商地位的非政府组织提供的资料。人权高专办应当准备一份受审国的国家卷宗，里面纳入上述资料。

（4）其他利益攸关方提供的资料

一些国家还建议，除了受审国以外的其他利益攸关方也可以向理事会提供受审国的资料。例如，韩国认为，非政府组织也可以提供那些主要国际人权公约的非缔约国的补充性资料。所有的利益攸关方，包括理事会成员国和非成员国、国家人权机构和非政府组织都可以在准备阶段向受审国提交问卷，人权高专办应将这些问卷发给受审国。芬兰（代表欧盟）建议审议应基于所有现有的资料，尤其是条约机构和特别程序的建议。尤其是，在受审国没有参加特定的人权条约，或者没有特别程序建议的情况下，审议应考虑来自不同方面的资料，包括区域组织、联合国相关部门、国家、区域或国际性的非政府组织以及其他诸如国家人权机构等相关来源的资料。一些非政府组织指出，为了配合审议，各国应当设立一个国家协调中心，因为审议不仅仅与受审国的行政机关有关，还涉及受审国的各类国家机关，而且应当让受审国的人民全面和透明地参与这一过程，包括非政府组织（无论是否具有联合国经社理事会的咨商地位）、国家人权机构、议会议员、市民社会、媒体和其他非国家的行为者，他们都应当参与从资料的收集到后续行动的实施等审议的每一个阶段。

3．协调员《初步结论》

经过各个利益攸关方意见的分析，2006年11月30日，协调员在《初步结论》中，关于审议所依据的文件，指出，以下几点是各个利益攸关方的意见趋同点：第一，审议应基于客观的可靠资料；第二，为了准备审议工作应详细阐述一些背景文件的形式。但是，协调员同时指出，以下几点要点并非各方意见趋同点，需要进一步考虑：第一，谁将提供背景文件：被审议的国家？人权高专办？专家？第二，使用问卷作为普遍定期审议筹备工作的基础：问卷应是标准化的还是个性化的？第三，提供背景资料来源的应是：被审议的国家；其他国家；条约机构；特别程序；区域组织；国家人权机构；非政府组织及其他民间社会行为者吗？

4．协调员第一份非正式文件

在2007年2月12日协调员的第一份非正式文件中，协调员提出了自己的折中方案，即：

审议所依据的文件有：

·有关国家就理事会将通过的标准化的问卷以及有关国家认为相关的任何其他资料编写的一份报告。鼓励各国通过在国家一级与所有利益攸关方进行广泛磋商的方法编写报告；

·人权高专办的资料汇编（各条约机构、特别程序的报告中所载资料，以及其他有关的联合国正式文件）。

在审议中，理事会还可考虑其他相关的利益攸关方另外提供的资料。

关于审议所依据的文件，协调员还列出了仍需要进一步审议的要点，即：问卷应当是标准化的还是个性化的？

5．工作组第二届会议中的讨论

2007年2月13日，工作组第二届会议第三次会议对协调员的第一份非正式文件中列出的折中方案（三点）以及仍需进一步审议的要点（一点）进行了讨论。

（1）受审国自己编写的报告

2007年2月13日工作组第二届会议第三次会议的专门讨论中，许多利益攸关方确认，审议应当给予有关国家自己编写的一份自我评估报告，并且有关国家也可以提交其认为相关的任何其他资料。列支敦士登支持受审国依据理事会同意的标准化的问卷制定一份国家自我评估报告，除了标准化问卷外，也支持在标准化问卷之外再制定一些个性化的问卷，以便结合受审国的具体特点。而且，列支敦士登还支持受审国可以提交其认为需要提交的补充资料。新西兰也表示支持一份标准化的问卷，在该问卷中，可以要求受审国列出其面临的需要优先处理的人权问题、困难、以及打算采取的措施等。巴基斯坦（代表伊斯兰会议组织）也表示，审议的基础应当是受审国为标准化问卷准备的一份自我报告以及受审国认为相关的其他资料。

还有利益攸关方表示，这些报告和资料应当至少在审议之前四周分发，并且在理事会的网页上公布。而且，不仅应当鼓励国家，而且应当期待国家通过国家一级广泛的磋商过程准备该报告，因此需要对非正式文件中包含的语言作适当修改。还有利益攸关方认为，准备这一报告应当留给受审国进行。[①] 印度指出，国家的自我报告是审议的主要基础，这一报告应当基于标准化的格式，而且，受审国应当在国家一级广泛磋商的过程中准备该报告。

还有利益攸关方声称，国家的自我报告不应成为审议国家的唯一手段，不应设立新的报告义务。普遍定期审议不应当与报告周期联系在一起，尤其是万一有拖延报告，就将瘫痪这一机制（就像条约机构一样）。而且，自我评估不一定是一份报告，而是一份基础文件（基于突出人权优势和缺点的标准问卷而准备的）或者只是一份资料。而且，有关国家应当

① A/HRC/4/CRP.3，第46段。

提供那些条约机构体系的《共同核心文件》中没有体现出来的资料。[①]

（2）人权高专办的资料汇编

有的利益攸关方表示支持由人权高专办对资料进行汇编，但是指出人权高专办不应对资料进行分析或解释。有的强调指出，应当只包括的是专题性质的特别程序列出的建议，而且不应当重复条约机构的工作。德国（代表欧盟）指出，普遍定期审议不应重复条约机构和特别程序的工作，因此人权高专办的资料汇编只需要概括受审国已经与条约机构和特别程序合作的现有结论和建议，没有必要提供新的报告。如果受审国自己愿意，可以自愿思考自己在准备互动对话时可能面临的主要人权挑战，因此补充人权高专办的资料汇编。列支敦士登认为，人权高专办的资料汇编还应当包括在联合国经社理事会具有咨商地位的非政府组织和国家人权机构所提交的相关资料，还认为有必要在审议之前取得其他利益攸关方提交的资料。

另外，还有利益攸关方认为，汇编还应当包括国家提供的任何评论或回应（对条约机构的结论性意见或对特别程序提出的建议）、该国提供的任何自愿思考、以及（或者）非政府组织提供的任何资料（无论是否在经社理事会具有咨商地位），以及国家人权机构提供的资料。在这个方面，还提到了人权高专办网站上关于各国的主页，以及新的普遍人权指数。有的利益攸关方认为，无论是国家的自我评估报告，还是人权高专办的汇编都应当纳入国家的卷宗。另一方面，还有的利益攸关方指出，条约机构以及其他联合国官方文件包含的资料可以只是由国家提及，因此在汇编中不应当有实质地位。[②] 例如，印度指出，包括条约机构、特别程序以及联合国其他正式文件、非政府组织等提供的资料只能在互动对话时由受审国自己提及，将这些资料汇编在所谓的“国家卷宗”中是没有意义的。这些资料可以直接放到人权高专办的国家主页上就行。巴基斯坦（代表伊斯兰会

① A/HRC/4/CRP.3，第47段。

② A/HRC/4/CRP.3，第48段。

议组织）想要知道，人权高专办的资料汇编是一种什么性质的文件。

（3）其他利益攸关方提供的资料

还有利益攸关方表示，支持协调员非正式文件中提及的审议的补充资料的折中建议。德国（代表欧盟）指出，诸如非政府组织、联合国专门机构和国家人权机构等提供的补充信息应当在审议过程中得到考虑。强调其他利害攸关方在审议过程中的重要角色，建议修改草案，以便确保能够考虑这种资料。但是，在关于审议原则的相关讨论中，有利益攸关方对有关的利益攸关方的类型有疑问，并且强调有必要确保提供的资料的客观性和可靠性。而且，还说，在审议时只应考虑国家提供的资料。[①] 还有利益攸关方表示，支持非正式文件中列出的其他意见趋同点，例如在受审国和理事会之间进行互动对话，而且在全会通过审议的最终结果。还指出，有效的普遍定期审议肯定要求时间和资源的保证，因此建议在非正式文件中删除有关的内容。[②] 巴基斯坦（代表伊斯兰会议组织）想要知道，其他利益攸关方提供的资料包括哪些利益攸关方以及哪些相关资料。

（4）人权理事会的问卷

关于协调员列出的仍需进一步审议的要点，即问卷应当是标准化的还是个性化的？各个利益攸关方提出了各种不同的选项，有的只选择标准化的问卷，例如巴基斯坦（代表伊斯兰会议组织）、阿塞拜疆。有的只选择个性化的问卷。也有的表示可以设计一个混合标准化和个性化的混合问卷。列支敦士登支持受审国依据理事会同意的标准化的问卷制定一份国家自我评估报告，除了标准化问卷外，也支持在标准化问卷之外再制定一些个性化的问卷，以便结合受审国的具体特点。而且，列支敦士登还支持受审国可以提交其认为需要提交的补充资料。马尔代夫也认为，问卷应当是混合的问卷，由两部分组成：第一部分是对所有国家都适用的标准，第二部分是对具体国家适用的标准。国家应当还有机会对已经完成的问卷附加

① A/HRC/4/CRP.3，第49段。

② A/HRC/4/CRP.3，第50段。

一项声明。

有的利益攸关方建议，可以把标准化的问卷作为国家自我评估报告的基础，而个性化的问卷或者问题清单可以作为互动对话的基础。为了支持标准化的问卷，一些利益攸关方认为，标准化的问卷可以确保对所有国家的公平对待。但是，一些利益攸关方认为，个性化的问卷有助于确保适当考虑受审国的发展水平和具体国情。还有一些利益攸关方认为，应当制定和采用国家进行自我评估报告的一般指导原则，而不是问卷。[①]

（5）专家的作用

德国（代表欧盟）认为，专家在分析受审国的资料方面对于准备审议来说十分关键，可以有多种方式实现这一目标。一种方式是，让条约机构和特别程序的委员介入进来，还有一种方式是让独立专家对受审国报告、人权高专办的资料汇编、以及任何其他利益攸关方提供的补充资料的内容进行分析，找出主要的挑战。专家的介入可以使互动对话集中于每一个受审国面临的关键挑战，从而增加这一机制的附加值。新西兰认为，在从相关来源接受资料和在工作组或小组委员会与受审国开展互动对话之间应当设置一个中间程序。受审国、人权高专办和其他利益攸关方提供的资料必须过滤成5—6页的受审国文件。这一文件是专门针对受审国的，而且是工作组开展对话的基础，也是审议结果的第一份初稿。它将主要基于受审国自己认为的需要优先处理的人权问题、能力和行动步骤，但也可以考虑由专家过滤的其他相关资料。新西兰建议，这一过滤步骤可以由专家或者专家小组进行。一些国际人权法专家也指出，在对资料的汇编方面，人权高专办只能负责收集，而不能负责评估工作，因为普遍定期审议机制是一个政治机制，人权高专办如果评估资料，将会使人们对人权高专办的不偏不倚性产生疑问，评估工作最好由独立专家机构进行。[②]

---

① A/HRC/4/CRP.3，第51段。

② Francoise J. Hampson, “An Overview of the Reform of the UN Human Rights Machinery”, 7 *Human rights Law Review* (2007), p.16.

6．协调员第二、第三份非正式文件

在2007年3月15日的第二份非正式文件中，关于意见趋同点，协调员对自己在第一份非正式文件中的折中方案作出了修改。首先，将第一类文件的基础由“标准化的问卷”改为“一般准则”；其次，在第二类文件中增加了“包括有关国家的意见和评论”。在审议中，他还专门强调其他利益攸关方提供的另外的资料必须是“可信和可靠的”。具体如下：

审议所依据的文件有：

·有关国家就理事会将通过的一般准则的基础以及有关国家认为相关的任何其他资料编写的一份报告。鼓励各国通过在国家一级与所有利益攸关方进行广泛磋商的方法编写它们的报告；

·人权高专办的资料汇编（各条约机构、特别程序的报告中所载资料，包括有关国家的意见和评论，以及其他有关的联合国正式文件）；

在审议中，理事会还可考虑其他相关的利益攸关方另外提供的可信和可靠资料（协调员提出的订正折中方案）。

关于审议所依据的文件，在2007年4月27日的第三份非正式文件中，协调员维持3月15日第二份非正式文件中的表述。

7．主席案文

在6月4日人权理事会主席的第一份主席案文中，对审议所依据的文件作了较大幅度的修改：

审议所依据的文件有：

·所涉国家依据理事会第六届会议（第二个周期的第一届会议）将通过的一般准则准备的资料，以及所涉国家认为相关的任何其他资料，这些资料既可以口头说明，也可以书面提交；但归纳此种资料的书面材料不得超过20页，以确保平等对待所有国家，并且不对机制造成过大负担。鼓励各国通过在国家一级与所有利益有关者进行广泛磋商的方式准备这种说明；

·人权高专办编制的概述，介绍各条约机构报告、特别程序报告中所载资料，包括所涉国家的意见和评论和其他有关联合国正式文件，篇幅不超过10页；

·在审议中，理事会还可考虑其他有关的利益相关者另外向普遍定期审议提供的可信和可靠资料。人权高专办将编制这种资料概述，篇幅不超过10页；

·人权高专办的概述应按照人权理事会为国家报告通过的一般准则的结构编拟；

·国家的书面说明和人权高专办的概述应在工作组开始审议6周前备齐，确保按照大会1999年1月14日第53/208号决议以大会的6种正式语文同时分发文件。

人权理事会主席德阿尔瓦在6月5日致人权理事会所有成员国和观察员国以及联合国的信中，对这一份主席案文的说明中明确指出，“我提出了一些关于审议所依据的文件……的建议案文，目的是为了解决悬而未决的问题，也是为了确保这一机制的公正性、客观性、可预见性和可行性。”但是，在6月13日的主席第二份案文中，对审议所依据的文件作了一些稍微的调整，调整的地方以加粗的形式如下表示：

审议所依据的文件有：

·所涉国家依据理事会第六届会议（第二个周期的第一届会议）将通过的一般准则准备的资料，以及所涉国家认为相关的任何其他资料，这些资料既可以口头说明，也可以书面提交；但归纳此种资料的书面材料不得超过20页，以确保平等对待所有国家，并且不对机制造成过大负担。鼓励各国通过在国家一级与所有利益有关者进行广泛磋商的方式准备这种**资料**；

·人权高专办编制的概述，介绍各条约机构报告、特别程序报告中所载资料，包括所涉国家的意见和评论和其他有关联合国正式文件，篇幅不超过10页；

·在审议中，理事会**还应**考虑其他有关的利益相关者另外向普遍定期审议提供的可信和可靠资料。人权高专办将编制这种资料概述，篇幅不超过10页；

·人权高专办**准备的文件**应按照人权理事会为**有关国家准备的资料**通过的一般准则的结构编拟；

·国家的书面说明和人权高专办的概述应在工作组开始审议6周前备齐，确保按照大会1999年1月14日第53/208号决议以大会的6种正式语文同时分发文件。

一些国家对这些修改有不同看法。阿尔及利亚（非洲国家集团）指出：（1）审议的不是“资料”，而是国家报告；（2）汇编还应当包括区域人权机构的审议结果。非洲联盟指出：“（1）文本中没有明确提到政府间国际组织；（2）资料汇编应当体现区域人权机构和特别程序的结果。”加拿大指出：“审议的三类资料应当具有相同的效力，应当得到同等考虑。”6月17日，人权理事会主席在第三份案文中对第二份案文中的表述又作了一些修改，修改的地方用粗体表示如下：

审议所依据的文件有：

·所涉国家依据理事会第六届会议（第二个周期的第一届会议）将通过的一般准则准备的资料，**其形式可以是国家报告**，以及所涉国家认为相关的任何其他资料，这些资料既可以口头说明，也可以书面提交；但归纳此种资料的书面材料不得超过20页，以确保平等对待所有国家，并且不对机制造成过大负担。鼓励各国通过在国家一级与所有利益有关者进行广泛磋商的方式准备这种资料；

·**此外，还有**人权高专办的一份汇编，汇总各条约机构报告、特别程序报告中所载资料，包括所涉国家的意见和评论和其他有关联合国正式文件，篇幅不超过10页；

·在审议中，理事会还应考虑其他有关的利益相关者另外向普遍定期审议提供的可信和可靠资料。人权高专办将编制这种资料概述，篇幅不超过10页；

·人权高专办准备的文件应按照人权理事会为有关国家准备的资料通过的一般准则的结构编拟；

·国家的书面说明和人权高专办的概述应在工作组开始审议6周前备齐，确保按照大会1999年1月14日第53/208号决议以大会的6种正式语文同时分发文件。

这一案文最终在6月18日通过，这就是我们现在看到的《普遍定期审议机制》中的规定。由于它规定所涉国家[受审国]需要提交的是“资料”（information），而且用的是“其形式可以是国家报告”，因此受审国不一定需要提交书面的国家报告，它们还可以提交口头报告，尽管在实践中只有极个别国家这么做。[①]

### （二）2007年《准备普遍定期审议资料的一般准则》

2007年9月27日在人权理事会第六届会议第20次会议上，未经表决通过了题为《人权理事会第5/1号决议的后续行动》的第102号决定。该决定第一部分题为《准备普遍定期审议资料的一般准则》，具体内容如下：

A. 说明根据普遍定期审议准备的资料的方法和广泛磋商程序；

B. 受审议国家的背景和促进和保护人权的框架、尤其是规范性框架和体制框架：体制、法律和政策性措施、国家判例、人权基础设施、包括国家人权机构，以及第5/1号决议，附件，第一A节所载“审议工作依据”

---

① 南非在第一轮受审时没有在规定的时间内向工作组提交书面的报告，其向工作组所作的报告被视为是口头报告，并以书面形式在工作组会议期间分发。参见：Allehone Mulugeta Abebe, “Of Shaming and Bargaining: African States and the Universal Periodic Review of the United Nations Human Rights Council”, 9 *Human Rights Law Review* (2009), p.10.

所确认的国际义务的范围；

C. 促进和保护实地的人权：执行第5/1号决议，附件，第一A节所载“审议工作依据”所确认的国际人权义务、国家法律和自愿承诺、国家人权机构的活动、公众对人权的认识、与人权机制的合作……；

D. 确认成果、最佳做法、挑战和限制；

E. 有关国家准备采取的克服这些挑战和限制及改善实地人权状况的国家关键优先事项、主动行动和承诺；

F. 有关国家对能力建设和需要时对技术援助的要求的期望；

G. 有关国家介绍对先前审议采取的后续行动。[①]

### （三）2011年《人权理事会工作和运作情况审查结果》的规定

2011年3月25日人权理事会第16届会议第47次会议通过的《人权理事会工作和运作情况审查结果》对第二个审议周期的“重点和文件”作了规定。该《审查结果》重申，“第二个周期及以后的周期的审议工作将继续以理事会第5/1号决议附件第15段所述的三份文件为依据。”[②] 因此，2007年6月18日通过的《普遍定期审议机制》中规定的审议所依据的三份文件继续适用于第二个审议周期，即所涉国家准备的文件、人权高专办汇编的资料、以及其他相关的利益攸关方提供的资料。该《审查结果》尤其指出，“第二个审议周期及以后的审议周期应当除其他外，侧重于所接受建议的落实情况和受审议国人权状况的发展动态”。[③] 这与第二个周期开始的普遍定期审议的特点相吻合。为了体现这种新的发展，《审查结果》要求人权理事会在第18届会议之前，根据第二个周期及以后的周期的工作重点，调整理事会第6/102号决定通过的普遍定期审议报告《一般准则》。[④]

2011年6月17日，人权理事会第17届会议第35次会议通过的《人权

① A/HRC/6/22，第76页。

② A/HRC/RES/16/21，第5段。

③ 同上，第6段。

④ 同上，第7段。

理事会第16/21号决议普遍定期审议部分的后续行动》第二部分“准备普遍定期审议资料的一般准则”，重申联合国大会2006年3月15日第60/251号决议和人权理事会2007年6月18日第5/1号决议关于普遍定期审议的有关规定，其中载有关于机构建设的一揽子计划，以及人权理事会2011年3月25日第16/21号决议，其中载有《人权理事会工作和运作情况的审查结果》，“强调第二个审议周期及以后的审议周期，除其他外，应侧重于所审议国家已接受建议的执行情况以及人权状况的事态发展”。人权理事会通过下列各项行动适用于《一般准则》：

A. 说明为普遍定期审议准备资料的方法和随后广泛的磋商程序；

B. 自上次审议以来，接受审议国家的背景和增进和保护人权的框架，尤其是规范性框架和体制框架的发展：宪法、立法、政策措施、国家判例、人权基础设施包括国家人权机构，以及第5/1号决议附件第一A节所载“审议工作依据”确认的国际义务范围；

C. 增进和保护实地的人权：履行第5/1号决议附件第一A节所载“审议工作依据”确认的国际人权义务、国家立法和自愿承诺、国家人权机构的活动、公众对人权的认识、与人权机制的合作……；

D. 有关国家介绍就上次审议采取的后续行动；

E. 确认有关国家在落实已接受建议方面的成果、最佳做法、挑战和限制，以及人权状况的事态发展；

F. 有关国家已经采取和准备采取的克服这些挑战和限制及改善实地人权状况的国家关键优先事项、主动行动和承诺；

G. 有关国家对能力建设的期望，以及需要时对所接受技术援助和支持的要求。[①]

与2007年9月27日人权理事会第六届会议第20次会议通过的题为

① A/HRC/17/2，第76页。

《人权理事会第5/1号决议的后续行动》的第102号决定所规定的《准备普遍定期审议资料的一般准则》（适用于第一个审议周期）相比，2011年的《一般准则》（适用于第二个审议周期）从内容来看基本上没有发生变化。发生的变化的地方是：第一，2007年《一般准则》第七项是“有关国家介绍就上次审议采取的后续行动”，在2011年《一般准则》中列为了第四项；第二，在第二项“接受审议国家的背景和增进和保护人权的框架，尤其是规范性框架和体制框架的发展”方面，2011年的《一般准则》加上了“自上次审议以来”这一表述；第三，2007年的《一般准则》用的是“确认成果、最佳做法、挑战和限制”，在2011年的《一般准则》中，在“成果、最佳做法、挑战和限制”前增加了“有关国家在落实已接受建议方面的”这一表述，并在这后面增加了“以及人权状况的事态发展”这一表述。所有这些变化，虽然没有发生基本变化，但是十分贴切地反映了第二个审议周期的特点。

也是为了体现第二个审议周期开始的特点，《审查结果》还“鼓励其他相关的利益攸关方在所提交的资料中，列入关于就上次审议采取后续行动的信息”。[①] 最后，《审查结果》要求“其他相关利益攸关方所提供信息的摘要应酌情包含一个单独的部分，述及完全按照《巴黎原则》经认可的受审议国国家人权机构所提交的资料。其他经认可的国家人权机构和其他利益攸关方提供的信息也将得到相应的反映”。[②]

## 二、模式

### （一）2007年《普遍定期审议机制》中的模式的起草过程

#### 1．各个利益攸关方提交的书面建议

在普遍定期审议机制起草过程中，起草工作组收到了各个利益攸关方就审议的模式提交的各种书面建议。欧盟建议设立专门的普遍定期审议工

① A/HRC/RES/16/21，第8段。
② A/HRC/RES/16/21，第9段。

作组或小组委员会负责审议，以便确保审议不给理事会带来过多负担。而且，欧盟认为，审议应当在人权理事会闭会期间进行，不过最终的结果应当在理事会全会通过。关于审议的准备工作以及审议的过程，欧盟提出以下模式，供各方考虑：(1)人权高专办应与条约机构、特别程序、其他联合国机构、相关区域组织、非政府组织和国家人权机构、以及受审国磋商，在此基础上汇编一份含有现有资料和建议的国家卷宗；(2)从国家卷宗中找出那些关键问题，这些关键问题将成为受审国履行人权义务的症状；(3)在列出的关键问题的基础上，由一个小组委员会或工作组与受审国进行包容性的对话。这种对话可以在公开的会议上进行。必须确保条约机构、特别程序、非政府组织、国家人权机构和其他联合国机构的参加。这一工作组或小组委员会讨论和通过结果文件的草案。(4)结果文件的草案应被送交理事会全会讨论和批准。受审国随后可以基于结果文件作出保证或承诺。普遍定期审议所占用的理事会全会时间应计入理事会的十周会议时间。

荷兰也建议设立专门的普遍定期审议工作组或分会，开展互动对话。荷兰设想的审议模式是，基于问题清单展开的互动对话。普遍定期审议工作组或分会由理事会任命的独立专家和从每一个区域集团中抽签产生的理事会成员国组成，其中工作组或分会主席由理事会成员国担任。工作组或分会的会议应当公开，受审国有权出席。工作组或分会应当基于人权高专办汇编的资料挑选最受关注的受审国的人权问题清单。审议结果是就结果文件草案达成一致意见，该文件是对互动对话、建议和决定的概括，应提交给理事会全会。

瑞士建议，对工作组建议的讨论应在每年3—4月的理事会会议期间进行，每个国家的审议最多一个半小时。它的构成如下：首先由工作组介绍建议（10分钟）；然后由受审国对建议进行评论（10分钟）；接着，在建议的基础上与受审国展开互动对话（如需要，60分钟）。理事会成员国、非成员国、非政府组织、国家人权机构和专题特别程序可以参与互动对话。最后由受审国发表评论（10分钟）。

列支敦士登建议，为了确保审议机制的效率，理事会应当设立四个普遍定期审议委员会，每个委员会由理事会11—12个成员国组成。对于每一个委员会来说，通过抽签选择三个国家组成“三国小组”（代表三个不同的区域），领导对六个国家的审议。三国小组的成员国从事下列工作：（1）准备互动对话，即准备起草问题清单草案；（2）主持互动对话的会议；（3）准备对话的概括。经三国小组的建议，审议委员会从问题库中考虑受审国的资料选出问题，也可以结合受审国的特点，选出补充问题。问题清单由审议委员会在审议对话会议举行之前通过，并发给受审国。受审国可以在审议对话举行两周之前对问题清单提出书面答复。互动对话共持续三个小时，受审国的代表作最多15分钟的介绍，强调该国政府在国内层面促进和保护人权的主要立法和正在开展的计划。简要介绍陈述之后，审议委员会的成员国对代表发问。问题应当主要基于受审国对问题清单的答复。也可以问一些补充问题以及要求该国代表在一周内就对话期间没有回答的问题作出书面答复。三国小组领导对话。互动对话之后，三国小组在其中一位成员国的领导下在两周内准备一份对话概况草案，包括向该国以及相关的联合国机构（提供技术协助）提出的建议。概况草案在一周内发给受审国评论。概况草案应包括建议以及受审国的评论，在审议委员会下一次会议期间进行讨论，并批准后发给理事会全会。理事会全会在下一次审议会议通过建议。受审国可以在相关的会议上作为观察员出席，有机会发言，但并不是在建议通过时。

美国建议设立审议工作组，工作组成员由理事会成员国组成，每个地区选择两位成员国。审议过程首先从审议工作组的文件开始，该文件是对受审国的一个事实情况的问卷，涉及其缔结的人权条约以及正在采取的人权措施等。在这一问卷的基础上，以及来自所有来源的资料（条约机构和非政府组织的资料）的基础上，在每年两次理事会闭会期间的工作组会议上进行审议，每次会议持续两周。在每次会议期间，审议工作组邀请受审国参加两个小时公开会议，工作组与受审国之间开展对话。对话由理事会成员国进行，但是整合从非政府组织和人权专家收集来的资料和问题。

加拿大建议，审议应当由同侪进行，即理事会的成员国。应当由四个普遍定期审议委员会在理事会闭会期间进行。每一个委员会应当有理事会成员国的四分之一组成（11个或12个国家），并由理事会主席任命，每一个委员会的委员构成都应当考虑地域代表性和不同法系。其中一个委员可以担任委员会主席。委员会负的责任是计划和实施审议，尤其是与受审国进行互动对话，并向理事会报告。人权高专办提供专业和秘书服务。委员会从事与受审国的互动对话，为期三个小时。标准的对话议程如下：（1）受审国作陈述；（2）委员会成员国作评论、提问和提出建议；（3）受审国作出回应。对于陈述或提问等应当有时间限制。从委员会成员国中任命一位国别报告员，准备起草一份讨论概况，并在两个星期内向委员会和受审国提交该概况文件。受审国对打算如何处理对话期间提出的问题以及其他国家的建议以及如何采取行动给出一份正式的书面回应材料。回应可以是新的承诺或保证。如果受审国想要，也可以在回应中提出技术援助的请求。每一个委员会随后将讨论的概况以及受审国的书面回应材料提交给理事会。

澳大利亚建议，普遍定期审议最有效的模式是，可以建立四个平行存在的普遍定期审议委员会，这些委员会的委员由人权理事会的成员国构成，成员国的构成要体现公平的地域分配。这些委员会应当在人权理事会闭会期间举行会议，进行互动对话。互动对话的最终结果应当报告给人权理事会全体会议。互动对话应当集中于取得的成就、存在的困难、调整、能力建设和技术援助方面的需求等。对话过程必须是可控的、实用的、有效的和不重复的。人权理事会的成员国和其他国家应当是互动审议的主要参加者，但是，非政府组织或者相关的国家人权机构以及其他非国家行为者应当有明确的作用。这对于普遍定期审议的透明、可靠和平衡来说非常重要。

阿根廷、智利、哥斯达黎加、厄瓜多尔、巴拿马、巴拉圭、秘鲁和乌拉圭提交的联合建议是，参加互动对话的应当包括：理事会成员国和观察员国、条约机构、特别程序代表、独立专家、国家人权机构和非政府组织。互动对话时间应为三个小时。首先应当是提交受审国的资料：在审议阶段开始，受审国代表就该国的人权情况作陈述。马上，独立专家基于文本作陈述，这个文本应当在审议前发给所有审议的参加者。接着是互动对话：对话应当以合作和建设性的方式展开，旨在查明受审国的优点和挑战，以及采取的措施。对话应当基于发给受审国的“具体问卷”，以及受审国对问卷的答复。参加者可以提问，并作出评论。秘书处应当设计互动对话的时间分数。

俄罗斯建议，审议的形式是对话。互动对话在全会进行，由以下环节构成：受审国的陈述报告；理事会成员国和观察员的互动对话；受审国的答复；通过结果。审议者应为理事会成员国和观察员。联合国会员国、特别程序、条约机构、特别程序、地区和国际性的政府间国际组织、具有咨商地位的非政府组织的代表可以作为观察员出席审议。

菲律宾认为，互动对话应当是普遍定期审议的基石，应当是一个问答的形式，也许是在工作组内进行，以便具有可控性。问题应当主要基于问卷，当然也可以提出其他问题；问题应当在互动对话之前至少三个月提交给受审国，以便其有充分时间准备。最好由理事会的成员国指定建立一个专家小组参加互动讨论。不过，理事会在考虑可控性以及互动对话的时间限制的情况下，考虑非成员国以及具有咨商地位的非政府组织在对话中的作用。审议应当与受审国充分合作。应当像经合组织成员国在其“环境履行评论”中制定的大纲一样，受审国应当在起草问卷时发表意见，提出建议（以便确保考虑受审国的具体特点）。在起草结果文件时，应当与受审国磋商。受审国应当有三个月的时间准备回答互动对话中需要进一步澄清的问题。

马来西亚建议，所有国家都应当毫无例外以相同的统一的模式接受审议，以便符合普遍原则和平等原则；应当有一套适用于所有国家的标准的审议形式。审议应当是一种基于互动对话的合作机制，不应将审议变成类似法庭的程序。伊朗建议，普遍定期审议过程的中心内容应当是受审国与理事会成员国在理事会全会期间以一种建设性的方式进行的互动对话。其他利益攸关方可以作为观察员出席。

此外，有许多非政府组织作为利益攸关方也提出了书面建议。“国际法学家委员会”建议，审议应公开，先由人权高专办对受审国的国家资料作陈述，然后进行互动对话（公开辩论），受审国、理事会成员国和非成员国、非政府组织、特别程序或专题程序等代表均可参加。

2．工作组第一届会议中的讨论

2006年11月22日，工作组第一届会议第三次会议讨论了普遍定期审议的程序和模式，尤其是准备过程和审议行为本身的问题。

（1）审议的准备过程

关于审议的准备过程的讨论中，除了审议的文件外，主要涉及以下几个问题：1）准备工作的时间问题；2）专家的作用问题。

1）准备工作的时间问题

一些国家的代表强调指出，为了确保审议的有效性，准备过程是十分重要的。因此，有必要设立一个清晰而简便的过程，而且对于有关国家、人权理事会和人权高专办来说都是可执行的过程。还有国家的代表指出，为了能在国内充分准备审议，应当合理地通知有关国家受审的时间。阿尔及利亚（代表非洲集团）指出，应当把审议安排提前通知受审国，以便其作好准备，而且秘书处应当至少在四周之前将受审国提交的国家自我评估报告通知给所有国家，所有国家的报告都应当在理事会的外网上公布。不丹也认为，应在合理的时间提前通知审议的时间安排，以便受审国在国内一级作好准备，而这是需要时间的，因为需要在国内各个政府机构之间进行联络。还有的国家提出了具体的各种准备阶段的时间，从审议对话之前九个月到三个月不等。

2）专家的作用问题

一些利益攸关方认为，在审议的准备工作中，应当发挥专家的作用。例如，泰国认为，理事会应当通过人权高专办的专家库，起草书面问卷，并向受审国发出书面问卷。巴西认为，在准备阶段，专家可以就审议的基础提供技术协助，专家可以从各个方面收集有关受审国的资料，包括人权高专办、政府间国际组织、联合国专门机构、国家人权机构和非政府组织等。人权高专办可以整合联合国人权机制（包括条约机构和特别程序）的各种资料，但它只是专家资料的来源之一。在收集到各种资料之后，专家还可以制定问卷，更新有关资料，并弥补漏洞。这样的问卷至少应在审议的两个月之前发给受审国。从受审国收到回应后，专家可以起草问题清单，其可以作为互动对话的指导纲领。在准备阶段，所有的利害攸关方可以提出建议，供专家参考。一些非政府组织指出，在审议时，在理事会成员国全面参与之前，允许向独立的专业机构咨询专家意见在任何阶段都是非常有价值的。同样，作为非政府组织的“路德会世界联合会”的代表指出，如果把审议的基础定在受审国的自我报告，无法保证审议的客观性，而如果把审议的基础定在人权高专办汇编的涉及受审国的条约机构和特别程序的建议，无法保证审议的全面性，而且让人权高专办汇编“国家卷宗”，则无法保证对这些资料的分析，因此在审议的资料分析和准备方面，应当由独立专家发挥作用，以便找出那些在全会审议时的少数重要问题和建议。

（2）审议过程

关于审议的过程，主要涉及以下九个问题：1）审议的时间问题；2）审议的主体问题；3）审议的形式问题；4）审议的前置程序问题；5）审议的报告员问题；6）审议的参加者问题；7）专家的作用问题；8）审议的时间问题；9）审议的公开性问题。下面将一一予以分析。

1）审议的时间问题

在普遍定期审议过程中，各个利益攸关方对于审议的时间问题，从一开始存在各种争论。有一些利益攸关方希望审议能够在人权理事会两届定期会议期间进行，即在闭会期间进行。例如，在2006年11月22日工作组第一届会议第三次会议的专门讨论中，一些国家就建议审议应当在理事会闭会期间进行，包括加拿大、芬兰（代表欧盟）、韩国。但是，也有利益攸关方建议，审议应当在理事会定期会议期间进行。还有的利益攸关方对于审议应当在定期会议期间还是闭会期间进行持开放态度，例如马尔代夫。

2）审议的主体问题

审议的主体问题涉及的是谁应当负责审议或者说在哪里审议的问题。在普遍定期审议机制起草过程中，各个利益攸关方对此争论较大，提出了各种方案。

有的国家建议设立专门的普遍定期审议工作组或小组委员会进行审议，这样就不会增加人权理事会的工作，也不会减少人权理事会审查其他重要问题的时间。例如，加拿大建议设立四个普遍定期审议委员会，每一个工作组由11位或12位人权理事会的成员国组成。每一个委员会应当每年在理事会闭会期间负责审议，并在一年内定期向理事会汇报工作，以便在理事会每年举行的三次定期会议中能够审议受审国的受审报告。韩国也建议设立专门的普遍定期审议委员会进行审议。芬兰（代表欧盟）建议在理事会闭会期间设立工作组或小组委员会负责普遍定期审议，以便减轻理事会的负担，工作组或小组委员会应当由理事会成员国和独立专家组成，以便确保客观性和足够的专业知识。工作组或小组委员会可以讨论和起草审议结果，在审议报告中包括互动对话过程的概况、建议以及决定等。最终的结果应在理事会全会审议通过。受审国应当对最终的结果作出回应，理事会可以作出决定，采取进一步行动。马尔代夫建议设立专门的审议工作组，认为这样有利于与受审国进行更细致和更互动的对话，尤其是在技术援助和能力建设方面。

但是，有许多利益攸关方不希望设立这样的工作组或小组委员会，而是在理事会全会进行审议。[①] 例如，中国认为，审议应当在理事会全会上进行，向所有利益攸关方开放。马来西亚认为，审议应当在理事会全会进行，因为这样更加透明、更没有负担，对于发展中国家来说，更没有财政和人力方面的负担，因为如果审议需要在不同的时间在不同的层面展开，让它们参加审议会变得非常困难。不丹认为，审议是一个成员国驱动

① A/HRC/4/CRP.3，第42段。

的进程，是同侪进行的审议，因此审议和互动对话应在理事会全会上公开进行。泰国认为，审议过程应当在理事会全会进行，以便避免有选择性并确保透明性。鉴于时间、成本和小国的需要，日本支持由理事会全会进行审议。

3）审议的形式问题

审议的形式问题，是指审议应当以何种形式展开。绝大多数的利益攸关方都主张，审议的形式应当是受审国与理事会之间的互动对话。尽管各个利益攸关方设想的具体的审议模式多种多样，但是大致的步骤都是首先由受审国作自我陈述，然后进入互动对话环节，最后是理事会审议通过结果。例如，马来西亚认为，设想的形式应当是，受审国首先作自我陈述，然后是理事会所有成员国参加的互动对话，然后是受审国的回应，最后通过一份报告。中国认为，受审国首先作自我陈述，接着是理事会成员国和受审国之间在合作、平等和相互尊重的基础上展开互动对话。新加坡认为，三个小时的互动对话应当从受审国的自我陈述开始，然后是人权高专办就补充报告中的资料作简短陈述，其他时间应当分配给互动对话，建立在提前准备好的问题的基础之上。对话的精神是建设性的，考虑的是受审国的能力建设需求。对话不能沦落为审讯。由于时间有限，受审国应当有机会在实际的审议过程结束之后以书面的形式对问题作出回应。受审国可以对问题进行思考，在国家一级进行磋商，并提供一个全面的回应。不丹建议，审议首先可以从受审国在理事会全会中的陈述开始，接着是理事会成员国与受审国之间的互动对话，包括受审国的回应，最多三个小时。

韩国提出了两个选项。第一个选项是两个小组会议：为了使审议更加有效，而且有充足时间，应当举行两次小组会议进行互动对话；第一次小组会议为两个小时，受审国作自我陈述，然后是普遍定期审议委员会的提问和评论；第二次小组会议持续三个小时，受审国有机会回答问题，并作最后陈述，而且还可以有补充提问和回答环节，最后是委员会的补充评论和建议。第二个选项是一次单独会议，持续三个小时，即把上述两次小组会议合并成一次会议，持续时间为三个小时。为了让合并会议具有可行性，应当在委员会成员国中通过抽签任命一个主要的讨论者，领导互动对话。

4）审议的前置程序问题

审议的前置程序问题，是指在理事会审议之前是否应当有一个前置审议。一些利益攸关方提出，应当设立一个前置程序。例如，阿尔及利亚（代表非洲集团）建议，在由理事会审议之前，应当由受审国所属的区域组织或者“受审国的友好国家集团”（就像世界贸易组织这样的国际组织一样）先行审议。这样做有几个好处：第一，能克服理事会审议受审国时间有限的问题；第二，这些国家更熟悉受审国的现状和国情；第三，受审国有机会在理事会审议之前在这个阶段发现国家报告中存在的问题；第四，协助理事会发现受审国的需求和提供适当的技术援助。

5）审议的报告员问题

审议的报告员问题，是指在审议时是否有必要为每个受审国任命一位专门的报告员，负责领导互动对话。一些国家的代表建议，对每个受审的国家任命专门的会议或国别的报告员，这些报告员可以从每个小组委员会或有关的区域集团中选举产生。[①] 韩国提出的第二个选项中，建议在普遍定期审议委员会成员国中通过抽签任命一个主要的讨论者（Discussant），领导互动对话。

6）审议的参加者问题

审议的参加者问题，是指谁有权参加审议，并且在审议中具有哪些权利。各个利益攸关方之间都同意受审国和人权理事会的成员国应当参加审议。但是，对于理事会的非成员国、观察员国、以及其他利益攸关方（联合国的专门机构、其他政府间国际组织、非政府组织、国家人权机构等）能否参加审议、以及在审议时具有哪些权利，各方的意见分歧非常大。

许多利益攸关方支持其他利益攸关方参加审议。例如，印度认为，审议的核心环节应当是受审国与其他国家（理事会成员国和非成员国）之间

① A/HRC/4/CRP.3，第42段。

的互动对话，其他利益攸关方可以作为观察员出席互动对话，它们可以向参加者提供有关资料的方式间接参与互动对话。日本认为，鉴于透明性要求，所有利益攸关方均可出席互动对话；鉴于有效性要求，互动对话的主角应当是理事会的成员国，但是非成员国也可以提问和进行评论，当然由于受到时间的限制，非成员国的提问和评论应当有限制。泰国认为，理事会成员国和观察员国的作用必须清晰界定，国家人权机构和在联合国经社理事会具有咨商地位的非政府组织可以在对话阶段出席。芬兰（代表欧盟）认为，应当确保非政府组织和国家人权机构参加审议过程。马来西亚认为，那些在联合国经社理事会具有咨商地位的非政府组织可以出席互动审议。不丹认为，审议是一个成员国驱动的进程，是同侪进行的审议，因此审议和互动对话是在理事会全会上公开进行的，观察员国和非政府组织以及其他利害攸关方可以出席。巴西认为，所有的利益攸关方都可以参加互动对话，但是理事会的成员国和观察员国负责审议。虽然所有的利益攸关方均可以参加互动对话，但是审议的结果（最终报告）只能由理事会成员国审查和批准。马尔代夫认为，互动对话的参与者应当主要是理事会的成员国和其他国家。新加坡认为，应当保证所有国家，包括理事会非成员国，在互动对话的参与。可以允许提出各种观点，避免一些国家将自己的价值观作为普世规范。虽然承认其他利益攸关方的重要作用，包括国家人权机构和非政府组织在促进和保护人权方面的作用，但是它们不能成为国家的同侪。相反，就像条约机构的实践一样，其他利益攸关方只能作为观察员出席，以便确保审议的透明性。韩国认为，原则上，互动对话的参加者仅限于普遍定期审议委员会的成员国，人权理事会的非成员国可以作为观察员出席。非政府组织和国家人权机构可以通过在准备阶段提交资料或者在监督后续行动阶段参加的方式对普遍定期审议作出贡献。还有的国家认为，所有利益攸关方，包括条约机构、特别程序、非政府组织和国家人权机构的代表都应当参加，而且向有关国家提出问题或进行评论。[1] 但是，

① A/HRC/4/CRP.3，第54段。

也有一些利益攸关方认为，审议的参加者只限于受审国和理事会。例如，中国认为，普遍定期审议是一个政府间的进程，因此审议只限于理事会成员国和受审国。中国没有提出其他利益攸关方具体的参加方案。

7）专家的作用问题

专家的作用问题，是指在审议的过程中，是否允许专家参加，以及如果允许专家参加，专家应当发挥何种作用。关于这一点，在各个利益攸关方之间分歧较大。

一些国家代表认为，允许专家参与这一机制，对于确保审议的不偏不倚性和客观性是至关重要的，并认为专家的专业知识是非常重要的，尤其对于分析受审国的资料、查找问题和挑战、以及出具建议方面。例如，芬兰（代表欧盟）建议，审议应当由专门的工作组或小组委员会进行，而工作组或小组委员会应当由理事会成员国和独立专家组成，以便确保客观性和足够的专业知识。巴西认为，审议应当是两个阶段的，独立专家应当负责审议的准备阶段，而国家应当负责互动对话的开展。在准备阶段，专家可以就审议的基础提供技术协助，专家可以从各个方面收集有关受审国的资料，包括人权高专办、政府间国际组织、联合国专门机构、国家人权机构和非政府组织等。在收集到各种资料之后，专家还可以制定问卷，更新有关资料，并弥补漏洞。从受审国收到回应后，专家可以起草问题清单，其可以作为互动对话的指导纲领。一些非政府组织指出，在审议时，在理事会成员国全面参与之前，允许向独立的专业机构咨询专家意见在任何阶段都是非常有价值的。同样，作为非政府组织的“路德会世界联合会”的代表指出，如果把审议的基础定在受审国的自我报告，无法保证审议的客观性，而如果把审议的基础定在人权高专办汇编的涉及受审国的条约机构和特别程序的建议，无法保证审议的全面性，而且让人权高专办汇编“国家卷宗”，则无法保证对这些资料的分析，因此在审议的资料分析和准备方面，应当由独立专家发挥作用，以便找出那些在全会审议时的少数重要问题和建议。还有的国家指出，应当挑选独立的专家参与这一机制，以便发挥的技术知识，例如总结受审国的资料，可以从人权高专办中的专家库中选出，就像执行联大第60/251号决议第六段的工作组讨论中的建议那样。[①]

但是，有的国家的代表强调指出，普遍定期审议是一个由同侪审议的机制，因此独立的专家不应当在其中发挥作用。例如，伊朗代表强调指出，普遍定期审议是一个政府间的进程。马来西亚认为，由于普遍定期审议是一个政府间的进程，因此专家不应在其中发挥作用，马来西亚只同意由人权高专办发挥一定的作用。新加坡认为，普遍定期审议从本质上是一个同侪审议的机制，因此主要的角色应当是国家，而不是独立专家。

8）审议的时间问题

审议的时间问题，是指审议过程的用时。许多国家的代表建议，对于每个受审国来说，审议的对话应当是两个小时或三个小时，大多支持三个小时，包括加拿大、不丹、新加坡。只有一个国家的代表建议，每个国家的审议对话时间为一个半小时。韩国代表建议，应当在两次不同的会议中进行审议，第一次会议三个小时，第二次会议两个小时，以便允许提出补充问题并作出补充回答。

9）审议的公开性问题

审议的公开性问题，是指审议的过程是否应当公开透明。关于这一点，绝大多数的利益攸关方在发言中均表示，审议的过程应当公开透明，这也符合普遍定期审议机制的透明原则，例如，马尔代夫、伊朗、挪威、阿尔及利亚（代表非洲集团）、孟加拉国、不丹、巴西、加拿大、以及一些非政府组织，等等。

### 3．协调员的《初步结论》

在总结了各方的意见之后，2006年11月30日的初步结论中，协调员指出了以下意见趋同点：

· 应让被审议的国家与理事会进行互动对话；

① A/HRC/4/CRP.3，第43段。

·审议应向所有利益攸关方开放，尽管需要进一步思考其参与的范围；

·理事会应在全会上通过最后决定；

·普遍定期审议不应过长，应该务实，不应花费过多的时间、人力和财力。

同时，认为以下是需要进一步考虑的要点：

·应该由被审议的国家的区域小组或友好小组先进行审议吗？

·在审议期间国家所介绍的程度：全面报告还是简要介绍？

·由人权理事会全体会议或与理事会平行举行会议或在闭会期间举行会议的委员会、工作组或理事会进行普遍定期审议；

·利益攸关方的参与范围：仅限于成员国；观察员国；非政府组织；国家人权机构或者其他相关的利益攸关方？

·专家或来自相关区域小组的一名国家报告员在互动对话期间可能作出的贡献。

4．协调员的第一份非正式文件

在2007年2月12日协调员第一份非正式文件中，协调员列出了以下意见趋同点：

·应让被审议的国家与理事会进行互动对话；

·理事会应在全会上通过最后决定；

·普遍定期审议不应过长，应该务实，不应花费过多的时间、人力和财力。

协调员还认为，以下几个要点需要进一步考虑：

· 应该由被审议的国家的区域小组或友好小组先进行审议吗？
· 由人权理事会全体会议以及（或）工作组进行普遍定期审议；
· 专家或来自相关区域小组的国家报告员可能作出的贡献。

同时，在这份非正式意见中，协调员还制定了三份关于审议程序和模式的备选方案，附在该文件的最后，即：

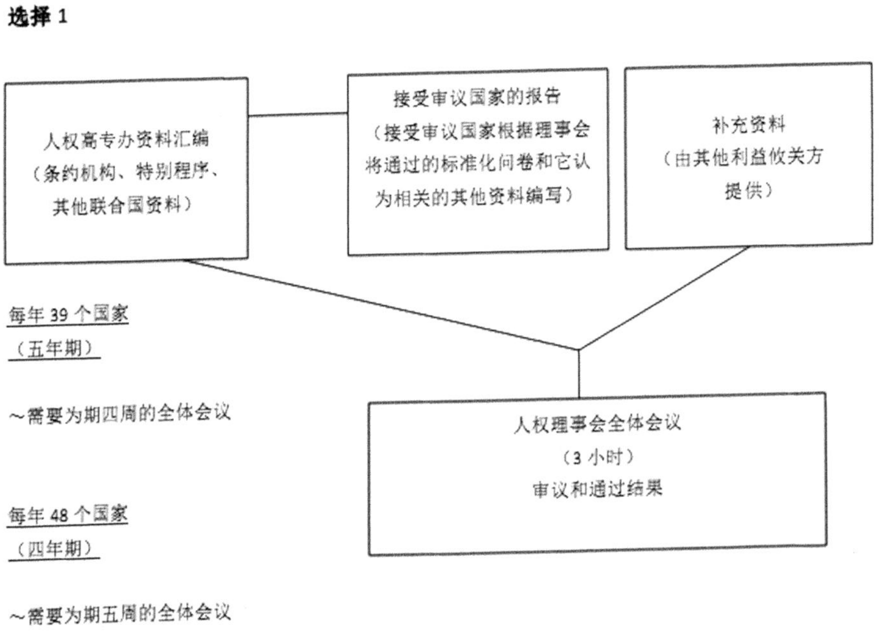

**选择 2**

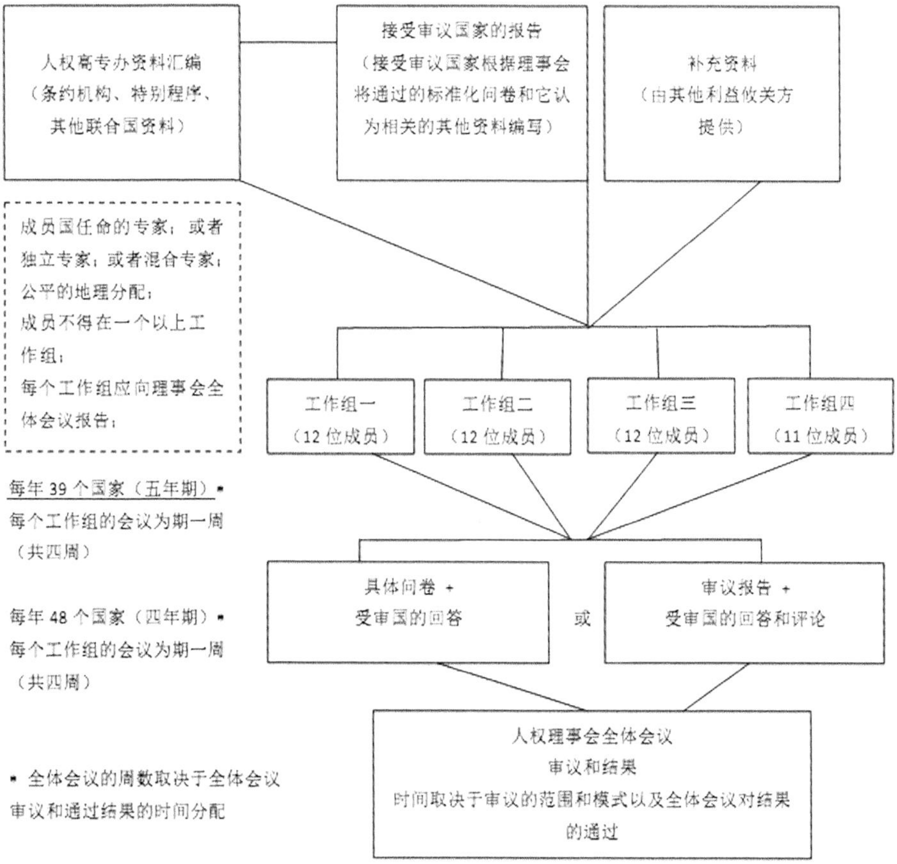
人权高专办资料汇编
（条约机构、特别程序、
其他联合国资料）
接受审议国家的报告
（接受审议国家根据理事会
将通过的标准化问卷和它认
为相关的其他资料编写）
补充资料
（由其他利益攸关方
提供）
成员国任命的专家；或者
独立专家；或者混合专家；
公平的地理分配；
成员不得在一个以上工
作组；
每个工作组应向理事会全
体会议报告；
工作组一
（12 位成员）
工作组二
（12 位成员）
工作组三
（12 位成员）
工作组四
（11 位成员）
每年 39 个国家（五年期）*
每个工作组的会议为期一周
（共四周）
每年 48 个国家（四年期）*
每个工作组的会议为期一周
（共四周）
具体问卷 +
受审国的回答
或
审议报告 +
受审国的回答和评论
人权理事会全体会议
审议和结果
时间取决于审议的范围和模式以及全体会议对结果
的通过
* 全体会议的周数取决于全体会议
审议和通过结果的时间分配

**选择 3**

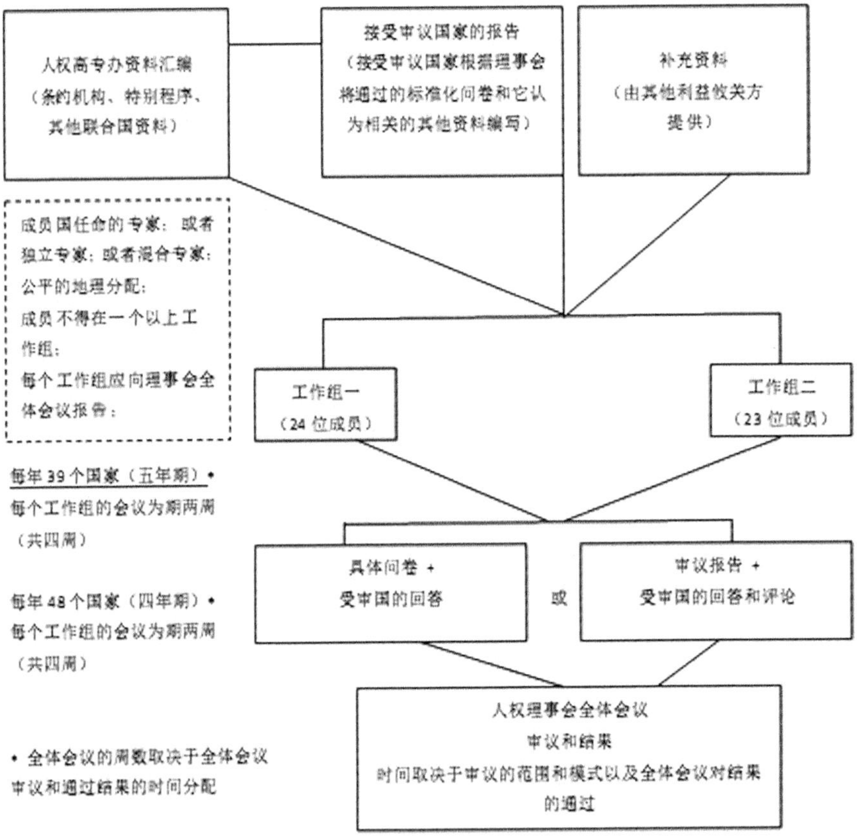


### 5．工作组第二届会议中的讨论

（1）审议的时间问题

关于审议是否应当在理事会闭会期间还是在定期会议期间进行，各个利益攸关方也表达了不同的看法。马尔代夫认为，由普遍定期审议工作组在理事会闭会期间进行审议有两个优点：第一，从理事会的时间来说，更加实际；第二，可以与受审国进行更细致的互动对话，尤其是技术援助和能力建设方面。不过，马尔代夫支持审议的结果应当在理事会全会通过。巴基斯坦（代表伊斯兰会议组织）指出，审议的准备可以在理事会闭会期间进行，但是审议必须在理事会全会进行，审议的形式是在全会进行的互动对话。

有的利益攸关方认为，在理事会全会进行审议能够确保审议过程的透明性、普遍性和公平对待性，尤其是在审议其他国家时所有国家都能参加的情况下。而且，如果由不同的工作组同时审议不同的国家，就会增加额外的负担，尤其是对于那些小国，更是会增加它们的负担，而且通过工作组审议还需要更多的自愿，因此由全会进行审议更具有可管理性、有效性、简便性和不增加负担性。例如，印度指出，在理事会全会进行审议有助于确保审议更大的可见性和参与性，当然印度也不反对在理事会全会中举行补充会议的可能性。并认为在全会进行三个小时的互动对话有助于在有限的时间里让受审国作出恰当的回应，并提供所请求的资料。因此，工作组将会产生更加集中、细致和非政治化的讨论，尤其是关于技术合作和能力建设，这样就便于在理事会全会通过建议。[①] 德国（代表欧盟）希望由工作组进行审议，而工作组能在定期会议之外举行审议，以便不浪费理事会的宝贵时间和资源。

（2）审议的主体问题

各个利益攸关方对审议是否应当由理事会全会还是由一个或几个工作组审议发表了不同的看法。有的利益攸关方建议由多个工作组进行审议。德国（代表欧盟）指出，愿意选择第二个方案进行审议。列支敦士登也支持由四个工作组进行审议的第二个方案。列支敦士登指出，经验表明，由更小的机构进行审议更加有效率，因为更小的机构的成员国会觉得更加有责任，更能好好准备审议，也更能积极参加审议。为了不使普遍定期审议不占据理事会太多的会议时间，只有审议和通过结果才应当在理事会全会进行。但是，巴基斯坦（代表伊斯兰会议组织）表示，不支持由小组委员会进行审议，如要由工作组进行，工作组必须是开放的，允许各方普遍参加。

---

① A/HRC/4/CRP.3，第52段。

（3）审议的前置程序问题

关于应该由被审议的国家的区域小组或友好小组先进行审议协调员列出的需要进一步审议的要点，有一些利益攸关方支持先进行审议的方案，但是也有利益攸关方认为，先进行审议加重了负担，而且不会平等适用于所有区域，而且，普遍定期审议机制是普遍性的机制，而不是区域性的机制。[①] 例如，印度指出，由区域小组进行先行审议无法替代理事会的审议，增加了审议的层级，使普遍定期审议无法成为一个简易的机制。列支敦士登表示，不支持由受审国所在的区域集团或友好国家集团对受审国进行先行审议。马尔代夫也不支持由区域小组或友好小组先行审议，认为这样将使审议政治化。阿塞拜疆认为，这会使审议变得复杂化。

（4）专家的作用问题

关于专家或来自相关区域小组的国家报告员可能作出的贡献，有的利益攸关方认为，允许专家参加审议将背离普遍定期审议由同侪进行审议以及政府间的性质。印度指出，由于普遍定期审议是一个同侪审议的机制，因此不希望在普遍定期审议中有专家或国家报告员的直接参加。马尔代夫也认为，在这样一个国家同侪审议的机制中，没有必要让外部专家参与进来。由国家报告员参加审议则违背普遍定期审议的合作性质。还有利益攸关方表示，国家报告员参加审议是一个尚在讨论的问题，现在尚未作出决定。另外，虽然各个利益攸关方就专家应当是政府的代表或独立专家表达了不同的看法，有的利益攸关方表示，有必要在审议过程中设置一个过滤机制，尤其是在准备阶段，以便分析和提供大量国家资料的大纲，突出对话时可能提到的重要问题，并准备个性化的问卷或问题清单（就像条约机构的模式一样）。还有利益攸关方指出，允许专家参与审议有助于促进国家的工作，减少国家代表团的准备负担，尤其是小国家，而且还能确保统一和公平对待，尤其是国家资料。另外，还有利益攸关方认为，专家可以协助起草建议和结论。有一些利益攸关方指出，国家在审议其他国家时有

① A/HRC/4/CRP.3，第53段。

可能会遇到问题，尤其是在提出问题清单或建议草案方面，因此需要独立专家的参与。最后，还有一些利益攸关方认为，独立专家参与审议有助于减少或避免审议的政治化。[①] 德国（代表欧盟）指出，工作组应当确保专家的实质参加。

（5）审议的报告员问题

还有一些利益攸关方建议设立一个由三个国家组成的"三国小组"（troika）、挑选一位"讨论者"（在审议的准备和对话中扮演领导角色）、或者从理事会的成员国中任命一位报告员，起草结论和建议。[②] 列支敦士登建议从不同的区域集团中挑选三个国家组成一个"三国小组"，在审议的准备、互动对话和起草审议结果中扮演领导作用。

6．协调员第二份非正式文件

在2007年3月15日协调员的第二份非正式文件中，协调员认为以下几点是意见趋同点，即：

·应让被审议的国家与理事会进行互动对话；

·理事会应在全会上通过最后决定；

·普遍定期审议不应过长，应该务实，不应花费过多的时间、人力和财力。

此外，协调员还提出了折中方案：即：

**·无论审议是在全会还是在工作组进行，均应从理事会成员或工作组成员中挑选一名报告员，负责编写全会的审查结果，挑选报告员时应遵守地域代表性原则**。

① A/HRC/4/CRP.3，第54段。

② A/HRC/4/CRP.3，第55段。

需要进一步考虑的要点是：

· 应该由被审议的国家的区域小组或友好小组先进行审议吗？
· 由人权理事会全体会议以及（或）工作组进行普遍定期审议；
· 由一名或多名专家**为审议进程提供的资料编写内容提要**。

此外，协调员还在该文件的最后附有两个选择方案：

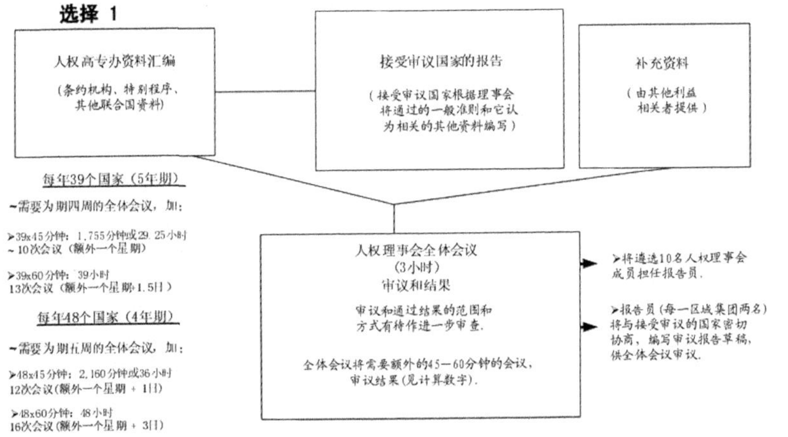


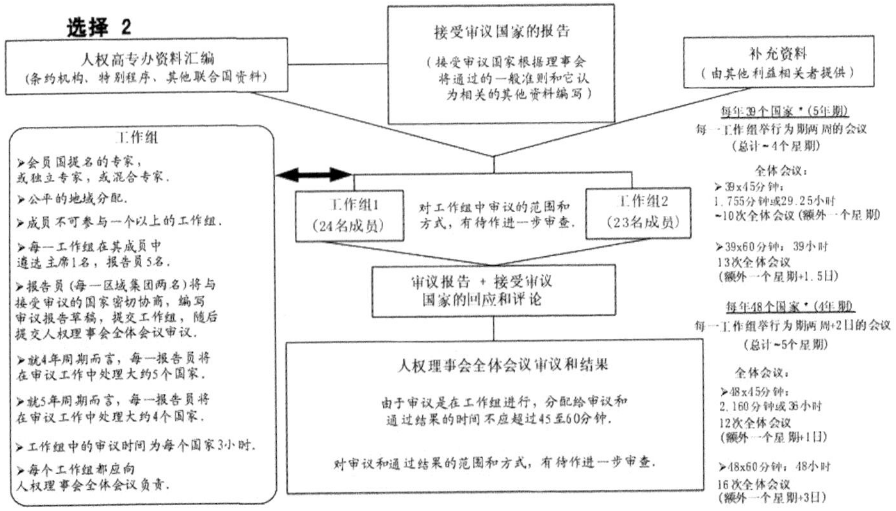

7．协调员第三份非正式文件

在2007年4月27日的第三份非正式文件中，协调员指出的实现意见趋同点是：

一、互动对话的模式如下：（详见附件）

·审议在一个工作组内进行，工作组由理事会主席主持，由理事会47个成员国组成。每个成员国自行决定本国的代表团组成；

·观察员国家可参加审议，包括参加互动对话；

·其他有关的利益相关者可列席工作组的审议过程；

·接受审议的国家与人权理事会的互动对话将在工作组内进行；

二、审议时间是每个国家3小时。另外安排最多1小时由理事会全体会议审议其结果；

三、理事会应在全体会议上通过最后结果。

含有具体流程的附件如下：

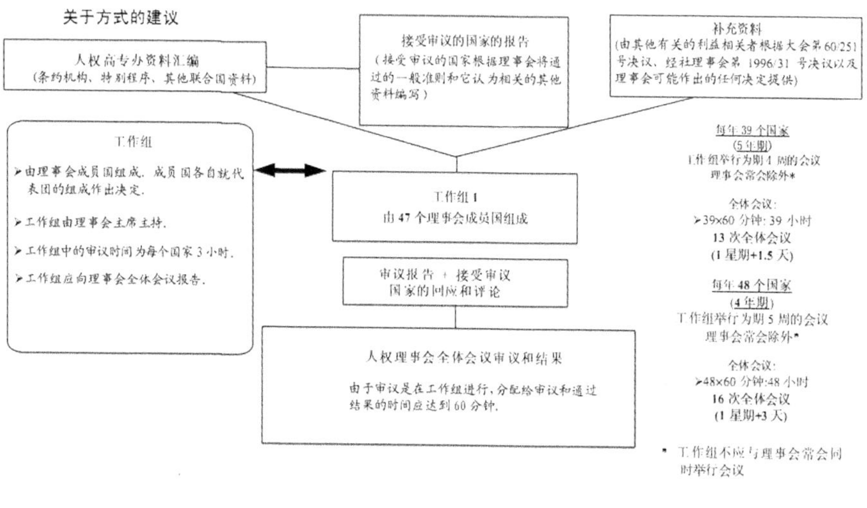


在这一份非正式文件中，协调员认为需要进一步考虑的要点有两个：一个是“由（一名）专家编写为审议进程提供的资料概要”；另一个是协

调员提出的这种方案，即：“将遵守区域代表分配原则，从理事会成员中挑选（一名）报告员，编写审议结果。”同时，协调员还建议，报告员将编写成果报告，供工作组审议，然后再由理事会全体会议审议。

8．主席案文

2007年6月4日主席第一份案文：

互动对话模式如下：

·审议在一个工作组内进行，工作组由理事会主席主持，由理事会47个成员国组成。每个成员国自行决定本国的代表团构成；（应设立普遍定期审议自愿信托基金，以利发展中国家特别是最不发达国家参与普遍定期审议机制。）

·观察员国家可参加审议，包括参加互动对话；

·其他利益攸关方可列席工作组的审议过程；

·将从理事会成员国和不同区域集团抽签选出3名报告员组成一个报告员小组（“三国小组”），为每次审议提供便利，包括编写工作组报告。人权高专办将为报告员提供必要的协助和专门知识；

·所涉国家可请求1名报告员须来自所属区域集团，并仅可一次请求列入1名报告员替代人选；

·报告员可请求回避参加一次具体的审议进程；

·接受审议的国家与人权理事会的互动对话将在工作组内进行。在对话前，报告员应与接受审议的国家协商并在人权高专办协助下确定各项问题，以期保证互动对话的重点，同时保障公正、透明并让接受审议的国家能作应有准备；

·审议时间是每个国家3小时。另外安排最多1小时由理事会全体会议审议其结果；

·为工作组内通过每个接受审议的国家的报告安排半小时；

·应为工作组内的审议与每个接受审议的国家报告的通过这二者之间安排合理的时间框架；

· 理事会应在全体会议上通过最后结果。

人权理事会主席德阿尔瓦在6月5日致人权理事会所有成员国和观察员国以及联合国的信中，对这一份主席案文的说明中明确指出，“我提出了一些关于……互动对话模式的建议案文，目的是为了解决悬而未决的问题，也是为了确保这一机制的公正性、客观性、可预见性和可行性。”在6月13日的主席第二份案文中，对审议的模式作了一些稍微的修改，修改之处以加粗形式表示如下：

**审议工作的**模式如下：

· 审议在一个工作组内进行，工作组由理事会主席主持，由理事会47个成员国组成。每个成员国自行决定本国的代表团构成；（应设立普遍定期审议自愿信托基金，以利发展中国家特别是最不发达国家参与普遍定期审议机制。）

· 观察员国家可参加审议，包括参加互动对话；

· 其他利益攸关方可列席工作组的审议过程；

· 将从理事会成员国和不同区域集团抽签选出3名报告员组成一个报告员小组（“三国小组”），为每次审议提供便利，包括编写工作组报告。人权高专办将为报告员提供必要的协助和专门知识；

· 所涉国家可请求1名报告员须来自所属区域集团，并仅可一次请求列入1名报告员替代人选；

· 报告员可请求回避参加一次具体的审议进程；

· 接受审议的国家与人权理事会的互动对话将在工作组内进行。在对话前，报告员**可将关注与存疑的问题确定**（identify）**后转交接受审议的国家，以便于其进行准备**，使互动对话重点突出，同时保障审议工作的公正和透明；

· 工作组审议时间是每个国家3小时。另外安排最多1小时由理事会全体会议审议其结果；

·为工作组内通过每个接受审议的国家的报告安排半小时；

·应为工作组内的审议与每个接受审议的国家报告的通过这二者之间安排合理的时间框架；

·理事会应在全体会议上通过最后结果。

一些国家对这一案文有意见。加拿大指出："三国小组的模式过于复杂，并且浪费资源，将会拖延审议进程。但是，如果一定要维持三国小组，就应当对一个特定的国家参加的三国小组数量进行限制，以便确保每个成员国能平等参加三国小组。我们还认为，受审国不能成为自己的报告员，因此应当专门单独增加这一点。"阿尔及利亚（非洲国家集团）指出："其他利益攸关方"必须符合经社理事会1996年第31号决议；信托基金不仅应当包括旅行费用，而且还应当包括发展中国家，尤其是最不发达国家需要的与技术援助和能力建设有关的经费。

6月17日，理事会主席的第三份案文对第二份案文的一处地方作了修改，如下（粗体字表示）：

审议工作的模式如下：

·审议在一个工作组内进行，工作组由理事会主席主持，由理事会47个成员国组成。每个成员国自行决定本国的代表团构成；（**应设立普遍定期审议自愿信托基金，以利发展中国家特别是最不发达国家参与普遍定期审议机制。**）

·观察员国家可参加审议，包括参加互动对话；

·其他利益攸关方可列席工作组的审议过程；

·将从理事会成员国和不同区域集团抽签选出3名报告员组成一个报告员小组（"三国小组"），为每次审议提供便利，包括编写工作组报告。人权高专办将为报告员提供必要的协助和专门知识；

·所涉国家可请求1名报告员须来自所属区域集团，并仅可一次请求列入1名报告员替代人选；

·报告员可请求回避参加一次具体的审议进程；

·接受审议的国家与人权理事会的互动对话将在工作组内进行。报告员可将关注或存疑的问题**整理**（collate）后转交接受审议的国家，以便于其进行准备，使互动对话重点突出，同时保障审议工作的公正和透明。

·工作组审议时间是每个国家3小时。另外安排最多1小时由理事会全体会议审议其结果；

·为工作组内通过每个接受审议的国家的报告安排半小时；

·应为工作组内的审议与每个接受审议的国家报告的通过这二者之间安排合理的时间框架；

·理事会应在全体会议上通过最后结果。

这一表述最终在6月18日得到理事会通过，这就是我们现在看到的《普遍定期审议机制》中的规定。

**表格7：普遍定期审议流程图**

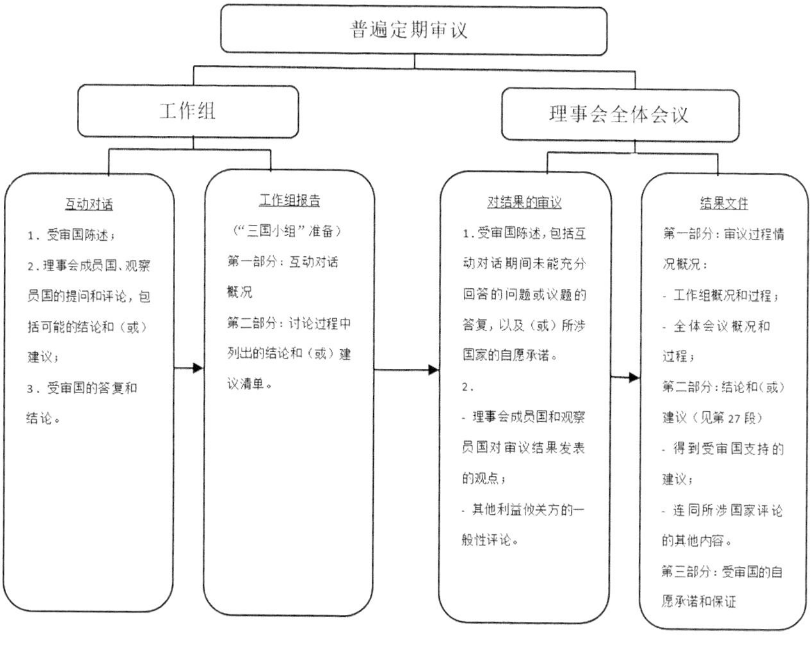

## （二）挑选三国小组

2008年2月28日，人权理事会主席在挑选普遍定期审议三国小组会议开幕式上发表了《挑选三国小组的主席声明》。该主席声明详细规定了三国小组的挑选方法，是对《普遍定期审议机制》第18段第（d）款规定的细化。[①] 该主席声明的全文如下：

一、对于抽签而言，47位三国小组成员国的名称将被依据区域分为五个不同的小袋。出于计算的原因，有一个三国小组成员国将在小袋中出现两次。该成员国将从47个理事会成员国中抽签产生。

二、经理事会主席邀请，每一个受审的国家代表在普遍定期审议工作组第一和第二次会议期间将走到主席台边上设置的三国小组挑选台。这将依据上述会议期间受审的顺序完成。

三、国家代表首先将从秘书处计划确定的16个可能的组合之一抽签决定三国小组的组合。如果国家代表事先已经请求其中一个三国小组成员国应当成为其所在的区域组，如有必要，抽签应当直到这一目的实现为止。

四、国家代表随后将通过抽签从符合其三国小组组合的三个小袋中决定组成三国小组的成员国。

五、如果受审国想要更换其中一个三国小组成员国，它可以从那个小袋中进行第四次抽签。否则，将宣布抽签结果。

六、理事会主席将认为，被抽中的三国小组成员国同意成为有关三国小组的成员，除非该被抽中的三国小组成员国举旗表示反对参加该三国小组。

七、如果有一个被抽中的三国小组成员国反对自己成为该三国小组成员国，受审国将继续从该三国小组成员被抽出的同一个小袋中抽签。如果被抽中的其他三国小组成员国也不愿成为三国小组成员，也将遵守相同的

① 《普遍定期审议机制》第18段第（d）款规定：将从理事会成员国和不同区域组中抽签选出3名报告员，组成一个报告员小组（“三人小组”），以便于每次审议工作的进行，包括工作组报告的编写。人权事务高级专员办事处应为报告员提供必要的协助和专门知识。

程序。应当认为，被抽中成为三国小组成员国的国家应当依据作为人权理事会成员国的责任在行使不想成为三国小组成员国的权利方面自我克制。

八、如果受审国事先不请求更换其中一个三国小组成员国，但是它现在想这么做，它可以在这一阶段这么做。

九、人权理事会主席应当宣布每一次抽签的最终结果。

十、如果一国在选举三国小组时没有代表，它应当通知理事会主席，并请求其抽签。有关国家的代表将及时被告知抽签的结果。[①]

### （三）2008年理事会主席的《普遍定期审议的方式和实际操作》及其后续行动

2008年4月9日，人权理事会第八届会议发表了第一号主席声明，题为《普遍定期审议的模式和实际操作》[下称“PRST/8/1号主席声明”]，[②]详细规定了普遍定期审议的模式和实际操作步骤。该主席声明由五个部分构成。

第一部分规定了普遍定期审议工作组举行会议之前“三国小组”成员的工作模式。根据这一部分的规定，那些想要向受审国提问题和（或）议题的国家可以通过“三国小组”提出，“三国小组”在收到问题和（或）议题后应当把其转交给秘书处。这些问题和（或）议题应当符合《普遍定期审议机制》规定的审议依据，而且应当以符合《普遍定期审议机制》规定的原则和目标的方式提出，还必须主要基于普遍定期审议的三类文件。秘书处在收到“三国小组”转交的问题和（或）议题后，应当在普遍定期审议工作组审议日期之前至少10个工作日转交给受审国。“三国小组”的成员应当根据受审国准备的报告的内容和结构收齐问题和（或）议题。尤其是，由于普遍定期审议是一个透明的过程，因此这些问题和（或）议题应当在转交给受审国之后，散发给理事会的成员国和观察员国。受审国有权

① A/HRC/OM/L.1, 28 February 2008.

② HRC, PRST/8/1, 9 April 2008.

对“三国小组”转交的或者工作组审议过程中提出的任何问题和（或）议题选择是否作出回答。

第二部分规定了工作组的审议模式。普遍定期审议的互动对话仅仅在普遍定期审议工作组内进行。在工作组中，受审国最多有60分钟时间从事下列活动：（1）首次陈述国家报告或对书面问题作出答复；（2）在互动对话期间，如果想要对期间提出的问题作出回答，就可以回答；（3）在审议的结尾，在主席的指引下，在互动对话中发表结论性评论。

第三部分规定了工作组的报告。工作组应当准备一份描述这一过程的事实报告，包括互动对话的概况，体现互动对话期间各代表团提出的建议和（或）结论。“三国小组”应当在受审国全面参与和秘书处协助下准备工作组的报告。受审国应当依据《普遍定期审议机制》的规定审查所有的建议。在任何情况下，得到受审国支持的建议应当被那样认为。其他建议，连同受审国的评论一起，也应当作记录。这两块内容应当包括在工作组的报告中，等待理事会在全体会议上通过。受审国应当对其支持的建议以及自愿承诺和保证采取后续行动。无论是在工作组会议期间、工作组会议和理事会下一届会议之间、还是理事会全体会议举行会议期间，受审国将把其对建议和（或）结论以及自愿承诺和保证的意见通知给理事会。

第四部分规定了理事会全体会议的模式。审议过程从工作组层面开始，到理事会全体会议通过审议结果结束。审议结果由工作组的报告、受审国对建议和（或）结论的意见、受审国作出的自愿承诺、理事会全体会议通过结果之前受审国对工作组互动对话期间未能充分讨论的问题或议题的答复组成。审议结果应当由理事会在全体会议上以标准化的决定通过。在理事会会议通过的报告中，应当包括受审国和理事会成员国以及观察员国就审议结果发表的观点的概况、其他相关的利益攸关方在全会通过结果之前发表的一般性评论。

第五部分规定了一般方式。只有《普遍定期审议机制》第15段提到的作为审议基础的三份文件才将放到人权理事会的外网上。理事会将在考虑透明、公平对待和非选择性原则的情况下，支持审查通过关于其各个工作组所有公开过程的网络直播决定。

2008年9月24日，在人权理事会第九届会议第22次会议上，为了确保顺利通过关于普遍定期审议的将来报告，并依据主席与所有有关各方磋商的结果，理事会主席对2008年4月9日的主席声明作出了进一步的规定[下称“PRST/9/2号主席声明”]。[①] 理事会各会议的报告应当由下列部分构成，作为不可分割的一部分:（1）在通过结果之前受审国在全体会议上发表的观点、对互动对话期间未能充分讨论的问题和议题的答复、对结论和建议的观点、以及自愿承诺和结论性发言的概括;（2）理事会成员国和观察员国对结果发表的观点的概括;（3）其他有关的利益攸关方发表的一般性评论的概括。为了准确体现所有发言人的观点，并确保对工作组和全体会议的均衡报道，以及铭记财政影响，包括翻译文件所需的成本，对本规定所附表格中提到的有关普遍定期审议的文件集应当有字数限制。发言或发言的部分内容，包括普遍定期审议议事规则[ruled out of order]，将依据人权理事会的规则和实践处理。

**表格8：普遍定期审议文件集**

| | | | |
|---|---|---|---|
| 工作组（会议期间） | A/HRC/8/A/HRC/8/xx | 工作组对每个受审国编写的报告 | 每个国家最多9630个单词（包括建议） |
| 工作组（会议后） | A/HRC/8/xx/Add.1（可选择） | 受审国提交的对结论和（或）意见的书面观点、自愿承诺、以及受审国在工作组会议后提交的答复 | 最多2675个单词 |
| 理事会全体会议 | A/HRC/xx/L.10不可分割的组成部分 | （1）在通过结果之前受审国在全体会议上发表的观点、对互动对话期间未能充分讨论的问题和议题的答复、对结论和建议的观点、以及自愿承诺和结论性发言的概括;（2）理事会成员国和观察员国对结果发表的观点的概括;（3）其他有关的利益攸关方发表的一般性评论 | 每个国家最多3210个单词 |

① HRC，PRST/ 9/2, 24 September 2008.

## （四）2011年《人权理事会工作和运作情况审查结果》的规定

2011年3月25日人权理事会第16届会议第47次会议通过的《人权理事会工作和运作情况审查结果》对第二个审议周期的“模式”作了规定。[①]该《审查结果》规定，应当保留理事会第5/1号决议附件和PRST/8/1号主席声明中所述的三国小组的作用。它还规定，在把审议周期延长至四年半后，将在现有资源和工作量的范围内，延长目前工作组审议会议三个小时的会期，并在理事会第17届会议上商定会议模式，包括发言者名单，该名单应根据附录中的模式确定。2011年6月17日，人权理事会第17届会议第35次会议通过的《人权理事会第16/21号决议普遍定期审议部分的后续行动》规定了工作组的会议模式。关于普遍定期审议工作组的审议时间，它规定，工作组对每一国家的审议时间应延长为3小时30分，以不超出现有资源能力，且不增加工作负担，审议过程中，接受审议国家应有70分钟时间，用于根据2008年4月9日主席声明PRST/8/1进行初步陈述、答复和发表结论性意见。而且，工作组应根据下面这个附件分配时间。

**表格9：普遍定期审议工作组第二个周期暂定时间表**

普遍定期审议工作组第二周期届会暂定时间表

第一星期

| | 星期一 | | 星期二 | | 星期三 | | 星期四 | | 星期五 | |
|---|---|---|---|---|---|---|---|---|---|---|
| 上午 | 上午9:00-下午12:30 | 对接受审议国家1的审议 | 上午9:00-下午12:30 | 对接受审议国家3的审议 | 上午9:00-下午12:30 | 对接受审议国家5的审议 | 上午9:00-下午12:30 | 对接受审议国家7的审议 | 上午9:00-下午12:30 | 接受审议国家9 |
| | | | | | 12:30 | 分发关于接受审议国家1的报告 | 12:30 | 分发关于接受审议国家3的报告 | | |
| 下午 | 下午2:30-下午6:00 | 对接受审议国家2的审议 | 下午2:30-下午6:00 | 对接受审议国家4的审议 | 下午2:30-下午6:00 | 对接受审议国家6的审议 | 下午2:30-下午6:00 | 对接受审议国家8的审议 | 下午3:00-下午6:00 | 通过关于接受审议国家1–6的报告 |
| | | | | | 下午6:00 | 分发关于接受审议国家2的报告 | 下午6:00 | 分发关于接受审议国家4的报告 | | |

① A/HRC/RES/16/21，第4页。

第二星期

| | 星期一 | | 星期二 | | 星期三 | | 星期四 | | 星期五 | |
|---|---|---|---|---|---|---|---|---|---|---|
| 上午 | 上午9:00-下午12:30 | 审议接受审议国家10 | 上午10:00-上午11:30 | 通过关于接受审议国家7至9的报告 | 上午9:00-下午12:30 | 审议接受审议国家13 | | | | |
| | 下午12:30 | 分发关于接受审议国家7的报告 | | | | 分发关于接受审议国家10的报告 | 下午1:00 | 分发关于接受审议国家12的报告 | | |
| 下午 | 下午2:30-下午6:00 | 审议接受审议国家11 | 下午2:30-下午6:00 | 审议接受审议国家12 | 下午2:30-下午6:00 | 审议接受审议国家14 | | | 下午3:00-下午5:30 | 通过关于接受审议国家10至14的报告 |
| | 下午6:00 | 分发关于接受审议国家8的报告 | | | 下午6:00 | 分发关于接受审议国家11的报告 | | | | |

关于普遍定期审议工作组的发言者名单，它规定，按照既定程序，成员国可发言3分钟，观察员国可发言2分钟，只要用于成员国和观察员国的3小时30分钟可照顾到所有发言者，则该既定程序将继续适用。如果不可能在成员国3分钟，观察员国2分钟的3小时30分钟的时限内照顾到所有发言者，则应将所有人的发言时间缩短至2分钟。如果仍然无法照顾到所有发言者，则应在报名发言的所有代表团中平均分配时间，使每个发言者都能发言。它还规定了拟定发言者名单的步骤:（1）发言报名将在普遍定期审议工作组会议开始前一周的星期一上午10时开始，并持续4天，到星期四下午6时截止。将在万国宫设立一个登记台。由秘书处通知各国常驻代表团其确切地点;（2）在所有情况下，无论发言时间长短，报名发言的代表团均将按国名的英文字母顺序排列。在会议开始之前的星期五上午，由主席在主席团到场情况下抽签挑出名单上的第一名发言者。然后从抽中的国家开始往后顺序排出发言者名单。星期五下午，将向所有代表团通知发言顺序和发言时间；审议期间将严格执行发言时限。发言超时者的话筒将被关闭。因此，发言者似宜在发言之初即宣述最主要部分;（3）所有发言者仍可根据彼此间的双边安排，交换发言顺序。①

《审查结果》还规定，最后审议结果将由理事会全体会议通过。组织对该结果进行一小时审议的模式应当符合PRST/9/2号主席声明。另外，受

① A/HRC/17/2，第81页。

审议国符合联合国大会第48/134号决议附件所载与增进和保护人权的国家机构地位有关的原则（《巴黎原则》）的国家人权机构应当有权在理事会全体会议通过审议结果期间，紧接着受审议国发言。最后，它规定，应当加强理事会第6/17号决议设立的旨在促进各国参与的普遍定期审议自愿信托基金并将之投入运行，以鼓励发展中国家，尤其是最不发达国家和小岛屿发展中国家大力参与对它们的审议工作。

## 三、实践

尽管人权理事会建立起了上述相对完善的审议模式，但是在一些非政府组织看来，审议的实践中还是暴露出了一些问题，主要体现为：

第一，受审国代表团的组成方面。一般来说，受审国均比较重视普遍定期审议，因此派出了级别较高的代表团，通常都是部长级别的。但是，不少国家都是由外交部部长或副部长带领的代表团（例如印度尼西亚、巴林、阿尔及利亚），而不是由司法部部长或副部长带领，可见不少国家仍然把普遍定期审议作为一个外交任务，而不是一个评估和提高人权保护的国内任务来看待。[①]

第二，根据《人权理事会的主席声明》，受审议国最多有60分钟时间发言、回答各国经三国小组提交的书面提问、以及在互动对话期间回答提问和发表结论性评论。但是，有些国家的代表在这总共60分钟时间里，用了大量的时间进行发言，严重挤压了回答在互动对话期间提问的时间。例如，阿根廷在第一轮受审时、加纳、秘鲁、斯里兰卡和罗马尼亚在第二轮受审时，用了将近40分钟时间发言。[②] 因此他们无法在接下来的20分钟时间里回应问卷中提及的问题和互动对话中的各种问题。[③]

---

① Gareth Sweeney and Yuri Saito, “An NGO Assessment of the New Mechanisms of the UN Human Rights Council”, 9 *Human Rights Law Review* (2009), p.209.

② 同上, p.210.

③ Allehone Mulugeta Abebe, “Of Shaming and Bargaining: African States and the Universal Periodic Review of the United Nations Human Rights Council”, 9 *Human Rights Law Review* (2009), p.13.

第三，一些国家向三国小组提交的对书面提问的回答质量堪忧。在第一轮审议期间，不到一半的受审议国有时间对三国小组转交的书面问题作出答复，只有荷兰、英国、日本和韩国对书面提问作出了回答。有的国家在互动对话阶段直接说，将在第二轮受审时对三国小组转交的书面问题进行答复，例如爱尔兰。因此，原先作为独立报告员设计的三国小组已经沦为橡皮图章，只是在审议结果报告中签字而已。[①]

第四，在互动对话阶段，从巴林第一次受审开始，出现了“友好国家”占据发言国家名单来表扬受审国的趋势，包括巴勒斯坦、印度、巴基斯坦、卡塔尔、突尼斯、阿联酋、沙特、土耳其、马来西亚、阿尔及利亚、利比亚和古巴。这些国家在对话时基本上都是称赞受审国，没有对受审国提出任何建议或者提出的建议非常模糊、笼统。突尼斯受审时也是如此，前15个国家连续发言，包括科威特、巴勒斯坦、巴基斯坦、菲律宾、乍得、沙特、俄罗斯、斯洛文尼亚、印度、马达加斯加、加纳、毛里求斯、孟加拉国和安哥拉连续发言。[②] 尤其是，处在同一区域集团的国家之间经常相互吹捧，例如，非洲国家突尼斯在第一轮受审时，在互动对话的65国的发言中，有多达50个国家在发言中基本上都是在赞扬突尼斯的人权记录，基本上都是非洲国家和穆斯林国家。一些观察者指出，普遍定期审议正在遭遇的一个重大挑战就是区域集团（欧盟、非洲集团、伊斯兰国家会议组织和不结盟运动等）正在发挥重大影响。[③]

第五，一些小国家更加愿意倾向于对同属于其所处的区域的受审国提出建议，而不太愿意与其他区域的受审国进行互动对话。非洲国家中，除了摩洛哥、埃及、阿尔及利亚、突尼斯等北非国家外，南部非洲的国家只愿意参与其他南部非洲的国家的互动对话。拉美加勒比地区和亚洲地区的

---

① Gareth Sweeney and Yuri Saito, “An NGO Assessment of the New Mechanisms of the UN Human Rights Council”, 9 *Human Rights Law Review* (2009), p.210.

② A/HRC/8/21, 22 May 2008, paras. 12-26.

③ Allehone Mulugeta Abebe, “Of Shaming and Bargaining: African States and the Universal Periodic Review of the United Nations Human Rights Council”, 9 *Human Rights Law Review* (2009), p.19.

国家也是如此。在拉美加勒比地区，只有巴西、古巴和墨西哥愿意参与其他地区国家的互动对话。在亚洲地区，只有菲律宾、印度尼西亚、马来西亚和阿塞拜疆愿意跨地区对话。只有欧洲国家十分热衷于跨地区对话。仅限于本地区的对话涉嫌违反普遍定期审议的基本原则，即普遍性和非选择性。[①]

第六，受审国将其他国家提出的建议进行分类处理时有时过于宽泛，导致许多具体的建议无法取得受审国的反馈。目前通行的实践是，受审议国依据一定的标准对问题进行归类，然后按照类别进行回答。但是，许多国家，包括印度、巴西和危地马拉，对问题的归类过于宽泛，有意或者无意地遗漏许多重要问题。[②]

第七，一些国家提出的建议过于笼统，以至于无法进行跟踪落实，例如，叙利亚对突尼斯的建议、古巴对突尼斯的建议、阿尔及利亚对印度的建议等。

第八，审议实践中还出现了不同的国家对同一个受审国提出相互矛盾的建议的情形。例如，在汤加受审议时，第一次出现了一国面临两个冲突的建议的尴尬局面。荷兰、捷克和加拿大建议汤加，同性成年人自愿性行为不应作为犯罪处理。但是，孟加拉国则建议汤加，应当继续将这种行为作为犯罪处理，只要这样做符合汤加的价值，因为普遍定期审议的目的不是将一国的价值观强加于另一国的价值观身上。[③]

第九，还有一些国家对所有的受审国均提出同一个建议，缺乏具体性和针对性。例如，英国的标准问题是，在国家报告的准备工作组中非政府组织的参与程度。斯洛文尼亚经常问的是，在普遍定期审议准备中，性别因素是如何平衡的。法国的标准问题是，要求批准2006年的《保护所有人免遭强迫失踪国际公约》。卢森堡的标准问题是，要求受审国减轻贫困。

---

① Gareth Sweeney and Yuri Saito, "An NGO Assessment of the New Mechanisms of the UN Human Rights Council", 9 *Human Rights Law Review* (2009), p.211.

② 同上。

③ A/HRC/8/48, 5 June 2008, para. 65.

虽然采取标准问题可以避免有选择性，而且通常是积极的，但是国家不应当以一种敷衍的态度问这种标准问题，这样有可能将普遍定期审议变成一个陈腐而泛泛的实践。例如，尽管巴西已经说了非常详细的负责人权保护的各种机构的情况，澳大利亚仍然问它所设定的标准问题，即巴西是否已经建立起了国家人权机构。① 还有受审国对来自不同的国家的相同的建议采取不同的立场的现象。②

第十，对于一些发展中国家，尤其是最不发达的发展中国家来说，参与普遍定期审议的负担过重。他们当中有些甚至在日内瓦没有代表团，缺乏必要的财政资源派出一定规模的代表团作为受审国或三国小组的成员国参与审议。③ 即便有这样的代表，很多也缺乏具有专业知识，尤其是国际人权法和外国人权法和实践方面专业知识的代表参与其中，使得提出的有些建议要么过时，要么不专业。④

最后，非政府组织还抱怨说，人权高专办把非政府组织提交的信息的截至日期规定得太长，一般都是在审议之前五至七个月，而国家提交的报告则是在审议之前六个星期，这就使得非政府组织需要赶在国家提交报告之前提交信息，因此无法对国家提交的报告发表评论。⑤

---

① Gareth Sweeney and Yuri Saito, "An NGO Assessment of the New Mechanisms of the UN Human Rights Council", 9 *Human Rights Law Review* (2009), p.211.

② 例如埃及在第一轮受审时，对孟加拉国提出的建议其国内法保持与国际人权法义务一致的建议表示接受，但是对以色列对其提出的相同的建议表示拒绝。Alex Conte, "Reflections and Challenges: Entering into the Second Cycle of the Universal Periodic Review Mechanism", 9 *New Zealand Yearbook of International Law* (2011), p.196.

③ 这个问题基本得到了缓解，在一些国家的强烈要求下，参与普遍定期审议自愿信托基金得以设立，参见本章第三节的介绍。

④ Allehone Mulugeta Abebe, "Of Shaming and Bargaining: African States and the Universal Periodic Review of the United Nations Human Rights Council", 9 *Human Rights Law Review* (2009), p.22.

⑤ 人权高专办的理由是，有些国家受审议时，非政府组织提交的信息太多，因此人权高专办需要时间对所有非政府组织提交的资料进行汇编。Gareth Sweeney and Yuri Saito, "An NGO Assessment of the New Mechanisms of the UN Human Rights Council", 9 *Human Rights Law Review* (2009), p.207.

## 第三节　参与自愿信托基金

### 一、参与普遍定期审议自愿信托基金的设立

在普遍定期审议机制的起草过程中，一些利益攸关方提出了为这一机制设立基金的想法。例如，2006年11月16日，阿根廷、智利、哥斯达黎加、厄瓜多尔、巴拿马、巴拉圭、秘鲁和乌拉圭提交的联合建议中提到普遍定期审议的财政问题，建议根据人权高专办的需要，应当对人权高专办的会议服务提供独立的财政基金预算。

在2006年11月20日至23日普遍定期审议机制起草工作举行的第一届会议上，讨论了设立一个普遍定期审议技术合作基金的问题。一些国家的代表认为，联合国已经存在技术合作方面的自愿基金以及其他类似基金，他们认为，可以在国内和国际利用这些现有的基金，而且还指出，许多人权的落实根本不取决于能力建设，而是取决于是否存在政治意愿。但是，许多国家的代表强调，十分有必要设立这一基金，认为发展中国家如果缺乏能力，将妨碍人权义务和承诺的执行。这一争论一直持续。但是，在2007年6月4日、13日和17日的三份主席案文中，都在普遍定期审议的模式第一段第1款后面开始出现一个脚注，脚注的内容是，“应设立一个普遍定期审议自愿信托基金，以便于发展中国家、特别是最不发达国家参加普遍定期审议机制。”这一规定最后在2007年6月18日人权理事会第五届会议第一号决议通过的《普遍定期审议机制》中得到通过。在6月15日人权理事会第六届会议上，阿尔及利亚（代表非洲国家集团）发言，认为信托基金不仅应当包括旅行费用，而且还应当包括发展中国家，尤其是最不发达国家需要的与技术援助和能力建设有关的经费。

2007年9月28日，人权理事会第六届会议第21次会议上，埃及（代表非洲国家集团）介绍了由其提出的决议草案。埃及代表在介绍该决议草案时说：非洲国家集团认为，要使普遍定期审议机制成功运作，要使所有国家都能参加这一机制，而且符合6月28日《普遍定期审议机制》中的规

定，联合国秘书长应当立即建立一个“普遍定期审议自愿信托基金”和一个新的“财政和技术援助自愿基金”，理事会毫无疑问已经意识到，有必要促进发展中国家，尤其是最不发达国家参加普遍定期审议机制。而且，理事会也已经意识到，有必要建立一个基金，为发展中国家提供必要的财政和技术援助，以便他们执行普遍定期审议机制中产生的建议。非洲国家集团敦促所有成员国、观察员国和其他利益攸关方向这两个基金提供资金，并予以支持，而且人权高专办应当采取必要措施使这两个基金能够尽快运作。随后，印度尼西亚和马尔代夫也加入这一草案，成为提案国。

该决议草案在该次会议上未经表决获得通过，成为人权理事会第六届会议第17号决议，题为《建立人权理事会的普遍定期审议机制基金》。该决议序言回顾了联大第60/251号决议以及人权理事会第五届会议第1号决议的案文，决定请秘书长设立一个“普遍定期审议自愿信托基金”，以便于发展中国家、特别是最不发达国家参加普遍定期审议机制；又请秘书长设立一个名为“财政和技术援助自愿基金”的新的供资机制，与第1段所述普遍定期审议自愿信托基金共同管理，以便与多边供资机制一起提供财政和技术援助，与相关国家协商并在征得它们的同意后，帮助它们执行由普遍定期审议产生的各项建议；还敦促人权理事会所有成员国、观察员及其他利益攸关方支持上述基金的实施；请人权事务高级专员办事处采取必要措施，以便迅速实施这些机制；决定理事会第七届会议在同一议程项目下跟踪此案。[①]

这样，该决议就为普遍定期审议建立起了两个自愿基金，一个是关于参加普遍定期审议的自愿信托基金，还有一个是执行普遍定期审议结果和建议的财政和技术援助自愿信托基金。前者涉及的是普遍定期审议的参加，后者涉及的是普遍定期审议结果和建议的执行。由于本章的主题是普遍定期审议的流程，因此本章只介绍和研究前者，后者将在下一章中介绍和研究。

---

① A/HRC/6/22，第34页。

2008年4月2日，联合国秘书长公布了《参与普遍定期审议机制自愿基金适用范围》的文件，规定了这一自愿基金的目的和功能。[①] 该文件首先指出，这一自愿信托基金是联合国秘书长依据人权理事会第六届会议第17号决议设立的，旨在便利发展中国家，尤其是最不发达国家参与普遍定期审议。

该文件第一部分规定了目的。它指出，普遍定期审议是人权理事会定期审议联合国会员国履行人权义务和承诺的机制。联合国所有192个会员国都将在第一个周期四年里接受审议，每年有48个国家接受审议。它还指出，审议需要受审国的充分参与，需要受审国在场的情况下进行，是一个由人权理事会成员国组成的工作组进行，该工作组每年召开三次会议，每次会议为期两周，而且人权理事会三个成员国将组成一个小组促进审议的进行，这个小组便是人权理事会任命的报告员（或“三国小组”）。而且，普遍定期审议机制不应当对有关国家造成过分负担。因此，作为一项财政机制，人权理事会建立了参与普遍定期审议自愿信托基金，以便为以下活动提供资金：

一、发展中国家，尤其是最不发达国家的官方代表前往日内瓦陈述国家报告、参与随后的互动对话、以及在他们的国家受审期间参加普遍定期审议工作组会议上通过该国报告产生的旅费；

二、成为人权理事会成员国、但在日内瓦没有常驻使团的发展中国家，尤其是最不发达国家的官方代表作为报告员（即成为“三国小组”之一）时产生的旅费；

三、在准备国家报告时对成员国进行培训的费用。

第二部分规定了申请财政援助的情形。根据这部分的规定，任何发展

---

① Human Rights Council, Voluntary Trust Fund for Participation in the Universal Periodic Review Mechanism, 2 April 2008, http://www.ohchr.org/EN/HRBodies/UPR/Documents/NVVoluntaryTrustFundUPR.pdf.

中国家，尤其是最不发达国家，只要是联合国的会员国，都可以向该基金提出财政援助的申请。

首先是关于旅费。参加前面第一部分提到的第一和第二种情形的普遍定期审议工作组会议的旅费的报销范围包括：(1)为代表团中不住在日内瓦的其中一位代表提供来回经济舱的机票；(2)为了让代表团中不住在日内瓦的其中一位代表能够参加审议之后通过工作组报告的过程，在会议期间按照日内瓦的生活水准的生活补助，共三天。如果该国代表团决定来日内瓦，则至少应当在普遍定期审议工作组会议举行之前六周提交财政援助的申请。依据联合国官方旅费规则和程序的规定，如果申请得到批准，应当告知申请者可以报销的机票的最大数额，当然这还需要取决于基金的数量。作为一种例外，对于普遍定期审议工作组第一和第二届会议而言，秘书处可以在会议期间接受财政援助的申请。在旅行完成后，并在收到相关的旅行资料后，联合国将依据上述条件直接向有关国家的政府报销旅行费用，一般把费用支付给该国常驻日内瓦或纽约的代表团。

其次是关于准备报告的培训费用。申请培训费用的，需要提交以下文件：(1)拟议的为准备国家报告的培训课程的详细描述；(2)培训安排的资料，包括地点、设施、后勤支持、受培训人员的数量和职位等；(3)申请援助的费用的详细描述，包括人权高专办官员的旅费等。

第三部分规定了资助和支出。各国、政府间国际组织和非政府组织、或者私人机构和个人可以自愿向基金提供出资。基金的支出取决于是否有经费。当经费不足以支付财政援助的所有申请时，按照下列优先次序解决：(1)申请旅费优先于申请培训；(2)来自最不发达国家的代表参加普遍定期审议工作组的财政援助申请优先于来自其他发展中国家的申请；(3)陈述国家报告、参加随后的互动对话和参加普遍定期审议工作组报告的通过的财政援助申请优先于作为报告员（“三国小组”成员）参加工作组会议的申请；(4)收到财政援助申请的先后顺序。

2011年3月25日，人权理事会第16届会议第47次会议未经表决通过的题为《联合国人权理事会工作和运行情况审查结果》专门规定，自第二个审议周期（2012年至2016年）起，“应当加强理事会第6/17号决议设立的旨在促进各国参与的普遍定期审议自愿信托基金并将之投入运行，以鼓励发展中国家，尤其是最不发达国家和小岛屿发展中国家大力参与对它们的审议工作。”①

## 二、实践

2008年，基金共收到自愿捐款899206美元。②2009年，基金共收到自愿捐款518410美元，共资助了16个国家的代表参加普遍定期审议，包括塞内加尔、吉布提、毛里求斯、乍得、也门、中非、伯利兹、瓦努阿图、科摩罗、科特迪瓦、哥斯达黎加、不丹、刚果（金）、多米尼加、柬埔寨和多米尼克，对国家和其他利益攸关方就国家报告的准备组织了七场区域培训会议。③2010年，基金共收到自愿捐款682279美元。2010年，人权高专办继续利用基金举行普遍定期审议会前的简要会议，协助各国准备国家报告和准备接受审议，并资助发展中国家的官方代表前往日内瓦参加审议会议。在非洲、亚太、欧洲、拉美和加勒比地区共举行了八次研讨会，来自各国政府代表、利益攸关方、国家人权机构和联合国机构的代表347人参加这些简要会议，其中114人为女性。基金向来自23个国家的代表发放了旅行费用，包括安哥拉、亚美尼亚、玻利维亚、萨尔瓦多、斐济、格林纳达、几内亚、几内亚比绍、洪都拉斯、牙买加、肯尼亚、基里巴斯、吉尔吉斯斯坦、老挝、莱索托、利比里亚、马拉维、马尔代夫、马绍尔群岛、毛里塔尼亚、密克罗尼西亚、蒙古和尼加拉瓜。④

---

① A/HRC/RES/16/21，第3页。

② OHCHR Report 2008, p.164.

③ OHCHR Report 2009, p.180.

④ OHCHR Report 2010, p.98.

**表格10：2010年参与普遍定期审议自愿信托基金收到的出资情况**

| 出资国 | 美元 |
|---|---|
| 哥伦比亚 | 26668 |
| 丹麦 | 359002 |
| 德国 | 246609 |
| 科威特 | 50000 |
| **总计** | **682279** |

2011年，该基金共收到自愿捐款116911美元。在2011年，人权高专办继续将这一基金用于组织举行普遍定期审议会议前的发布会上，以便协助各国准备国家报告和审议，以及协助发展中国家的官方代表前往日内瓦参加普遍定期审议会议。在以下国家中，共有28份提出了旅费申请：安提瓜和巴布达、马绍尔群岛、密克罗尼西亚、莫桑比克、纳米尼亚、瑙鲁、尼日尔、帕劳、巴布亚新几内亚、巴拉圭、圣基斯和尼维斯、圣卢西亚、圣文森特和格林纳丁斯、萨摩亚、圣多美和普林西比、塞舌尔、所罗门群岛、苏里南、斯威士兰、塔吉克斯坦、东帝汶、特立尼达和多巴哥、乌干达。人权高专办与其区域办公室以及诸如“法语国家国际组织”等国际组织紧密协调之后，在四个国家举行了实地简要活动：吉布提、西班牙、泰国和突尼斯。在这四场实地简要活动中，有38个国家的代表介绍了其对第二个审议周期的模式的简要看法。有关国家的官员、利害攸关方、国家人权机构和联合国专门机构的代表参加了这些活动。有201位参加者从中获益，包括89位妇女，使其更好地了解普遍定期审议的过程，尤其是第二个周期的模式。[①]

① OHCHR Report, 2011, p.156.

**表格11：2011年参与普遍定期审议自愿信托基金收到的出资情况**

| 出资国 | 美元 |
|---|---|
| 匈牙利 | 6500 |
| 日本 | 100000 |
| 新加坡 | 1000 |
| 个人捐助者 | 341 |
| **总计** | **116911** |

2012年，基金共收到自愿捐款423407美元。在14个有资格享受基金旅费协助的情况下，有两个国家得到了资助：贝宁和斯里兰卡。2011年9月和11月，为了让各国事先准备第二个审议周期，人权高专办组织了三场区域间简要会议，分别在曼谷、马德里和突尼斯举行，有176位来自国家、国家人权机构和联合国机构的代表参加了这些会议。这些简要会议得到了基金的资助。①

**表格12：2012年参与普遍定期审议自愿信托基金收到的出资情况**

| 出资国 | 美元 |
|---|---|
| 澳大利亚 | 197280 |
| 匈牙利 | 6127 |
| 日本 | 80000 |
| 沙特阿拉伯 | 40000 |
| 瑞典 | 100000 |
| **总计** | **423407** |

2013年，该基金共收到自愿捐款338993美元。在2013年，在28个可以从基金旅费获益的国家中，有17个得到资助的机会，包括：阿塞拜疆、巴哈马、孟加拉国、伯利兹、布基纳法索、喀麦隆、佛得角、中非、哥伦比亚、吉布提、马里、毛里求斯、黑山、汤加、土库曼斯坦、图瓦卢、以

① OHCHR Report, 2012, p.148.

及乌兹别克斯坦。2013年7月，人权高专办在毛里求斯举行了关于人权理事会和普遍定期审议工作方法的简要会议，来自14个最不发达国家和小型发展中岛国的专家参加这次会议。①

**表格13：2013年参与普遍定期审议自愿信托基金收到的出资情况**

| 出资国 | 美元 |
|---|---|
| 澳大利亚 | 190300 |
| 古巴 | 1930 |
| 德国 | 130378 |
| 匈牙利 | 6386 |
| 新加坡 | 10000 |
| **总计** | 338993 |

2014年，该基金共收到自愿捐款10000美元。2014年，有资格申请该基金旅费资助的31个国家中，有15份得到了资助，包括阿富汗、不丹、玻利维亚、科摩罗、科特迪瓦、朝鲜、刚果民主共和国、多米尼亚、埃塞俄比亚、斐济、伊朗、马达加斯加、尼加拉瓜、瓦努阿图、也门。2014年12月，人权高专办在摩洛哥举行了第二次小型发展中国家和最不发达国家的需要的简要会议，集中讨论了人权理事会的工作方法和普遍定期审议机制，有来自20个小型发展中国家和最不发达国家的专家参加了会议。2014年，人权高专办与各国议会间联盟加强了伙伴关系，因此就议会在人权理事会工作，尤其是普遍定期审议过程中的作用举行了一系列的区域简要会议。2014年，在布加勒斯特、蒙得维的亚和拉巴特分别举行了三次研讨会，吸引了250多位人士参加，包括议员、民间社会和国家人权机构的人员等。第四次研讨会是与法语国家国际组织合作在摩尔多瓦首都基希纳乌举行，以便使法语国家分享他们执行普遍定期审议建议的经验。②

---

① OHCHR Report, 2013, p.167.

② OHCHR Report, 2014, p.98.

**表格 14：2014 年参与普遍定期审议自愿信托基金收到的出资情况**

| 出资国 | 美元 |
|---|---|
| 新加坡 | 10000 |
| **总计** | **10000** |

**表格 15：截至 2014 年 12 月 31 日，参与普遍定期审议自愿信托基金的账户情况**[①]

| 项目 | 美元 |
|---|---|
| 上一年结余 | 2176174 |
| 调整（前一个周期开支、储蓄、转让等的调整） | 7271 |
| 出资收入 | 10000 |
| 其他收入（利息和杂项收入） | 15305 |
| 总共基金数额 | 2208750 |
| 支出 | 346876 |
| **本年度结余** | **1861874** |

## 三、小结

参与普遍定期审议自愿信托基金的设立为广大发展中国家，尤其是最不发达国家以及小型发展中岛国的代表参加普遍定期审议机制提供了财政保障，解决了他们参加普遍定期审议机制的后顾之忧。尽管有观点认为，这一基金对于缓解最不发达国家参与普遍定期审议的作用十分有限，因为它只资助的发展中国家，尤其是最不发达国家的官方代表作为报告员（即成为“三国小组”之一）时产生的旅费只能是那些成为人权理事会成员国、但在日内瓦没有常驻使团的发展中国家，尤其是最不发达国家的官方代表，而那些在日内瓦没有常驻使团的发展中国家几乎不太可能去申请成为人权理事会成员国。[②] 但是，从实践来看，至少普遍定期审议机制目前将

① OHCHR Report, 2014, p.75.

② Allehone Mulugeta Abebe, “Of Shaming and Bargaining: African States and the Universal Periodic Review of the United Nations Human Rights Council”, 9 *Human Rights Law Review* (2009), p.25.

近两个周期下来受审国的到场率达到100%，这与参与普遍定期审议自愿信托基金是分不开的，可以说，参与普遍定期审议自愿信托基金对此作出了重要贡献。

从该基金的出资情况来看，自愿出资的国家不是很多，集中在几个比较富裕的发达国家，例如澳大利亚、德国、丹麦、日本、瑞典等，当然也有个别发展中国家出资的，虽然数额不是很多，例如哥伦比亚和古巴，但是也为此作出了贡献。截至2014年12月31日，这一基金的结余还有186万多美元，应该说，这个结余的钱还是可以的，说明基金并不缺钱。当然，随着各国审议的不断开展，如果在将来没有国家继续出资，基金的钱是会用完的，因此能够有国家继续向这个基金出资，是保障发展中国家，尤其是最不发达国家参与审议的重要财政保证。

从该基金的使用情况来看，尚未覆盖所有的发展中国家，而且这个基金在旅费和培训费方面的具体支出比重也不是很清楚，[①] 人权高专办作出资助决定的标准和程序也不是非常透明，因此这方面在日后有待加强。完善基金的运作，使其变得公正、透明、高效，无疑有助于吸引许多国家自愿向这个基金出资。

① 也许人权高专办有这方面的统计数据，但是笔者没有找到这方面的数据。

# 第七章
# 审议结果和后续行动

普遍定期审议机制的流程最终是为了产生审议的结果及其应当采取的后续行动，从而实质推动各国对人权义务和承诺的履行，提升各国的人权保护水平。对于普遍定期审议机制来说，这显然是一个十分重要的问题。一些人甚至认为它是这一机制最重要的内容。①

早在2005年4月14日，也就是联合国秘书长安南向当时的人权委员会发表讲话提议未来的人权理事会应具有同侪审议职能的设想后一个星期，安南在正式致联大第60届会议主席的信中就已经阐述了未来的同侪审议机制应当产生的后果。安南指出："此种程序产生明确的、有权威的行动建议。"② 他还建议："人权理事会同侪审查的结果，有助于国际社会更好地提供技术援助和政策咨询。此外，此种结果还有助于促使当选的成员对其人权承诺负起责任。"③ 在2006年3月15日第60届联大通过的第251号决议中，关于普遍定期审议机制的结果和后续行动，该决议第5（e）段并没有具体指出，而是要求人权理事会在一年之内予以完成。④ 在接下来的普遍定期审议机制的起草过程中，审议的结果以及后续行动也是一个各方关注的重大问题。

人权理事会第一届会议设立的普遍定期审议工作组协调员卢利什基在

---

① Allehone Mulugeta Abebe, "Of Shaming and Bargaining: African States and the Universal Periodic Review of the United Nations Human Rights Council", 9 *Human Rights Law Review* (2009), p.30.

② 秘书长的报告:《大自由：实现人人共享的发展、安全和人权》，A/59/2005，增编一：人权理事会，第7段。

③ 同上，第8段。

④ A/RES/60/251，第5(e)段。

2006年8月2日举行的非正式磋商会议上宣布的有计划讨论的“六点建议”中，第五点和第六点建议就是讨论审议的结果（第五点建议）以及审议活动的后续行动（第六点建议）。随后，许多国家、非政府组织等利益攸关方纷纷向工作组提交书面建议。工作组在2006年11月23日上午举行的第一届会议第四次会议以及2007年2月14日上午举行的第二届会议第四次会议上，专门听取了各利益攸关方就审议的结果以及后续行动的发言。最终，在工作组协调员和人权理事会主席的努力下，在2007年6月18日人权理事会第五届会议通过了《联合国人权理事会的体制建设》，在其中第一部分“普遍定期审议机制”中，对审议的结果以及后续行动作了如下规定：

**E．审议结果**

1．结果的形式

26．审议结果的具体形式将为一份报告，其中载有审议工作的议事记要、结论和（或）建议以及所涉国家自愿作出的承诺。

2．结果的内容

27．普遍定期审议是一个合作性机制。其结果主要可有：

（a）对被审议国家的人权状况、包括该国的积极事态发展和面临的挑战的客观透明的评估；

（b）最佳做法的介绍；

（c）对加强合作以增进和保护人权的强调；

（d）与所涉国家协商并征得其同意后提供技术援助和能力建设；[①]

（e）接受审议的国家自愿作出的承诺和保证。

3．结果的接受通过

28．接受审议的国家应充分参与结果的产生过程。

29．在理事会全体会议接受通过结果之前，所涉国家应有机会就互动

---

① 理事会应就采用现有供资机制还是设立新机制问题作出决定。

对话期间未充分解决的一些求答或关注的问题作出答复。

30. 在理事会全体会议就审议结果采取行动之前，所涉国家和理事会成员国以及观察员国将得到机会就审议结果发表意见。

31. 在全体会议通过结果之前，其他相关的利益攸关方将有机会作一般性评论。

32. 得到所涉国家支持的建议将予以标明。其他建议，连同所涉国家的相关评论，将予注明。两者均应列入理事会通过的结果报告。

**F．审议工作的后续行动**

33. 作为一种合作性机制的普遍定期审议，其结果首先应由所涉国落实，并酌情由其他相关的利益攸关方落实。

34. 此后的审议工作应主要着重审议前次结果的落实情况。

35. 理事会议程上应有一个专门关于普遍定期审议的后续行动的常设项目。

36. 国际社会将与所涉国协商并征得其同意，协助贯彻能力建设和技术援助方面的建议和结论。

37. 理事会在审议普遍定期审议的结果时，将决定是否及何时需要采取具体的后续行动。

38. 在竭尽一切努力鼓励一国与普遍定期审议机制合作而未果的情况下，理事会将酌情处理执意坚持不与机制合作的问题。

这就是经过一年谈判和起草之后《联合国人权理事会体制建设》最终规定的普遍定期审议机制的审议结果和后续行动，完成了联大第60/251号决议第5（e）段的要求，具有十分重要的意义。

2011年3月25日，人权理事会第16届会议第47次会议未经表决通过了《联合国人权理事会工作和运行情况审查结果》的规定，决定对于审议的结果和后续行动自第二个审议周期（2012年至2016年）开始适用《联合国人权理事会工作和运行情况审查结果》中对于普遍定期审议的审议结果和后续行动的修改性规定。[①] 具体如下：

### D. 审议结果

15. 最好在受审议国和提出建议国充分参与和同意的情况下，将审议结果中所载的建议按专题分组。

16. 受审议国应根据理事会第5/1号决议附件第27段和第32段的规定，最好在理事会全体会议之前，以书面形式向理事会表明对收到的所有建议的立场。

### E. 审议工作的后续行动

17. 普遍定期审议作为一种合作机制，其结果首先应由所涉国落实，但鼓励各国在这方面与所有相关利益攸关方进行广泛协商。

18. 鼓励各国自愿向理事会提交关于所接受建议落实情况的中期报告。

19. 应当加强理事会第6/17号决议设立的财政和技术援助自愿基金并将之投入运行，以提供财政和技术援助，帮助各国，尤其是最不发达国家和小岛屿发展中国家，落实对其进行审议后所提出的建议。应根据联合国规则设立一个董事会。

20. 考虑到理事会第5/1号决议附件第36段的规定，各国可要求联合国派驻国家或区域一级的代表，帮助它们采取审议工作的后续行动。联合国人权事务高级专员办事处可作为此类援助的信息交换中心。

21. 为落实审议工作提供的财政和技术援助，应当支持国家执行计划中可能反映的国家需要和优先事项。

另外，为了落实普遍定期审议结果的后续行动，2007年9月28日人权理事会第六届会议通过的第17号决议设立了一种名为“执行普遍定期审议财政和技术援助自愿基金”的新基金。本章下面将对审议的结果和后续行

---

① A/HRC/RES/16/21，第3页。

动以及这一基金进行一一研究，首先研究审议的结果，其次研究审议结果的后续行动，最后研究执行普遍定期审议财政和技术援助自愿信托基金。

## 第一节　审议的结果

### 一、2007年《普遍定期审议机制》中的审议结果的起草过程

#### （一）各个利益攸关方提交的书面建议

在2007年《普遍定期审议机制》的起草过程中，各利益攸关方纷纷向起草工作组提交了书面建议。在这些书面建议中，很多都提到审议的结果。欧盟在提交的书面建议中指出："有效的普遍定期审议的关键是，审议结果能够提高具体的实地人权状况。审议结果应当通过能力建设和技术合作协助受审国找出需求和机会，对受审国和其他行为者（例如联合国基金和规划）等建议实际的措施，成为交换最佳实践的场所，并且决定理事会自己认为有需要的补充措施（理事会可以任命特别报告员，实况调查委员会等，向联合国其他机构作出建议或者建议采取其他后续措施）。还应当思考如何确保资料的传播，包括普遍定期审议最后阶段的资料，确保所有的利益攸关方知道审议的过程和结果。在这个方面，创设一个实时的普遍定期审议数据库非常有用，应当免费向所有利益攸关方开放。"

荷兰在提交的书面建议中认为，审议的第三阶段是通过结果文件。关键原则是，根据联大第60/251号决议第三段以及第五（f）段，理事会有权作出建议，这一权力应当被纳入普遍定期审议。审议的结果应在理事会全会通过。依据联大第60/251号决议第11段，此时应允许观察员参加。理事会全会对普遍定期审议的考察应当建立在普遍定期审议工作组准备的草案的基础之上。审查这些草案可以全年进行，而且一年应当超过两周。荷兰支持在理事会会议一年十周的基础上至少增加两周。整个审议过程的结果的名称，无论是决议、建议、结论性意见、或者只是结果文件，都应当服务于内容和目的，即尽可能以结果为导向。它应当包含受审国人权情

况的清楚结论，找出好的做法作为最佳实践，鼓励和建议采取实际措施提高落实情况，而且如果有必要，理事会应决定采取补充措施（技术援助和能力建设、实况调查、监督措施等）。结果应当以协商一致的方式得以通过。

瑞士在其提交的书面建议中指出，审议的结果应当是，在理事会全会讨论之后，工作组对受审国制定最终的建议，然后在理事会通过，例如可以主席声明的方式通过。这些建议可以包括：受审国的自愿承诺；技术协助和加强能力的措施；对特别程序的邀请；对其他联合国机构的建议；其他后续措施等。

澳大利亚在提交的书面建议中指出："普遍定期审议的结果和建议应当是实际的、现实的和可实现的"；"落实能力建设和技术援助建议应当被纳入人权高专办行动的主流内容"；"普遍定期审议的结果不应当取代对发生的人权情势有针对性的审查或反应"。

阿根廷、智利、哥斯达黎加、厄瓜多尔、巴拿马、巴拉圭、秘鲁和乌拉圭在联合提交的书面建议中指出，审议的结果草案（对所有受审国都应当一样）应当包括对现状的评估、对采取行动类型的建议、以及后续程序，合理考虑国家情况。还可以包括技术合作和能力建设的内容。而且，应当由独立专家提交一份结果草案，供理事会批准。

墨西哥在提交的书面建议中指出，作为审议的结果，人权理事会可以建议受审国依据国际人权文件的要求采取行政、立法或其他措施处理审议过程中查明的挑战。这些建议可以包括条约机构的后续行动建议或特别程序的下列建议：

（1）将国际人权文件的标准纳入国内立法；

（2）对人权情势开发国家和当地的诊断；

（3）起草和落实国家行动，查明提升促进和保护人权的具体步骤，纳入条约机构和特别程序的建议；

（4）起草和落实当地的人权计划；

（5）建立或加强人权教育和培训计划；

（6）起草和落实国家和当地反歧视的计划或政策；

（7）依据《巴黎原则》建立或调整国家机构；

（8）加强司法制度；

（9）建立或强化国家或当地赔偿机制；

（10）加强促进和捍卫人权的国家结构、机构和社会机制建设；

（11）利用最大的资源分配人权计划和政策。

人权理事会还可以做出下列建议：

（1）批准国际文件；

（2）撤回保留；

（3）承认条约机构审查来文的权力；

（4）注意人权条约中的报告义务。

菲律宾在提交的书面建议中指出：结果文件应当由会议概况和加强受审国保护和促进人权能力的建议组成。应在理事会全会上通过。马来西亚在提交的书面建议中指出：普遍定期审议应当建设性地交往和合作，协助受审国通过技术援助或咨询服务建设和提高履行人权义务和承诺的能力。

俄罗斯在提交的书面建议中指出：审议的结果应当是对审议过程的概括，包括（经受审国请求）技术合作的建议。这一概括应当以全体一致的方式通过。理事会成员国和观察员国关于审议最后建议的非正式磋商应当在理事会主席或者其代表的领导下进行。

伊朗在提交的书面建议中指出：普遍定期审议的有效性取决于具体的结果和后续行动。人权理事会应通过对每一个国家发表最后声明或决议的方式对每一个国家作出建议。对每一个国家应当任命一位国别报告员或任务小组。任务小组的成员应当基于公平的地域分配选举产生（每个区域三个国家）。需要在审议的最后阶段留出与受审国进行真正的互动对话的空间。马尔代夫在提交的书面建议中指出：在通过审议结果之前，受审国应当有机会对互动对话期间未能充分展开的问题提交书面回应。

一些非政府组织也提出了建议。“国际法学家委员会”在提交的书面建议中指出：公开审议之后，在同一届会议上，理事会应当通过受审国的建议。“国际妇女权利行动观察”在其提交的书面建议中指出：审议必须产生建议，包括技术援助和能力建设的措施。最严厉的审议结果是通过国别决议，而且应当是以结果为导向的。但是，这种国别决议只有当向第一轮审议中提出的建议没有得到落实，而且该国不采取任何措施改正审议期间发现的人权问题后进行。可以利用审议机制敦促各国批准那些人权条约和议定书。最后，审议应当发展关键人权的指数，比如出版自由、信息自由、宗教自由等。“国家人权机构国际协调委员会”在其提交的书面建议中指出：理事会应当在互动对话之后通过结论和建议，并通过补充机构的报告，尤其是落实方面的挑战、任何与人权机制合作方面的障碍、以及能力建设的需求；审议应当向受审国、其他相关利益攸关方，包括国家人权机构，提出清楚、简洁和现实的建议；技术援助计划应当考虑与国家人权机构的合作机会。

### （二）工作组第一届会议中的讨论

在2006年11月23日工作组第一届会议第四次会议的专门讨论中，关于审议的结果，各个利益攸关方之间产生了较大的分歧，争议较大。

提到的问题涉及审议结果的起草过程、形式、类型和内容等。[①] 依据所设想的审议模式的不同，一些国家支持由专家、专家组或者独立机构起草审议结果。例如，巴西建议，应当由专家组起草审议结果。挪威也建议，应当由独立专家首先起草审议结果文件，其次提交给有关的工作组或小组委员会讨论批准。建议设立普遍定期审议工作组或者小组委员会（以及为每一个受审议的国家任命会议或国别报告员）的国家认为，这样的机构应当有使命范围。[②] 伊朗建议人权理事会为每一个国家设立起草任务小组或者工作组，这个任务小组或者工作组的组成应当确保公正的地理分配，并建议应当由来自每个地区的三位代表组成。

关于审议结果的形式，提出了各种建议。有的认为，平等对待原则不

① A/HRC/3/CRP.1, para. 56.

② A/HRC/3/CRP.1, para. 57.

要求对每个国家的审议形式都一样，审议结果可以依据受审议的国家不同采取不同的形式。但是，许多国家强调对每一个国家的审议结果的形式应当一样，例如，伊朗。许多代表团支持在审议结果文件中概况记录讨论情况或者包含审议结论和建议。例如，孟加拉国代表建议，“审议的结果应当是一份讨论概况，由理事会主席准备”。不丹建议，审议结果应当由审议概况组成，包含受审国如何提高能力建设和技术合作的建议。斯里兰卡建议，审议的结果可以是一份互动对话的记录，包含建议、受审国的自愿承诺和保证、以及受审国请求或同意的能力建设和技术合作的领域。印度建议，审议的结果可以是一份讨论概况。伊朗建议，审议的结果可以是一份人权理事会的最终声明或报告。日本建议，审议的结果应当是一份互动对话的概况。尼泊尔建议，审议的结果可以是一份概况。巴基斯坦建议，审议的结果是一份含有建议的审议概况。菲律宾建议，审议结果应是一份含有互动对话期间提出的建议以及受审国自愿作出的承诺和保证的审议概况。韩国建议，审议的结果应是一份讨论概况，里面应当包括互动对话期间的结论和普遍定期审议委员会的建议、受审国的承诺或请求、能力建设和技术合作方面的建议等。新加坡建议，审议的结果应当由三部分内容构成：审议概况；受审国加强保护和促进人权的能力的建议；以及受审国提升自身人权水平的自愿承诺和倡议。巴西建议，审议的结果应当在每一个审议周期结束时合并在一份全球人权报告中。加拿大建议，审议的结果应当是一份报告，含有人权高专办准备的概况和评估文件、受审国发表的声明、互动对话概况（由普遍定期审议委员会中的一名委员担任该国的报告员，由其准备概况）、普遍定期审议委员会准备的结论和建议（应包括对受审国履行人权义务的评估，包括对条约机构结论性意见和特别程序建议开展的后续行动的评估以及受审国与联合国人权机制的合作情况）、以及受审国的回应。挪威建议，审议的结果文件应当包括：受审国履行人权义务的状况，尤其是与联合国人权机制的合作情况以及在竞选理事会成员国时的承诺；对受审国提出的建议，包括批准人权条约、履行人权条约的报告义务、与特别机制的合作、以及执行竞选人权理事会成员国时的承诺；

查明通过提高能力建设和技术合作促进人权的领域，以及向人权高专办和联合国其他机构提出建议等。还有的国家建议，应对每一个国家通过一项建议或决定，但是，这遭到了另外一个国家代表团的明确反对，认为理事会那样就会在每一次会议上通过大量的国别人权文件，[①] 例如印度。关于目的和内容，一些代表团认为，审议结论应当对每一个国家的情况进行评估，强调成就和挑战。还有建议认为，这种评估应当是执行条约机构或特别程序建议的程度。还有意见认为，审议的建议应当客观、适应具体的国情、实际、现实，并且是可实现的，例如菲律宾。许多代表团认为，审议的建议应当强调各国的能力建设需求，集中于可以提供的技术援助的领域，例如，不丹建议，审议结果中应当包含如何进行技术合作的建议。提出此种建议的还包括斯里兰卡、印度、日本、韩国、泰国。一些国家明确指出，这种建议应当取得受审国的同意或者经受审国请求，例如斯里兰卡、伊朗。还有一些国家建议人权高专办和其他机构，例如联合国的各种基金、署等应当提供技术援助，例如尼日利亚（代表非洲国家集团）、韩国。一些代表团还支持在审议结果中包括受审国自愿作出的保证和承诺，[②] 例如斯里兰卡、尼泊尔、菲律宾。

许多代表团还建议，在审议结果中包括其他可能的建议，例如建立特别程序使命或实况调查使团（向下一届理事会会议报告）。巴西建议，在有极端需要的情况下，普遍定期审议机制应当设立一个专题性质的特别程序，访问受审国。对此，许多代表团强调，这可能产生政治化风险，有一个国家的代表团并不反对这种建议，只要特别程序是对每一个国家任命的。[③]

一些国家指出，审议是一个合作的机制，因此需要受审国全面参与，例如不丹、斯里兰卡。但是强调有必要在结果中包括受审国的看法和回应。挪威强调，在将独立专家起草的结果文件提交工作组或小组委员会讨

---

① A/HRC/3/CRP.1, para. 58.

② A/HRC/3/CRP.1, para. 59.

③ A/HRC/3/CRP.1, para. 60.

论批准之前，受审国应当有机会对独立专家起草的结果文件草案发表意见。关于这一点，一些代表团特别指出，受审国应当在起草审议结果时参与起草过程，而且在理事会审议之前，批准结果草案。例如，伊朗。有一些代表团还强调指出，审议的有效性取决于受审国与审议结果之间的合作，因此必须征得受审国的同意，[①] 例如印度、新加坡。

许多代表团认为，审议结果应当由理事会全体会议审查和通过，例如，不丹、菲律宾、韩国。一些代表团强调，有必要通过协商一致通过审议的结果，例如，尼泊尔、巴基斯坦。其他代表团认为，在无法协商一致的情况下，也可以通过投票通过结果。还讨论了受审国是否应当参加协商一致过程。[②]

### （三）协调员的《初步结论》

经过各个利益攸关方意见的分析，2006年11月30日，协调员在《初步结论》中提出了关于审议结果各个方面的意见。关于审议结果的形式。他认为，从各个利益攸关方的意见来看，审议的结果可以是以下四个之一：

—由一个专家组根据互动对话起草的供人权理事会通过的报告或文件；

—包含建议和决定的结果文件；

—会议记录摘要；

—人权理事会的结论。

关于审议结果的内容，他指出，各方的意见趋同点是：

—以客观和透明的方式评估被审议国家中的人权状况；

① A/HRC/3/CRP.1, para. 61.

② A/HRC/3/CRP.1, para. 62.

—分享最佳做法；
—强调加强合作以增进和保护人权；
—提供技术援助和能力建设方面的帮助；
—被审议国家自愿作出的承诺和保证。

但是，以下几点是需要进一步考虑的要点：

—是否指定特别程序任务，派遣实况调查团、调查队或调查委员会；
—是否为每个被审议的国家通过决议或决定；
—评估条约机构和特别程序的建议和结论的执行情况及后续行动；
—是否应建立人权高专办的外地办事处或其他形式的外地机构；
—是否应为技术援助和能力建设提供资金，设立一个专门用途的特设基金或者利用现有机制。

关于审议结果的通过方式，他指出，各方的意见趋同点是：

—不论是由人权理事会全会、一个理事会或小组委员会、工作组还是专家进行审议，工作组成员一致认为，结果应由全会通过；
—被审议的国家应充分了解结果。

但是，以下几点是需要进一步考虑的要点：

—对结果作出决定的方式只有两种，或者以协商一致方式通过或者表决通过；
—只要有包括被审议国家在内的一个国家反对，是否就不应以协商一致方式通过；
—在通过结果之前，有关国家是否应有机会就互动对话期间未充分解决的疑问或问题提交书面答复；

—被审议的国家甚至在人权理事会全会审议结果之前是否就应参与起草和核准结果的程度；

—是否应公布和广泛散发结果。

### （四）协调员的第一份非正式文件

在2007年2月12日协调员的第一份非正式文件中，关于审议的结果，协调员对审议结果的形式、内容和通过方式提出了自己的看法。关于审议结果的形式，他删除了“由一个专家组根据互动对话起草的供人权理事会通过的报告或文件”的形式，提出了以下三种形式：

—包含决定、建议和（或）结论的报告；

—包含审议进程记录摘要；

—人权理事会的声明。

关于审议结果的内容，他继续重申《初步结论》中的意见，认为以下五点是各方意见趋同点：

—以客观和透明的方式评估被审议国家中的人权状况；

—分享最佳做法；

—强调加强合作以增进和保护人权；

—提供技术援助和能力建设方面的帮助（应该就是否利用现有筹资机制还是建立新机制作出决定）；

—被审议国家自愿作出的承诺和保证。

关于需要进一步考虑的要点，他不再把“是否为每个被审议的国家通过决议或决定”列为需要进一步考虑的要点，而是包括：

—评估条约机构和特别程序的建议和结论的执行情况及后续行动；

—是否指定特别程序任务，派遣实况调查团、调查队或调查委员会；

—是否应建立人权高专办的外地办事处或其他形式的外地机构。

关于审议结果的通过方式，它指出，以下各点是各方意见趋同点：

—不论是由人权理事会全会或工作组进行审议，结果应由全会通过；[①]

—被审议的国家应充分了解结果。

他还认为，以下两点也是意见趋同点：

—在通过结果之前，有关国家应有机会就互动对话期间未充分解决的疑问或问题提交书面答复；

—是否应公布和广泛散发结果。[②]

关于需要进一步审议的要点，他提出了自己的折中方案，即：

—通过普遍定期审议结果决定的程序应当与人权理事会通过其他决定的程序相同。

### （五）工作组第二届会议中的讨论

在2007年2月14日工作组第二届会议第四次会议对审议结果的专门讨论中，各方对协调员第一份非正式文件中的审议结果进行了讨论，集中围绕审议结果的形式、内容和通过方式三个主题展开。

关于协调员在第一份非正式文件中提出的审议结果的三种可能的形

① 《初步结论》中还提及由一个理事会或小组委员会或专家进行审议，在这里“一个理事会”“一个小组委员会”和“专家”被删除了。

② 这两点在《初步结论》中被列为需要进一步审议的要点。

式，一些国家表示，支持其中的第一个（例如中国、印度尼西亚）或第二个形式，或者第一个和第二个形式的结合，即审议结果可以是一份报告，既包含决定、建议和（或）结论，同时又包含审议进程记录摘要，例如印度。还有国家指出，普遍定期审议的结果不能有任何决定，如果必须是以决定的形式体现，也只能通过协商一致的方式或者征得受审国的同意才可以，例如印度尼西亚。还有国家指出，普遍定期审议不一定对每个受审国都有建议，因此建议审议的结果报告包含审议记录摘要即可，例如美国。还有一些国家希望协调员澄清第三种形式（即人权理事会的声明）的内容和意义，[①] 例如印度。还有一些国家提出了其他的审议结果形式的建议，例如包含有待协商一致通过的建议的审议进程记录摘要的逐字记录，以及包含问卷、国家反应、审议摘要、结论和建议的文件，[②] 例如加拿大。

关于审议结果的内容，各国基本上都认为，审议的建议应当与具体国情相适应，应当是以行动为导向的、现实的，而且应当是可操作的和实际的，例如德国（代表欧盟）、新西兰。有国家主张，审议的建议应当是在有关国家充分参与和（或）同意的情况下提出的。虽然各方都同意协调员在第一份非正式文件中列出的各方意见趋同点，但是有国家指出，审议的任何结果还应当加强与人权机制的合作，考虑各国的发展水平和特点，以及对以前建议采取的后续行动。[③] 而且，还有国家认为，审议的结果应当强调国家的能力建设需求，关注有关国家同意或请求的情况下能够提供的技术援助的领域，例如中国。还有建议指出，提供技术援助和能力建设不应当损害现有的援助，而且应当与联合国机构协商，人权高专办的定期预算中应当拿出钱来予以资助。还有国家建议，审议只能查找供有关行为者考虑的技术援助和能力建设方面的需求。[④]

各方还讨论了是否利用现有的筹资机制还是设立一个新的技术合作和

---

① A/HRC/4/CRP.3, para. 57.

② A/HRC/4/CRP.3, para. 58.

③ A/HRC/4/CRP.3, para. 59.

④ A/HRC/4/CRP.3, para. 60.

能力建设的基金问题。有国家指出，执行审议结果有可能因为能力缺乏而受阻，尤其是发展中国家。因此，如果设立一个新的基金，将有助于促进国家之间的合作。还有国家指出，可以利用现有的筹资机制，例如“技术合作自愿基金”，该基金的最大问题是各方的出资数额不大，例如加拿大。德国（代表欧盟）指出，现在这个阶段讨论设立这样一个基金为时过早，可以利用任何现有的筹资机制，欧盟自己有这样的筹资机制。还有国家指出，财政问题应当留给联大第五委员会解决，例如美国。另外，还有国家建议，这个问题应当挪到协调员非正式文件的后续行动部分，而不是审议结果部分。[①] 协调员指出，第一份非正式文件中列出的需要进一步审议的要点只是其中几个例子而已。虽然各方基本上指出这些内容，但是还是很担心把它们作为审议的可能结果之一，因此建议删除这些例子。有国家指出，关于审议结果的所有可能选项都应当是开放的，因此在这一阶段规定一个清单是不合适的。尤其是，一些措施，例如指定特别程序任务，派遣实况调查团、调查队或调查委员会，如果不是平等适用于所有国家，将会使普遍定期审议政治化和选择性，而且如果适用于所有国家，将会对理事会和各国造成过分负担，例如中国、印度尼西亚、挪威。一些国家建议建立人权高专办的外地办事处或其他形式的外地机构，例如列支敦士登、新西兰，但是有国家指出，人权高专办与普遍定期审议机制之间的关系需要确定，这可能会削弱人权高专办的独立性和自治性，例如中国、挪威。还有国家说，这种措施只有在有关国家同意的情况下才可以采取，例如印度。关于普遍定期审议是否应当评估受审国对条约机构和特别程序建议和结论的执行情况，有国家表示，这有可能是对这些机制工作的重复，[②] 例如中国。

关于审议结果的通过方式，各国一般支持协调员第一份非正式文件中第一个和第三个意见趋同点，即不论是由人权理事会全会或工作组进行审

① A/HRC/4/CRP.3, para. 61.

② A/HRC/4/CRP.3, para. 62.

议，结果应由全会通过，例如中国、德国（代表欧盟）、印度、美国；以及在通过结果之前，有关国家应有机会就互动对话期间未充分解决的疑问或问题提交书面答复。关于这一点，有国家指出，只有理事会成员国和观察员国才可以参与决策过程。有一些国家支持由工作组审议，指出审议结果的草案应当提交理事会全体会议审议和通过，但是不应当作进一步谈判。一些国家还提出了一些问题，比如准备第一份结果草案的实际过程应当是怎样的，以及这是否会导致不同的代表团向理事会提交多个结果草案，而且这些结果草案含有彼此对立的建议。[①] 虽然各方基本上都支持受审国充分参与审议结果，但是关于这种参与的程度有不同的看法。有的国家指出，受审国应当在摘要草案或建议公开前对其提交评论，但是不应当决定实际的结果，例如列支敦士登。另外，还有建议指出，受审国仅仅只需要被告知就行，而不是参与审议结果的起草。[②] 各国代表团确认，审议结果应当公开，并且广泛传播。对此，一些国家建议，审议结果的电子版也应当公开，应当在人权高专办的网站上公布，例如加拿大、美国。但是，对于在国家一级公布审议结果是否应当如同理事会的其他文件一样存在疑问。[③] 关于协调员提出的折中方案，即：通过普遍定期审议结果决定的程序应当与人权理事会通过其他决定的程序相同，有国家指出，普遍定期审议的决定应当协商一致通过，而且应当由有关国家充分参与和（或）征得其同意，例如中国。但是，也有国家指出，虽然协商一致是一项不错的选择，但是也不能排除通过投票表决通过的可能性，因为这样可以确保这一机制的信誉和有效性，例如德国（代表欧盟）、列支敦士登。而且，受审国应当有机会提交记录任何评论或反对的补充文件。[④]

### （六）协调员的第二份非正式文件

在2007年3月15日协调员的第二份非正式文件中，关于审议结果的

① A/HRC/4/CRP.3, para. 63.

② A/HRC/4/CRP.3, para. 64.

③ A/HRC/4/CRP.3, para. 65.

④ A/HRC/4/CRP.3, para. 66.

形式，他删除了第一份非正式文件中的“人权理事会的声明”这种形式，而是列出了两个形式：

—载有决定和（或）建议和（或）结论的报告；

—包含审议进程记录摘要。

关于审议结果的内容，他指出以下几点是意见趋同点：

普遍定期审议是一种合作机制，其审议结果可包含：

—以客观和透明的方式评估被审议国家中的人权状况，**包括该国的积极事态发展和面临的挑战**；

—分享最佳做法；

—强调加强合作以增进和保护人权；

—**与有关国家协商并征得其同意**，提供技术援助和能力建设方面的帮助（应该就是否利用现有筹资机制还是建立新机制作出决定）；

—被审议国家自愿作出的承诺和保证。[①]

### （七）协调员的第三份非正式文件

在2007年4月27日的第三份非正式文件中，协调员的案文如下：

**五、审议的结果**

1. 结果的形式

—报告，其中包含审议进程纪要、可能的建议和/或结论。

2. 结果的内容

普遍定期审议是一种合作机制。其结果除其他外可包含：

—以客观和透明的方式评估被审议国家中的人权状况，包括该国的积

① 加粗的字是新增加的。

极事态发展和面临的挑战；

—分享最佳做法；

—强调加强合作以增进和保护人权；

—与所涉国家协商并征得其同意，提供技术援助和能力建设方面的帮助（理事会应就是否利用现有资金机制还是设立新机制作出决定）；

—被审议的国家自愿作出的承诺和保证。

3. 通过的方式

—被审议的国家应充分参与结果的编写工作；

—在全体会议通过结果之前，所涉国家应有机会就互动对话期间未充分解决的疑问或问题提交答复；

—在理事会全体会议就审议结果采取行动之前，所涉国家和理事会成员国以及观察员国家将有机会就结果发表意见；

—在全体会议通过结果之前，其他有关的利益相关者将有机会作一般评论；

**—得到所涉国家同意的建议将定为协商一致建议。所涉国家不同意的内容也应连同所涉国家的相关评论反映在报告中。二者均将列入由全体会议通过的结果报告。**

### （八）主席第一份案文

2007年6月4日主席第一份案文与协调员的第三份非正式文件基本相同，只是在“结果的形式”中把“自愿承诺”也列入报告的内容之一。

**五、审议结果**

a. 结果的形式

报告，其中包含审议进程记要、建议和/或结论和自愿承诺。[①]

b. 结果的内容

① 此处增加了“自愿承诺”。

普遍定期审议是一种合作机制。其结果除其他外可包含：

· 以客观和透明的方式评估被审议国家中的人权状况，包括该国的积极事态发展和面临的挑战；

· 分享最佳做法；

· 强调加强合作以增进和保护人权；

· 与所涉国家协商并征得其同意，提供技术援助和能力建设方面的帮助；[①]

· 被审议的国家自愿作出的承诺和保证。

c. 结果的通过

· 被审议的国家应充分参与结果的编写工作；

· 在理事会全体会议通过结果之前，所涉国家应有机会就互动对话期间未充分解决的疑问或问题提交答复；

· 在理事会全体会议就审议结果采取行动之前，所涉国家和理事会成员国以及观察员国家将有机会就结果发表意见；

· 在全体会议通过结果之前，其他有关的利益相关者将有机会作一般评论；

· 得到所涉国家同意的建议将定为协商一致建议。所涉国家不同意的内容也应连同所涉国家的相关评论反映在报告中。二者均将列入由全体会议通过的结果报告。

## （九）主席第二份案文

2007年6月13日主席第二份案文与第一份案文内容基本相同，但是对第一份案文中“审议结果的通过”方式的最后一点作了一些修改，删除了6月4日主席第一份案文中的“协商一致”。全文如下：

① 此处删除了“理事会应就是否利用现有资金机制还是设立新机制作出决定”。

## 五、审议结果

### a. 结果的形式

报告，其中包含审议进程记要、建议和/或结论和自愿承诺。[①]

### b. 结果的内容

普遍定期审议是一种合作机制。其结果除其他外可包含：

·以客观和透明的方式评估被审议国家中的人权状况，包括该国的积极事态发展和面临的挑战；

·分享最佳做法；

·强调加强合作以增进和保护人权；

·与所涉国家协商并征得其同意，提供技术援助和能力建设方面的帮助；[②]

·被审议的国家自愿作出的承诺和保证。

### c. 结果的通过

·被审议的国家应充分参与结果的编写工作；

·在理事会全体会议通过结果之前，所涉国家应有机会就互动对话期间未充分解决的疑问或问题提交答复；

·在理事会全体会议就审议结果采取行动之前，所涉国家和理事会成员国以及观察员国将有机会就结果发表意见；

·在全体会议通过结果之前，其他有关的利益相关者将有机会作一般评论；

·得到所涉国家同意的建议**将予以标明**。其他建议，连同所涉国家的相关评论，将予体现。两者均应列入理事会通过的结果报告。[③]

---

① 此处增加了“自愿承诺”。

② 原来正文中的“理事会应就是否利用现有资金机制还是设立新机制作出决定”被挪到了脚注中，6月13日和17日主席第二份和第三份案文也如此。

③ 加粗的字是得到修改的部分。

因此，该案文对审议的建议分为得到所涉国家同意的建议和其他建议两类，并作出不同的处理。一些国家之间仍然有不同的看法。新加坡同意这种区分，指出：“关于审议的结果，其中可以体现那些得到受审国同意的建议和没有得到同意的建议，以及受审国的评论。我们认为，对结果的后续行动必须是得到受审国同意的，因为只有当受审国同意才能真正有效实施建议。因此，有必要在文本中明确指出这一点。”但是，澳大利亚和加拿大对此表示关注。澳大利亚指出：“关于审议的结果，我们仍然关注得到受审国支持的建议和没有得到支持的建议之间的区别。我们认为，这意味着受审国对审议的实质结果具有否决权。我们认为，应当调整该表述，以便在所有建议中不存在等级区别，仍然要求在最终报告中纳入国家的评论。”加拿大指出：“普遍定期审议的整个可信度建立在受审国没有对审议结果具有否决权的基础之上。我们仍然关注现在的表述对建议存在等级之分，将那些得到受审国同意的建议置于其他建议之上。我们仍然相信，只能有一套允许受审国充分思考的建议。”印度指出，“关于审议的模式，不支持报告员除了准备结果文件这一主要责任外还具有其他作用，建议理事会可以请求咨询委员会通过更小的小组或个别方式从事某些任务。理事会可以直接或通过咨询委员会接受建议和结论。”非洲联盟指出：“技术援助中应当提及区域机构，例如非洲人权和民族权委员会。”阿尔及利亚（非洲国家集团）指出：“除了执行同意的建议、承诺和保证外，任何国家都不能对理事会负责。”

### （十）主席第三份案文

2007年6月17日主席第三份案文又对第二份案文中“审议结果的通过”方式的最后一点作了一些修改，将6月13日主席第二份案文中的“同意”（consent）改成了“支持”（support），“体现”（reflected）改成了“注明”（noted）。全文如下：

## 五、审议结果

a. 结果的形式

报告，其中包含审议进程记要、建议和/或结论和自愿承诺。

b. 结果的内容

普遍定期审议是一种合作机制。其结果除其他外可包含：

· 以客观和透明的方式评估被审议国家中的人权状况，包括该国的积极事态发展和面临的挑战；

· 分享最佳做法；

· 强调加强合作以增进和保护人权；

· 与所涉国家协商并征得其同意，提供技术援助和能力建设方面的帮助；

· 被审议的国家自愿作出的承诺和保证。

c. 结果的通过

· 被审议的国家应充分参与结果的编写工作；

· 在理事会全体会议通过结果之前，所涉国家应有机会就互动对话期间未充分解决的疑问或问题提交答复；

· 在理事会全体会议就审议结果采取行动之前，所涉国家和理事会成员国以及观察员国家将有机会就结果发表意见；

· 在全体会议通过结果之前，其他有关的利益相关者将有机会作一般评论；

· 得到所涉国家**支持**的建议将予以标明。其他建议，连同所涉国家的相关评论，将予**注明**。两者均应列入理事会通过的结果报告。[①]

这就是最终在6月18日得到人权理事会第五届会议第一号决议通过的《普遍定期审议机制》中规定的“审议结果”。

① 加粗的字是得到修改的部分。

## 二、2011年《人权理事会工作和运作情况审查结果》的规定

自2009年开始，人权理事会决定设立审查理事会工作和运作情况政府间工作组，审查理事会的工作和运行情况。关于审议的结果，各国提出了多种建议，涉及建议（包括建议的分类、数量、内容、性质、与国际人权法的一致性、受审国对建议的立场）、审议结果的通过（一般问题、新机制）等。在工作组征集各国建议的过程中，为了方便后续行动的开展，许多国家建议按照专题对审议结果中所载的建议进行分组，例如土耳其、摩尔多瓦、泰国、越南、波黑、菲律宾、摩洛哥、阿根廷、印度尼西亚、英国、比利时（代表欧盟）、利比亚、卡塔尔等。[①] 关于受审国对审议建议的立场，虽然新加坡和尼泊尔等国建议，确保受审国对于是否接受审议中提出的建议具有最终的主权，但是有不少国家建议，受审国应在理事会全体会议通过审议结果之前向理事会表明其对收到的所有建议的立场，有些国家甚至明确要求受审国以书面形式表明是否接受建议，包括韩国、法国和挪威。[②]

2011年3月25日人权理事会第16届会议第47次会议通过的《人权理事会工作和运作情况审查结果》对第二个审议周期的"审议结果"作了规定。它规定：

d. 审议结果

15. 最好在受审议国和提出建议国充分参与和同意的情况下，将审议结果中所载的建议按专题分组。

16. 受审议国应根据理事会第5/1号决议附件第27段和第32段的规定，最好在理事会全体会议之前，以书面形式向理事会表明对收到的所有

① A/HRC/WG.8/2/1，第40页。

② A/HRC/WG.8/2/1，第42页。

建议的立场。[1]

## 第二节　审议的后续行动

### 一、2007年《普遍定期审议机制》中的后续行动的起草过程

#### （一）各个利益攸关方提交的书面建议

在2007年《普遍定期审议机制》的起草过程中，各利益攸关方纷纷向起草工作组提交了书面建议。在这些书面建议中，很多都提到后续行动。

欧盟十分关注对审议结果采取的后续行动。早在2006年3月15日联合国大会第60届会议通过建立人权理事会的第251号决议后的发言中，奥地利（代表欧盟）就已经注意到了普遍定期审议的后续行动。他说："对欧盟来说，非常重要的是，审查必须能在需要时采取进一步的后续行动。"[2]

列支敦士登建议，在审议结果通过六个月内，受审国以及得到建议的联合国机构应当就它们打算如何落实建议提交资料。这些资料应成为下一轮审议的基础。也可以作为相关条约机构的资料来源。

瑞士建议，应当尤其关注后续行动。关于后续行动，首要的是各国采取的自愿行动和倡议，就对话期间和建议中提到的点；如果国家愿意，在人权高专办的支持下开展技术合作或加强能力的计划。受审国应当迅速落实人权理事会的建议。人权理事会在通过建议后一年内，人权高专办应当向受审国发送有关落实后续行动的问卷。在受到答复的情况下，高专办起草评估，然后将其发送给工作组。民间社会、国家人权机构和特别程序应当与这一过程紧密联系。工作组应与受审国合作评估建议的落实情况。在下一个审议周期，理事会应评估上一个周期的建议的落实情况。对于那些不与人权理事会合作的国家，必须适用其他行动手段的方法。工作组可

① A/HRC/RES/16/21，第4页。

② A/60/PV.72，第9页。

以，例如，向人权理事会建议，发表一个声明，宣布该国没有对理事会的建议采取后续行动。

美国关于后续行动提出的书面建议是，审议工作组向人权理事会提交其采取的适当行动的年报。

加拿大建议，后续行动可以包括：

（1）最重要的是，受审国对对话期间以及建议中提及的问题作出自愿倡议和行动；

（2）如果受审国愿意，在人权高专办或者双边合作的框架下的技术合作计划；

（3）人权理事会全会在职责范围内发表声明或采取其他行动。

俄罗斯建议，后续行动应包括以下两个内容：

（1）受审国在审议中提出的任何自愿倡议；

（2）受审国请求的技术合作计划。菲律宾建议，关于后续行动，受审国应当就落实经人权理事会通过的结果文件中的建议取得的进展每年提交一份简要的报告。年度报告应当有助于形成总体的评估，而总体的评估随后应当成为下一次审议会议审议该国的重要参考资料。

马尔代夫建议，关于后续行动，受审国应当在落实普遍定期审议结论和建议方面扮演首要角色，但是，其他行为者（例如人权高专办、国家人权机构）等也必须协助建议的落实（例如技术援助方面）。

伊朗的建议是，由人权理事会作出的为落实建议的后续行动机制是审议过程的一个必要组成部分。

一些非政府组织也提出了建议。“国际法学家委员会”建议，公开审议之后，在同一届会议上，理事会应当通过受审国的建议，如有必要，还应采取其他行动。取决于每个情况的特殊性、严重性和要求，理事会还可以：查明仍然需要由受审国在下一轮审议中处理的具体问题；请求该国就具体问题提交一份具体报告，供理事会在接下来几个月审查；请求人权高专办与受审国建立能力建设和技术咨询服务的计划；任命国别程序（监督和提供技术援助和咨询），其应当定期向理事会报告；决定在理事会向联大提交年度报告之前，将结论和建议提交给联大；根据联大决议，暂停受审国的理事会成员国资格。

### （二）工作组第一届会议中的讨论

在2006年11月23日工作组第一届会议第四次会议的专门讨论中，关于审议的后续行动，各个利益攸关方之间产生了较大的分歧，争议较大。讨论中提到的问题涉及负责后续行动的行为者或机制、后续行动的形式和时间等。

关于后续行动的类型，提出了各种不同的建议，包括：散发受审国对在互动对话阶段没有充分回答的问题作出的书面回应；对所有利益攸关方出版和传播审议结果；由人权高专办、其他相关的联合国实体或国际行为者提供技术援助；与相关的人权机制进行合作，包括由专题特别程序可能进行国别访问；对每一个受审国任命一位特别报告员；对受审国作出的任何自愿承诺或倡议进行监督；由人权高专办对后续行动准备的标准问卷进行传送；由受审国或人权高专办对后续行动准备报告；以及在每一个审议周期结束时对审议的过程和结果准备一份全球报告。关于负责后续行动的行为者，发表了各种观点，有提到理事会的、受审国的、人权高专办的、以及其他行为者的，例如条约机构、特别程序、专家库、非政府组织、或者国家人权机构等。[①] 一些代表团认为，后续问题应当在受审国下一个周期受审时处理。一些认为，在理事会的议程中，应当设立一个独立的关于后续行动的项目。还有建议说，人权高专办应当定期就审议结果的执行问题向理事会报告。有一个国家的代表团强调说，审议后续行动不应当与向条约机构的报告在时间上发生冲突。[②] 一些代表团指出，执行受审国在审议时作出的自愿承诺应当成为后续行动的重点。建议应当考虑执行促进和保护人权的国内措施。其他代表团还提到执行上一个周期审议结论和建议，包括提供技术援助，而有一个代表团提到了特别程序的建议。[③]

---

① A/HRC/3/CRP.1, para. 64.

② A/HRC/3/CRP.1, para. 65.

③ A/HRC/3/CRP.1, para. 66.

## （三）协调员的《初步结论》

经过各个利益攸关方意见的分析，2006年11月30日，协调员在《初步结论》中提出了关于后续结果各个方面的意见。他认为，从各个利益攸关方的意见来看，以下各点是各方的意见趋同点：

—应该作为一个合作机制的普遍定期审议的结果得到所有相关的利益攸关方特别是有关国家的执行；

—后来的审议，除其他外，应把重点放在前次结果的执行上。

同时，协调员也指出，各方仍需要对以下各点进行进一步审议：

—被审议的国家应通过履行任何自愿作出的承诺，在执行普遍定期审议的结果及对这些结果采取后续行动方面担负主要责任；

—被审议的国家应提交一份关于普遍定期审议的结论和建议的执行情况的报告；

—关于能力建设和技术援助的建议和结论应由国际社会相关行动者执行；

—其他行动者，例如条约机构、特别程序、专家机构、非政府组织或国家人权机构，应在执行普遍定期审议结果方面发挥作用；

—人权理事会应有一个长期性议程项目专门讨论普遍定期审议结果的后续行动；

—人权高专办应定期向理事会报告普遍定期审议结果的执行情况；

—应任命一个报告员来确保普遍定期审议结果的后续行动；

—在每个周期结束时并且在审议了所有国家之后，所有普遍定期审议报告应合并为一个全球报告；

—应进一步审议对一国不服普遍定期审议结果(甚至基本上不与普遍定期审议机制合作)时应采取的措施。提出的建议包括暂时取消在人权理事会中的成员资格，由人权理事会通过决议和/或公开声明。

### （四）协调员的第一份非正式文件

在2007年2月12日协调员的第一份非正式文件中，关于后续行动，协调员指出，各方的意见趋同点已经从《初步结论》中的两点扩大到了五点，即：

—应该作为一个合作机制的普遍定期审议的结果得到所有相关的利益攸关方特别是有关国家的执行；

—后来的审议，除其他外，应把重点放在前次结果的执行上。

—人权理事会应有一个长期性议程项目专门讨论普遍定期审议结果的后续行动；

—被审议的国家应在执行普遍定期审议的结果及对这些结果采取后续行动方面担负主要责任；

—在执行有关能力建设和技术援助方面的建议和结论方面，国际社会应当负责主要责任。

在这五点意见趋同点中，前两点是《初步结论》中已经认定的意见趋同点，后三点在《初步结论》中被列为需要进一步审议的要点，但是在第一份非正式文件中，被列为各方的意见趋同点。但是，协调员还指出，以下五点仍然是需要进一步审议的要点：

—被审议的国家应提交一份关于普遍定期审议结果的执行情况的报告；

—其他行动者，例如条约机构、特别程序、专家机构、非政府组织或国家人权机构，应在执行普遍定期审议结果方面发挥作用；

—应任命一个报告员来确保普遍定期审议结果的后续行动；

—在每个周期结束时并且在审议了所有国家之后，所有普遍定期审议报告应合并为一个全球报告；

—应进一步审议对一国不服普遍定期审议结果（甚至基本上不与普遍

定期审议机制合作)时应采取的措施。

值得关注的是，在协调员的第一份非正式文件中,《初步结论》中列为需要进一步审议的要点，即“人权高专办应定期向理事会报告普遍定期审议结果的执行情况”，既没有被列为各方的意见趋同点，也没有被列为需要进一步审议的要点，已经被删除了。

### （五）工作组第二届会议中的讨论

在2007年2月14日工作组第二届会议第四次会议对后续行动的专门讨论中，各方对协调员第一份非正式文件中的后续行动进行了讨论。虽然大多数观点都支持协调员在第一份非正式文件中列出的意见趋同点，但是对于具体的内容还是存在各种不同的观点，提出了各种建议。各方首先肯定，执行普遍定期审议结果和后续行动的首要责任在于受审国。在这个方面，各方提出的具体建议包括，受审国将第一项和第四项执行普遍定期审议结果的内容合并起来，同时与有关利益攸关方进行合作；在第一项内容中删除提及受审国和有关的利益攸关方，因为这是对第四项内容的重复；仅仅包括提及所有的国家利益攸关方等。①

虽然各方确认，在随后的审议中，应当尤其关注对先前结果的执行，但是有的建议，应当包括提及人权高专办和其他相关的联合国实体作为执行伙伴，例如加拿大，而且应当用“重点”（focus）一词取代“包括”（include）一词，以便后续的审议可以处理执行以外的其他问题。而且，虽然各方确认人权理事会应当有一个关于普遍定期审议的长期议程，但是还有其他的观点认为，普遍定期审议在人权理事会一年只能审议一次或两次。②

关于国际社会是否应当履行执行普遍定期审议关于能力建设和技术援助方面的建议和结论的责任，各方发表了不同的观点。有的建议，还应当

---

① A/HRC/4/CRP.3, para. 67.

② A/HRC/4/CRP.3, para. 68.

提及资源的分配问题。还有的建议，这应当是经有关国家同意或请求之后才可以作出，例如印度尼西亚。还有的指出，这不构成一项法律义务，而且这不应当限于技术援助和能力建设。因此，建议修改相关的措辞。①

关于需要进一步审议的要点，各方也表达了不同的观点，有的建议删除所有需要进一步审议的要点。还有的建议，应当对每一个国家具体对待，因此这些问题应当仍然保留，不能从一开始就确定了。②

还有利益攸关方对受审国应当就执行普遍定期审议的结果向理事会报告问题、建立评估执行情形的标准的必要性以及让其他行为者，例如特别程序、非政府组织和国家人权机构等在后续行动中的参与等问题发表了看法。有的建议，应当用“可以”（could）一词取代“应当”（should）一词，因为普遍定期审议对每个国家应当是量身定制的。还有的建议，对执行情况的报告应当只有在后续审议中进行，因此不建议提交中间报告，例如马来西亚。但是，有的认为，某种形式的中间后续报告是可以的，尤其是如果以后的审议周期时间很长，例如挪威。在这个方面，有的建议，受审国应当就其打算如何在审议结果通过之后六个月内如何执行建议作出说明，这一说明将作为后续审议的依据，③ 例如列支敦士登。

还有的建议，应当支持其他的行为者，例如条约机构、特别程序、专家机构、非政府组织或国家人权机构等在执行审议结果方面发挥作用。但是，有的对此表示保留，认为各国对于执行结果负有首要责任，因此在后续行动中民间社会不应当有具体的使命。而且，条约机构不应当负责监督普遍定期审议结果的后续行动，④ 例如列支敦士登。

还有的对任命报告员负责后续行动持有保留意见，认为这将产生额外的负担，而且在任命这种报告员的使命方面可能产生困难，例如马来西亚。还有的指出，各国和理事会应当负责确保后续行动的进行。还有的对

① A/HRC/4/CRP.3, para. 69.

② A/HRC/4/CRP.3, para. 70.

③ A/HRC/4/CRP.3, para. 71.

④ A/HRC/4/CRP.3, para. 72.

如果没有对所有受审国任命报告员，如何才能确保平等对待所有国家表示疑问。[1]

关于将普遍定期审议的报告在每个审议周期末合并于一份全球报告，各方也发表了不同的观点。有的认为，这是审议过程的自然结果，结果应当公布，而且应当广泛传播，例如列支敦士登。但是，有的对这一建议的附加值和必要性提出疑问，尤其是如果这种报告中的资料有可能很快就过期了，例如马来西亚、加拿大。因此，普遍定期审议的报告应当放到人权高专办的网站上，而且应当转交给相关的联合国机构和实体。[2]

在不遵守普遍定期审议结果（或者说与普遍定期审议不合作）的情况下可能采取的措施，一些利益攸关方表示保留。它们强调，普遍定期审议应当是一个合作的机制，重点应当加强国家的能力，因此任何措施都应当旨在实现建设性对话，不能有任何惩罚性措施，例如印度尼西亚、马来西亚。但是，还有的认为，这种措施是非常有必要的，而且建议在更早的阶段对审议作出可能的安排、或者主席或人权理事会的声明中应当提及有关国家的不合作情况，[3] 例如列支敦士登。

### （六）协调员的第二份非正式文件

在2007年3月15日协调员的第二份非正式文件中，协调员仍然维持四个意见趋同点，但是对其中的第一点和第四点作了适当的调整。在第一点中，协调员对执行审议结果的各个利益攸关方的先后次序进行了明确，认为首先应当由有关国家执行，在适当时并由其他相关的利益攸关方执行。在第四点中，增加了“与有关国家协商并征得其同意”的表述。

—作为一个合作机制的普遍定期审议的结果首先**应由有关国家执行，在适当时并由其他相关的利益攸关方执行**；

后来的审议，除其他外，应把重点放在前次结果的执行上；

---

① A/HRC/4/CRP.3, para. 73.

② A/HRC/4/CRP.3, para. 74.

③ A/HRC/4/CRP.3, para. 75.

理事会应有一个长期性议程项目专门讨论普遍定期审议机构的问题；

—国际社会应**与有关国家协商并征得其同意**，协助执行关于能力建设和技术援助的建议和结论。

同时，协调员指出，以下四点是需要进一步考虑的要点：

—被审议的国家应**就**普遍定期审议结果的执行情况向理事会提出报告；

应任命一个报告员来确保普遍定期审议结果的后续行动；

在每个周期结束时并且在审议了所有国家之后，所有普遍定期审议报告应合并为一个全球报告；

**—在竭尽全力鼓励一国与普遍定期审议机制合作之后，理事会将在适当时处理执意不与该机制合作的案例（协调员提出的折中方案）**。

## （七）协调员的第三份非正式文件

在2007年4月27日的第三份非正式文件中，协调员经过考虑，把最终提交给人权理事会主席的案文建议如下：

### 六、审议活动的后续行动

—作为一个合作机制的普遍定期审议，其结果首先应由所涉国家执行，在适当时也应由其他有关的利益相关者执行；

—以后的审议，除其他外，应把重点放在前次结果的执行上；

—理事会议程上应有一个专门关于普遍定期审议的常设项目；①

—国际社会应与所涉国家协商并征得其同意，协助执行关于能力建设和技术援助的建议和结论；

① 对这个问题的决定，将结合工作组即将就关于议程和工作方案的理事会第3/4号决议的执行问题作出的决定。

—理事会在审议普遍定期审议的结果时应决定是否需要采取任何具体的后续行动以及何时采取这种行动；

—在尽一切努力鼓励一国与普遍定期审议机制合作而未果的情况下，理事会可酌情处理长期与普遍定期审议机制不合作的问题。

### （八）主席的案文

人权理事会主席2007年6月4日第一份案文、6月13日第二份案文、以及6月17日第三份案文关于后续行动的规定采纳了协调员第三份非正式文件中的表述，直到6月18日得到人权理事会第五届会议第一号决议通过。这就是我们现在看到的2007年6月18日《普遍定期审议机制》中规定的“后续行动”。

## 二、2011年《人权理事会工作和运作情况审查结果》的规定

自2009年开始，人权理事会决定设立审查理事会工作和运作情况政府间工作组，审查理事会的工作和运行情况。关于后续行动，各国提出了多种建议，涉及一般问题、执行建议、技术合作战略、受审国、人权高专办和联合国体系的作用等。

关于一般问题，阿联酋建议，对于受审国已经接受的建议，经受审国请求，应当向其提供财政和技术援助。日本建议，应当在日内瓦举行不设名额的会议或者举行区域研讨会，考虑需要进一步提供国际援助以及现有资源范围的领域。尼日利亚（代表非洲国家集团）建议，经受审国请求，普遍定期审议自愿基金应当加强对参与和执行建议的支持力度。英国则认为，支持普遍定期审议的现有信托基金模式是令人满意的，符合标准的秘书处管理程序。摩洛哥认为，应当对那些请求对执行建议的技术或财政援助的国家提供更多支持。古巴认为，应当经受审国请求，对受审国执行建议提供具体的技术援助手段。中国认为，应当处理向有需求的发展中国家提供技术和财政援助的问题。马来西亚认为，应当利用普遍定期审议的机

会，把它作为评估和处理技术援助和能力建设问题和受审国需求的一个论坛。越南认为，应当加强对受审国提供技术援助以及在各国和国际组织之间交流最佳实践。日本还认为，应当扩大普遍定期审议自愿基金的范围，人权高专办应当向人权理事会尽早提供该基金结余情况表，从事定期呼吁各国向该基金提供资金。波黑认为，应当对执行建议有需要的国家提供技术援助。危地马拉认为，应当把普遍定期审议打造成一个技术援助和合作的平台。加纳认为，应当就提供必要的技术援助问题制定具体的模式。挪威也认为，应当加强普遍定期审议的后续行动。

关于执行普遍定期审议的建议，毛里求斯认为，应当制定有关后续行动的适当模式。不遵守建议的国家应当在一段合理的期限内解释不遵守建议的原因。俄罗斯认为，对于第二个审议周期来说，应当把重点放到那些得到受审国支持的建议的执行上。日本认为，应当依据《普遍定期审议机制》第34段的规定，进一步关注对受审国已经接受的建议的执行。哈萨克斯坦认为，人权理事会应当制定一份指导性质的文件或方法，以便监督执行建议的后续行动和所需的技术援助，在这个方面，可以研究三国小组和人权理事会相关机制的作用。南非认为，在评估对普遍定期审议建议的执行方面，应当有一个适当和清楚的后续行动机制（应当有一个区域特别报告员，负责执行和跟踪普遍定期审议建议的落实）。塞尔维亚建议，应当对建议的执行规定透明和清楚的反应机制，包括更新受关注的问题。美国建议，应当把重点放到第一个审议周期、人权高专办以及特别程序中的建议的执行方面。

关于技术合作战略，巴西建议，应当把普遍定期审议建议作为设计技术援助和能力建设的基础。哥斯达黎加（代表拉美和加勒比国家集团）认为，应当为执行建议创立技术援助和能力建设的机制和战略。秘鲁建议，人权理事会和人权高专办应当通过后续行动战略和机制，以便提供技术援助，加强能力建设。巴拉圭建议，应当加强技术合作战略，以便协助各国执行建议。塞尔维亚建议，应当讨论和通过技术合作和资助的战略，包括普遍定期审议自愿信托基金。日本建议，在第二个审议周期后，每个国家应当就其接受的建议分为两类，并提供给秘书处：一类是，有关国家可以自己执行的建议，另一类是，那些需要国际援助才可以执行的建议。关于第二类建议，受审国应当认真考虑向国际社会发出援助请求。

关于受审国的作用，俄罗斯指出，执行建议的后续行动的责任在于受审国，并取决于其是否愿意。奥地利建议，应当加强对执行和后续行动的关注，各国应当在人权理事会通过审议结果一年内就已经接受的建议制订执行计划，并将该计划提交给人权理事会。哈萨克斯坦认为，执行审议建议的首要责任在受审国政府，因此人权理事会应当考察哪些国家采取哪些手段进行执行。为了使对话继续下去，应当确定各种利益攸关方参加的范围。比利时（代表欧盟）认为，受审国应当在审议结果通过12个月之内制定详细的时间表。

关于人权高专办的作用，墨西哥认为，人权高专办应当是一个联络处，查明国际合作的领域以及可能合作的渊源，建立促进各国执行审议结果的联系。智利建议，每一个国家应当在审议后准备一份报告，说明执行建议所需的技术援助的范围。该报告应当提交给人权高专办，人权高专办也应当对受审国的请求作出回应。摩尔多瓦建议，应当提高人权高专办在支持普遍定期审议过程中的作用，尤其是在加强执行建议国家能力的建设方面。卡塔尔认为，人权高专办通过培训和区域中心在协助执行建议方面提供技术援助和能力建设是非常有用的。乌拉圭指出，应当加强人权高专办连同联合国体系和区域组织在执行建议方面的援助和合作作用。洪都拉斯认为，应当确保人权高专办在技术合作和能力建设方面获得充分自愿的可能性。

关于联合国体系的作用，乌拉圭指出，经有关国家请求，联合国驻地协调员应当成为一个促进机制。马尔代夫认为，受审国应当在审议结束时有权选择是否请求联合国体系任命一个人，作为执行建议的常任联系和支持人员。哥伦比亚建议，应当尤其关注联合国体系提供技术合作的能力。英国指出，参与后续行动的联合国驻各国办事处应当在第二个审议周期中发挥一定的作用。泰国建议，应当将审议的建议在联合国体系中主流化，尤其是在那些人权高专办没有开设办事处、但是有联合国办事处的国家。[①]

2011年3月25日人权理事会第16届会议第47次会议通过的《人权理事会工作和运作情况审查结果》对第二个审议周期的“后续行动”作了规定。它规定：

### E．审议工作的后续行动

17. 普遍定期审议作为一种合作机制，其结果首先应由所涉国落实，但鼓励各国在这方面与所有相关利益攸关方进行广泛协商。

18. 鼓励各国自愿向理事会提交关于所接受建议落实情况的中期报告。

19. 应当加强理事会第6/17号决议设立的财政和技术援助自愿基金并将之投入运行，以提供财政和技术援助，帮助各国，尤其是最不发达国家和小岛屿发展中国家，落实对其进行审议后所提出的建议。应根据联合国规则设立一个董事会。

20. 考虑到理事会第5/1号决议附件第36段的规定，各国可要求联合国派驻国家或区域一级的代表，帮助它们采取审议工作的后续行动。联合国人权事务高级专员办事处可作为此类援助的信息交换中心。

21. 为落实审议工作提供的财政和技术援助应当支持国家执行计划中可能反映的国家需要和优先事项。[②]

---

① A/HRC/WG.8/2/1，第42页。

② A/HRC/RES/16/21，第4页。人权理事会第5/1号决议附件第36段是关于后续行动的，其规定：“国际社会将与所涉国协商并征得其同意，协助贯彻能力建设和技术援助方面的建议和结论。”

# 第三节 执行普遍定期审议建议财政和技术援助自愿信托基金

## 一、基金的设立过程

在普遍定期审议机制的起草过程中，一些利益攸关方提出了为这一机制设立基金的想法。例如，2006年11月16日，阿根廷、智利、哥斯达黎加、厄瓜多尔、巴拿马、巴拉圭、秘鲁和乌拉圭提交的联合建议中提到普遍定期审议的财政问题，建议根据人权高专办的需要，应当对人权高专办的会议服务提供独立的财政基金预算。

2007年6月4日、13日和17日的三份主席案文中，都在普遍定期审议的模式第1段第1款后面附有一个脚注，脚注的内容是，“应设立一个普遍定期审议自愿信托基金，以便于发展中国家、特别是最不发达国家参加普遍定期审议机制。”这一规定最后在2007年6月18日人权理事会第五届会议第一号决议通过的《普遍定期审议机制》中得到通过。在6月15日人权理事会第六届会议上，阿尔及利亚（代表非洲国家集团）发言，认为信托基金不仅应当包括旅行费用，而且还应当包括发展中国家，尤其是最不发达国家需要的与技术援助和能力建设有关的经费。

2007年9月28日，人权理事会第六届会议第21次会议上，埃及（代表非洲国家集团）介绍了由其提出的决议草案。埃及代表在介绍该决议草案时说：非洲国家集团认为，要使普遍定期审议机制成功运作，要使所有国家都能参加这一机制，而且符合6月28日《普遍定期审议机制》中的规定，联合国秘书长应当立即建立一个“普遍定期审议自愿信托基金”和一个新的“财政和技术援助自愿基金”，理事会毫无疑问已经意识到，有必要促进发展中国家，尤其是最不发达国家参加普遍定期审议机制。而且，理事会也已经意识到，有必要建立一个基金，为发展中国家提供必要的财政和技术援助，以便他们执行普遍定期审议机制中产生的建议。非洲国家集团敦促所有成员国、观察员国和其他利益攸关方向这两个基金提供资金，并予以支持，而且人权高专办应当采取必要措施使这两个基金能够尽快运作。随后，印度尼西亚和马尔代夫也加入这一草案，成为提案国。

该决议草案在该次会议上未经表决获得通过，成为人权理事会第六届会议第17号决议，题为《建立人权理事会的普遍定期审议机制基金》。该决议序言回顾了联大第60/251号决议以及人权理事会第五届会议第1号决议的案文，决定请秘书长设立一个“普遍定期审议自愿信托基金”，以便于发展中国家、特别是最不发达国家参加普遍定期审议机制；又请秘书长设立一个名为“财政和技术援助自愿基金”的新的供资机制，与第1段所述普遍定期审议自愿信托基金共同管理，以便与多边供资机制一起提供财政和技术援助，与相关国家协商并在征得它们的同意后，帮助它们执行由普遍定期审议产生的各项建议；还敦促人权理事会所有成员国、观察员及其他利益攸关方支持上述基金的实施；请人权事务高级专员办事处采取必要措施，以便迅速实施这些机制；决定理事会第七届会议在同一议程项目下跟踪此案。[①]

据此，依据这一决议，人权理事会设立了普遍定期审议财政和技术援助基金。2009年，人权理事会又通过了《执行普遍定期审议财政和技术援助自愿基金的适用范围》。该文件共有十个条款，规定了这一基金的适用范围。[②]

该文件第一条指出了设立这一信托基金的依据，即这一信托基金是依据人权理事会第六届会议第17号决议设立起来的，是秘书长与多边供资机制一起用来帮助各国执行普遍定期审议机制中产生的建议的一种财政和技术援助。

第二条规定了设立这一信托基金的目的。该条首先指出，普遍定期审议是人权理事会建立的旨在定期审议联合国会员国履行人权义务和承诺的一个合作机制，还指出，所有联合国192个会员国在第一轮的四年时间里

---

① A/HRC/6/22，第34页。

② Terms of Reference for the Voluntary Fund for Financial and Technical Assistance for the Implementation of the Universal Periodic Review, 2009.

必须得到审议，即每年审议48个国家。该条还指出，审议的目标是：改善实地的人权状况；履行国家的人权义务和承诺，评估该国积极的事态发展以及面临的挑战；与所涉国家协商并征得其同意，增强该国的能力，并加强技术援助；各国及其他利益攸关方交流共享最佳做法；支持在增进和保护人权方面的合作；以及鼓励与人权理事会、其他人权机构和联合国人权事务高级专员办事处全面合作和交往。审议的结果应当主要由有关国家执行，适当时，也由其他相关的利益攸关方执行，并且期待国际社会协助执行建议和结论。因此，决定建立执行普遍定期审议财政和技术援助自愿信托基金，以便为以下行为提供资金：

（一）传播有关普遍定期审议结果的信息，以期为相关国家募集支持；将普遍定期审议结果整合到联合国共同国家方案的文件中，包括《联合国发展援助框架》（UNDAF）；

（二）联合国为支持普遍定期审议结果而进行的多边和双边协调行动，包括进行需求评估和为实施普遍定期审议结果而制订的方案和项目；

（三）信息交流和分享最佳做法，包括通过组织区域和次区域会议、研讨会、协商会议和其他互动形式；

（四）开发国家落实普遍定期审议结果的能力和专门知识；

（五）为落实普遍定期审议的结果而合资开发方案和项目；

（六）定期跟进有关国家机关和机构落实普遍定期审议建议的行动。

第三条规定了该基金的管理机构。根据该条款的规定，应当依据联合国财政规章和规则、联合国秘书长在题号为ST/SGB/188的公告[①]中规定的

① ST/SGB/188是联合国秘书长于1982年3月1日发布的公告，题为《建立和管理信托基金》，规定了自1982年1月1日起有效的联合国信托基金的建立和管理政策，共五节48个段落。

一般政策和程序、以及题号为ST/AI/284的管理指示[①] 管理这一信托基金。除非得到联合国秘书长的特别授权或者以其名义得到控制者的特别授权，否则在遵守这些规则、政策或程序方面不得有任何例外。

第四条规定了对该基金的出资。根据该条款的规定，各国、各个政府间国际组织和非政府组织、或者私人机构和个人，均可自愿向这一基金出资。只有控制者或者有权那样做的官员才可以接受保证。

第五条规定了对基金的管理。根据该条款的规定，控制者指定这一信托基金的执行机构是联合国人权高专办。为了确保恰当的财政控制，联合国人权事务高级专员是这一信托基金的项目管理者和主管人员，而人权高专办的项目支持和管理服务将是发证官员。这一信托基金的发证官员应当确保产生的费用符合联合国财政规章和规则，符合使用的目的和特定的限制范围。对于代表们参加工作组举行的会议产生的旅行费用，如果超出实际收到的出资授权范围的，联合国将不承担任何责任。另外，这一信托基金将连同普遍定期审议的参与基金一起管理。

第六条规定了开支权。根据该条款的规定，依据联合国财政规章和规则中的规章5.9的规定，只有当拨款或其他恰当的授权已经以书面形式作出时，才应当产生当前的财政周期的义务或当前和将来的财政周期的承诺。此种授权的形式是拨款，而且只有当已经收到充足的出资，满足初始财政义务的要求以及必需的任何储备时，才可以划出此种拨款。开支权应由控制者指定的发证官员行使。

第七条规定了财政援助的报告和评估申请。根据该条款的规定，项目管理者办公室应当提供适当的财政声明，说明就保证的基金来说截至每年12月31日的收入和开支。所有的财政账户和声明均应以美元的形式体现。

第八条规定了项目支持的费用和储备。根据该条款的规定，除非得到

① ST/AI/284也是联合国秘书长于1982年3月1日发布的管理指示，题为《一般信托基金》，自1982年1月1日起生效，共六节。制定该管理指示的目的是规定联合国财政服务部门在依据秘书长题为《建立和管理信托基金》的公告而建立、管理和控制一般信托基金时应当遵循的具体程序。

控制者同意有相反的表示，该信托基金应当拿出所有开支的13%用来支付项目支持的服务。

第九条规定了审计。根据该条款的规定，依据联合国财政规章和规则的规章5.15的规定，内部监管服务办公室应当依据规章5.8(d)和公认是审计标准对这一信托基金进行独立的内部审计。依据联合国财政规章和规则附件的规定，为了满足自己对这一信托基金的管理，审计局认为有必要时，应对联合国的账户从事联合和个别的审计，包括所有的信托基金和特别账户。对捐赠者不应进行任何其他或特别的审计安排。

第十条规定了修改条款。根据该条款的规定，如果情形需要，联合国秘书长可以修改这一信托基金的上述适用范围。

2013年，联合国秘书长委托1993年成立的联合国人权领域技术合作自愿基金（United Nations Voluntary Fund for Technical Cooperation in the Field of Human Rights (VFTC) )①董事会（Board of Trustees）同时成为执行普遍定期审议建议财政和技术援助自愿信托基金的董事会，以便确保这一基金的使用效率和成本控制。

## 二、实践

2009年，基金共收到自愿捐款235326美元。②2010年，基金共收到自愿捐款358025美元。2010年，人权高专办根据高级专员的使命和人权高专办的优先关注事项以及关于“加强人权机制和逐步发展国际人权法”的专题战略，通过了促进和支持普遍定期审议结果和建议后续行动和执行的全面和整体方法。人权高专办还促进了经验的分享。它与联合国开发署区域办公室以及英联邦秘书处合作，在西部非洲和中部非洲以及东部和南部非洲就普遍定期审议的结果和执行建议举行了两次次区域会议。应佛得

① 1987年，联合国秘书长应人权委员会第1987/83号决议的请求，决定设立一个联合国人权领域技术合作的自愿基金。1993年，秘书长任命了这个基金的董事会，为这一基金提供管理和运行指导。

② OHCHR Report, 2009, p.180.

角、图瓦卢、厄瓜多尔、刚果（布）、布基纳法索和乍得政府的请求，向其提供了援助。在人权高专办开设有办事处的大多数国家，人权高专办都参与协助那些国家和利益攸关方跟踪普遍定期审议结果和建议的落实。[①]

**表格16：2010年执行普遍定期审议建议**

**财政和技术援助自愿信托基金收到的出资情况**

| 出资国 | 美元 |
| --- | --- |
| 日本 | 100000 |
| 俄罗斯 | 150000 |
| 英国 | 108025 |
| **总计** | **358025** |

2011年，人权高专办在信托基金的支持下应成员国请求或征得成员国允许，在十个国家开展了许多活动，以便支持他们实施普遍定期审议建议的努力，包括喀麦隆、刚果、赤道几内亚、斐济、加蓬、马里、圣多美和普林西比、塞内加尔、汤加、瓦努阿图。这些活动包括：发展执行建议的协调机制、采集促进执行、监督和归档的建议、以及在执行建议中确保利益攸关方的参与等。另外，在人权高专办西非国家区域办公室的支持下，在塞内加尔还举行了一场关于西非国家普遍定期审议后续行动的区域研讨会。老挝和泰国两国也同意在东南亚地区和国家层面举行活动，将在2012年由人权高专办东南亚区域办公室实施。[②]

① OHCHR Report, 2010, p.99.

② OHCHR Report, 2011, p.157.

**表格17：2011年执行普遍定期审议建议**

**财政和技术援助自愿信托基金收到的出资情况**

| 出资国 | 美元 |
|---|---|
| 德国 | 148148 |
| 摩洛哥 | 500000 |
| 俄罗斯 | 50000 |
| 英国 | 25682 |
| **总计** | 723830 |

2012年，基金共收到自愿捐款1066034美元。人权高专办在十个国家继续开展工作或开展新的工作，支持他们执行普遍定期审议结果的努力，这些工作都得到了基金的资助。这十个国家是：巴林、巴巴多斯、厄瓜多尔、斐济、牙买加、马绍尔群岛、巴基斯坦、巴拉圭、汤加和瓦努阿图。2012年4月，人权高专办中亚区域办公室与联合国发展署一起在吉尔吉斯斯坦举行区域研讨会，旨在分享经验，同时加强执行联合国人权机制建议的国际和区域合作。来自阿塞拜疆、哈萨克斯坦、吉尔吉斯斯坦、塔吉克斯坦、土库曼斯坦和乌兹别克斯坦的政府、国家人权机构和民间社会的代表参加了该次研讨会。人权高专办于2012年1月在高加索地区（第比利斯）也举行了类似的研讨会。2012年11月，人权高专办又在开罗与联合国发展署一起举行了一周的阿拉伯地区会议，其中有两天专门讨论普遍定期审议。来自阿拉伯地区的17个国家的政府、民间社会、人权机构和媒体代表参加了会议。①

① OHCHR Report, 2012, p.149.

**表格18：2012年执行普遍定期审议建议**

**财政和技术援助自愿信托基金收到的出资情况**

| 出资国 | 美元 |
|---|---|
| 澳大利亚 | 197280 |
| 德国 | 345286 |
| 挪威 | 523469 |
| **总计** | **1066034** |

2013年，该基金共收到自愿捐款656298美元。2013年，人权高专办在阿根廷、巴巴多斯、巴西、智利、刚果（金）、老挝、马绍尔群岛、巴拉圭、秘鲁、泰国、乌拉圭和瓦努阿图等国继续开展或开展新的活动。2013年2月，人权高专办的东南亚区域办公室举办了一次会议，就该区域内共同的问题，协助政府代表和其他利益攸关方查找普遍定期审议后续行动的良好做法，例如歧视、表达自由、预防酷刑、以及少数人的权利。[①]

**表格19：2013年执行普遍定期审议建议**

**财政和技术援助自愿信托基金收到的出资情况**

| 出资国 | 美元 |
|---|---|
| 澳大利亚 | 190300 |
| 德国 | 130378 |
| 哈萨克斯坦 | 9975 |
| 挪威 | 325675 |
| **总计** | **656298** |

2014年，基金共收到自愿出资490441美元。在这一年，人权高专办在巴巴多斯、波黑、刚果（金）、几内亚、马绍尔群岛、毛里塔尼亚、尼日尔、巴拿马、巴拉圭、韩国、摩尔多瓦、瓦努阿图和乌干达等国继续开展工作或者开展新的工作。基金资助人权高专办南美区域办公室雇佣人权

① OHCHR Report, 2013, p.167.

专家在这一区域的五个国家，即阿根廷、巴西、智利、秘鲁和乌拉圭，就普遍定期审议过程、在国家战略中整合普遍定期审议建议、以及执行普遍定期审议建议举行了培训会议。基金还资助东北亚的民间社会和国家人权机构监督执行普遍定期审议建议程度的活动。[①]

**表格20：2014年执行普遍定期审议建议**

**财政和技术援助自愿信托基金收到的出资情况**

| 出资国 | 美元 |
|---|---|
| 德国 | 136799 |
| 哈萨克斯坦 | 19975 |
| 挪威 | 333667 |
| **总计** | **490441** |

**表格21：截至2014年12月31日，执行普遍定期审议建议**

**财政和技术援助自愿信托基金的账户情况**[②]

| 项目 | 美元 |
|---|---|
| 上一年结余 | 1813869 |
| 调整（前一个周期开支、储蓄、转让等的调整） | 290098 |
| 出资收入 | 490441 |
| 其他收入（利息和杂项收入） | 54185 |
| 总共基金数额 | 2648593 |
| 支出 | 795920 |
| **本年度结余** | **1852673** |

人权高专办在自己的网站上介绍说，经过这些努力，在基金的帮助下，人权高专办取得了一系列成果：

（1）在大多数设立了驻地人权代表或代表处的国家，人权高专办参与了支持或协助各国和利益攸关方普遍定期审议结果和建议的后续工作；

（2）对普遍定期审议成果后续策略进行讨论，促成了在审核普遍定期

① OHCHR Report, 2014, p.99.

② OHCHR Report, 2014, p.75.

审议和来自其他联合国人权机制的建议和自愿保证或承诺的基础上全方位国家路线图或行动计划的制订；从所有建议中找出重点，确定紧迫和首要行动；找出已有或必要的资源；并确定国家主导机构和相关国家和国际合作伙伴；

（3）对普遍定期审议成果采取后续行动，进一步促进了人权高专办与各国在特别议题或领域上的合作，例如：对国际人权文书的批准；履行对条约机构的报告义务；发出开放式和长期邀请或接受特别程序任务负责人的国别访问；依照《巴黎原则》建立或加强的国家人权机构；拟订人权行动计划；与人权高专办的合作；以及其他关键人权问题；

（4）人权高专办确保了对所有技术援助请求都进行评估和响应，铭记人权高专办的任务授权和附加价值、以及技术合作方案的模式。所有援助请求都将被纳入人权高专办的工作和费用计划中。

同时，人权高专办还指出，关于这一基金的运作，仍然存在一系列挑战和经验教训：

（1）为普遍定期审议信托基金和其他人权高专办驻地行动提供的资金仍然不多；

（2）在那些有国家或区域代表/代表处的国家，人权高专办也许能够更好地提供帮助；

（3）人权理事会仍需完善其工作模式，以有效地评估对所有普遍定期审议结果的落实情况。[①]

应该来说，从2014年这一基金的结余来看，资金数量还是客观的，而且每年人权高专办都没有将它花完。因此，如果说，这一基金的资金不够是说不过去的，关键还是是否把它用在了有需求的地方，以及是否产生了实实在在的效果。

---

① http://www.ohchr.org/CH/HR Bodies/UPR/PAGES/UPR Voluntary Fund Financial And Technical Assistance.aspx.

## 第四节　与普遍定期审议机制的不合作

本研究前面第五章已经指出，普遍定期审议的基本原则之一是各方的“合作”。[①] 因此，普遍定期审议机制是一项合作的机制。人权理事会第五届会议第一号决议通过的《普遍定期审议机制》有关“审议工作的后续行动”的F部分最后一段（第38段）特别规定，“在竭尽一切努力鼓励一国与普遍定期审议机制合作而未果的情况下，理事会将酌情处理执意坚持不与机制合作的问题。”

自从《普遍定期审议机制》通过以来，人权理事会对各国人权的普遍定期审议基本上是在顺利运作。在第一个审议周期，所有192个联合国会员国都接受了审议。但是，在第二个审议周期的初期，出现了第一例一个国家不出席互动对话的案件。2012年5月，以色列正式通知联合国人权理事会，以色列打算“暂停与人权高专办、人权理事会及其机制的合作”。以色列这样做的原因是，抗议2012年3月人权理事会就以色列人在巴勒斯坦被占领土建立定居点问题设立实况调查委员会。[②]

2013年1月29日，原定以色列应当接受审议的当天，以色列没有派代表参加审议。普遍定期审议工作组的会议只能休会。同日，人权理事会第七次组织会议未经表决通过了题为《受审议国不与普遍定期审议机制合作》的第101号决定。[③] 在该决定中，人权理事会“忆及大会2006年3月15日第60/251号决议，特别是关于设立普遍定期审议的第5段(e)分段”，“又忆及人权理事会2007年 6月18日第5/1号和2011年3月25日第16/21号决议以及人权理事会2007年9月27日第6/102号决定，特别是与普遍定

---

① 参见本专著第五章。

② 2012年3月22日，人权理事会第19届会议通过了第17号决议，题为《在巴勒斯坦被占领土，包括东耶路撒冷和被占的叙利亚戈兰高地的以色列人定居点》，决定“由人权理事会主席任命一个独立的国际实况调查团，调查以色列人定居点对巴勒斯坦被占领土，包括东耶路撒冷上的巴勒斯坦人民的公民、政治、经济、社会和文化权利的影响”。A/HRC/RES/19/17，第9段。

③ A/HRC/OM/7/1.

期审议有关的段落”，对受审议国以色列不参加拟在普遍定期审议工作组第15届会议期间预定日期举行的普遍定期审议的决定感到遗憾。人权理事会“吁请该受审议国按照大会第60/251号决议和人权理事会第5/1号决议及其附件，恢复与普遍定期审议机制的合作”；“请人权理事会主席根据其职责采取一切适当步骤和措施敦促该受审议国恢复与普遍定期审议机制的合作”；“又请主席向理事会第二十二届会议，必要时也向第二十三届会议报告其努力的结果”；“决定在审议主席最后报告的那届会议上，但最迟在第二十三届会议上，审议依照大会第 60/251 号决议和人权理事会第 5/1 号决议的规定可采取的任何适当步骤”；“又决定修改对以色列的普遍定期审议的日期，以期最迟在2013年普遍定期审议工作组第十七届会议上进行审议”；“还决定将上述办法视为先例，拟适用于未来所有类似的不合作情形。”

2013年2月15日，人权理事会主席向以色列常驻日内瓦代表处大使致信，呼吁以色列恢复与普遍定期审议机制的合作。3月1日，以色列大使给人权理事会主席回信，其已将人权理事会的信转交给以色列外交部。3月15日，在人权理事会第22届会议上，人权理事会主席向人权理事会作了其努力情况的报告。5月14日，人权理事会主席再次向以色列常驻日内瓦代表处大使致信，再次强烈敦促以色列恢复与普遍定期审议机制的合作。6月3日，人权理事会主席收到了以色列大使的回信，在信中，以色列大使表示，以色列有意恢复外交接触。

人权理事会主席随之依据人权理事会2013年1月29日的上述决定，确定了以色列参加审议的时间：2013年10月29日。2013年10月25日，德国外交部长致信以色列总理内塔尼亚胡，呼吁以色列参加定于10月29日举行的普遍定期审议。10月27日，以色列总理内塔尼亚胡决定，以色列恢复与普遍定期审议机制的合作，将参加10月29日的审议。10月28日，以色列提交了审议报告。10月29日，人权理事会对以色列进行了审议。以色列代表团由以色列常驻日内瓦代表处大使马诺尔（Manor）担任团长。在互动对话期间，有九个国家批评以色列不与普遍定期审议机制合作，包括突尼斯、苏丹、卡塔尔、阿尔及利亚、巴林、古巴、伊朗和玻利维亚，有六个国家欢迎以色列恢复与普遍定期审议机制的合作，包括波兰、南非、西班牙、加拿大、法国和卢旺达。11月1日，在第19次会议上，工作组通过了有关以色列的报告。2014年3月13日，以色列常驻日内瓦代表处大使致信人权理事会，由于以色列外交部正在罢工，[①] 以色列请求人权理事会推迟通过以色列审议结果文件。3月14日，人权理事会主席回信说，对以色列结果文件的审议将推迟到3月27日。3月24日，以色列大使再次致信人权理事会主席，指出以色列外交部的罢工仍在继续，[②] 同时明确了以色列政府对审议期间的建议的立场。人权理事会随后正式开始审议以色列的结果文件。由于以色列没有派代表出席，因此对以色列结果文件的审议只能在该信件的基础上进行。在对以色列结果文件审议的过程中，一些国家对以色列因外交部罢工而缺席是否构成不合作，产生了分歧。英国代表说，由于发生罢工而导致的缺席不能认为是不合作。古巴认为，罢工仅仅是借口，并认为这体现了以色列无视人权理事会的态度。叙利亚也指出，以色列拒绝与普遍定期审议机制合作，叙利亚表示十分遗憾。"犹太

① 2014年3月5日，以色列外交部工会致信各国驻以外交机构和国际组织称，由于以色列财政部未能解决外交部工作人员劳资纠纷问题，以色列外交部工会将进行新一轮罢工，自3月5日起，以驻外使馆领事部门暂停一切领事服务，何时恢复另行公告。2013年6月23日，以色列外交部工会曾举行了长达40天的罢工。http://www.mofcom.gov.cn/article/i/jyjl/k/201403/20140300511426.shtml.

② 以色列外交部3月23日宣布全面罢工，外交部总部和以色列分布在全世界的外交机构全部停止工作，这在该国历史上尚属首次。外交部工会发表声明表示，此次全面罢工是表达对以色列外交人员工作条件的不满以及对财政部削减外交人员工资的抗议。以色列外交人员近两年来一直要求改善工资状况和工作条件。本月初，由于财政部提出的解决方案未能满足外交部员工的要求，已经进行了7个月的调解工作陷入僵局。随后，外交部开始以消极怠工作为抗议，以色列总理内塔尼亚胡原定于4月份出访拉美的计划也因此被迫取消。本次全面罢工期间，外交部总部将对包括外交部长利伯曼在内的所有人关闭，所有驻外使领馆停止工作，所有领事服务暂停，以色列在国际会议中将无代表出席。http://gb.cri.cn/42071/2014/03/24/6071s4476281.htm.4月2日，以色列外交部员工与以色列财政部就薪资待遇问题签署协议，结束了为期十天的外交部罢工。据了解，在双方签订的协议中不但包括外交部员工的普遍加薪和更加完善的养老金机制，还包括给予派驻艰苦危险国家的以色列外交官的额外津贴。除此之外，协议还规定外交官的工资将根据驻在国的消费情况作出相应的调整。http://news.xinhuanet.com/world/2014-04/03/c_1110075832.htm

人律师和法学家国际协会”指出，那种批评以色列不与普遍定期审议机制合作的言论是一种政治化的言论。3月27日，人权理事会通过了关于以色列的审议结果。[①]

以色列在第二个审议周期出现的不与普遍定期审议机制合作的情形是普遍定期审议机制设立以来第一次出现一个国家不与该机制合作的情形，受到了极大的国际关注。人权理事会主席以及国际社会对此采取了各种积极努力措施，说服以色列继续参加第二个审议周期的审议。如果人权理事会无力阻止以色列不与该机制合作，无疑将打开潘多拉魔盒，将开创一个十分恶劣的先例，其他潜在的国家也可能蠢蠢欲动，效仿以色列，最终导致普遍定期审议机制崩盘。正如本专著在前面第五章中指出的，普遍原则是这一机制的核心原则，也可以说是它的强大生命力所在的关键原因。因此，在这种情况下，人权理事会及时出台《受审议国不与普遍定期审议机制合作》的决定是十分有必要的，可以细化《普遍定期审议机制》第38段中的规定，使得第38段的规定具有可操作性，也使普遍定期审议机制变得更加完善。不过，由于《普遍定期审议机制》第38段提到的是“执意坚持不与机制合作”的情形，因此显然是一种最严重的不与普遍定期审议机制进行合作的现象。以色列在2013年以及2014年不与这一机制合作的原因是多样的，从最初的明确宣布不与这一机制合作到后来的因为发生外交部门罢工导致不与这一机制合作，是否都属于“执意坚持不与机制合作”的情形？笔者认为，还是作出区分的。《普遍定期审议机制》中的“执意坚持不与机制合作”显然是一种最严重的不与该机制合作的情形，不仅要求一国在作为受审议的国家时，在客观上出现了不提交报告、不派代表出席互动对话和不派代表出席审议结果通过的情形，而且还要求主观上存在不合作的意图。对于那种因为不可抗力（不可预见、不可控制和不可克服的原因）导致的不提交报告、不派代表出席互动对话和不派代表出席审议结果通过的情形，就不能算是“执意不与该机制合作”的情形。当然，在因

① A/HRC/25/15.

为客观的原因导致不能提交报告、不能派代表出席互动对话和不能派代表出席审议结果通过的，受审议的国家应当有义务在合理的期限内将这一情形以及出现的原因提前通报给人权理事会，理事会、人权高专办和国际社会应当竭尽全力采取任何可行的援助办法，尽最大努力协助受审议国克服客观原因，实现与这一机制的合作。值得注意的是,《普遍定期审议机制》第38段并没有涉及不属于“执意不与该机制合作”以外的轻微的不与该机制合作的情形，例如，没有认真起草国家报告，没有充分参与互动对话等，在这种情况下，人权理事会是否应当采取一些措施，也是一个问题。最后，2013年的《受审议国不与普遍定期审议机制合作》仅适用于“受审议国”不与普遍定期审议机制合作的情形。因此，当一国不是作为受审议国，而是作为三国小组的成员国或人权理事会成员国没有与这一机制合作时，人权理事会应当怎么办，缺乏一套明确的制度保障。

# 第八章
# 成就与挑战

2006年联合国第60届大会第251号决议决定废除经社理事会下属的人权理事会，在联合国大会下面设立一个人权理事会，这在人权国际机制的发展进程中具有十分重大的意义，标志着联合国的人权事业进入了一个新的时代和阶段，提升了人权在联合国体系中的地位和影响，是联合国成立以来人权领域最重要的一次机制改革。由于人权是一个极其广泛的涉及人的权利和福祉的概念，它正在悄无声息地影响着人类生活的方方面面，因此联合国人权理事会的建立，必将对全球治理甚至国内治理产生深远影响。在新的人权理事会的各种机制中，最大的创新无疑是普遍定期审议机制，即联合国的所有会员国履行人权义务和承诺的情况定期接受联合国人权理事会的审议。这一机制就像一股新鲜的空气吹入联合国人权保护机制，是新的人权理事会对旧的人权委员会中的双重标准和选择性审议的作出的最强有力的回应和举措。它将使人权保护的国际机制更加完善和丰富，标志着人权领域的国际多边对话机制得以确立，具有其他的人权国际机制无与伦比的独特优势。从长远的角度来看，人权理事会能否取得成功，取决于它所创设的一种全新的制度，即普遍定期审议机制的运作情况。[①] 自2006年3月15日成立起，在联合国第60届大会第251号决议规定的一年时间里，联合国人权理事会成功完成了普遍定期审议的体制建设，充分体现了人权理事会会员国、观察员国与利益攸关方对于新的联合国人权保护机制的憧憬与向往。在普遍定期审议体制建设的完成过程中，普遍

---

① Kevin Boyle, "The United Nations Human Rights Council: Origins, Antecedents and Prospects", in Kevin Boyle ed. *New Institutions for Human Rights Protection* (Oxford University Press, 2010), p.45.

定期审议体制建设工作组协调员、摩洛哥籍的外交官卢利什基先生以及人权理事会主席、墨西哥籍的外交官德阿瓦尔先生发挥了高超的外交能力、协调能力和组织能力，果断有效地推进体制建设谈判过程，为最终完成体制建设作出了不可磨灭的贡献。可以说，普遍定期审议机制是各个利益攸关方各种分歧的观点之间妥协的结果。[①]2007年的普遍定期审议体制建设的完成并不表示该机制的制度的终结。相反，普遍定期审议体制建设只为该机制规定了具有骨架性质的基本原则和运作方式。随着普遍定期审议实践的展开以及新问题的出现，人权理事会随后对该体制建设的细节内容作了进一步的补充和发展，形成了一整套的普遍定期审议机制体系。这充分证明，人权理事会的普遍定期审议机制是一个不断自我调整和自我完善的动态过程，具有强大的生命力。

## 第一节　成　就

目前，从前两轮的审议实践来看，普遍定期审议机制是否实现了它的目标，取得了成效，人们有不同的看法。有的人对它持比较肯定的态度，认为“虽然现在评估普遍定期审议机制对全球人权状况的影响仍然为时过早，但是这一机制对于人权的国际监督来说注入了新的内容，带来了一些改变。”[②] “尽管这一机制没有对那些不落实建议的国家规定制裁机制，但是‘点名和羞辱’是一个有效的机制，会影响一国的国际声誉，并对国家之间双边的政治、社会、经济和文化关系产生影响。因此，普遍定期审议机制对于揭露一国人权侵犯状况并且要求予以改善是一项重要的工具。总

---

① Markus G. Schmidt, “Is the United Nations Human Rights Council Living Up to the International Community’s Expectations?”, in Asbjørn Eide, Jakob Th. Möller, Ineta Ziemele eds., *Making Peoples Heard: Essays on Human Rights in Honour of Gudmundur Alfredsson* (Martinus Nijhoff Publishers, 2011), p.102.

② Rhona Smith, “‘To see Themselves as Others see Them’: the Five Permanent Members of the Security Council and the Human Rights Council’s Universal Periodic Review”, 35 *Human Rights Quarterly* (2013), p.28.

的来说，普遍定期审议机制是国际人权领域的积极发展。”[①] 这一机制所产生的“政治压力不容小视，尤其是当不少国家对受审国不断提出相同的建议时。”[②] 有的人对普遍定期审议的效果并不赞成，认为普遍定期审议机制“对全球人权的尊重仍然十分有限”。[③] 有的人认为，这一机制是否取得了成效取决于它运作是否良好。“普遍定期审议如果运作良好，确实可以在世界范围内改善人权状况。如果运作不顺，则可能还不如人权委员会时期存在的机制，重挫建立真正责任的思想。目前并不清楚该机制将会取得何种程度的中间效果。”[④] 还有的人认为，现在判断这一机制是否取得了成效“为时过早”，[⑤] “其实效和作用还有待考察”，[⑥] 或者说，“这一机制仍然处在婴儿时期，因此它将如何促进人权理事会的‘非政治化’，以及更重要的是，与其他国际人权机制一样，它将在多大的程度上对国内层面提升人权保护产生积极影响仍然不是很清楚。”[⑦]

---

① Kira Preckel and Rosalind Willi, “The Role of Civil Society in the Universal Periodic Review: Human Dignity, in Your Hands?”, in *European Yearbook on Human Rights* (2012), p.432.

② Christian Tomuschat, “Universal Periodic Review: A New System of International Law with Specific Ground Rules?” in Ulrich Fastenrath et al. eds., *From Bilateralism to Community Interest: Essays in Honor of Bruno Simma* (Oxford University Press, 2011), p.628.

③ Edward R. McMahon, “International Organizations and Peer Review: Assessing the Universal Periodic Review Mechanism of the United Nations Human Rights Council”, *African Yearbook of International Law* (2012), p.377.

④ Francoise J. Hampson, “An Overview of the Reform of the UN Human Rights Machinery”, 7 *Human Rights Law Review* (2007), p.15.

⑤ Markus G. Schmidt, “Is the United Nations Human Rights Council Living Up to the International Community’s Expectations?”, in Asbjørn Eide, Jakob Th. Möller, Ineta Ziemele eds., *Making Peoples Heard: Essays on Human Rights in Honour of Gudmundur Alfredsson* (Martinus Nijhoff Publishers, 2011), p.102. 还可以参见：Sir Nigel Rodley, “The United Nations Human Rights Council, Its Special Procedures, and Its Relationship with the Treaty Bodies: Complementarity or Competition?”, in Kevin Boyle ed., *New Institutions for Human Rights Protection* (Oxford University Press, 2010), p.55.

⑥ 尹生:《核心国际人权条约缔约国报告制度：困境与出路》，载《中国法学》，2015年第2期，第215页。

⑦ Elvira Domínguez-Redondo, “Role of the UN in the Promotion and Protection of Human Rights”, in Azizur Rahman Chowdhury and Md. Jahid Hossain Bhuiyan eds. *An Introduction to International Human Rights Law* (Brill, 2010), p.141.

笔者认为，在前两轮审议中，普遍定期审议机制取得了一定的实效，在国际和联合国会员国国内层面均产生了较大的影响。这主要体现在以下几个方面：

第一，审议率达到了100%。在前两轮的审议中，100%的联合国会员国都提交了国家报告，并按时接受了审议。这与条约机构存在的缔约国不提交报告、迟延提交报告以及条约机构没有按时进行审查形成了鲜明的对比。这说明，这一合作机制具有强大的凝聚力、号召力和生命力。

第二，审议的气氛总体上看是建设性的，而且审议的问题总体上都直面受审议国面临的大问题，较有深度。[①] 一些国家在正视自己存在的人权问题上非常坦率，这非常新颖，而且值得鼓励。[②] 迄今为止，它基本上是非对抗的，而且是各国之间坦率、细致和有建设性的对话，让我们看到了推进普遍人权保护的希望。[③]

第三，审议的内容较为全面。审议中涉及的人权不仅涵盖公民权利和政治权利，而且还涵盖经济、社会和文化权利，甚至还涵盖武装冲突中的人权保护。

第四，审议较好地处理了与其他人权机制的关系，推动了其他人权机制的良性发展。当提议建立普遍定期审议机制时，当时有一些担忧，认为这将削弱甚至动摇人权条约机构或人权理事会特别程序的权威。[④] 人权高专办的一段话表明，完全没有必要有这样的担忧。人权高专办指出：

---

① Kevin Boyle, “The United Nations Human Rights Council: Origins, Antecedents and Prospects”, in Kevin Boyle ed. *New Institutions for Human Rights Protection* (Oxford University Press, 2010), p.36.

② The Report of the Human Rights Council on its Eighth Session, 2-18 June 2008, A/HRC/8/L10/Add1, 26 June 2008.

③ Kevin Boyle, “The United Nations Human Rights Council: Origins, Antecedents and Prospects”, in Kevin Boyle ed. *New Institutions for Human Rights Protection* (Oxford University Press, 2010), p.45.

④ Sir N. Rodley, “The United Nations Human Rights Council, Its Special Procedures, and Its Relationship with the Treaty Bodies: Complementarity or Competition?” in Kevin Boyle ed., *New Institutions for Human Rights Protection* (Oxford University Press, 2009), p.49.

“2008年引人关注的发展是在特别程序和新的普遍定期审议机制之间出现了新的协同关系。一些受审国已经邀请特别程序负责人访问它们，有三个受审的国家发出了长期邀请，使得全世界向特别程序负责人发出长期邀请的国家数量达到63个。渐渐地，受审国在互动对话中开始处理受到特别程序关注的问题，它们已经成为审议过程的一部分，而且这些问题还成为了普遍定期审议工作组建议的一个典型特征。”[①]

第五，有迹象表明，普遍定期审议的建议有力地推动着一些联合国会员国人权领域的变革，它所取得的积极成果还是比较可观的。与人权条约机构或特别程序机制提出的建议相比，一些联合国会员国更加倾向于接受来自这一机制的建议。这是因为，这一机制不涉及第三方的介入，不具有裁判的因素，不涉及责任的追究，更具有建议的性质。联合国秘书长潘基文在2008年的致辞中指出，这一机制对于在全世界最黑暗的角落促进和保护人权具有巨大的潜力。[②] 一些国家正是因为来自普遍定期审议的建议，才作出了诸多改变。英国教授罗娜·斯密斯（Rhona Smith）注意到，普遍定期审议极有可能取得成功的一个方面是各国对核心国际人权公约的批准或加入。她对包括中国在内的联合国安理会五个常任理事国进行研究后认为，这五个大国在普遍定期审议中均承诺批准或加入不少数量的核心国际人权公约。[③] 英国通知人权理事会，鉴于普遍定期审议建议，其已经批准了《残疾人权利公约》。[④] 洪都拉斯和厄瓜多尔因为接受许多其他国家提出

① Olivier de Schutter, *International Human Rights Law* (Cambridge University Press, 2010), p.881.

② Secretary-General’s video message to the opening of the fourth Council session, 12 March 2007; OHCHR Report 2008, p.27.

③ Rhona Smith, “‘To see Themselves as Others see Them’: the Five Permanent Members of the Security Council and the Human Rights Council’s Universal Periodic Review”, 35 *Human Rights Quarterly* (2013), p.23.

④ Jessica Duggan-Larkin, “Can an Intergovernmental Mechanism Increase the Protection of Human Rights? The Potential of Universal Periodic Review in Relation to the Realisation of Economic, Social and Cultural Rights”, 28 *Netherlands Quarterly of Human Rights* (2010), p.555.

的普遍定期审议的建议而批准了一些国际人权公约。[①] 哥伦比亚也通知人权理事会，鉴于普遍定期审议的建议，其已经邀请人权理事会的四位特别报告员访问哥伦比亚。[②] 总之，普遍定期审议机制给联合国人权理事会带来了实实在在的改变，人权理事会的气氛得到了一定程度的改变，出现了相对坦诚、合作、积极、团结的气氛，较大地改变了过去人权委员会中一些国家代表争得面红耳赤、指指点点、紧张备战的斗争气氛。联合国大多数国家都是较为认真地看待普遍定期审议。从提交国别报告的情况，受审议国的代表团的级别和规模，无一例缺席，互动对话期间的坦诚性，积极性和负责任性，建议的数量和质量，建议的接受程度，建议的落实情况，各个利益攸关方参与程度，审议依据的广泛性。可以说，这一制度正在成为联合国人权机制中一股积极向上的正能量，较大提升了受审议国的实地人权状况。

## 第二节　挑　战

不过，普遍定期审议机制的运作也面临着以下主要挑战，需要引起各国政府的重视。[③]

第一，一些国家对普遍定期审议的重视程度不够。一些国家把普遍定期审议基本上看成是一项外交任务，由外交部门主导和全权处理参与普遍定期审议的任务，国内的立法机关、其他行政机关和司法机构以及国内民众的知晓度和参与度不够高，普遍定期审议的准备，尤其是国家报告的起草、普遍定期审议的过程和后果、以及建议的落实情况处于一种相对封闭

① Katherine Short, “From Commission to Council: Has the United Nations Succeeded in Creating a Credible Human Rights Body?”, 9 *SUR International Journal of Human Rights* (2008), p.155.

② Jessica Duggan-Larkin, “Can an Intergovernmental Mechanism Increase the Protection of Human Rights? The Potential of Universal Periodic Review in Relation to the Realisation of Economic, Social and Cultural Rights”, 28 *Netherlands Quarterly of Human Rights* (2010), p.555.

③ 朱利江:《人类命运共同体视野下的普遍定期审议》，载《浙江学刊》，2018年第2期，第26—32页。

的状态，这对普遍定期审议的充分参与原则和透明原则带来了挑战。尽管这一机制是国家驱动的、政府间的一个进程，但是国际人权运动的参与方不仅只是各国政府，还有各国的民众。一项国际机制如果丧失了各国民众的基本信任，注定将是失败的。联合国人权委员会的废除就是一个经验教训。

第二，一些国家在审议中夹带着“私货”，存在着利用这一机制为其他特定政治目的服务的现象，涉嫌违反非政治化原则。尽管人权本身就是一个无法与政治脱离干系的概念，而且普遍定期审议机制本身就是一个政治机制，而非法律机制，因此想要期待这一机制完全与政治无关只是幻想而已。[①] 有学者指出，决定普遍定期审议建议质量的因素有很多，包括贸易、外交、国际政治和关系、以及地缘战略等。[②] 但是，在实践中，一些国家在受审时，其他国家趁机利用这一机会提出一些明显与受审议国人权无关的问题或建议，这些问题或建议往往是提出国与受审国之间双边存在的久拖不久的涉及主权争夺的国际争端，而且往往因为这些主权争夺导致提出的建议被全部拒绝。一个非常典型的例子是亚美尼亚和阿塞拜疆围绕着纳戈尔诺－卡拉巴赫（“纳卡地区”）的领土主权争夺，导致两国在普遍定期审议中相互攻击、相互否定。在2013年4月30日对阿塞拜疆的第二次审议中，阿塞拜疆代表在陈述中认为其领土完整遭到了亚美尼亚的侵犯，还指责亚美尼亚企图破坏人权理事会对阿塞拜疆的审议。亚美尼亚代表则反击说，关于领土问题的辩论是一项实质性工作，在其他论坛处理这些问题将更恰当。亚美尼亚代表进一步指出，普遍定期审议工作组不是讨论政治或领土性质问题的主管机构。因此，他请人权理事会主席请各代表团在发言时侧重于人权问题。人权理事会主席因此呼吁有关各方不要利

---

① Christian Tomuschat, “Universal Periodic Review: A New System of International Law with Secific Ground Rules?” in Ulrich Fastenrath et al. eds., *From Bilateralism to Community Interest: Essays in Honor of Bruno Simma* (Oxford University Press, 2011), p.610.

② Rhona Smith, “‘To see Themselves as Others see Them’: the Five Permanent Members of the Security Council and the Human Rights Council’s Universal Periodic Review”, 35 *Human Rights Quarterly* (2013), p.27.

用普遍定期审议处理双边问题，以免最终破坏这一机制的普遍性原则和目标。阿塞拜疆代表还批评亚美尼亚利用这一论坛玷污阿塞拜疆的形象和声誉。亚美尼亚向阿塞拜疆提出了四项建议，被阿塞拜疆以因为这些建议是亚美尼亚提交的或者不属于普遍定期审议范围为由全部拒绝。[①] 作为回应，亚美尼亚在2015年1月22日第二次受审时，阿塞拜疆在互动对话中强烈反对亚美尼亚在报告中提及“纳戈尔诺—卡拉巴赫”，强调指出，根据联合国大会题为“阿塞拜疆被占领土的局势”的第62/243号决议，所提及的“纳戈尔诺－卡拉巴赫”应为“阿塞拜疆共和国纳戈尔诺—卡拉巴赫区域”，而且阿塞拜疆向亚美尼亚一口气提出了十项建议，是提建议数量最多的一个国家，也是被亚美尼亚以阿塞拜疆拒绝与其合作以及阿塞拜疆明显针对亚美尼亚发动的战争为由全部拒绝。[②] 再如，俄罗斯在2013年4月29日接受第二次审议时，格鲁吉亚指责俄罗斯作为阿布哈兹地区和茨欣瓦利地区的占领国，蓄意无视和系统性不遵守其在国际人道法和人权法下的义务，建议俄罗斯立即结束对阿布哈兹地区和茨欣瓦利地区的占领，作为解决该地区多种形式的严重人权侵犯的首要方法，并允许和确保阿布哈兹地区和茨欣瓦利地区受种族清洗的内部流离失所者和难民的安全而有尊严的返回，并在对这些地区的占领结束之前和期间充分遵守有关的国际人道法和人权法准则。但是，这些建议遭到了俄罗斯的拒绝，俄罗斯认为这些建议不符合人权理事会第5/1号决议和第16/21号决议规定的审议依据。[③] 作为反击，格鲁吉亚在2015年11月10日第二次接受审议时，针对俄罗斯向其提出的全部七项建议（俄罗斯是所有国家中向格鲁吉亚提出建议最多的一个国家），格鲁吉亚全部予以拒绝，理由是，格鲁吉亚认为，俄罗斯的这些建议是占领国提出的，占领国直接妨碍了格鲁吉亚保护在格鲁吉亚阿布哈兹和格鲁吉亚茨欣瓦利地区/南奥塞梯居住人口人权的能力。[④] 英国和阿

① A/HRC/24/13.

② A/HRC/29/11.

③ A/HRC/24/14.

④ A/HRC/31/15.

根廷之间因为马尔维纳斯群岛或称福克兰群岛等领土争夺的争端也被带入了普遍定期审议机制。英国在接受第一轮审议时，在互动对话阶段，阿根廷对英国对马尔维纳斯群岛（福克兰群岛）、南乔治亚岛和南桑威奇岛以及英国主张的南极洲领土问题发表了大量评论。[①] 显然，这是阿根廷利用普遍定期审议机制对英国就上述领土的主权的合法性提出质疑的一个“私货”。[②] 在上述例子中，这一机制显然被明显政治化利用了。

第三，区域化或集团化行动给普遍定期审议带来的挑战日益显现。这具体表现在：区域或联盟内部成员国之间相互吹捧，[③] 不提出具体的建议或提出十分笼统的建议；区域或联盟内部成员国只对本区域或联盟内部成员国的审议感兴趣，对区域或联盟外的国家的审议不感兴趣；[④] 对来自本区域或联盟内的成员国的建议和来自其他区域或联盟内的成员国的相同建议采取不同的态度。[⑤] 这可能背离了普遍定期审议的普遍性原则和非对抗、非政治化原则。一些观察家因此担忧，原来的人权委员会内存在的区域或联盟行动模式仍然存在于人权理事会，其阴影挥之不去，包括普遍定期审议机制，仍然在分化国际社会。因此，普遍定期审议机制仍然无法打

---

① Working Group Report on UK, A/HRC/8/25, para. 51.

② Rhona Smith, "'To see Themselves as Others see Them': the Five Permanent Members of the Security Council and the Human Rights Council's Universal Periodic Review", 35 *Human Rights Quarterly* (2013), p.18.

③ Andrew Clapham, Workshop organized jointly by the Swiss Government and Geneva Academy of International Humanitarian and Human Rights Law, 3 July 2008; Alexander Besant and Sebastien Malo, "Dim Prospects for the United Nations Human Rights Council", 4 *Yale Journal of International Affairs* (2009), p.146.

④ 英国教授罗娜·斯密斯注意到，一些非洲国家只对其他非洲国家的审议感兴趣，对其他洲国家的审议几乎没有兴趣，例如布隆迪、佛得角、中非、乍得、加蓬、几内亚、卢旺达、斯威士兰、乌干达和肯尼亚，参见：Rhona Smith, "A Review of African States in the First Cycle of the UN Human Rights Councils Universal Periodic Review", 14 *African Human Rights Law Journal* (2014), p.354.

⑤ “非洲国家集团和伊斯兰会议组织成员国正在利用区域主义保卫这些区域内的成员国。”参见：R. Freedman, "New Mechanisms of the UN Human Rights Council", 29 *Netherlands Quarterly of Human Rights* (2011), p.309.

破区域或联盟之间政治对抗的宿命。[①] 针对这一挑战，有人建议人权理事会设立某种形式的专门的跨区域或联盟的机制，促进各国之间跨区域或联盟的合作。[②] 各国政府应当意识到，普遍定期审议机制是为了防止人权理事会重蹈人权委员会覆辙的最大的制度创新。如果在这一机制中延续人权委员会时期的区域或集团对抗的局面，联合国人权理事会的信誉也将受到重创。

第四，普遍定期审议机制的有效运作需要各国政府有意愿、并且有能力参与其中。一些国家在别国审议时，在互动对话阶段，基本上是相互吹捧对方的人权记录，没有提出任何建议，将这一机制看作一个相互吹捧的俱乐部。[③] 这让人十分怀疑，其是否真的有意愿参与这一机制。还有一些国家虽然有意愿参与这一机制，但是显然缺乏参与这一机制的专业能力。要充分了解受审国的人权状况，需要认真调查和掌握受审国的国内人权法律和实践状况，这无疑给一些国家带来了重大挑战。一些国家没有对受审国的实际情况进行认真调查，提出的建议属于事实错误或滞后的；[④] 一些国家对受审国提出的建议过于笼统，属于根本无法执行的建议；一些国家不考虑受审国的实际情况，对所有国家提出同一个建议，涉嫌违背特殊性原则（考虑各国的发展水平和特点）；还有一些国家对同一个受审国提出了截然相反的建议。因此，为了更好地参与这一机制，世界各国除了要认真对待这一机制外，还应当关注受审国的人权法律和实践的发展。各国应

---

① Allehone Mulugeta Abebe, "Of Shaming and Bargaining: African States and the Universal Periodic Review of the United Nations Human Rights Council", 9 *Human Rights Law Review* (2009), p.3.

② Terlingen, "The Human Rights Council: A New Era in the UN Human Rights Work", 21 *Ethics and International Affairs* (2007), p.167.

③ Andrew Clapham, Workshop organized jointly by the Swiss Government and Geneva Academy of International Humanitarian and Human Rights Law, 3 July 2008; Alexander Besant and Sebastien Malo, "Dim Prospects for the United Nations Human Rights Council", 4 *Yale Journal of International Affairs* (2009), p.146.

④ 例如，黎巴嫩在第一次受审时，德国建议其批准或加入1949年《日内瓦公约》，而实际上，黎巴嫩早在1951年就已经批准了四个《日内瓦公约》，黎巴嫩也是《日内瓦公约》1977年两个附加议定书的缔约国。*Review of Lebanon*, A/HRC/16/18, para. 84.3.

当通过外交、交流、学术等多种渠道认真调查和掌握受审国国内人权法律和实践，尤其是最新的发展，以便提出高质量的、切合受审国实际的建议，以期提高受审国的实地人权水平。

第五，在普遍定期审议建议的落实和后续行动方面，缺乏普遍定期审议建议国内落实的工作协调机制。一些国家国内缺乏普遍定期审议建议落实的工作协调机制，或者即便存在某种形式的工作协调机制，其运作不畅或没有效率。在国内机构之间仅仅存在某种形式的通报或报告制度无法有效地落实普遍定期审议的建议，建议从国家战略的高度制定落实普遍定期审议建议的工作协调机制。

第六，缺乏一套统一的落实普遍定期审议建议的监测评估体系。普遍定期审议缺乏一套衡量各国遵守普遍定期审议机制建议的具体标准和评估体系。[①] 即便一项建议得到了落实，也很难证明是普遍定期审议机制作出的具体贡献，因为许多国内和国际的政治和法律的压力通常也都希望看到该建议得到落实。尽管有一些实证研究显示，一些国家作出的人权记录的改变与普遍定期审议之间的建议之间存在直接的因果关系，但是，从更广泛的范围来看，普遍定期审议建议是否对所有国家的人权记录有所改变、因此这种改变是否是因为普遍定期审议机制的建议，或者说，作为自成一类的机制的普遍定期审议机制是否有效地提升了受审国的人权水平，仍然需要得到证实。[②] 因此，应当进一步加大对普遍定期审议建议落实的实证研究，发展出一套被各国广泛接受的科学监测评估各国落实普遍定期审议建议的指标体系，确保建议得到有效落实。

最后，如何看待这一机制在过去十年带给世界各国人权法律和实践的改变，一定不要忘了，这一机制并不是一个法律机制，而是一个政治机

① Allehone Mulugeta Abebe, "Of Shaming and Bargaining: African States and the Universal Periodic Review of the United Nations Human Rights Council", 9 *Human Rights Law Review* (2009), p.34.

② Leanne Cochrane and Kathryn McNeilly, "The United Kingdom, the United Nations Human Rights Council and the First Cycle of the Universal Periodic Review", 17 *International Journal of Human Rights* (2013), p.170.

制。虽然它与国际人权法有关，但是，由于它只是人权理事会这一政治机构的一个政治机制，因此必须在政治和法律的双重背景下看待这一机制。[①] 脱离了这一背景，任何对普遍定期审议机制的赞誉和指责都是不全面和不客观的。

① Alex Conte, "Reflections and Challenges: Entering into the Second Cycle of the Universal Periodic Review Mechanism", 9 *New Zealand Yearbook of International Law* (2011), p.187.

# 参考文献

## 一、中　文

### 1. 著　作

伯根索尔. 国际人权法精要[M]. 黎作恒,译. 北京：法律出版社，2010.

朱利江. 对国内战争罪的普遍管辖与国际法[M]. 北京：法律出版社，2007.

白桂梅，朱利江. 国际法（第二版）[M]. 北京：中国人民大学出版社，2007.

亨克茨，多斯瓦尔德–贝克. 习惯国际人道法[M]. 红十字国际委员会组织，译. 北京：法律出版社，2007.

刘楠来. 发展中国家与人权[M]. 成都：四川人民出版社，1994.

李浩培. 条约法概论[M]. 北京：法律出版社，1987.

### 2. 论　文

邢爱芬，李一行. 论人权普遍定期审议机制的补充性及我国的应对[J]. 法学杂志，2015（8）：42—49.

孙萌. 普遍定期审议机制与中国实践：变化及挑战[J]. 政法论丛，2015（3）：57—65.

尹生. 核心国际人权条约缔约国报告制度：困境与出路[J]. 中国法学，2015（3）：204—221.

安妮皮得斯. 国际法的透明度转向[J]. 戴瑞君，张月尧，译. 国际法研究，2015（1）：30—38.

孙萌. 中国与联合国人权保障制度：以普遍定期审议机制为例[J]. 外交评论，2015（2）：49—64.

曾令良. 联合国人权条约实施机制：现状、问题和加强[J]. 江汉论坛，2014

(7)：33—41.

张乃根. 论联合国“三重”理事会[J]. 国际法研究，2014（3）期：16—30.

张弦. 人权非政府组织与联合国人权理事会：兼论中国人权研究会对普遍定期审议机制的参与[J]. 人权，2013（6）：42—43.

戴瑞君. 联合国人权条约机构体系的加强进程[J]. 环球法律评论，2013（6）：158—170.

郭曰君. 人权理事会普遍定期审议机制视野下的中国人权外交[J]. 金陵法律评论，2013（1）：159—173.

郭曰君. 普遍定期审查机制与缔约国报告制度的动态关联考察[J]. 比较法研究，2012（6）：92—101.

吴晓晖. 论联合国人权条约监督机制改革的若干理论和实践问题[J]. 武大国际法评论，2011，14（1）：92—111.

郭三转. 国家人权机构的设立与作用[J]. 环球法律评论，2010（3）：124—134.

张伟. 试论国家人权机构的特征[J]. 政法论坛，2010（2）：69—81.

张爱宁. 国际人权保护实施监督机制的新动向[J]. 法学，2010（1）：102—112.

戴瑞君. 论联合国人权条约监督机制的改革[J]. 法学杂志，2009（3）：133—135.

江国青. 普遍定期审议：联合国人权监督机制的新发展[J]. 人权，2008（4）：57—60.

邱桂荣. 联合国人权领域改革及其影响[J]. 现代国际关系，2007（7）：30—35.

江国青，熊志强. 联合国人权理事会法律制度探析[J]. 外交评论，2006（8）：21—28.

马桂瑛. 联合国人权机构改革之浅见——对人权理事会和人权委员会的比较分析[J]. 西华师范大学学报：哲学社会科学版，2006（6）：93—97.

罗艳华. 联合国人权理事会的设立及其背后的斗争[J]. 人权，2006（3）：54—57.

罗艳华. 从联合国人权委员会到人权理事会[J]. 人权研究，2006（3）：29.

沙祖康. 在第59届联合国人权委员会国别议题下的发言[J]. 人权，2003（3）：10—11.

范国祥. 联合国人权委员会与国别人权[J]. 人权，2002（2）：55.

彭锡华. 国际人权条约实施的国际监督制度[J]. 西南民族学院学报：哲学社会科学版，2001（10）：151—157.

孙世彦. 论习惯国际人权法的重要性[J]. 法制与社会发展，2000（2）：67—78.

白桂梅.《世界人权宣言》在国际人权法上的地位和作用[J]. 中外法学，1998（6）：43—48.

黄德明.《威斯特法利亚和约》及其对国际法的影响[J]. 法学评论，1992（5）：49—53.

龚刃韧. 战后人权进入国际法领域的历史起因和过程[J]. 北京大学学报，1992（3）：51—59.

龚刃韧. 两次世界大战之间的国际法与人权保护问题：以保护少数者为中心[J]. 中外法学，1992（1）：55—60.

朱利江. 试论各国议会参与联合国人权普遍定期审议[J]. 法治研究，2017（2）：150—160.

朱利江. 人类命运共同体视野下的普遍定期审议[J]. 浙江学刊，2018（2）：26—32.

## 二、英 文

### 1. 著 作

Abraham M. *Building the New Human Rights Council: Outcome and Analysis of the Institution-Building Year, Dialogue on Globalization* [M]. Geneva: Friedrich Ebert Stiftung, 2007.

Alfredsson, Eide. *The Universal Declaration of Human Rights: A Common Standard of Achievement* [M].The Hague: Nijhoff, 1999.

Allain Jean. *The Slave Conventions: The Travaux Préparatoires of the 1926 League of Nations Convention and the 1956 United Nations Convention* [M]. Leiden: Martinus Nijhoff Publishers, 2008.

Alston Philip. *The United Nations and Human Rights: A Critical Appraisal* [M]. Oxford: Clarendon Press, 1992.

Alston Philip. *The United Nations and Human Rights* [M]. Oxford: Oxford University Press, 1992.

Bernaz Nadia. *Reforming the UN Human Rights Protection Procedures: A Legal Perspective on the Establishment of the Universal Periodic Review Mechanism* [M]// Kevin Boyle. New Institutions for Human Rights Protection. Oxford: Oxford University Press, 2009: 75-92.

Bethell Leslie. *The Abolition of the Brazilian Slave Trade: Britain, Brazil and the Slave Trade Question 1807-1969* [M]. Cambridge: Cambridge University Press, 1970.

Bianchi Andrea, Peters Anne. *Transparency in International Law* [M]. Cambridge: Cambridge University Press, 2013.

Boyle Alan, Chinkin Christine. *The Making of International Law* [M]. Oxford: Oxford University Press, 2007.

Boyle Kevin. *The United Nations Human Rights Council: Origins, Antecedents and Prospects* [M]//Kevin Boyle. New Institutions for Human Rights Protection. Oxford: Oxford University Press, 2010: 11-47.

Buergenthal Thomas. *International Human Rights in a Nutshell* [M]. St. Paul, MN: West Group, 1995.

Burgenthal Thomas, Shelton Dinah, David P. Steward. *International Human Rights in a Nutshell* [M]. 4th ed. London: Thomson Reuters, 2008.

Charlesworth Hirary, Emma Larking. *Human Rights and the Universal Periodic Review: Rituals and Ritualism* [C]. Cambridge: Cambridge University Press, 2014.

De Schutter Olivier. *International Human Rights Law* [M]. Cambridge: Cambridge University Press, 2010.

Domínguez-Redondo Elvira. *Role of the UN in the Promotion and Protection of Human Rights* [M]//Azizur Rahman Chowdhury, Md. Jahid Hossain Bhuiyan. An Introduction to International Human Rights Law. Leiden: Brill, 2010: 119-144.

Donnelly Jack. *Universal Human Rights in Theory and Practice* [M]. 2nd ed. Ithaca, NY: Connell University Press, 2003.

Gambari Ibrahim. *Sixty Years of the Declaration of Human Rights: Theory and Practice in the Pursuit of United Nations Agenda* [C]//Chile Eboe-Osuji. Protecting Humanity: Essays in International Law and Policy in Honor of Navanathem Pillay. Leiden: Martinus Nijhoff Publishers, 2010: 67-75.

Goodrich, Hambro, Simons. *Charter of the United Nations: Commentary and Documents* [M]. New York: Columbia University Press, 1969.

Green James F. *The United Nations and Human Rights* [M]. Washington D.C: The Brookings Institution, 1956.

Gutter Jeroen. *Thematic Procedures of the United Nations Commission on Human Rights and International Law: In Search of a Sense of Community* [M]. Antwerpen: Intersentia, 2006.

Gasser Hans-Peter. *International Humanitarian Law-An introduction* [M]//Haug Hans. Humanity for All. Geneva: Henry Dunant Institute, 1993: 509-521.

Heyns Christof, Vijoen Frans. *The Impact of the United Nations Human Rights Treaties on the Domestic Level* [M]. The Hague: Kluwer Law International, 2002.

Humphrey John P. *The UN Charter and the Universal Declaration of Human Rights* [M]//Evan Luard. The International Protection of Human Rights. [S.1.]: Thames & Hudson, 1967.

Humphrey. *The Universal Declaration of Human Rights: Its History, Impact and Juridical Character* [C]//Ramcharan. Human Rights: Thirty Years after the Universal Declaration. Leiden: Brill, 1979: 21-37.

ICRC. *Customary International Humanitarian Law* [M]. Cambridge University Press, 2005.

Jame Flood Patrick. *The Effectiveness of UN Human Rights Institutions* [M]. Westport: Praeger, 1998.

Kariyawasam Rohan. *Reparations: The Universal Periodic Review and the Right to Development* [M]//Nora Wittmann, John Packer. Colonialism, Slavery, Reparations and Trade: Remedying the Past?. New York: Routledge, 2012: 56-74.

Kelsen Hans. *The Law of the United Nations* [M]. London: Stevens, 1951.

Kolb Robert, Hyde Richard. *An Introduction to the International Law of Armed Conflicts* [M]. Oxford: Hart Publishing, 2008.

Lauterpacht H. *International Law and Human Rights* [M]. London: Stevens and Sons. Ltd, 1950.

Lauterpacht Hersch. *International Law and Human Rights* [M]. [S.1.]: Archon Books, 1968.

Leland M. Goodrich, E. Hambro. *Charter of the United Nations: Commentary and Documents* [M]. New York: Columbia University Press, 1949.

Mc Nair. *Law of Treaties* [M]. Oxford: Clarendon Press, 1961.

Meiers Suzanne. *Britain and the Ending of the Slave Trade* [M]. London: Longman, 1975.

Milanovic Marko. *Extraterritorial Application of Human Rights Treaties: Law, Principles, and Policy* [M]. Oxford University Press, 2011.

Nifosi Ingrid. *The UN Special Procedures in the Field of Human Rights* [M]. Antwerpen: Intersentia, 2005.

Rehman Javaid. *International Human Rights Law* [M]. 2nd ed. Harlow: Pearson Education Limited, 2010.

Renteln Alison Dundes. *International Human Rights: Universalism versus Relativism* [M]. Newbury Park: Sage, 1990.

Renteln. *International Human Rights: Universalism versus Relativism* [M]. Newbury Park: Sage Publications, 1990.

Robertson, Merrills. *Human Rights in the World: An Introduction to the Study of the International Protection of Human Rights* [M]. Manchester: Manchester University Press, 1996.

Rodley Nigel. *The Treatment of Prisoners in International Law* [M]. Clarendon Press, 1999.

Rodley Nigel. *United Nations Non-Treaty Procedures for Dealing with Human Rights Violations* [M]//Hurst Hannum. Guide to International Human Rights Practice. Philadelphia: University of Pennsylvania Press, 1992.

Rodley Sir N. *The United Nations Human Rights Council, Its Special Procedures, and Its Relationship with the Treaty Bodies: Complementarity or Competition?* [M]// Kevin Boyle. New Institutions for Human Rights Protection. Oxford: Oxford University Press, 2009.

Rosenne Shabtai. *Practice and Methods of International Law* [M]. New York: Oceana Publications, 1984.

Roxburgh R. F. *International Conventions and Third States* [M]. London: Longman Green, 1917.

Robertson A H, Merrills J G. *Human Rights in the World: An Introduction to the Study of International Protection of Human Rights* [M]. Manchester: Manchester University Press, 1996.

Sakamoto Shigeki. *Challenges to a Human Rights Mechanism in the Asia-Pacific Region: the Experience of the Universal Periodic Review of the UN Human Rights Council* [M]//Hitoshi Nasu, Ben Saul. Human Rights in the Asia-Pacific Region: Towards Institution Building. Abingdon: Routledge, 2011: 49-63.

Sands, Klein. *Bowett's Law of International Institutions* [M]. Sweet & Maxwell, 2001.

Schlindler D, Toman J. *The Laws of Armed Conflicts: A Collection of Conventions, Resolutions, and Other Documents* [M]. 4th ed. Leiden: Martinus Nijhoff, 2004.

Schmidt Markus G. *Is the United Nations Human Rights Council Living Up to the International Community's Expectations?* [C]//Asbjørn Eide, Jakob Th. Möller, Ineta Ziemele. *Making Peoples Heard: Essays on Human Rights in Honour of Gudmundur Alfredsson*. Leiden: Martinus Nijhoff Publishers, 2011: 99-113.

Simma Bruno, Mosler Hermann. *The Charter of the United Nations: A Commentary* [M]. 2nd ed. Oxford: Oxford University Press, 2002.

Steiner Henry J, Alston Philip. *International Human Rights in Contexts: Law, Politics, Morals* [M]. Oxford: Clarendon Press, 1996.

Thornberry. *International Law and the Rights of Minorities* [M]. Clarendon Press, 1991.

Tolley Howard. *The UN Commission on Human Rights* [M]. London: Westview

Press, 1987.

Tomuschat Christian. *Universal Periodic Review: A New System of International Law with Specific Ground Rules?* [C]//Ulrich Fastenrath, Bruno Simma. From Bilateralism to Community Interest: Essays in Honor of Bruno Simma. Oxford: Oxford University Press, 2011: 609-628.

Walter Kälin. *Universal Human Rights Bodies and International Humanitarian Law* [M]//Robert Kolb, Gloria Gaggioli. Research Handbook on Human Rights and Humanitarian Law. Cheltenham: Elgar, 2013: 441-465.

White Nigel D. *The Applicability of Economic and Social Rights to the UN Security Council* [M]//Baderin, Mc Corquodale. Economic, Social and Cultural Rights in Action. Oxford: Oxford University Press, 2007: 89-107.

Zuijdwijk Ton J. M. *Petitioning the United Nations: A Study in Human Rights* [M]. New York: St. Martin's Press, 1982.

## 2. 论 文

Abebe Allehone Mulugeta. Of Shaming and Bargaining: African States and the Universal Periodic Review of the United Nations Human Rights Council [J]. *Human Rights Law Review*, 2009, 9 (1): 1-35.

Akehurst M. Custom as a Source of International Law [J]. *British Yearbook of International Law*, 1977, 47: 1-53.

Alston Philip, Simma Bruno. The Source of Human Rights Law, Custom, Jus Cogens and General Principles [J]. *Australian Yearbook of International Law*, 1992, 12: 82-108.

Alston Philip. Reconceiving the UN Human Rights Regime: Challenges Confronting the New UN Human Rights Council [J]. *Melbourne Journal of International Law*, 2006, 7: 185-224.

Alston, Morgan-Foster, Abresch. The Competence of the UN Human Rights Council and Its Special Procedures in Relation to Armed Conflicts: Extrajudicial Executions in the 'War on Terror' [J]. *European Journal of International Law*, 2008, 19

(1): 183-209.

Arp Björn. Lessons Learned from Spain's Practice before the United Nations Human Rights Reporting Mechanisms: Treaty Bodies and Universal Periodic Review [J]. *Spanish Yearbook of International Law*, 2009, 15: 1-37.

Arzt. The Application of International Human Rights Law in Islamic States [J]. *Human Rights Quarterly*, 1990, 12: 202-230.

Bayefsky Anne. The UN and the Jews [J]. *Commentary Magazine*, 2004, 117 (2): 42-46.

Besant Alexander, Malo Sebastien. Dim Prospects for the United Nations Human Rights Council [J]. *Yale Journal of International Affairs*, 2009, 4: 144-148.

Bossuyt Marc. The Development of Special Procedure of the United Nations Commission on Human Rights [J]. *Human Rights Law Journal*, 1985, 6: 179-210.

Bossuyt Marc. The New Human Rights Council: A First Appraisal [J]. *Netherlands Quarterly of Human Rights*, 2006, 24 (4): 551-555.

Boven Theo C Van. The United Nations and Human Rights: A Critical Appraisal [J]. *Bulletin of Peace Proposals*, 1977, 8: 198-208.

Brody Reed, Weissbrodt David. Major Developments at the 1988 Session of the United Nations Commission on Human Rights [J]. *Human Rights Quarterly*, 1989, 11: 586-611.

Buergenthal Thomas. The Normative and Institutional Evolution of International Human Rights [J]. *Human Rights Quarterly*, 1997, 19 (4): 709-723.

Burci. The United Nations Human Rights Council [J]. *Italian Yearbook of International Law*, 2005, 15: 25-41.

Callejon Claire. Developments at the Human Rights Council in 2007: A Reflection of its Ambivalence [J]. *Human Rights Law Review*, 2008, 8: 323-342.

Carey John. The UN Human Rights Council: What Would Eleanor Roosevelt Say? [J]. *ILSA Journal of International and Comparative Law*, 2009, 15 (2): 459-470.

Charney Jonathan. Universal International Law [J]. *American Journal of International Law*, 1993, 87: 529-551.

Cochrane Leanne, McNeilly Kathryn. The United Kingdom, the United Nations

Human Rights Council and the First Cycle of the Universal Periodic Review [J]. *International Journal of Human Rights*, 2013, 17 (1): 152-177.

Conte Alex. Reflections and Challenges: Entering into the Second Cycle of the Universal Periodic Review Mechanism [J]. *New Zealand Yearbook of International Law*, 2011, 9: 187-202.

Crawford James. Chance, Order, Change: The Course of International Law [J]. *Recueil des cours*, 2013, 365: 9-389.

Dominguez Redondo Elvira. The Universal Periodic Review of the UN Human Rights Council: An Assessment of the First Session [J]. *Chinese Journal of International Law*, 2008, 7: 721-734.

Droege Cordula. The Interplay Between International Humanitarian Law and International Human Rights Law in Situations of Armed Conflict [J]. *Israel Law Review*, 2007, 40 (2): 310-355.

Duran Carlos Villan. Lights and Shadows of the New United Nations Human Rights Council [J]. *SUR International Journal on Human Rights*, 2006, 5: 7-17.

E Jiménez de Aréchaga. Treaty Stipulations in Favour of Third States [J]. *American Journal of International Law*, 1956, 50: 338-357.

Edward R. McMahon. International Organizations and Peer Review: Assessing the Universal Periodic Review Mechanism of the United Nations Human Rights Council [J]. *African Yearbook of International Law*, 2009, 17: 355-377.

Farer Tom J. The United Nations and Human Rights: More Than a Whimper Less Than a Roar [J]. *Human Rights Quarterly*, 1987, 9: 550-586.

Forsythe David P. The United Nations and Human Rights, 1945-1985 [J]. *Political Science Quarterly*, 1985, 100: 249-269.

Freedman R. New Mechanisms of the UN Human Rights Council [J]. *Netherlands Quarterly of Human Rights*, 2011, 29 (3): 289-323.

Gaer Felice D. A Voice Not an Echo: Universal Periodic Review and the UN Treaty Body System [J]. *Human Rights Law Review*, 2007, 7 (1): 109-139.

Gaer. Scrutinizing Countries: The Challenge of Universal Review [J]. *Human Rights Brief*, 2006, 13 (3): 9-11.

Ghanea Nazila. From UN Commission on Human Rights to UN Human Rights Council: One Step Forwards or Two Steps Sideways? [J]. *International and Comparative Law Quarterly*, 2006, 55 (3): 695-705.

Hampson Francoise J. An Overview of the Reform of the UN Human Rights Machinery [J]. *Human Rights Law Review*, 2007, 7 (1): 7-27.

Henkin. International Law: Politics, Values and Functions [J]. Res. *Des Cours*, 1989, 216: 9-416.

Higgins Noelle. Advancing the Rights of Minorities and Indigenous Peoples: Getting UN Attention Via the Universal Periodic Review [J]. *Netherlands Quarterly of Human Rights*, 2014, 32 (4): 379-407.

Humphrey John P. The International Bill of Rights: Scope and Implementation [J]. *William and Mary Law Review*, 1976, 17: 527-541.

Humphrey John Peters. The Right of Petition in the United Nations [J]. *Human Rights Journal*, 1971, 4: 463.

Huston. Human Rights Enforcement Issues of the United Nations Conference on International Organization [J]. *Iowa Law Review*, 1967, 53: 272-290.

Jessica Duggan-Larkin. Can an Intergovernmental Mechanism Increase the Protection of Human Rights? The Potential of Universal Periodic Review in Relation to the Realisation of Economic, Social and Cultural Rights [J]. *Netherlands Quarterly of Human Rights*, 2010, 28 (4): 548-581.

Juliana Vengoechea-Barrios. The Universal Periodic Review: a New Hope for International Human Rights Law or a Reformulation of Errors of the Past? [J]. *International Law: revista colombiana de derecho internacional*, 2008 (12): 101-116.

Kanbur. The African Peer Review Mechanism (APRM): An Assessment of Concept and Design [J]. *South African Journal of Political Studies, 2004*, 31 (2): 157-166.

Kenny K E. Formal and Informal Innovations in the United Nations Protection of Human Rights: The Special Rapporteur on the Former Yugoslavia [J]. *Austrian Journal of Public International Law*, 1995, 48: 22.

Kolb Robert. The Relationship Between International Humanitarian Law and Human Rights Law: A Brief History of the 1948 Universal Declaration of Human Rights and the 1949 Geneva Conventions [J]. *International Review of the Red Cross*, 1998, 38 (324): 409-419.

Landolt Laura K. Externalizing Human Rights: From Commission to Council, the Universal Periodic Review and Egypt [J]. *Human Rights Review*, 2013, 14 (2): 107-129.

Lauren Paul Gordon. To Preserve and Build on its Achievements and to Redress its Shortcomings: The Journey from the Commission on Human Rights to the Human Rights Council [J]. *Human Rights Quarterly*, 2007, 29 (2): 307-345.

Lauren. First Principles of Racial Equality: History and the Politics and Diplomacy of Human Rights Provisions in the United Nations Charter [J]. *HRQ*, 1983, 5: 1-26.

Lauterpacht H. The International Protection of Human Rights [J]. *Recueil des Cours*, 1947, 70: 1-108.

Lilliebjerg Marianne. The Universal Periodic Review of the UN Human Rights Council-An NGO Perspective on Opportunities and Shortcomings [J]. *Netherlands Quarterly of Human Rights*, 2008, 26 (3): 311-314.

Macdonald R St. Leadership in Law: John P. Humphrey and the Development of the International Law of Human Rights [J]. *Canadian Yearbook of International Law*, 1991, 29: 3-91.

Mario Prost, Paul Kingsley Clark. Unity, Diversity and the Fragmentation of International Law: How Much Does the Multiplication of International Organizations Really Matter? [J]. *Chinese Journal of International Law*, 2006, 5 (2): 341-370.

McDougal Ampers Bebr. Human Rights in the United Nations [J]. *American Journal of International Law*, 1964, 58 (3): 603-641.

Michael O'Flaherty, Claire O'Brien. Reform of UN Human Rights Treaty Monitoring Bodies: A Critique of the Concept Paper on the High Commissioner's Proposal for a Unified Standing Treaty Body: Universal Periodic Review and the UN Treaty Body System [J]. *Human Rights Law Review*, 2007, 7 (1): 141-172.

Michael O'Flaherty. Reform of the UN Human Rights Treaty Body System: Locating the Dublin Statement [J]. *Human Rights Law Review*, 2010, 10 (2): 319-335.

Mohan Mahdev. Singapore and the Universal Periodic Review: an Unprecedented Human Rights Assessment [J]. *Journal of East Asia and International Law*, 2010, 3 (2):

365-374.

Moss Lawrence C. Opportunity for Nongovernmental Organization Advocacy in the Universal Periodic Review Process at the UN Human Rights Council [J]. *Journal of Human Rights Practice*, 2010 (2): 122-150.

Nader Lucia. The Role of NGOs in the Human Rights Council [J]. *SUR International Journal on Human Rights*, 2007, 7: 7-28.

Nowak Manfred. The Need for a World Court of Human Rights [J]. *Human Rights Law Review*, 2007, 7: 251-259.

Öberg M D. The Legal Effects of Resolutions of the UN Security Council and General Assembly in the Jurisprudence of the ICJ [J]. *European Journal of International Law*, 2005, 16 (5): 879-906.

Pfanner Toni. Various Mechanisms and Approaches for Implementing International Humanitarian Law and Protecting and Assisting War Victims [J]. *International Review of the Red Cross*, 2009, 91 (874): 279-328.

Pillay Navanethem. Human Rights in United Nations Action: Norms, Institutions and Leadership [J]. *European Human Rights Law Review*, 2009 (1): 1-7.

Preckel Kira, Willi Rosalind. The Role of Civil Society in the Universal Periodic Review: Human Dignity, in Your Hands? [J]. *European Yearbook on Human Rights*, 2012, 432.

Randal F. The United Nations Commission on Human Rights: The Equatorial Guinea case [J]. *Human Rights Quarterly*, 1981, 3 (1): 34-47.

Rhona K. M. Smith. The Pacific Island States: Themes Emerging from the United Nations Human Rights Council's Inaugural Universal Periodic Review [J]. *Melbourne Journal of International Law*, 2012, 13 (1): 569-594.

Rhona K.M. Smith. More of the Same or Something Different? Preliminary Observations on the Contribution of Universal Periodic Review with Reference to the Chinese Experience [J]. *Chinese Journal of International Law*, 2011, 10 (3): 565-586.

Rhona Smith. A Review of African States in the First Cycle of the UN Human Rights Councils Universal Periodic Review [J]. *African Human Rights Law Journal*, 2014, 14 (2): 346-365.

Rhona Smith. To See Themselves as Others See Them: the Five Permanent Members of the Security Council and the Human Rights Council's Universal Periodic Review [J]. *Human Rights Quarterly*, 2013, 35 (1): 1-32.

Rodley Nigel. Human Rights and Humanitarian Intervention: The Case Law of the World Court [J]. *International and Comparative Law Quarterly*, 1989, 38: 321-333.

Rodley Nigel. United Nations Action Procedures against 'Disappearance', Summary or Arbitrary Executions and Torture [J]. *Human Rights Quarterly*, 1986, 8: 700-730.

Roscini Marco. The United Nations Security Council and the Enforcement of International Humanitarian Law [J]. *Israel Law Review*, 2010, 43 (2): 330-359.

Rosting Helmer. Protection of Minorities by the League of Nations [J]. AJIL, 1923, 17 (4): 641-660.

Ruiz-Chiriboga Oswaldo R. The American Convention and the Protocol of San Salvador: Two Intertwined Treaties [J]. *Netherlands Quarterly of Human Rights*, 2013, 31 (2): 159-186.

Schriewer Berenike. Shining a Light on the Human Rights Situation in Germany-the Human Rights Council's Report on Germany in the Second Cycle of the Universal Periodic Review [J]. *German Yearbook of International Law*, 2013, 56: 513-523.

Schrijver Nico. The UN Human Rights Council: A New "Society of the Committed" or Just Old Wine in New Bottles? [J]. *Leiden Journal of International Law*, 2007, 20 (4): 809-823.

Schwelb Egon. The International Convention on the Elimination of All Forms of Racial Discrimination [J]. *International & Comparative Law Quarterly*, 1966, 15: 996–1068.

Schwelb Frank E. The International Court of Justice and the Human Rights Clauses of the Charter [J]. *American Journal of International Law*, 1972, 66: 337-351.

Shelton Dinah. Standard-setting by the United Nations Commission on Human Rights: An Overview from its Inception in 1947 until the Creation of the Human Rights Council in 2006 [J]. *Human Rights Law Journal*, 2008, 29 (1): 15-27.

Shon Louis B. The New International Law: Protection of the Rights of Individuals

Rather than States [J]. *American University Law Review*, 1982, 32 (1): 1-64.

Short Katherine. From Commission to Council: Has the United Nations Succeeded in Creating a Credible Human Rights Body? [J]. *SUR International Journal of Human Rights*, 2008, 9 (1): 147-172.

Simma Bruno, Alston Philip. The Source of Human Rights Law: Custom, Jus Cogens, and General Principles [J]. *Australian Yearbook of International Law*, 1992, 12: 82-108.

Sweeney Gareth, Saito Yuri. An NGO Assessment of the New Mechanisms of the UN Human Rights Council [J]. *Human Rights Law Review*, 2009, 9 (2): 203-223.

Terlingen. The Human Rights Council: A New Era in the UN Human Rights Work [J]. *Ethics and International Affairs*, 2007, 21 (2): 167-178.

Tomka Peter. Custom and the International Court of Justice [J]. *The Law & Practice of International Courts and Tribunals*, 2013, 12 (2): 195-216.

Turlington Edgar. The United Nations Commission on Human Rights [J]. *American Journal of International Law*, 1945, 39: 758.

Weissbrodt David. Country Related and Thematic Developments at the 1988 Session of the United Nations Commission on Human Rights [J]. *Human Rights Quarterly*, 1988, 10 (4): 544-558.

West Rebecca. Piercing the Veil of State Sovereignty-the Role of the Universal Periodic Review in the Enforcement of Human Rights [J]. *Irish Law Times*, 2014, 32 (5): 73-76.

Zhu Lijiang. International Humanitarian Law in the Universal Periodic Review of the UN Human Rights Council: An Empirical Survey [J]. *Journal of International Humanitarian Legal Studies*, 2014, 5: 186-212.